PANTHEON
COLLEG

Selbstbildnis, 1484. Wien, Albertina

Heinrich Wölfflin

Die Kunst Albrecht Dürers

Mit einem Nachwort von
Peter Strieder

Bruckmann München

Herausgegeben in Zusammenarbeit mit

Bruckmanns
PANTHEON

Internationale Zeitschrift für Kunst

CIP-Kurztitelaufnahme der Deutschen Bibliothek

Wölfflin, Heinrich:
Die Kunst Albrecht Dürers / Heinrich Wölfflin.
Mit einem Nachwort von Peter Strieder.
9., durchges. Aufl.
München: Bruckmann, 1984
(Pantheon-Colleg)
ISBN 3-7654-1918-4
NE: Dürer, Albrecht [Ill.]

9., durchgesehene Auflage 1984

Herstellung: F. Bruckmann KG, München
Graphische Kunstanstalten
Printed in Germany
ISBN 3 7654 1918 4

Inhalt

Vorwort zur 1. Auflage (1905)

Seit Thausings grundlegendem Buch, das 1876 in erster und 1884 in zweiter Auflage erschien, ist ein »großer Dürer« nicht mehr geschrieben worden. Ephrussi (Albert Durer et ses dessins, 1887) gab mehr einen catalogue raisonné als eine Darstellung, und Springer ist über der Aufgabe weggestorben: sein Dürer blieb Fragment; der erste Teil, kurz und lesbar gehalten, ist da (1892), der zweite Teil aber, der erst das kunstgeschichtliche Material in seiner ganzen Fülle ausbreiten sollte, ist nicht über die einleitenden Zeilen hinausgekommen. Was dann Zucker in den Schriften des Vereins für Reformationsgeschichte veröffentlichte (1900), kann, so genau es gearbeitet ist, doch auch nur als Biographie im Auszuge gelten, von andern Unternehmungen zu schweigen, die das Thema in noch kleinerem Umfang oder nur unter bestimmten Gesichtspunkten behandeln.

Und doch hat das Interesse an Dürer seit Thausings Zeiten gewiß nicht abgenommen. Gerade unsere Zeit blickt mit so verlangenden Augen nach allem sich um, was deutsch heißen könnte, und Dürers Name ist so sehr Symbol aller nationalen Kunst, daß für jede neue Darstellung die Leser vorhanden wären. Es fehlt auch nicht an Forschern, aber ihre Arbeit kommt wesentlich der Kleinliteratur zugute, wo allerdings seit Jahren ein stetiges und fast unheimliches Schwellen der Produktion zu beobachten ist. Fast jede Nummer unserer kunstgeschichtlichen Zeitschriften bringt irgendeinen Dürerbeitrag. Nach allen Richtungen sind die Umrisse seines Werkes klarer und bestimmter geworden und mit der monumentalen Publikation der sämtlichen Handzeichnungen hat Lippmann der Forschung eine ganz neue Grundlage gegeben. Das vorliegende Buch nun möchte nicht als *der* erwartete Dürer genommen sein, sondern nur als »auch ein Dürer«. Der Verfasser hat sich den Stoff nach seiner Weise zurechtgelegt, mehr das Künstlerische verfolgend als das Biographische, auf katalogmäßige Vollständigkeit in der Beschreibung des Œuvres ebenso verzichtend wie auf die gleichmäßige Erörterung aller kritischen Probleme, die die Forschung im Verlauf der Jahrzehnte aufgeworfen hat.

Es gibt von Buffon einen Satz, den man oft zitiert, aber selten richtig versteht: Le style c'est l'homme. An diesen Satz hat der Verfasser während der Arbeit oft gedacht: seine Bedeutung ist, wie Heinrich von Stein nachwies, keine individuelle, sondern eine generelle, und Buffon wollte sagen, daß erst in der »Stilisierung« des Materials, in der rationellen Darlegung das Eigentlich-Menschliche liege und nicht im bloßen Zusammentragen des Rohstoffes[1]. Über Dürer schreiben heißt, von etwa 1200 Zeichnungen, Drucken und Bildern Rechenschaft geben. Es ist versucht worden, das auf »menschliche« Weise zu tun, d. h. die Massen so zu disponieren, daß sie übersichtlich und gelenkig wirken, daß das Wesentliche in seiner Bedeutung sich rasch zu erkennen gibt, daß die Teile in den richtigen Wirkungsverhältnissen zueinander stehen und nirgends eine Einzelheit sich ungebührlich vordrängt. Gerade weil das nur in sehr bedingter Weise gelungen ist, soll wenigstens die Absicht des Verfassers bestimmt ausgesprochen sein. Es ist ein schriftstellerischer Fehler, wenn Thausing von der Apokalypse, die doch der Jugend Dürers die Signatur gibt, erst nach dritthalbhundert Seiten spricht, nachdem der Leser schon an allen möglichen Materien sich zerstreut und ermüdet hat. Daß die Wertakzente anders sitzen und die Begriffe, mit denen wir heute die Kunst Dürers zu fassen versuchen, seit einem Vierteljahrhundert wesentlich andere geworden sind, ist selbstverständlich.

Im eigentlichen Sinne als lesbares Buch kann diese »Kunst Albrecht Dürers« nicht gelten, weil sie immer noch der Ergänzung durch Bilder bedarf, auf die der Text über das gewiß reichliche Illustrationsmaterial hinaus Bezug nimmt. Das kostbare Lippmannsche Handzeichnungswerk wird wenig in Privathäusern vorhanden sein und muß in den öffentlichen Sammlungen eingesehen werden. Holzschnitte und Kupferstiche sind in Reproduktionen jetzt jedem erreichbar, doch haben nur die besten einen wirklichen Wert. Ein billiges Anschauungswerk wie die Gesamtausgabe der Deutschen Verlagsanstalt ist bequem als Nachschlagebuch, aber brauchbar eigentlich nur für den, der die Dinge kennt und Kritik üben kann, auf den ungebildeten Betrachter muß sie durchaus irreführend wirken: der Größeneindruck, Papier- und Linienqualität – alles ist unrichtig und noch dazu in wechselnder Beziehung, nicht in einem konsequenten Sinn. Auch unsere Illustrationen, für die der Verleger aufs rühmlichste gesorgt hat, wollen nur als Anweisungen auf das Original, nicht als Ersatz gelten.

Mit der Popularisierung der Kunstgeschichte hat das Gefühl für das Echte bedenklich abgenommen. Es ist gut, von Zeit zu Zeit darauf aufmerksam zu machen, daß ein einziger originaler Druck von Dürer für die Erkenntnis seiner Kunst unendlich viel wichtiger sein kann als die vollständige Folge in verfälschten Nachbildungen. Von einem feineren künstlerischen Verhältnis zu Dürers Graphik aber darf erst da gesprochen werden, wo die Empfindung für die Qualität verschiedener Abzüge wach geworden ist. Auf solche Distinktionen einzugehen, liegt außerhalb der hier gestellten Aufgabe.

Man nennt Dürer gern den deutschesten der deutschen Künstler und gefällt sich in der Vorstellung, wie er zu Nürnberg gesessen habe in seinem Hause am Tiergärtnertor, geruhsam vor sich hinarbeitend nach der Väter Weise, mit recht innigem Behagen an der heimatlichen Erde und überzeugt, daß die Kunst nur herzlich und wahr sein müsse, die äußere Schönheit aber gleichgültig sei. Die Romantiker haben diese Vorstellung aufgebracht. Sie ist falsch. Wenn irgendeiner sehnsüchtig über die Grenzen des Landes hinaussah nach einer fremden großen Schönheit, so ist es Dürer gewesen. Durch ihn ist die große Unsicherheit in die deutsche Kunst gekommen, der Bruch mit der Tradition, die Orientierung nach italienischen Mustern. Es war nicht Zufall oder Laune, daß Dürer nach Italien ging: er ging, weil er dort fand, was er brauchte, aber es rächt sich immer, wenn man einem andern in die Hefte sieht und abschreibt. Er hat schließlich die Ausgleichung zwischen Eigenem und Fremdem gefunden, aber wieviel Kraft ist dabei verlorengegangen!

Dürers Leben fiel in eine Zeit des Übergangs. Es war alles dazu angetan, die natürliche Empfindung in ihrer Entwicklung zurückzuhalten oder aus dem Geleise zu bringen. Die Darstellung mußte erst auf die moderne Basis des körperlichen und räumlichen Sehens emporgehoben werden; am Horizont erschien das Bild eines neuen Stils und warf seine Schatten vorzeitig beunruhigend über das Land, ein Stil der antiken Formen, mit Betonung der Breitenlinie und der Vorliebe für Rundung und volles Volumen; und gegenüber den menschlichen Dingen war das Gefühl ebenfalls in einer Umwandlung begriffen: es bereiteten sich jene großen Erschütterungen vor, aus denen die Reformation hervorgegangen ist. Italien hat in seiner Kunst eine Entwicklung ähnlicher Art auch gehabt, aber dort kommt das Neue natürlich und allmählich, nicht stoßweise und als ein Gegensatz wie in Deutschland, das von einem fertigen Vorbild überrascht wird. Raffael und Tizian haben Klassiker werden können, weil alles vorbereitet war, als sie erschienen: bei Dürer war das bloße Handwerk noch nicht ausgebildet. Mit gewaltigem Krafteinsatz hat er dann der Kunst die neue Art des Darstellens errungen, hat die Gotik in den »Renaissancestil« hinübergeführt und hat den Menschentypus der Reformationszeit geschaffen: es ist Großes, was er getan hat, aber vielleicht liegt das Größere in dem, was er dabei überwunden hat. Die Resultate seines Lebens sind kaum so interessant wie der Weg, auf dem er sie gewann.
...Er selbst hat sich bei der Meinung beschieden, der Bahnbrecher einer neuen Kunst zu sein, nicht der Vollender. *H. W.*

Vorwort zur 5. Auflage (1926)

Bei seinem ersten Erscheinen konnte dieses Buch den Anspruch machen, ein ungefähr vollständiges Bild der Forschung zu geben. Seither ist die Dürerliteratur so auseinandergegangen, daß eine umfassende Berichterstattung den Rahmen gesprengt hätte. Indessen wird ja eine Darstellung der »Kunst Dürers« sich immer mit einer bloßen Auswahl des bekannten Materials begnügen dürfen und man kann mit größerem Recht dem Verfasser einen Vorwurf daraus machen, daß er nicht alles irgend Entbehrliche als bloßen Ballast über Bord geworfen habe. In der Tat liegt hier eine Unentschiedenheit im Charakter des Buches vor, für die es nur die Entschuldigung gibt, daß es eben vielleicht doch nützlich ist, einen reichlicher kommentierten Dürer auf den Markt zu bringen, so lange eine große abschließende Biographie noch aussteht. Was für Vorteile dabei verlorengehen, zeigt der Vergleich mit der wirkungsvollen Kürze, die etwa Friedländer seinem im Inselverlag erschienenen Dürer zu sichern wußte.
Zur Auffrischung des Eindrucks ist manches geschehen. Alte Vorlagen sind verbessert worden und Neues ist dazugekommen. Die originalgroßen Ausschnitte, die einzelnen Holzschnitten als Korrektur der falschen Wirkung der Verkleinerung

beigegeben sind, mögen im selben Sinn den Geist Dürers als unmittelbar gegenwärtig wirksam werden lassen wie die paar (annähernd) originalgroßen Zeichnungen. Ja, der Ausschnitt wird manchem die wundersame Schönheit dieser Stricharchitekturen noch lebhafter nahebringen als das ganze Blatt, weil man erst allmählich lernt, ein Ganzes so zu sehen, wie es gesehen werden will. Aus derselben Überlegung heraus ist das Pferd des Ritters mit Tod und Teufel auf einheitlichen schwarzen Grund gesetzt worden, damit der Rhythmus der Zeichnung für jedes Auge wahrnehmbar werde.

Daß der Verfasser das Buch jetzt anders schreiben würde als vor zwanzig Jahren und daß alle Textverbesserungen im einzelnen ihm die andere Form nicht zu geben vermögen, ist selbstverständlich. In dem neuaufgenommenen Abschnitt »Zur Einleitung« kommt die veränderte Einstellung wenigstens teilweise zum Ausdruck. Es ist die Wiederholung eines 1922 bei Reichl in Darmstadt erschienenen (jetzt vergriffenen) Aufsatzes.

Heinrich Wölfflin

Zur Einleitung

Bisher sagte man Dürer, wenn man die deutsche Kunst auf *einen* Namen bringen wollte. Trotz gewisser Vorbehalte konnte er als der deutsche Künstler schlechthin gelten, mit derselben Selbstverständlichkeit, wie die Holländer Rembrandt sagen oder die Flamen Rubens. Schade freilich, daß wir nicht auch einen Namen des 17. Jahrhunderts zu nennen haben, es trennte uns dann nicht eine so große Kluft in der Weltanschauung. Waren wir aber einmal auf das 16. Jahrhundert angewiesen, so gab es ja eigentlich keine Wahl mehr: Holbein war nie recht volkstümlich, nicht einmal mit seinen Holzschnitten, und Grünewald, so wunderbar er ist, galt doch mehr als eine Ausnahmeerscheinung.

Heute denkt man anders. Es haben sich neue Vorstellungen vom Wesen der deutschen Kunst gebildet, und Grünewald ist vom Rand in die Mitte gerückt. Er ist recht eigentlich der Spiegel geworden, in dem die Mehrzahl der Deutschen sich selbst erkennt, und er steht nicht mehr vereinzelt da: mit der Erinnerung an seine Kunst verbinden wir unmittelbar Erinnerungen an Altdorfer, an den jungen Cranach, an Hans Baldung Grien u. a. Jetzt ist es vielmehr Dürer, der als der Sonderfall erscheint. Nur der Zufall, daß Grünewald jahrhundertelang aus dem Gesichtskreis der Nation verschwunden war, scheint den Ruhm Dürers möglich gemacht zu haben. Neben der Fülle und Naturhaftigkeit Grünewalds wirkt sein Künstlertum als einseitig und manchmal fast als gelehrt-akademisch, und sein Kultus der italienischen Form scheint den angeborenen deutschen Charakter in unheilvollster Weise bei ihm untergraben zu haben. Wir verlangen die lebendige Farbe. Nicht das Rationelle, sondern das Irrationelle. Nicht das Tektonische, sondern den freien Rhythmus. Nicht das Gemachte, sondern das wie zufällig Gewordene.

Gegen eine solche Kritik ist nicht leicht aufzukommen. Trotzdem wird man bald merken, daß Dürers Stellung mit zähen Wurzeln im deutschen Boden haftet, und der alte Meister scheint eine heimliche Königsgewalt noch immer auszuüben, so oft und so überzeugend auch der Nachweis geführt worden ist, daß die Macht eigentlich bei den Andern liege.

Sicher, kein zweiter hat das nahe persönliche Verhältnis zu uns wie er. Wir wissen lebensgeschichtlich weitaus am meisten von ihm. Grünewald, selbst Holbein sind uns in ihrer menschlichen Existenz bloße Schatten. Auch das äußere Bild ihrer Persönlichkeit hat sich nicht festsetzen wollen. Von Dürer weiß jeder – oder glaubt wenigstens zu wissen –, wie er ausgesehen hat. Dann sind Briefe da, Tagebücher, eine Menge sonstiger Aufzeichnungen, in denen sich ein höchst sympathischer Mensch fast restlos enthüllt. Wir hören ihn lachen und lachen mit ihm, wir sind Zeugen tiefer seelischer Erschütterungen, und er wird uns dadurch erst recht vertraut. Aber darüber hinaus – wer kann leugnen, daß er auch als Künstler am meisten Volkstümlichkeit besitzt? Nicht mit allen Sachen – es gibt Stücke von ihm, die vollkommen fremdartig wirken –, aber mit einigen steht er doch wirklich wie ein Lebender mitten unter uns. In wie vielen deutschen Stuben hängt der Ritter mit Tod und Teufel an der Wand! Es ist vielleicht das bekannteste Bild der gesamten deutschen Kunst, und obwohl sein eigentlicher Sinn als »eques christianus« heute nicht mehr allgemein verstanden wird, so wird doch auch jetzt noch mancher brave Mann dem Blatt eine Stärkung in den Bedrängnissen des Lebens entnehmen können. Und dann die »Melancholie«. Sie wendet sich im besonderen an die Menschen der geistigen Arbeit. Aus eigener Erfahrung scheint Dürer die Depressionen gekannt zu haben, wo ein böses Gestirn Macht gewinnt über das Gemüt. Viele Sacheinzelheiten sind uns fremd geworden, das Ganze aber als Stimmung ist uns vollkommen zugänglich und wirkt so modern, daß man die vier Jahrhunderte vergessen kann, die seit seiner Entstehung dahingegangen sind. Und endlich der dritte der Meisterstiche: der »Hieronymus im Gehäus«. Er spricht am allerunmittelbarsten, und die Darstellung ist hier insofern die weitest vorgeschrittene, als das Wesentliche des Ausdrucks nicht mehr in der Figur hauptsächlich liegt, sondern im Gesamten des Raums und der Lichtführung.

Und neben dem Kupferstich der Holzschnitt! Wem sind nicht einzelne Dinge der Apokalypse zu bleibenden Erinnerungen geworden? Die vier Reiter, die Engel vom Euphrat, der schwere Kampf des heiligen Michael mit dem Drachen. Nicht nur ein neuer Holzschnittstil ist hier gefunden worden, sondern eine neue Sprache der Linie überhaupt, die sich nachher im situationsreichen Marienleben vom Großartigen ins Anmutige wandelt. Dort ist es die Genialität im Sturm, hier spricht der Gott im sanften Säuseln.

Man kann einwerfen, Dürer verdanke die Popularität dieser Schöpfungen dem Umstand, daß es eben Graphik sei. Allein, wenn dem so ist, so hat eben Dürer die Zeichnung als die volkstümliche deutsche Kunst gefühlt, und warum ist denn keine andere Graphik so berühmt geworden wie die seinige?

Im gemalten Werk sind die Bildnisse das Eindrücklichste. Wo immer einem ein Dürerscher Kopf begegnet, die Wirkung bleibt die gleiche: die einer unerhörten Verdichtung des sinnlich-geistigen Ausdrucks der Form. Steigert sich aber die Aufgabe vom Bildnis zur freien Charakterfigur, wie in den Münchner Aposteln, so stehen wir vollends einer Erscheinung gegenüber, die sich der Phantasie dauernd bemächtigt. Es ist kaum zuviel gesagt: der Paulus der Münchner Pinakothek gehört dem allgemeinen deutschen Gestaltenbesitz an. Wer ihn einmal gesehen hat, wird ihn nicht mehr los. Der Blick des ernsten Auges folgt dem Beschauer, auch wenn er die Galerie längst verlassen hat.

Das Tiefe und Nachdenkliche seines Geistes bestimmt wohl unsere Vorstellung von Dürers Wesen am ersten. Bei keinem andern Künstler hat man so das Gefühl, daß man über alles mit ihm hätte reden können. Dazu kommt nun aber das Spezifisch-Anschauliche des Malers, die besondere Kraft, Schärfe, Helligkeit des Sehens, die aus jeder Zeichnung herausleuchtet und so anregend wirkt, daß wir selber frischer und lebendiger werden in der Auffassung und alle Dinge wie zum erstenmal zu sehen glauben. Wie die Formen sich runden und recken, die Größen- und Raumverhältnisse sich wie von selbst erklären, das Psychische durchsichtig wird bis auf den Grund, dies gibt dem Auge ein Gefühl von Sicherheit und Freudigkeit, das über den einzelnen Bildfall hinaus vorhält. Man darf eine solche Wirkung zwar nicht auf die Dürersche Kunst beschränken, aber die gleichmäßige Klarheit und Wachheit, die gleichmäßige Sachlichkeit, mit der er jedem einzelnen Gebilde gerecht zu werden trachtet, ist doch etwas, was für ihn charakteristisch bleibt. Der Banause bestaunt es als den Fleiß der unbedingten Vollendung, aber es steckt mehr darin: die Ehrfucht vor jedem Ding der Schöpfung und der Ehrgeiz, die Sehwerkzeuge so vollkommen als möglich zu handhaben. »Das Auge ist der alleredelste Sinn des Menschen.«

Und dann kommt noch etwas hinzu, was den Zauber der Dürerschen Zeichnung erst vollendet: daß alle Darstellung eingebettet ist in eine sehr entschiedene Ordnung und Verhältnismäßigkeit. Man erkennt Dürers Hand von weitem an einer gewissen kräftigen Anmut der Linienführung und -fügung, die sich mit dem Eindruck von Festigkeit und Geschlossenheit verbindet. Da gibt es nichts Fahriges, Ausschweifendes, Hingewischtes, vielmehr bewegt sich alles in einem gemessenen klaren Rhythmus. Die Gräser und Halme eines Rasenstückes, wie er es in einem berühmten Aquarell der Albertina gemalt hat, scheinen zwar nur dem Zufall ihre Anordnung zu verdanken, aber es ist nicht wahr: es ist eine ganz bestimmte Harmonie und Gesetzmäßigkeit, nach der die Formen sich geordnet haben. Dieses Prinzip der Ordnung, das manchmal ins Ernste und Strenge sich steigert, häufiger aber freundlich und liebenswürdig wirkt, durchwaltet die großen figürlichen Kompositionen so gut wie Form und Folge der einzelnen Striche einer Zeichnung. Man mag es als Sinn für Ruhe und Maß bestimmen oder mehr als heiter-kräftige Lebendigkeit empfinden: ein gewisser Zusammenhang mit der bürgerlich-menschlichen Gesamtnatur des Mannes leuchtet unmittelbar ein und hat jedenfalls zur Volkstümlichkeit dieser Kunst nicht wenig beigetragen.

Aber freilich, das ist nicht der ganze Dürer. Neben dem Künstler gibt es auch den Theoretiker, der die »Messung mit Zirkel und Richtscheit« und die »fünf Bücher von menschlicher Proportion« geschrieben hat, und beides waren Hauptangelegenheiten seines Lebens. Es ist nicht verwunderlich, daß man einen gewissen wissenschaftlichen Einschlag in seiner Kunst hat finden wollen, der der Flugkraft seiner Phantasie entgegenwirkte. Was aber schlimmer ist: Dürer bleibt der Mann, der, früh von italienischer Kunst angezogen, ein fremdes Element in die heimische Überlieferung gebracht hat. Man kann die Augen nicht schließen vor manchem, was uns kalt, entlehnt, formalistisch vorkommt, und ist das Mißtrauen einmal geweckt, so will es sich nicht mehr beschwichtigen lassen, und überall werden die Spuren der Entfremdung vom Eigenen aufgesucht werden, um nachzuweisen, daß Dürer eigentlich ein ganz anderer hätte werden können und werden sollen. Ein Vergleich mit der saftigen Frische eines Altdorfer oder des jungen Cranach läßt fast erschrekkend erkennen, in wie enge Bahnen die Dürersche Zeichnung durch das Ideal der plastischen meßbaren Form gedrängt worden ist, und blickt man gar auf eine Erscheinung wie die Grünewalds, so kommt einem das Isolierte seiner Stellung noch peinlicher zum Bewußtsein. Den unabsehbaren malerischen Reichtümern eines Isenheimer Altars – was hat ihnen Dürer entgegenzusetzen? Und Grünewald, wenn er sich in allen Wundern der Welt ergangen hat, so nimmt er noch einen Aufschwung ins Überirdische, neben dem Dürer vollends zurückbleiben muß. Ist irgendein Auferstehungsbild Dürers mit dem seinigen in der Kraft der Vergegenwärtigung des Außerordentlichen zu vergleichen? –

Wir wollen nun der Frage nähertreten, wie die Welt auf der einen und auf der anderen Seite gesehen worden ist und inwiefern man hier oder dort von deutscher Artung oder Entartung sprechen muß.

Wenn irgend etwas für deutsche Kunst als charakteristisch angenommen werden darf, so ist es jene formverflechtende Art, die wir (übel genug) »malerisch« zu nennen gewöhnt sind. Daß die Dinge sich nicht in plastischer Besonderung geben, sondern daß eine heimliche Bewegung von Form zu Form weitergeht. Daß es nicht mehr bloß einzelne Gegenstände im Raum sind, sondern daß ein Gesamtleben da ist, das Körperliches und Unkörperliches für die Phantasie einheitlich bindet. Das Einzelne hat dann seine Sonderbedeutung mehr oder weniger an das Ganze dahingegeben.

So ist es, wenn Baldung oder Altdorfer die Heilige Familie in Ruinen gemalt haben. Da raschelt und rauscht es in den dunklen Höhlen; die gebrochenen Mauern silhouettieren sich in Linien, die mit den Nachbarlinien gleich eine eigentümliche Bindung eingehen; ein zufälliger Himmelsausschnitt kann für die Stimmung von größter Bedeutung werden; der ganze Formenkomplex des Bildes ist voll von Geheimnis. Es gibt bekannte Gemälde der Art in öffentlichen Sammlungen (München, Berlin). Wer wird nicht sofort bereit sein, eine solche Märchenphantasie recht eigentlich deutsch zu nennen? Merkwürdig: Dürer bietet nichts Ähnliches. Man erstaunt, wie arm er ist an solchen »malerischen« Motiven. Was er an verwandtem Formgefühl in der Jugend besaß, das hat er, wie es scheint, systematisch bei sich ausgerottet. Es ist aber von Anfang an nicht eben viel gewesen. Ein Bild wie die Heilige Familie des Paumgärtner Altars (München) oder ein Stich wie das, ebenfalls frühe, »Weihnachten« genannte Blatt wird niemand als einen malerischen Einfall bezeichnen. Es sieht vielmehr so aus, als ob hier zuerst eine Bühne hergerichtet und dann das Personal aufgestellt worden sei. So reizvoll das Einzelne ist, gerade das Entscheidende, die geheimnisvolle Bindung der Formen, bleibt aus.

Ein Wald bedeutet für uns nicht nur die Summe der einzelnen Stämme, das Wesentliche liegt im »Weben« des Waldes, in der (nur der Phantasie zugänglichen) Beziehung von Ast zu Ast, von Baum zu Baum. Das Flüstern der Formen, das ist es. Bei Altdorfer bekommt man diesen Eindruck. Dürer hat das Thema der Landschaft nicht selten behandelt, aber einen gemalten Wald gibt es bei ihm nicht. Und was an einzelnen Baumgruppen für die andern das Reizvolle war: wie die alten, moosig bebarteten Äste ineinandergreifen, an dem geht er vorüber, oder vielmehr er lichtet es ins Klare, Einfache, Plastisch-Greifbare. Gerade in solchen Verflechtungen, Überschneidungen aber besitzt die deutsche Kunst einen eigentümlichen Schönheitswert. Es bedarf gar nicht des Vielen: Grünewald gibt im Einsiedlerbild des Isenheimer Altars in einigen Ästen ein ganz wunderbares Schauspiel unendlicher Bewegung.

Die auszeichnende Eigenschaft einer klassischen Dürerschen Landschaft, ich meine einer Landschaft aus seiner reifen Zeit, ist neben der Ausdruckskraft der charakterisierenden Linie die ungemeine Anschaulichkeit der räumlichen Situation. Ein Altdorfer oder ein Wolf Huber werden diese Eigenschaften weniger ausgesprochen besitzen, dafür geben sie uns in strudelnden Strömen, aufschießenden Bergen und lichtstrahlenden Lüften den Eindruck, als ob Land und Himmel von einem gemeinsamen Atem erfüllt seien. Auch Dürers Gegenden, mit ihrer sauberen Sonderung der gegenständlichen Motive, haben ihre Einheit, aber das Interesse liegt hier an einer andern Stelle, und das Erleben der Natur ist offenbar ein grundsätzlich verschiedenes gewesen.

Übrigens ist es bezeichnend, daß das Problem der Landschaft wesentlich die Jugend Dürers beschäftigt hat und später mehr und mehr zurücktritt. Auch der »malerische« Architekturgrund hört auf, wie der »malerische« Figurenknäuel. Die plastischen Tendenzen und damit die Figur als Einzelwert gewinnen eine ausschließlichere Bedeutung.

Gleichzeitig hat Dürer an die Klarheit der Zeichnung immer höhere Ansprüche gestellt. Das bloß Expressive – und wirke die Formel noch so stark – befriedigt ihn nicht. Er verlangt prinzipiell anderes und kommt damit aufs neue in Gegensatz mit deutscher Überlieferung und zeitgenössischer Übung. Er betastet die Figur ringsherum mit den Augen und dem Werkzeuge des Geometers. Messen, messen, messen! Nicht als ob er nicht auch ein Gefühl für jene innere Dynamik der Form gehabt hätte, die für uns erst den Eindruck des Lebendigen verbürgt (er hat sie im höchsten Maße gehabt), aber er kommt zu einer neuen Gleichung. Bei den andern ist es immer die durchgehende innere Bewegung, der einheitliche Schuß in der Form, den man zuerst sieht, und dann erst kommen einem Gliederungen, soweit sie vorhanden sind, zum Bewußtsein; Dürer versteht den Organismus als ein Ganzes, wo zunächst alle Gelenke herausgeholt und jedem Teilglied seine klar begrenzte, meßbare Form gegeben werden muß. Möglich, daß eine solche Definition falsche Vorstellungen erweckt, aber man kann den Unterschied nicht stark genug bezeichnen. Es ist das, was Dürers Lucretia (München) von jedem Frauenakt Baldungs trennt und was eben eine solche Lucretia für die meisten so schwer genießbar macht. Diese Art der Körperinterpretation ist uns nicht geläufig, und es weiß jeder, daß sie bei Dürer durch italienische Muster bedingt gewesen ist. Für die Leiber von Adam und Eva im Kupferstich des Sündenfalls, für das Pferd des Ritters mit Tod und Teufel können die Prämissen nicht in der heimischen Entwicklung gefunden werden.

Doch bleibt der Unterschied ein ähnlicher in der Gewandzeichnung, wo italienische Muster direkt nicht mitspielen. Auch hier hat eine plastische Phantasie, verbunden mit dem Anspruch auf absolute Klarheit zu Resultaten geführt, die zu der auf unmittelbaren Ausdruck eingestellten Kunst der andern im Gegensatz stehen. Ein einziges Beispiel: die schluchzende Magdalena zu Füßen des Kreuzes am Isenheimer Altar. Sie ist überrieselt von den Wellen eines vielfältigen Gewandes. Ob diese der Prüfung auf absolute plastische Klarheit standhalten würden, ist fraglich, aber wem fiele es ein, hier mit messendem Auge sehen zu wollen? Genug, daß man fühlt, aus jeder Falte fühlt, wie das Weib vom Weinen geschüttelt wird. Damit vergleiche man die Draperien Dürers bei den Aposteln des Heller Altars oder den Münchner Aposteln: sehr großartige Themata, aber starr; voll Ausdruck, aber kaum in zwingendem Zusammenhang mit einer bestimmten Bewegung erfunden.

Gewiß, die Aufgabe ist eine ganz verschiedene bei der Magdalena und bei den Aposteln: dort der hemmungslose Ausbruch der Leidenschaft, hier vollkommene Ruhe und Gelassenheit. Insofern muß der Vergleich mit Vorsicht gehandhabt werden. Allein das ist es ja gerade, was man Dürer vorwirft, daß er nie leidenschaftlich wird und eine gewisse kühle Gemessenheit überall bewahrt. Das Glück des Überschwenglichen hat er nicht gekannt, und es gibt wenige Fälle, wo man seinen Ausdruck hinreißend nennen wird. Wenn er es als einen Hauptberuf der Malerei bestimmt, die Passion des Herrn darzustellen, so ist es um so auffälliger, wie wenig er sich auf starke, gefühlserregende Motive eingelassen hat. Der erschütternde Inhalt des Golgatha vom Isenheimer Altar steht seiner Empfindung ganz fern. Aber auch der ausgelassene Jubel eines Engelreigens in den Lüften, wie er bei Altdorfer im Bild der Mariengeburt (München) durch die Kirche stürmt, wäre bei Dürer undenkbar. Er bleibt in einer mittlern Zone des Gefühls. Es fehlen die großen Abstiege ins Dunkle und die großen Steigerungen ins Lichte. Und so groß sein Reichtum an psychischem Leben ist, so wird man doch gerade bei ihm seltener als bei andern durch den Reiz des »Naiven« sich getroffen fühlen. Seine Menschen leben fast alle in der Tageshelle eines wachen Bewußtseins.

Und nun geht die Kritik weiter, und man fragt mißtrauisch, ob in seinem ganzen Verhältnis zur Sichtbarkeit nicht etwas von Kühle zu merken sei. Man weist auf die glühende Empfindung hin, die in den Bildern der »Maler« lebt und die sie – man denke an einen Wolf Huber etwa – zu so prachtvollen Formübertreibungen gedrängt hat. Da rauschen die Berge auf wie steile riesige Wellen, und von den Bäumen ergießt sich das Laub wie in Sturzbächen. Anders konnte ja das unendliche Quellen, der unerschöpfliche Formtrieb der Natur gar nicht zum Ausdruck gebracht werden. Dürer hat – von einigen Jugendwerken abgesehen – diese Art von Zeichnung nicht. Er hält sich zurück und bleibt durchaus sachlich gestimmt.

Aber auch bei dieser Sachlichkeit, meint man, hätte sein Gefühl für die Farbe und für das Stoffliche der Dinge teilnehmender, reicher sein müssen. Er hat für gewisse Qualitäten der Oberfläche Empfindung, in der Zeichnung kommt das oft ganz überraschend zum Ausdruck, aber warum gibt er im Gemälde so wenig? Wie weit bleibt er hier im Schmelz jugendlicher Haut, im Schimmer edler Gewebe, im Zauber des atmosphärischen Lebens hinter den andern zurück. Man kann nicht sagen, daß ihm die Farbe von Natur gefehlt habe, aber sie verliert für ihn mehr und mehr an Interesse. Der seelische Antrieb, der gerade hier ein Hauptausdrucksmittel gesteigerter Empfindung finden mußte, ist mit der Zeit bei ihm abgestorben.

Und je mehr nun Dürers Welt arm wird, um so stärker tritt in der Formenanordnung eine Strenge und Gebundenheit zutage, die auf unser Gefühl notwendig noch einmal abkühlend wirken muß. Die germanische Kunst ist eine Kunst des freien und unmittelbaren Ausdrucks – »die Rührung macht den Vers und nicht gezählte Töne« (Haller, Die Alpen) –, die romanische Kunst gefällt sich in der gebundenen Form. Ein Italiener des 16. Jahrhunderts konnte eine hoch leidenschaftliche Szene in eine ganz strenge Komposition spannen. Für einen Deutschen bleibt das immer nur halb verständlich. Das lebendige Geschehen kann sich nicht in Fesseln schlagen lassen, sondern will in freiem Rhythmus daherwogen. Wir haben die prachtvollsten freirhythmischen Einfälle bei den Malern, die Dürers Zeitgenossen gewesen sind. Er selbst dagegen bekundet früh die Neigung, die italienisch-strengen Schemata anzuwenden. Er baut künstliche Figuren-Pyramiden, arbeitet mit gewissen Entsprechungen der Seiten, zunächst nur vereinzelt, gleichsam probeweise, bis dann in der mittleren Zeit der Drang sich durchsetzt, die große historische Szene in fest gebundener Form zu komponieren, mit betonter Mittelaxe, strengen Symmetrien usw.

Man nennt das tektonische Komposition. Der Begriff verträgt aber eine viel ausgedehntere Anwendung. Die Frontalität und Rechtwinkligkeit des Reiters mit Tod und Teufel ist ebenso tektonisch wie die Gruppe von Adam und Eva im Stich des Sündenfalls. Von andern Fällen zu schweigen. So selbstverständlich diese Bildform dem Italiener ist, wir Nordländer sind empfindlich dagegen und lehnen sie bald als Starrheit ab. Bildwerke dieser Art erscheinen uns – auf einer gewissen Entwicklungsstufe – als gemacht und nicht als lebendig, als kunsthaft und nicht als naturhaft, und so wenig es sich um einen ausschließlichen Gegensatz handeln kann, da selbstverständlich auch im scheinbar-zufälligen Kunstwerk ein ästhetisches Gesetz waltet, so hat das Strenge bei uns doch andere Grenzen als bei den Romanen. Dürer verhält sich ungleich; es gibt bei ihm neben ganz gebundenen Arbeiten auch wieder merkwürdig freie, eben deswegen aber wird man immer geneigt sein, ihm dort eine Verleugnung der eignen Natur und ein allzu großes Entgegenkommen gegenüber fremden Idealen zum Vorwurf zu machen. Wie selten ist man bei ihm von einer »Vision« zu sprechen veranlaßt!

Und endlich muß noch von einem Motiv die Rede sein, das rein italienischen Charakters ist: das Problem der schönen Proportion. Es hat Dürer gerade in den Hauptzeiten seines Lebens leidenschaftlich beschäftigt. In mühevollen langen Studien hat er die Frage untersucht, wie die vollkommene Gestalt des Menschen beschaffen sein müßte. Er hat sie zu verschiedenen Zeiten verschieden beantwortet und ist schließlich davon abgekommen, das eine Vollkommene zu suchen. Die höchste Schönheit kennt Gott allein, wir müssen uns begnügen, die durchgehende Harmonie in den verschiedenen Typen des Schlanken und Breiten, Dicken und Dünnen zu verstehn, wobei es dem individuellen Geschmack überlassen bleibt, welche er bevorzugen will.

Ohne zu erörtern, wieviel von solchen Spekulationen in das künstlerische Werk übergegangen ist, wollen wir nur die prinzipielle Seite der Sache ins Auge fassen. Man kann wohl sagen, Dürer sei bei dieser Angelegenheit gedeckt gewesen durch ein allgemeines Vorurteil der Zeit, der das Wesen der Dinge in gewissen Maßen befaßt erschien, aber es ist zweifellos, daß für das germanische Gefühl die Proportion nie die Bedeutung gehabt hat, wie für das italienische. Es ist eine italienische Vorstellung, daß die Kunst die »Reinheit« der Proportionen zu suchen habe. Für uns hat dieser Begriff, soviel davon geredet worden ist, wenig Lebendiges. Unsere Empfindung wird erregt durch das, was geschieht, nicht durch das, was als ruhende Form da ist. Der Charakter der deutschen Architektur in allen Zeiten ist wesentlich bedingt durch den Eindruck einer bestimmten Bewegung, nicht durch feste Proportionen. Und so ist die Figur von der deutschen Kunst immer mehr von der dynamischen Seite her aufgefaßt worden, als daß man auf die Schönheit bestimmter Maßverhältnisse die Wirkung abgestellt hätte.

Dürer hat hierüber offenbar anders gedacht, denn wenn auch die Angelegenheit der schönen Proportionen mehr und mehr aus der Praxis des Künstlers herausgenommen und einer rein theoretischen Behandlung in Büchern überwiesen wird, so war der Verfasser dieser Bücher »von menschlicher Proportion« doch überzeugt, damit wieder dem Leben zu dienen, d. h. zu Nutz und Frommen einer künftigen deutschen Kunst gearbeitet zu haben. Die Geschichte hat diese Erwartung freilich bisher nicht bestätigt.

Nach so vielen und bedeutsamen grundsätzlichen Einwendungen wagt man kaum mehr die Frage zu stellen: kann Dürer von uns als *der* deutsche Maler gefeiert werden? Muß man nicht vielmehr endgültig zugestehen, daß hier eine große Begabung sich in der Nachahmung des Fremden verirrt hat und instinktlos geworden ist? Zweifellos – es gibt Echtes und Köstliches die Menge bei Dürer, und nicht nur beim jungen Dürer, aber sein Werk ist durchsetzt mit Dingen, die uns fremd anmuten. Im Schoß der italienischen Verführerin hat Simson seine Locken verloren.

Und doch kann man den Fall auch anders ansehen. Dürer mag im einzelnen hundertmal unrecht haben und im Vergleich mit den andern Deutschen den kürzeren ziehn, es ist doch möglich, daß das Anstößige nur auf der Oberfläche liegt, daß es mehr die Kunstmittel sind, die wir kritisieren, und daß jener Drang nach Italien aus einer vollkommen gesunden Stimmung hervorgegangen ist, auch wenn Dürer in der Art, wie er seine Sehnsucht befriedigte, geirrt haben sollte.

Die Proportionen – ja, es ist wahr, daß ein Italiener den Funken in ihm entzündet hat, aber ist es glaubhaft, daß die Anregung so stürmisch aufgenommen worden wäre, wenn die Idee nicht geheim in ihm vorhanden gewesen wäre? Um was handelt es sich denn? Nicht um ein Geschmäcklertum, das möglichen Reizsteigerungen nachspürt, sondern um eine Angelegenheit von fast metaphysischer Bedeutung. Alle Dinge haben ihre bestimmten Maße, die menschliche Proportion ist nur ein Sonderfall, allerdings der für uns interessanteste. Es gilt Formen wiederzufinden, die Gott gewollt hat und die in der Welt verdorben sind. Und nun ruft Dürer dem Künstler zu: Du bist der Berufene, die ursprüngliche Schönheit der Geschöpfe wiederzufinden! Was für eine Stellung gibt er damit der Kunst! Wahrhaftig, sie wird zur Statthalterin Gottes auf Erden.

Gleichgültig, wie Dürer den Mann und das Weib nun tatsächlich konstruiert hat, das Entscheidende ist das Verlangen nach dem *Notwendigen,* nach einer Schönheit, vor der man »gefangen steht« wie vor einem mathematischen Beweis. Die Sehnsucht, aus dem Willkürlichen, Zufälligen, Schwankenden herauszukommen, emporzudringen zu den »reinen« Formen, das ist der Kern all dieser leidenschaftlichen Bemühungen um die »wahren« Proportionen. Dürer hat unsäglich darunter gelitten, daß jedem etwas anderes schön vorkommt, ja daß das eigene Urteil sich heute so und morgen anders entscheidet. Wer dieses Verlangen nach einem Letzten, Sicheren, Vollendeten als undeutsch ablehnt, der verkennt einen immer wiederkehrenden Zug der deutschen Geistesgeschichte. Es sind nicht die Schlechtesten gewesen, die sich an diesem Idealismus verblutet haben.

Zugegeben, daß die schöne Proportion und damit der Begriff des Vollkommenen bei uns praktisch nie die Rolle spielen kann wie in der romanischen Kunst, so ist es doch kein Irrlicht, wenn die vollendete Schönheit für uns wie ein ferner, lockender Stern am Himmel steht

Um Dürers Idealismus aber richtig zu werten, muß man sich seiner Weltgläubigkeit erinnern. Mit seinen Spekulationen über die reine Form will er nicht aus dem Umkreis des Gegebenen heraustreten. In der Natur steckt sie. Wer sie heraus kann reißen, der hat sie. Wehe dem Phantasten, der da meint, aus eigenem Gutdünken das Schöne konstruieren zu können. Er bringt nur eine Scheinwahrheit zutage, die in sich zusammenfallen muß.

Mit diesem Begriff des Notwendigen ist nun aber auch eine Brücke geschlagen zum Verständnis dessen, was uns ab und zu als das Starre in Dürers Formenanordnung befremdet. Auch da sucht er eben das Eine, was jeden Gedanken ausschließt, daß es auch anders sein könnte. Eine Art von Tektonik, die über die der älteren Generation hinausgeht, besitzen alle seine deutschen Zeitgenossen; Dürer konnte sich dabei nicht beruhigen und griff zu den strengen Ordnungen der Italiener. Es mag sein, daß er damit dem deutschen Gefühle stellenweise zuviel zugemutet hat und daß namentlich wir uns bei den freieren Ordnungen der anderen wohler fühlen: das Wichtige ist nicht die einzelne Lösung der Aufgabe, sondern das Wachwerden eines Gefühls, das nach dem schlechthin Unverrückbaren verlangt. Wenn man das ein Merkmal klassischer Gesinnung nennt, so heißt das, daß auch der Norden eine

Klassik kennt. Freilich wird sie nie gleiche Resultate zeitigen wie die romanische, und es gibt ein Unglück, wenn man glaubt, auf dem Wege der unmittelbaren Nachahmung der Italiener ihr nahekommen zu können.

Das Phänomen der Dürerschen »Gesetzmäßigkeit« hat aber noch andere Wurzeln. Auch hier stehen nicht bloße Geschmacksfragen im Spiel. Dürer sieht in der Welt die Ordnung, das Gesetzliche als die eigentliche Form des Lebendigen. Das spürt man in der Zeichnung einer einzelnen Blume wie in der Zeichnung eines Grasbüschels. Es gibt da zwar keine tektonischen Linien, keine reinen Horizontalen und Vertikalen, aber die ganze Darstellung ist erfüllt von einem Geist des Geordneten, der gleicher Art ist, wie er uns aus den großen tektonischen Konfigurationen entgegentritt.

Und diese Welt des Geordneten ist nun auch die Welt des Sittlichen. Die Erscheinung von Roß und Reiter im Blatt von Ritter, Tod und Teufel mag etwas Starres haben, aber liegt nicht auch für uns noch in dieser Gebundenheit ein Teil der sittlichen Kraft des Mannes? Der ehrenhafte Mann ist der senkrechte Mann. Das ist cum grano salis zu verstehen, aber bis hinauf zu den Monumentalfiguren der vier Apostel geht diese Symbolik. Umgekehrt: das Wilde und Willkürliche ist für Dürer das Böse, das Nicht-sein-sollende.

Fast ist man versucht, auch von einer Sittlichkeit des Sehens, wie er es verstand, bei Dürer zu sprechen. Es ist sein Verdienst, einen Begriff der absoluten Klarheit der Darstellung verwirklicht zu haben, der dem Herkommen und Brauch gegenüber etwas völlig Neues bedeutete. Wenn man über die malerische Armut Dürers klagt, so bedenkt man zu wenig, durch welche positiven Werte er diesen Mangel ausgleicht. Gewiß, er richtet sein Augenmerk hauptsächlich auf die greifbare Form, aber innerhalb dieser Richtung ist er so stark, daß man durchaus versteht, wie alles, was nicht plastischer Natur ist, alles, was man als Stofflichkeit, malerische Beleuchtung, malerische Behandlung der Farbe bezeichnet, bei ihm absterben konnte. Licht und Farbe stehen ganz nur im Dienste der plastischen Formklarheit und führen kein Leben für sich. Die starke Reaktion von plastischer Vorstellung beim Beschauer zu erzwingen ist aber nur das Elementare, die höhere künstlerische Absicht ist darauf gerichtet, die Dinge nach ihrer eigentlichen und wesentlichen Natur erschöpfend zur Darstellung zu bringen. Diese Sachlichkeit darf man das sittliche Sehen bei Dürer nennen. Sie ist gewiß mit Opfern erkauft worden. Es ist einleuchtend, wie sehr er gerade in den Reizen der malerischen Verflechtung, in den unfaßbaren Bewegungsinhalten eines malerischen Bildganzen etwas Feindliches erkennen mußte, und trotzdem war er Deutscher und konnte diesen Wirkungen ihr Recht unmöglich ganz abstreiten.

Aber man wirft ein: er war eben zu wenig Deutscher! Und es wird auch hier die Nachahmung italienischer Vorlagen verantwortlich gemacht, daß Dürer manchmal so kahl und kalt wirkt. Wir wollen nicht bestreiten, daß hier und da sein natürliches Gefühl Schaden gelitten habe, aber das Wesentliche hat er nicht als Nachahmender übernommen. Wohl fand er in der italienischen Kunst eine Klarheit und Sauberkeit, die ihm wie eine Erfüllung dessen vorkam, was er selbst suchte, aber ohne daß er etwas gesucht hätte, hätte er auch nichts gefunden. Es muß ihm ein Genuß gewesen sein, den der Nichtkünstler kaum ganz nachempfinden kann, die Dinge vollständig in Sehwerte aufzulösen, das Sichtbare, soweit es für ihn Bedeutung hatte, restlos in Darstellung überzuführen. So selten diese Tendenz in der deutschen Kunst sein mag – auch sie ist ein Merkmal klassischer Gesinnung –, so kommt sie bei uns doch nicht nur einmalig vor, und es geht nicht an, sie als eine vom Ausland hereingetragene Sache abzutun. Es wird immer noch ein Unterschied bleiben zwischen deutscher und italienischer Klassizität, und es genügt, darauf hinzuweisen, wie klar Dürer das selbst in seinem letzten Werk dargetan hat, jenen vier Aposteln in München, die in der Erscheinung so ganz und gar unitalienisch sind.

Und jedenfalls haben wir kein Recht, die Armut der Welt, wie er sie sah, zu beklagen. Nur ist es eine andere Art von Empfindung, die er den Dingen entgegenbringt, als jene Maler sie gehabt haben, die mit ungeheuerlichen Formsteigerungen ihren Eindruck der Welt wiedergeben. Dürer tritt ganz hinter der Sache zurück. Aller Subjektivismus war ihm im Grund der Seele verhaßt.

Aber bei alledem wird der Einwand nicht verstummen, daß es eben doch an großen leidenschaftlichen Äußerungen in seiner Kunst fehle. Immer wieder wird man auf das große Beispiel Grünewalds hinweisen. Das sei der Mann, der die Seelen rührt. Gibt es denn etwas bei Dürer, das sich dem erschütternden Schmerzensantlitz des Gekreuzigten auf dem Isenheimer Altar vergleichen läßt? ... Ja, es gibt etwas.

Gerade mit dem gleichen Thema, gerade mit dem Kopf des leidenden Christus, wie ihn Dürer als seine ganz persönliche Schöpfung geformt hat[1], tritt er Grünewald als Ebenbürtiger zur Seite. Aber Ausgangspunkt und Ziel ist ganz anders: dort das Leiden, das zum Mitleiden herausfordert, hier die Kraft, die sich dem Leiden entgegenstemmt. Der Unterschied ist ein ungeheurer und erleuchtet mit einemmal die völlig verschiedene geistig-sittliche Haltung Dürers. Es mag sein, daß der Christus Grünewalds mächtiger ergreift, aber das Ethos Dürers übt eine Wirkung aus, die wahrscheinlich länger vorhält und die den Beschauer nicht niederbeugt, sondern erhebt.

Aus einer solchen Stimmung allein hat dann auch der Pauluskopf Dürers erwachsen können.

Die vier Apostel sind immer als das eigentliche Vermächtnis des Meisters angesehen worden. Er hat sie ohne Bestellung gemalt und dem Rat seiner Vaterstadt Nürnberg zum Geschenk gemacht. Aus den Unterschriften können wir erschließen, was sie bedeuten: eine Mahnung, festzubleiben beim Wort und nicht nachzugeben, wenn falsche Propheten einen sozialen und religiösen Radikalismus predigten, der alle geistliche und weltliche Satzung wegzuschwemmen drohte. In der Bibel, wo kein Wort weggenommen oder zugetan werden dürfe, sieht Dürer den festen Grund, auf den man sich zu stellen habe. Das mag uns als Befangenheit erscheinen. Es geschah im Sinne seiner Zeit, zu einer andern Zeit würde Dürer vielleicht vom Recht des Geschichtlich-Gewordenen gesprochen haben.

Aus diesen Aposteln aber erhellt auch, wie er als Maler mitten auf den Kampfplatz des Tages tritt. Die Kunst war ihm nicht nur eine Offenbarerin der Schönheit, nicht nur ein Werkzeug der Andacht, sondern ein Mittel im Kampfe der Geister. Nicht mit dem Zwang logischer Gründe kann er überzeugen, wohl aber mit der Macht gewaltiger Menschenbildungen, aus denen das Gesetz der Sittlichkeit spricht. Ob er damit über die natürlichen Aufgaben der Kunst hinausgegangen sei oder nicht, mag jeder für sich entscheiden. Mit einem andern großen Deutschen würde er sich jedenfalls in dieser Auffassung des Künstlerberufs verstanden haben, ich meine mit Schiller:

»– Der Menschheit Würde ist in eure Hand gegeben.«

Dann der alleredelst Sinn der Menschen ist Sehen.
Dürer nach der Antike

Lebensgeschichte

Was zufällig als erste künstlerische Äußerung Dürers erhalten blieb, ist ein Selbstbildnis: der Knabe im Alter von dreizehn Jahren; mit dem Silberstift gezeichnet, in feinen vorsichtigen Linien. Alles, was feste Form ist, enthält bereits die Bildung, die wir aus den späteren Bildnissen kennen, und das Individuelle spricht schon mit merkwürdiger Bestimmtheit. Nur das Auge hat einen unwahren Blick. Im ganzen aber des fein organisierten Kopfes liegt eine eigentümliche Spannung, und man mag leicht versucht sein, mehr darin zu sehen als die Spannung des Modells vor dem Spiegel: etwas von jenem staunenden Erwarten, mit dem das Genie den Eindrücken der Welt entgegengeht.

Dieser Knabe ist am 21. Mai 1471 in Nürnberg zur Welt gekommen, in einem Hinterhaus als Kind eines armen Goldschmieds. Zwei Kinder waren schon da, und fünfzehn sollten noch folgen. Der Vater war seinerzeit aus Ungarn eingewandert und hatte als Vierziger die Tochter seines ehemaligen Meisters, ein blutjunges Nürnberger Mädchen, zur Frau bekommen.

Wir kennen ihn. Der junge Dürer hat ihn zweimal gemalt und dazu in seiner Familienchronik noch einen Text geschrieben: wie er ein Mann von wenig Worten gewesen sei, streng rechtlich und tüchtig in seinem Handwerk, ein Mann, der sich zeitlebens schwer habe plagen müssen, und wo die Kinder aufwuchsen in harter christlicher Zucht. Albrecht war sein besonderer Liebling.

Die Mutter, die einst ein liebliches Mädchen war (eine »hübsche gerade Jungfrau« nennt sie Dürer), ist uns nur durch eine Zeichnung aus ihrer spätesten Lebenszeit bekannt, jene unvergleichliche große Kohlezeichnung, die der Sohn kurz vor ihrem Tode machte, 1514. Er hatte sie, nachdem sie Witwe geworden, zu sich genommen. Sie ging kaum mehr aus, nur in die Kirche. Auch die andern ermahnte sie dazu, und ihre ständige Rede war: »Geh im Namen Jesu Christi.« Jene Zeichnung ist das Bild eines Weibes, das, von vielen Geburten erschöpft, in Not und Arbeit sich völlig aufgezehrt hat, und das verschrumpfte Gesicht mit den schielenden vortretenden Augen hat etwas Dumpfes und Hoffnungsloses, das fast erschreckend wirkt.

Das sind die Eltern. Pate war Anton Koberger, der berühmte Buchdrucker und Verleger.

Nachdem der Knabe in der Schule das Lesen und Schreiben gelernt hatte, war es selbstverständlich, daß er beim Vater in die Lehre ging[1], und er war schon fast ein ausgelernter Goldschmied, als er inne wurde, er müsse Maler werden. Ohne Kampf ging es nicht – Dürer berichtet darüber in der Familienchronik –, den Vater »reute die verlorene Zeit«, aber schließlich ließ er ihn gewähren und gab ihn zu Michael

Wolgemut in die Werkstatt. Er war fünfzehneinhalb Jahre alt damals. Die Lehrzeit sollte drei Jahre dauern. »In der Zeit verlieh mir Gott Fleiß, daß ich wohl lernte.« Aber von den Gesellen in der Werkstatt habe er viel leiden müssen, fügt er hinzu. Mit neunzehn Jahren, im Frühling 1490, zog er aus auf die Wanderschaft: »... und da ich ausgedient hatte, schickte mich mein Vater hinweg, und ich blieb vier Jahre außen, bis daß mich mein Vater wieder forderte.« Wo er war, sagt er uns nicht. Wir wissen aber aus anderen Berichten, daß Kolmar und die Werkstätte Martin Schongauers ein Hauptziel der Wanderschaft waren. Indessen scheint er weite Umwege gemacht zu haben, und als er nach Kolmar kam, kam er zu spät: Unvermutet war Meister Martin 1491 gestorben. So blieb er eine Weile bei den Brüdern, ging dann nach Basel – dort finden wir ihn im Dienste des Holzschnitts –, und eine weitere Nachricht läßt noch auf einen Aufenthalt in Straßburg 1494 schließen.

Seit Pfingsten dieses Jahres aber, wie gesagt, ist er wieder in Nürnberg. Gleich nach der Heimkehr gründet er den eigenen Herd, indem er die Frau heiratet, die ihm der Vater nach üblicher Weise ausgesucht hatte. Sie hieß Agnes Frei, war aus wohlhabendem Haus, eine nüchterne Person mit stumpfen Zügen, von der man wohl begreift, daß böse Zungen sie als ein Kreuz für den Maler bezeichnen konnten. Wir brauchen hier in bezug auf sein eheliches Glück keine Rechnung aufzustellen und begnügen uns zu konstatieren, daß er mit der Frau – in kinderloser Ehe – bis zu seinem Tode schlecht und recht zusammengelebt hat.

Die künstlerische Persönlichkeit Dürers kennzeichnet sich von Anfang an durch eine ungewöhnliche Feinfühligkeit der plastischen Form gegenüber. Man merkt, daß die Dinge der Sichtbarkeit ihm mehr sagten als den andern und daß er früh einen neuen Begriff von der Darstellungswürdigkeit und der Darstellungsfähigkeit der Natur sich gebildet haben muß. Nicht als Fortführer einer Nürnberger Lokaltradition läßt er sich begreifen, sondern gleich tritt er als der Erbe der gesamten oberdeutschen Kunst uns entgegen, und diese besaß damals ihre bedeutendste Potenz in Martin Schongauer. Neben dem Eindruck Schongauers tritt in den Hintergrund, was auf die Unterweisung durch Wolgemut und seine Genossen zurückgeführt werden kann.

Und nun war also Dürer in der Heimat Schongauers gewesen und hatte in den oberrheinischen Gegenden sich vollgesogen mit der feinen, beweglichen und ausdrucksvollen Art dieser Kunst, und was soll man anderes erwarten, als daß er jetzt, zurückgekehrt nach Nürnberg, der Fortsetzer, der Vollender des frühverstorbenen Meisters würde?

Allein da geschieht das Unerwartete: Dürer kommt unter den Eindruck Italiens. Die Wirkung Schongauers kreuzt sich mit der Wirkung Mantegnas. Deutsche Spätgotik begegnet sich mit italienischer Renaissance.

Wann die ersten italienischen Bilder an Dürer herankamen, ist nicht bestimmt zu sagen, bald nach der Rückkehr aber nach Nürnberg, im Jahre 1494 und 1495, mehren sich die Zeichen der Berührung so sehr und sind von solcher Stärke, daß eine

Reise über die Alpen angenommen werden müßte, auch wenn wir nicht durch sonstige Hinweise darauf gedrängt würden. Mag sein, daß einzelne Stiche italienischer Meister von Dürer schon im Norden kopiert wurden, 1495 aber hat er sicher auf italienischem Boden gestanden. Mit diesem Datum stimmt es, wenn Dürer später auf der großen italienischen Reise 1506 von einem Eindruck spricht, den er elf Jahre früher an Ort und Stelle, d. h. in Venedig, gehabt habe[2].

Vieles hat er damals gesehen, was eine mächtige Gärung in ihm hervorrufen mußte: große Landschaft, die Berge und Täler Tirols, Venedig und seine Maler, der Haupteindruck scheint aber Mantegna gewesen zu sein. Der Abstand war ein ungeheurer, ja in ganz Italien hätte er kaum einen stärkeren Gegensatz zu Schongauer finden können als den heroischen, strengen, antik gesinnten Meister von Padua. In großer sicherer Erscheinung gewahrte er da eine ganz andere Welt von Schönheit, andere Körper, andere Bewegungen und eine Gesinnung, die ihn in ihrer Art ebenso fremd berühren mußte: dem grandiosen Pathos Mantegnas – was hatte die nordische Kunst dem irgend Vergleichbares entgegenzusetzen?

Selbstverständlich, daß Dürer nicht eine Kunst an die andere hingab; auch wenn er gewollt hätte, er hätte nicht mit einem Male Italiener werden können. Er vermittelt und kommt dadurch in Nachteil gegen Schongauer. Altes und Neues stehen unausgeglichen nebeneinander. Es ist die Trübung des Stilgefühls, wie sie jeden Übergang kennzeichnet. Aber es glühte eine Feuerseele in dem jungen Künstler, und man sieht mit Spannung dem Moment entgegen, wo er die Kraft seiner Jugend in eine große Aufgabe ausströmen lassen würde. Das geschah im Holzschnitt. Es ist sehr charakteristisch: Der Linienkunst hat er zuerst sich anvertraut. Er griff nach dem aktuellsten Stoff der Zeit, nach der Offenbarung des Johannes. Die Zeichen, die man damals erwartete als die letzten vor dem Untergang der Welt, dort standen sie geschrieben, und sie wollte er in neuen Linien gestalten, mit einer noch nie gesehenen Macht des Ausdrucks, auf großen, großen Blättern: als Holzschnitte, damit er sicher sein konnte, zu vielen zu reden. Das Buch erschien 1498. Für die Geschichte des Holzschnittes bedeutet die Apokalypse eine neue Epoche; durch die kühne Genialität der Jugend, die sie vor anderen Arbeiten Dürers auszeichnet, hat sie aber immer, namentlich auf produktive Geister, einen besonderen Eindruck gemacht.

Gleichzeitig fing Dürer an, das Thema zu gestalten, das ihn zu allen Zeiten seines Lebens beschäftigt hat, die Passion des Herrn. Auch hier sind es Holzschnitte größten Formats. Der Zyklus ist erst später abgeschlossen worden, aber gerade in den früheren Blättern lebt ein auf das Heroische gerichteter Wille, der sie sehr wesentlich von der sentimentalen Haltung der hergebrachten Passionskunst unterscheidet.

Das dritte Holzschnittwerk, das in seiner Hauptmasse noch der Frühzeit angehört, ist das »Marienleben«, ein paar Jahre später gezeichnet als die ersten Zyklen und von anderer Stimmung. Dürer ist hier beschaulich, beschreibend, schildernd. Etwas davon liegt in der Natur des Themas, aber es ist auch die allgemeine Tendenz der Entwicklung bei ihm. Die Beobachtungen werden feiner und ausgedehnter, die

Darstellungsmittel reicher und präziser; Licht und Schatten spielen eine wichtige Rolle; die Linienführung nimmt eine Wendung zum Zierlichen. Der Sturm und Drang ist vorbei.
Aber darf man überhaupt diesen Begriff bei Dürer anwenden? Auch früher, da wo man den heftigen Pulsschlag des jungen Künstlers spürt, überwiegt das Temperament nie den künstlerischen Verstand. Das Verblüffend-Originelle, die geistreichen Extravaganzen findet man nicht bei ihm. Ein Zeitgenosse wie der junge Cranach ist viel weiter vom Weg des Gewohnten abgegangen und hat auf einen Augenblick vielleicht manche mehr geblendet; nachher ist er gründlich steckengeblieben. Dürers Kunst hat von Anfang an eine charakteristische Eigenschaft, die vollkommene Sachlichkeit: Ich meine, daß ihm die erschöpfende Darstellung der Dinge Hauptsache gewesen ist. Durch ihn zuerst wird dann die Darstellung an sich ein anerkanntes Problem der bildenden Kunst. Wo aber die Absicht auf erschöpfende Darstellung ging, da konnte der Holzschnitt unmöglich genügen. Es ist die subtile Technik des Kupferstichs, in der Dürer seine feinsten Dinge gibt, wo er für sich arbeitet, wo er die Form nachbildet um ihrer selbst willen. Die Malerei blieb einstweilen noch zurück.
Die Stiche umfassen alles: Heiliges und Weltliches; Landschaften, Tiere und menschliche Figur; das Hauptthema aber ist der nackte Mensch. In Italien war es ihm aufgegangen, daß es daran fehle bei den Deutschen. Daß man mit dem natürlichen Gewächs des Körpers anfangen müsse und daß die menschliche Form zugleich die letzte Aufgabe der Kunst sein möchte. Alle Gewandfigur war doch nur Phrase, solange man den Körper nicht besaß, und das (wenige) Nackte, was da war, so ein Schongauerscher Sebastian etwa, erschien ungenügend nicht nur wegen mangelnder Kraft, sondern weil der Sinn des körperlichen Baues nicht richtig erfaßt war. Aber nun erleben wir eine große Enttäuschung: Wir erwarten Naturstudien und bekommen Nachzeichnungen fremder fertiger Vorlagen. Dürer kopiert italienische Muster. Der Mann, der die Mittel hatte, der deutschen Kunst vom Wirklichen einen ganz neuen Begriff zu geben, begnügt sich in einer ganzen Reihe von Arbeiten mit einer Kunst aus zweiter Hand. Er kopiert und setzt die Elemente zu gelehrten Kompositionen zusammen, und es macht ihm gar kein Unbehagen, daß diese Körper doch alle eine andere Natur als die deutsche voraussetzen.
Und bald bemerkt man etwas noch Merkwürdigeres: daß ihm das Wirkliche überhaupt nicht genügt. Vom Naturalismus, der sich in der Darstellung des Gegebenen erschöpft, drängte es ihn weiter zu einer Kunst, die das Typisch-Abschließende gibt. Er wollte den Menschen bilden, so, wie er nach der Absicht des Schöpfers sein sollte. Verwirrt und beunruhigt durch die Unendlichkeit der individuellen Erscheinungsformen sucht er nach dem letzten Bilde der Schönheit, das doch in bestimmten Maßverhältnissen beschlossen sein muß: Wie könnten wir sonst sagen, der eine Mensch sei schöner als der andere? Er findet eine solche Formel, mit der er sich vorderhand zufriedengibt, und so entsteht der Stich von »Adam und Eva« mit dem

Datum 1504, ein Blatt, das kunstgeschichtlich unendlich viel mehr bedeutet als das beste gleichzeitige Gemälde, wie etwa die »Anbetung der Könige« (Florenz).
Die vollkommene Darstellung ist hier zugleich eine Darstellung des Vollkommenen, und Dürer ist der erste Nordländer, der das Problem so gestellt hat. Es ist von Wichtigkeit für ihn geworden, daß damals ein venezianischer Maler in Deutschland war, Jacopo de' Barbari, mit dem er in näheren Verkehr trat. Künstlerisch nur ein Talent dritten Ranges und überhaupt keine selbständige Natur, besaß dieser Mann aus seiner italienischen Schule doch Kenntnisse, die ihn schätzenswert machten, und er scheint es verstanden zu haben, sich als Verwalter tiefer Geheimnisse zu geben. Der Anstoß, nach den gesetzmäßigen Proportionen zu suchen, kam zugestandenermaßen von dieser Seite. Dürer klagt aber, daß er ihm keine rechte Aufklärung habe geben wollen. Tatsache ist, daß der Begriff von italienischer Bewegungsschönheit sich gleichzeitig mit den neuen Maßproblemen deutlicher für ihn bestimmt. Es müssen Zeichnungen berühmter Antiken in seinen Gesichtskreis gekommen sein. Der Stich von »Adam und Eva«, 1504, ist auch dafür das bezeichnende Beispiel.
Ein Jahr später ging Dürer zum zweitenmal über die Alpen. Was immer für seinen Entschluß bestimmend war, wir dürfen sagen: Italien fiel ihm jetzt als reife Frucht in den Schoß.
Und trotzdem: so ruhig und gleichmäßig hat der Kompaß seiner künstlerischen Entwicklung nicht nach einem Punkt gezeigt. Er war nicht der Romanist, für den es nichts anderes gab als italienische Figur; die Jahre vor 1505 sind ebensosehr eine Vertiefung ins Heimatlich-Nahe als eine Ausschau nach dem Fremden und Neuen. Wie hätte sonst das »Marienleben« damals entstehen können? Und unmittelbar neben dem Stich von »Adam und Eva« finden wir den weiblichen Akt des »großen Glückes« mit seiner unendlichen Individualisierung eines nordischen Modells und andrerseits jenes allerliebste Blatt der Geburt Christi im Hof, das unter dem Namen »Weihnachten« bekannt ist und in seiner malerischen Anlage, wo die Figuren neben dem Reiz des Raumes ganz zur Nebensache werden, bereits auf eine spätere Stufe der germanischen Kunst hinweist. Gerade damals kommt bei Dürer ein Gefühl für das Intime zum Vorschein, für den Wert der deutschen Kleinlandschaft, er bleibt so beschaulich-verweilend vor den Dingen stehen, daß man eigentlich eine ganz andere Entwicklung erwartet, als die nächsten Jahre sie bringen. Es ist vielleicht der interessanteste Moment in seinem Leben. Zwei Richtungen kämpfen miteinander. Mit den Begriffen malerisch und plastisch ist der Gegensatz nur unvollkommen bezeichnet, es handelt sich in letzter Linie um germanische und romanische Kunstanschauung.
Daß die nationalen Elemente zunächst nicht weiter ausgebildet wurden, wird man als eine Folge der großen italienischen Reise auffassen müssen. Freunde der »Heimatkunst« mögen beklagen, daß sie gemacht wurde, und doch hätte die Entwicklung der Dinge in Deutschland, wie sie kam, auch durch Dürer nicht aufgehalten werden können. Von allen Punkten aus haben die Deutschen dem Süden zugedrängt, und die nordische Kunst, bevor sie zum Eigenen gelangen durfte, hat erst

einmal eine Schule des plastischen Denkens und der tektonisch-strengen Form bei den Italienern durchmachen müssen.
In männlichen Jahren (Herbst 1505) betritt also Dürer Italien zum zweitenmal. Er wußte jetzt, was er zu erwarten hatte, und wußte, was er wollte. Er brachte etwas mit, was nur auf Ergänzung und Ausbildung wartete, und ein Aufenthalt von kaum anderthalb Jahren hat genügt, seiner künstlerischen Physiognomie ein wesentlich neues Gepräge zu geben.
Es ist denkbar, daß geschäftliche Rücksichten ihn nach Venedig zogen, man muß sich aber wundern, daß er nicht weiter ging. Wir hören einmal von einem Ausflug nach Bologna, wahrscheinlich ist er auch in Mailand gewesen, aber von Florenz kein Wort. Und doch mußte er wissen, daß dort Dinge für ihn zu sehen waren, die seiner Kunst viel näher standen als alles Venezianische. Wieviel gäbe man darum, zu erfahren, wie Lionardos »Reiterschlacht« und Michelangelos »Badende Soldaten« auf ihn gewirkt hätten!
Was Dürer äußerlich damals in Venedig erlebte, ersehen wir einigermaßen aus seinen Briefen an Freund Pirkheimer, aus denen, trotz mancher Widerwärtigkeiten, das Glücksgefühl des Aufenthaltes an der Sonne je länger desto mächtiger heraustönt. Das Leben bei einem Volke von so entwickelter Sinnlichkeit, wo alle dem Künstler eine natürliche Verehrung entgegenbrachten, ist ihm als etwas sehr Wohltuendes vorgekommen, und im Gedanken an die Rückkehr seufzt er: »Wie wird mich nach der Sonne frieren, hier bin ich ein Herr, daheim ein Schmarotzer«[3].
Wenig sagt er dagegen darüber, was ihm die italienische Kunst für Gedanken machte. Vereinzelt steht das Urteil über Giovanni Bellini, er sei sehr alt und doch noch der beste. Wir müssen uns an seine Werke halten, um seine innere Entwicklung kennenzulernen.
Ein großes Kirchengemälde für die deutsche Kaufmannschaft in Venedig ist der Mittelpunkt seiner Arbeit gewesen: das Rosenkranzbild. Bestellt bald nach seiner Ankunft, nimmt es ihn bis zum Herbst 1506 in Beschlag. Da war also Gelegenheit, von dem Eindruck großer italienischer Malerei Rechenschaft abzulegen: Das Bild ist ganz in italienische Form gegossen.
Wir sind gegen diese Assimilation der deutschen Kunst an die italienische, die sich seither so oft wiederholt hat, außerordentlich mißtrauisch geworden. Wie konnte Dürer unter Venezianern als Venezianer auftreten wollen, ohne sich selbst zu verlieren? Es ist hier nicht der Ort, ihm im einzelnen nachzurechnen, wo er original geblieben ist und wo er imitiert hat, wo er befangen gewesen ist bei der Nachahmung und wo nicht, im allgemeinen kann man sagen: Italien bedeutet für ihn ein Sehen in größeren Formen; ein Durchbilden der Figur im Sinne der organischen Klarheit und eine Steigerung des plastischen Reichtums; er ergreift mit Begierde die monumental wirkenden Konfigurationen, und das Formale der Erscheinung gewinnt sogar ein Übergewicht, daß es einem Angst machen kann. Die Gefahr der Veräußerlichung war da, unleugbar. Aber gleichzeitig spürt man auch eine Erhö-

hung der Empfindung in der Richtung auf das Großmenschliche, daß die italienische Form doch wieder nicht als entlehnt erscheint.
Venedig hat Dürer aber überhaupt erst zum Maler gemacht. Jetzt erst tritt das Gemälde im Rang vor den Kupferstich, und während er bisher im allgemeinen der Gewohnheit folgte, daß auf ein Kirchenbild nicht die *höchste* Kunst verwendet zu werden brauchte, scheint ihm hier die unter allen Umständen zu wahrende Superiorität der Bildtafel vor dem Blatt Papier zum Bewußtsein gekommen zu sein. Monumentale Wirkungen aber, wie sie ihm jetzt vorschwebten, ließen sich ja überhaupt nur auf diesem Felde erreichen.
Heimgekehrt ist Dürer ein anderer als der er war. Er stand jetzt auf der Höhe des Lebens. (Ein äußerer Ausdruck seiner neuen Stellung zur Welt: daß er sich damals das große Haus am Tiergärtnertor kaufte, das wir als das Dürer-Haus kennen.) Er übersah, was getan war, und was zu leisten übrig blieb. Es war seine Überzeugung, daß die Kunst für den Norden neu gewonnen werden müsse, während die Italiener schon seit zwei Jahrhunderten daran arbeiteten, den Besitz der Alten wieder zu erlangen. Sogar der Begriff »Renaissance« ist ihm schon geläufig: er sagt »Wiedererwachsung«. Die Praxis muß auf dem Boden der Theorie ruhen. Mit der bloßen Übung der Hand kommt man nicht weiter. Wie Lionardo die Malerei eine Wissenschaft nannte, so verlangte Dürer eine vollkommene theoretische Einsicht vom Maler. Das ist die andere Seite der Nachwirkung Italiens.
Er nimmt sich vor, ein Lehrbuch der Malerei zu schreiben, in dem von Perspektive, von Licht und Schatten, von Farbe und Komposition gehandelt werden sollte, vor allem aber von den Maßen der menschlichen und tierischen Form. Der Plan ist nur teilweise verwirklicht worden, es gehört aber diese wissenschaftliche Arbeit ganz wesentlich zum Charakter der nachitalienischen Zeit.
Künstlerisch beginnt jetzt die Epoche der großen Gemälde. Plastisch große Motive in bedeutenden Verbindungen vorzubringen, war sein Gedanke. Wenn die Aufgaben vorhanden gewesen wären, hätte damals vielleicht eine neue Monumentalmalerei entstehen können. Allein es sind wenige Möglichkeiten an Dürer herangetreten, und dann war es seine Art, in die einzelne Arbeit mit einer solchen Zähigkeit sich zu verbeißen, daß die große Bewegung bald wieder ins Stocken kam.
Mit einem lebensgroßen Doppelbild von »Adam und Eva« fing er an (1507), vermutlich auf eigene Rechnung. Es war die notwendige Konsequenz und Korrektur des Kupferstiches von 1504.
Dann kam ein fürstlicher Auftrag von Wittenberg: »Die Marter der zehntausend Christen unter König Sapor« (1508). Ein unangenehmer Stoff, aber doch Nacktes und Bewegung. Wenn es nur wenigstens ein *großes* Bild hätte sein dürfen! So aber waren auf einen kleinen Raum eine Menge Figürchen zusammenzukomponieren: ein Tropfen auf einen heißen Stein für Dürers bildnerische Wünsche.
Darauf entsteht das Hauptbild »Die Krönung der Maria mit den Aposteln am Grabe«, eine Bestellung des Kaufmannes Heller für Frankfurt a. M. (1509). Hier hatte

er nun freie Bahn, einen inhaltsvollen Stoff ins Bedeutende zu steigern. Die Komposition ist im italienischen Sinn tektonisch angelegt und die Krönungsgebärde Christi ebensosehr wie die Haltung der führenden Apostel mit einem neuen Gefühl für das Starke und Großartige erfunden. Aber zu einer völligen Harmonie von Form und Inhalt ist es nicht gekommen. Man sieht das Gerüste, und die Natur dieser Apostel ist doch nicht groß und lebendig genug, um das Schema zu füllen.

Das Allerheiligenbild, das den Abschluß macht (1511), ist eine bescheidenere Tafel, ohne statuarisch wirkende Einzelgestalten, aber eben darum flüssiger, einheitlicher. Originell in dem Motiv der großen Lufterscheinung über der Erde, und unvergeßlich in der kindlich-fröhlichen Buntheit der Farbe, wohlerhalten und leicht zugänglich, ist es jetzt das populärste Bild dieser Gruppe. Ursprünglich war es von dem Kupferschmied Landauer für ein von ihm gestiftetes Altmännerhaus in Nürnberg bestellt worden.

Das ist die kurze Folge der »großen Gemälde«. Wie lückenhaft und ungleich, wenn man bedenkt, um was es sich damals handelte für Dürer: daß er den Deutschen den Begriff von großer Kunst überhaupt an typischen Aufgaben erschließen wollte, daß er die Formen einer neuen und gewaltigeren Art menschlichen Seins gestalten wollte, daß er die Anschauung von aller hergebrachten Kleinlichkeit befreien und der Empfindung und Gebärde die Größe geben wollte, die ihn in Italien als Ahnung überkommen hatte. Sind das nun wirklich die Bilder, die in der Seele ruhend, dem Deutschen als bleibender Besitz gehören? Wie wenig ist davon übergegangen in die allgemeine Vorstellung, wie bedingt mußte die Wirkung der zerstreuten Bilder von Anfang an erscheinen!

Ich wiederhole, der Anlauf, eine große Malerei zu schaffen, führte nicht weit. Wir kennen Äußerungen der Entmutigung bei Dürer, wo er die Umstände anklagt und wo er über sich selbst seufzt. Es schien ihm geratener, auf dem Gebiet der bloßen Zeichnung weiterzuarbeiten.

Die alten Folgen der »Passion« und des »Marienlebens« werden vorgenommen und bekommen ihre Ergänzungen, so daß sie 1511 als vollständige Bücher erscheinen konnten. Man erkennt sie leicht, diese Ergänzungen: sie sind nach dem großen Formschema der Gemälde komponiert, tektonisch, mit bestimmten Rechnungen des Sich-Entsprechens oder Auseinandergehens einzelner Figuren; jeder Teil im Ganzen hat seine Notwendigkeit; der Vortrag ist breit und tonig geworden; hell und dunkel werden in großen Massen zusammengenommen und einander entgegengesetzt; der Gesamteffekt ist viel reicher, die Zeichnung aber hat sich vereinfacht und die Linien sind so gewählt, wie sie dem Holzschneider am bequemsten liegen. Insofern kann man sagen, Dürer habe damals den klassischen Stil für den Holzschnitt gefunden.

Kurz nachher wird dann auch der Kupferstich seiner typischen Form entgegengeführt und die besonderen Vorzüge, die er jeder anderen Technik gegenüber hat, ökonomisch ausgebeutet. Kupferstich und Holzschnitt treten definitiv auseinander, auch in der Fragestellung. Man sieht es am deutlichsten da, wo parallele Stoffreihen behandelt werden. Zur selben Zeit, als die große alte Holzschnittpassion zu Ende kam, bearbeitete Dürer mit größter Hingebung das Passionsthema in zwei neuen Redaktionen: im Holzschnitt in einer Folge von 37 Blättern und im Kupferstich in 16 Blättern. Es sind die sogenannten kleinen Passionen. Die höheren Probleme der Zeichnung bleiben durchweg dem Kupferstich vorbehalten. Während der Holzschnitt immer einfacher wird und eine abgekürzte elementare Ausdrucksweise sucht, gibt jener dem Auge des Kenners die durchgebildete Form, den Reiz der Verkürzungen, die stoffliche Behandlung der Oberflächen, die feineren Lichtnuancierungen. Und damit deckt sich ein Gegensatz der Auffassung: der Holzschnitt sorgt für die volkstümliche Empfindung, geht dem Erbaulichen und Rührenden nach, während der Kupferstich, der offenbar ein anderes Publikum besaß, auf diese Wirkungen sich nur mit Zurückhaltung einließ.

Kupferstiche sind nun auch die zwei eigentümlichsten Dinge, die Dürer gemacht hat, der »Hieronymus im Gehäus« und die »Melancholie«, beide von 1514. Sie erscheinen an ihrer Stelle wie etwa ganz Neues, weil sie so innerlich wirken, so ganz und gar nicht formalistisch: man denkt nicht an das Verhältnis von Form und Inhalt. Und jetzt wird einem erst klar, wie sehr doch Dürers Empfindung seit der Reise nach Italien an Wärme und Unmittelbarkeit verloren hatte. Er *war* formalistisch geworden. Die formalen Rechnungen stehen überall kenntlich im Vordergrund. Die italienische Epoche ist eine vortreffliche Schule gewesen, aber eben doch eine Schule, und Schule bedeutet Unfreiheit. Die italienisch-komponierten Blätter des Marienlebens und der großen Passion sind inhaltlich die gleichgültigsten der Folge. Und alle die anderen Keime der Jugend sind unausgebildet geblieben: die Stillebenempfindung, das Landschaftliche, das »Malerische« im besonderen Sinne. Dürer war arm geworden bei der großen Figurenkunst.

Aber jetzt kommt es auf einmal wieder in warmen vollen Wellen. Sein Verhältnis zur Natur wird wieder umfassender und inniger (man sieht das in den Zeichnungen am besten), er besinnt sich auf das Wirklich-Wertvolle und gerät auf eine Darstellung seelischer Stimmungen, bei der er ganz unbedingt ist von ausländischen Vorbildern. Der »Hieronymus« und die »Melancholie« sind denn auch mehr als irgendein anderes Bild Dürers lebendiger Besitz des deutschen Volkes geblieben. Es ist kein Zufall, daß aus demselben Jahre 1514 auch das seelenvollste Bildnis stammt: die schon erwähnte Zeichnung der Mutter.

Von hier geht dann die Linie weiter zu den Apostelköpfen von Florenz, in denen derselbe ergreifende Ton des schmerzlichen Suchens weiterklingt. Dürer ringt nach dem großen Charakterkopf. Was er im Heller-Altar vorgebracht hat, bei den Aposteln am Grabe der Maria, muß ihm jetzt als gewöhnlich und ungenügend vorgekommen sein.

Dürers Kunst ist zeitlebens von Bestellern verhältnismäßig unabhängig gewesen. Er hat nicht viel Aufträge bekommen und klagt wohl auch darüber. Andrerseits war es ein Vorteil, und gerade in dieser Periode der Verinnerlichung und Vertiefung möchte man ihn ganz besonders sich selbst allein gehörig wissen, um ruhig und langsam die noch namenlosen Inhalte seiner Seele herausbilden zu können. Man empfindet es wie einen Eingriff, daß der Kaiser, Max, sich seiner Person bemächtigt. Dürer sollte mithelfen bei den großen Holzschnittunternehmungen, denen der Fürst die Verkündigung seines Ruhmes übergab. Ich kann nicht finden, daß dem Künstler ein Leides damit geschah, und für uns ist es höchst interessant, gerade in diesem Moment seine Meinung über deutsche Dekoration zu hören, nur hätte er mehr freie Hand haben sollen. Bei dem Dreinreden von oben und der Notwendigkeit, mit anderen Künstlern sich zu arrangieren, ist natürlich etwas Frostiges herausgekommen. Wo er allein war, wie bei den Randzeichnungen zum Gebetbuch des Kaisers, regt sich alles gleich mit ganz anderer Lebendigkeit.

Die Beziehung zum Kaiser hatte übrigens das Gute, daß der Künstler von 1515 an mit einer festen Einnahme rechnen konnte, indem er eine jährliche Pension von 100 Rheinischen Gulden zugewiesen bekam, was für eine gewöhnliche Lebensführung ausreichte. Die Auszahlung erfolgte freilich nur unregelmäßig.

Das schönste Denkmal des persönlichen Verhältnisses zwischen Fürst und Künstler ist die geistreiche und liebenswürdige Porträtzeichnung, die Dürer 1518 während des Reichstags in Augsburg machte. Sie ist eine Leistung, die einen vorsichtig machen muß gegen das oft wiederholte Urteil, daß Dürer müde geworden sei gegen Ausgang des zweiten Jahrzehnts. Es ist wahr, daß er jetzt hier und da trocken wirkt, daß die Farbe kalt und dissonierend wird, daß er mit seiner peinlichen Ausführlichkeit manchmal einen archaisierenden Eindruck macht, allein es ist doch dieselbe Zeit, wo er als Dekorator sehr flott in die breitere und vollere Geschmacksweise hineingeht, der die Zukunft gehörte, und wenn die bildliche Produktion im ganzen mühsamer geworden sein sollte, so ging eine heimliche Entwicklung doch immer weiter.

Es bereitet sich das zusammenfassende Sehen des letzten Stiles vor und es bleibt nur zweifelhaft, ob das Naturgefühl ausreichen werde, die Form lebendig zu erhalten.

Da kommt wie ein Akt der Vorsehung die Reise nach den Niederlanden (1520/21). Sie hatte einen bestimmten geschäftlichen Zweck, vom Nachfolger des Kaisers Max, dem jungen Karl V., das Jahresgehalt neu bestätigen zu lassen, allein Dürer muß wohl selbst gefühlt haben, wie wohltätig auf seine Sinnlichkeit ein nochmaliger völliger Wechsel der Umgebung wirken würde. Als sein Geschäft erledigt war, ist er denn auch noch lange da unten geblieben.

Er war ein Fünfziger, aber noch immer eindrucks- und wandlungsfähig. In der Anschauung niederländischer Kunst wird er wieder zum Maler. Mehr noch als der Eindruck einzelner Bilder mag aber das ganze Reich der Dinge in dem fremden Lande erfrischend auf ihn gewirkt haben. Es ist, als ob ihm neue Organe entstünden, feinere Fühler, mit denen er das Neue zu ertasten und sich anzueignen versucht. Nie so wie damals ist die Freude des Sehens und Nachbildens bei ihm laut

und offenkundig. Er scheint zur Natur noch einmal in ein frisches Verhältnis zu kommen, jeder Einzelfall, jedes Individuum, jeder Kopf interessiert ihn und er geht ihm nach – nicht mit einer bestimmten Formel der Zeichnung, sondern jetzt, als reifer Mann, fängt er an, seine Manier von Grund auf zu revidieren und wird so präzis und pietätvoll, als ob er zum erstenmal der Welt gegenüberstünde.
Noch ist sein Taschenzeichenbuch teilweise erhalten und ein ziemlich mitteilsames Tagebuch, das uns ebenfalls zur Verfügung steht, vermehrt das Behagen, mit dem wir Dürer in diesen Jahren begleiten. Es finden sich aber auch Äußerungen darin, die zum Menschlich-Tiefsten gehören, was wir von Dürer wissen. Er ist doch nicht nur der schaulustige Reisende gewesen, und die Niederlande brachten ihm Dinge vor Augen, die ihn noch ganz anders in Erregung setzten als der Walfisch, der in Seeland ans Land geschwemmt worden war, oder die Goldsachen aus Amerika: ich spreche von der Reformation. Dürer betrat in den Niederlanden einen vulkanischen Boden. Die Spannung der Geister drohte hier in gewaltsamen Ausbrüchen sich entladen zu wollen, und einen Augenblick schien es, als ob Erasmus an die Spitze der Bewegung treten würde. Dürer verkehrte in seinen Kreisen und die hochpathetische Stelle des Tagebuches, wo er ihn anruft, hervorzutreten als Streiter Christi, ist nicht bloß der Erguß eines weltfremden Träumers gewesen[4]. Mit Augen und Ohren verfolgte er die Entwicklung der Dinge. Man hat sogar gemeint, seine Heimreise sei als Flucht vor der Inquisition nötig geworden.
Als ein ernster Mann ist Dürer nach Nürnberg zurückgekommen. Sein Stil wird nun ganz einfach und sachlich und groß. Er klagte gelegentlich Melanchthon, daß er sich früher zu sehr vom Reiz des Bloß-Sonderbaren und der bunten Mannigfaltigkeit habe gefangennehmen lassen und daß er jetzt erst seiner Schwachheit inne werde.
Das große Publikum kennt aus dieser klassischen Epoche nur die vier Apostel in München, die allerdings alles überragend dastehen, die Persönlichkeit Dürers würde aber wohl wesentlich anders wirken, wenn auch noch die anderen wohlvorbereiteten Bilder ausgeführt worden wären, ein Kreuzigungsbild und eine große santa conversazione, Kirchengemälde von feierlichster Art, wie die deutsche Renaissance so wenige hat.
Und auch ein letzter Passionszyklus in großen Holzschnitten ist nicht zustande gekommen, der schönste von allen, weil Dürer jetzt so ganz in der Sache aufgeht, ohne doch von den Mitteln der entwickelten Kunst irgend etwas aufzugeben. Nur das Abendmahl ist geschnitten worden, die anderen Szenen existieren bloß in der Zeichnung und vollständig ist die Folge offenbar nie gewesen.
Porträts gibt es dagegen viele, mehr als aus der mittleren Periode. Die Aufgabe hatte eine neue Bedeutung für ihn bekommen. Es sind Meisterwerke großer Anschauung, die sich mit der vollständigen Einzeldurchbildung verbindet.
Als Dürer einst von der italienischen Reise zurückkam, nahm er als erste Aufgabe das Problem des schönen Menschen vor und malte die Figuren von Adam und Eva: was dieser letzten Periode die Signatur gibt, sind die vier Apostel. Auch sie hat er

ohne Bestellung gemacht, um sie nachher mit bedeutungsvollen Beischriften dem Rat der Stadt zu widmen. Er sah das Ende der Tage vor sich, er warnt vor den falschen Propheten und vor den Schriftgelehrten, die der Witwen Häuser fressen. Das Bleibende ist das göttliche Wort, von dem nichts genommen und zu dem nichts hinzugetan werden darf. Darum sollen die Regenten hören auf diese Männer, die er als große ethische Charakterfiguren, wie Bildsäulen, aufrichtet.

Daß Dürer im Herzen auf seiten der Reformation stand, ist mit vielen Zeugnissen zu erhärten. Für Luther hatte er schon 1520 in einem Brief an Spalatin das gewichtige Wort, daß dieser christliche Mann ihm aus großen Ängsten geholfen, und das niederländische Tagebuch enthält eine ergreifende Äußerung der Klage und Verzweiflung, als das Gerücht von Luthers Verschwinden nach dem Reichstag in Worms ihn erreichte. Es liegt nicht in unserer Aufgabe, die Beziehungen zu reformatorischen Persönlichkeiten und zur Sache der Reformation näher zu verfolgen[5]; aber man muß wissen, daß die Gedanken an die andere Welt Dürer zeitlebens stark und mit dem Alter immer mehr beschäftigt haben. Er ist von sehr schwerem Geblüt gewesen. In den ausführlichen Worten, mit denen er den Tod des Vaters und dann der Mutter verzeichnet[6], fühlt man den ganzen furchtbaren Druck, unter dem er und wohl die meisten ernsthaften Gemüter damals lebten. Mit Schauer hält er die Erinnerung an einen wunderbaren Regen von Kreuzen fest, den er im Jahre 1503 miterlebte[7], und der Bericht eines qualvollen Traums aus dem Jahre 1520, wo ungeheure Wasserfluten vom Himmel herabbrachen, liest sich wie ein Stück Apokalypse[8]. Blitzartig erhellen diese Geständnisse die Angst der Zeit.

Aber solche Gedanken fanden bei ihm ihren Ausgleich in der unermüdlichen Wissens- und Sehfreudigkeit, die für den Gesamteindruck Dürers denn doch die entscheidenden Eigenschaften sind.

Seine Hauptangelegenheit in dieser Spätzeit ist gewesen, mit den theoretischen Arbeiten unter Dach zu kommen. Aus dem allgemeinen »Unterricht der Malerei«, wie er als Lehrbuch einst geplant war, hatte sich das Kapitel von den Proportionen des Menschen als Hauptstück herausgebildet und war schließlich allein zur Publikation bestimmt worden. Den einen vollkommenen Typus zu finden, hatte Dürer aufgegeben, es schien ihm mit menschlicher Beschränktheit für immer verbunden, daß der Geschmack ein schwankender bleibe, und das einzige, was vernünftigerweise erstrebt werden könne, sei das, die durchgehende Formenharmonie im Wechsel der Typen zu erkennen. In diesem Sinne stellte er die Maße für verschiedene menschliche Bildungen auf, gewonnen aus sehr vielen Naturmessungen und durchgeführt bis ins kleinste Einzelglied, offenbar ein gewaltiges Stück Arbeit, das Dürer um keinen Preis verlorengehen lassen wollte, da er, selbst wenn die Resultate keine abschließenden sein sollten, doch von der Methode sehr hoch dachte und einen Fortschritt der deutschen Kunst ohne dieses Studium der sämtlichen Maße einer Gestalt für unmöglich hielt. Um ganz sicher zu sein, verstanden zu werden, ließ er aber dem Proportionswerk ein besonderes Lehrbuch der darstellenden Geometrie vorangehen

(1525), ein originelles Werk, in dem der Mathematiker Dürer sich ein Genüge tat. Und diese mathematische Phantasie führte ihn auch auf das Gebiet der Befestigungskunst und ein Traktat über diesen Gegenstand schien ihm von so großer Zeitbedeutung[9], daß die Proportionen nochmals zurückgeschoben wurden, und so verzögerte sich die Drucklegung dieses Hauptwerkes bis in das Todesjahr Dürers (1528). Er hat das Buch nicht mehr fertig gesehen.

Seine hohe Schätzung der theoretischen Arbeiten wurde von den Zeitgenossen geteilt. Schon die ersten Würdigungen Dürers heben übereinstimmend hervor, daß er Theorie und Praxis verbunden und damit der deutschen Kunst einen neuen Rang gegeben habe. Es sind Gelehrte, die das sagten, Pirckheimer und Camerarius. Für uns beruht der Wert Dürers nicht in seinen Büchern und es mag sogar die Frage gestellt werden, ob der Theoretiker in ihm dem Künstler mehr genützt oder geschadet habe, allein zunächst ist die Tatsache wichtig, daß Dürer eine Bildung vertrat, die ihn mit den Kultiviertesten seiner Zeit auf *eine* Linie brachte – erst durch Dürer ist der bildende Künstler wieder eine anerkannte Macht in der deutschen Kulturwelt geworden –, und dann ist zu sagen, daß jene Spekulationen über menschliche Proportion nicht eine persönliche Liebhaberei gewesen sind, sondern eine große Zeitangelegenheit betrafen. Sie ruhen auf dem Grundbegriff der natürlichen Vollkommenheit des Geschöpfes und wer dieses Wort ausspricht, nennt das zentrale Wort der Renaissance.

Er starb am 6. April 1528, kaum 57jährig. Ein Leiden, das in seinen Anfängen vielleicht auf die Unregelmäßigkeiten der niederländischen Reise zurückgeht, untergrub seit Jahren seine Kraft und entstellte sein Aussehen. Jetzt brach er plötzlich zusammen.

Wir besitzen kein eigenhändiges Bildnis aus dieser letzten Zeit. Kein Altersporträt antwortet den mannigfachen Selbstporträts der Jugend. Die Gestalt, in der er bei uns lebt, ist der hochideale Kopf der Münchner Pinakothek: gewiß nicht ein »ähnliches« Bildnis, aber ein Selbstbekenntnis, in dem die wesentlichen Züge der Natur alle enthalten sind.

Ein hohes Antlitz mit denkermäßig entwickelter Stirn, die Lippen von sinnlicher Fülle, aber bedeutend und geistreich in der Bewegung, die Augen mehr schauend als beschaulich.

Glühend und streng – so sagte Peter Cornelius von Dürers Art.

Grundlagen und Anfänge

1.

Die zweite Hälfte des 15. Jahrhunderts hat keinen großen Charakter. Es fehlt die Empfindung für das Einfache und Starke. Die Naturanschauung leidet unter einem eigentümlich verzwickten Schönheitsideal, und das Gefühl für das, was im Menschenleben wahr und tief und groß ist, kommt in einen verhängnisvollen Konflikt mit einer gewissen Vorstellung von Zierlichkeit und Feinheit, in der alle höhere Idealität aufgeht. Schongauer ist der typische Vertreter für diesen Manierismus. Wohl haben sich einzelne Meister, ja ganze Gegenden freihalten können davon, aber Schongauer ist das fruchtbarste Talent der Epoche und gibt ihr darum seine Signatur.

Versuchen wir den Geist dieser Zeit an einzelnen Beispielen genauer zu kennzeichnen.

Es gibt von Schongauer eine Folge von Aposteln als Kupferstiche. Durchaus ernsthaft gemeint, zeigen sie doch gleich in sehr befremdender Weise, wie alles höhere Dasein für jene Generation an die zierliche Erscheinung gebunden war, und wie das Zierliche jeden Augenblick ins Gezierte überzugehen droht. Ein bedächtig-wählerisches Hochheben des Rockes, ein elegantes Setzen der Füße wie im Tanzschritt und ein manchmal fast kokett anmutendes Fassen der Attribute, das sind die Bewegungsmotive. Der jüngere Jakobus ist einst mit einer Art von Keule totgeschlagen worden: er hält hier das Todesinstrument, das am Boden aufsteht, zwischen zwei Fingern und der fünfte ist delikat hochgehoben.

Eine Figur, wo man durchaus Kraft und Ernst erwartet, der drachentötende Michael, wird zum bedeutungslosen Modehelden, der nur spielerisch die Lanze handhabt.

Ins Spielerische geht leicht auch das geistige Motiv: das Reden der Propheten, das Weisen des Täufers, das Beteuern der Evangelisten. Ein erschreckendes Beispiel, eigentlich eine Karikatur auf die ganze Richtung ist jener »lesende« Apostel Paulus des Meisters W (Wenzel von Olmütz), der das aufgeblätterte Buch auf dem Arm balanciert und dabei durch hurtige Vorwärtsbewegung sich interessant macht. (Allgemeiner bekannt durch die Abb. in Lützows Geschichte des deutschen Holzschnitts und Kupferstichs, S. 47.)

In der Darstellung einer Verkündigung kann die Kunst wohl eine eigentümliche Schönheit erreichen: es gibt kaum etwas Vornehm-Zarteres als die Maria auf dem kleinen Stich Schongauers, die den Mantel etwas anzieht, während sie mit leicht geneigtem Kopfe nach dem Engel hinhorcht. Da sieht man dann, wo diese Empfindung hingehört; aber in bedeutenderen Situationen erhebt sich die Stimmung zu wenig.

Die große Szene von Golgatha bekommt etwas Matt-Weinerliches. Wie klein ist der Passionsausdruck bei dem Johannes auf Schongauers berühmtem Dreifigurenblatt:

Martin Schongauer, Apostel Jakobus d.J.

Meister W., Apostel Paulus

der schiefgelegte Kopf, die verlegen greifenden Hände! Und wie weit steht Maria gegen ältere Typen zurück! Für das ohnmächtige Zusammensinken gibt es schöne Beispiele; aber überall da, wo ein aktiver Zustand gegeben werden soll, bleiben wir enttäuscht. Wo findet sich eine Magdalena von wirklich leidenschaftlichem Schmerzensausdruck? Es bleibt bei einem sanften Umarmen des Kreuzstammes. Der Gekreuzigte selbst nicht furchtbar und nicht triumphal, sondern von einer gemäßigten Jämmerlichkeit.

In aller Gebärde ist etwas Kleines, allzu Knappes, Kümmerliches, als ob man Angst gehabt hätte vor dem starken Ausdruck. Vorgänge wie die Taufe Christi, die Himmelfahrt der Maria, die Krönung der Maria – sie haben durchweg etwas Stockendes, bei aller Gewähltheit der Handbewegungen etwas Nüchternes. Es fehlt das Weitausgreifende, aber auch jenes Heimlich-Große, was die ältere Kunst selbst bei mäßigem Bewegungsaufwand besessen hatte. Man mag zu Schongauers Gunsten sagen was man will, seine Krönungen lassen den hinreißenden Zug gotischer Darstellung völlig entbehren. Bei der Himmelfahrt ist es oft nur ein kniendes Püppchen, das mühsam emporgeschoben wird, und die Handlung des Täufers, bei eng aufeinander gerückten Figuren, kommt selten vom Kleinen und Klebrigen los.

Martin Schongauer, Christus am Kreuz mit Maria und Johannes

Daß manche Situationen ganz innerlich und rein empfunden sind – wer wollte es leugnen? Der Christus in Schongauers großer Kreuztragung ist ein ergreifender Kopf und wie der Gekreuzigte auf dem Peringsdörffer Altar (Germanisches Museum) zum heiligen Bernhard sich neigt, ist vielleicht die schönste Darstellung des Gegenstandes, die es überhaupt gibt, aber man wird zugestehen, daß all die Schönheiten, die sich nennen ließen, in einer begrenzten Empfindungszone liegen und daß der Zug des Bedeutenden, den z. B. noch die »Deckersche« Grablegung von 1446 in die Ägidienkirche zu Nürnberg hat, sich kaum mehr finden läßt. (Was an Phantastik und ausschweifend übertriebenem Wesen in der Zeit liegt, hat nicht in der darstellenden Kunst, sondern in der Architektur seinen Ausdruck gefunden. Hier entsteht noch immer Großartiges. Allein es ist ein Großartiges, das jenseits des Lebens liegt, nicht das großempfundene Leben selbst.)

Und dann ist noch etwas merkwürdig: wie unbedenklich neben dem Innigsten die bare Trivialität vorgebracht wird. Man will natürlich sein und sucht den Eindruck durch Einmengung von allerlei Zügen des gewöhnlichen Lebens zu gewinnen. Das Essen und Trinken wird mit besonderer Sorgfalt dargestellt. In den Bildern vom Auseinandergehen der Apostel kommen rührende Motive vor, z. B. auf dem anonymen Nürnberger Gemälde der Münchner Pinakothek die Umarmung mit dem Wegwenden der tränengefüllten Augen, und niemand wird sich durch das typische Begleitmotiv verletzt fühlen, daß der eine oder andere der Jünger noch rasch an der Quelle seinen Becher füllt, aber warum muß es jetzt gerade die Hauptfigur sein, Petrus, groß im Vordergrund, der das Bedürfnis hat, erst einen tüchtigen Schluck aus der Feldflasche zu nehmen, bevor er auszieht, den Völkern das Evangelium zu bringen? Es kommt den Leuten nicht darauf an, eine einheitliche Stimmung zu wahren. Beim Tode der Maria ist es so recht nach dem Herzen dieser Zeit, wenn eine Kerze flackert und einer der Apostel, die aus aller Welt gekommen sind, der Muttergottes in ihrem Sterben beizustehen, mit Umständlichkeit die Lichtputzschere in Bewegung setzt (»Wolgemut«, Hallersches Epitaph von 1487 in Großgründlach, Schloß). Schongauer ist ja wählerischer in seinen Motiven, immerhin wird man auch bei ihm Züge finden, die aus der Stimmung herausfallen: ich denke an seinen großen Stich des Marientodes und jenen Apostel dabei, der einem Genossen ins Buch sieht und mit dem abgenommenen Kneifer den Zeilen entlang sucht. Das ist ein überraschend lebendiges Motiv, das aber eine spätere Generation als zerstreuend und seiner Art nach als zu gewöhnlich empfunden hat. Wie sehr die Passionsspiele mit Trivialitäten gespickt waren, ist bekannt; man muß sich fast wundern, daß nicht mehr davon in die bildende Kunst übergegangen ist. Doch kann man bei einem Nachzügler, jenem Rathgeb, der den Altar von 1517 in der Stuttgarter Staatsgalerie gemalt hat, eine Nase voll von diesem Geschmack nehmen: beim Abendmahl schneuzt sich einer von den Jüngern mit den Fingern natürlich; Judas wirft die Weinkanne zu Boden, die auf Weisung eines Dritten vom Wirt aufgehoben werden muß usw.

Das Zeitalter ist stolz auf seinen Naturalismus. Der Maler sucht den Charakterkopf, aber das Überzeugend-Wirkliche ist alles, und wir kommen aus einer ziemlich ordinären Gesellschaft nicht heraus. Der Durchschnitt der menschlichen Natur ist ein niedriger. Auch da gibt es natürliche Ausnahmen. Syrlin z. B. hat im Chorgestühl des Ulmer Münsters wirklich bedeutende Köpfe. Im allgemeinen aber kommt für Typen höherer Ordnung das Beste aus der Tradition und man wird kaum finden, daß auch nur für die Stimmung des Ungewöhnlichen die Mittel vorhanden gewesen wären. Auch eine Darstellung wie Schongauers Johannes auf Patmos gibt weder im Kopf noch in der Gesamthaltung das Außerordentliche.

Und doch erschöpft sich diese Zeit nicht im bloßen Natürlichen. Das Wirkliche stößt, wie schon gesagt, zusammen mit dem Verfeinerten, Überwirklichen. Derselbe Schongauer, der mit entschlossenem Griff eine Menge charakteristischer Erscheinungen des Tages fassen konnte, ist der preziöseste Umbildner des Wirklichen bei Idealfiguren. Das Bild der Schönheit, das diese Generation sich machte, ist überhaupt kaum mehr von irdischer Art.

Spätgotische Schönheit ist undenkbar ohne feine Hände, ohne lange Greif- und Tastorgane. Wie Spinnenbeine gehen die Finger auseinander. Mit solchen Händen betet Maria ihr Kind an, die künstliche Form durch eine künstlerische Bewegung überbietend: die Berührung der Finger darf nur eine ganz lockere sein.

Lang und schmal und eigentümlich zugespitzt sind die Füße, und bei schönem Schreiten muß der eine quer vor den andern zu stehen kommen. Man kann diesen Tritt ebensogut finden bei dem Schongauerschen Christus in der Vorhölle wie bei den ritterlichen Figuren eines Syrlin (Fischkasten in Ulm, 1483). Das Eigentümliche verschärft sich durch das beidseitige Biegen der Knie, was den Gang wippend, tippend erscheinen läßt und den Eindruck körperlicher Schwere fast aufhebt.

Auf das gleiche Ziel hin geht die Bildung des Leibes mit der Magerkeit seiner Glieder. Daß die dünnen Hälse, Arme und Beine wirklich eine durchgehende Eigenschaft der damaligen Rasse gewesen sein sollten, ist doch kaum anzunehmen. Es müßten denn nach dem Jahre 1500 plötzlich ganz andere Menschen geboren worden sein. Jetzt wird selbst der Kinderkörper der Umstilisierung ins Schmalgliedrige unterworfen, am Bein fehlt das Fett über dem Knöchel und die Einschnürung oberhalb des Knies bringt vollends einen fremdartigen Zug in die kindliche Erscheinung.

In den spitzen Schuhen, der engen Taille, den kurzen, knapp anschließenden Ärmeln, den nahtlosen Achseln ist der gleiche Formwille wirksam gewesen. Aber dazu tritt dann der Reichtum der überschüssigen, hängenden, flatternden, am Boden sich stauenden Stoffmassen mit ihren knittrigen, vieläugigen Faltenhäufungen. Nach ihrer Motivierung darf man nicht fragen, denn es handelt sich dabei nicht um Nachbildung bestimmter Stoffe, sondern um ein Laufenlassen ornamentaler Launen. Und man muß sie ernst nehmen diese Launen: in der Draperie steckt ein Teil der Idealität der Figur. Wie die alte Gotik mit ihren Gewandlinien eine besondere Stimmung erwecken wollte, so will es diese letzte Gotik.

Ihr Geschmack ist ein malerischer. Nicht als ob man für die Linie unempfindlich gewesen wäre, im Gegenteil, keine Generation hat z. B. den Reiz des Geästes kahler Bäume mehr genossen, aber man kann auch in Linien malerisch sein. Der Begriff »malerisch« wird immer gebraucht werden müssen, wo der Reiz des Verschlungenen, des Unübersehbaren, des Scheinbar-Gesetzlosen und im Zusammenhang damit der Eindruck eines unaufhörlich Sich-Bewegens gesucht ist. In bezug auf die menschliche Form urteilte man, daß der Körper als Gewächs wenig ästhetischen Eigenwert habe und erst in der Verbindung mit anderen Formen bedeutsam werde. Niemand fragte bei einer Gewandfigur, wie der Leib hinter den Falten auszudenken sei – in den meisten Fällen würde man auch keine Antwort darauf bekommen haben –, man hielt sich an die malerische Erscheinung, an das Gewoge von Höhen und Tiefen, wo da ein Kopf, dort eine Hand oder ein Fuß vorkommt.

Als Inbegriff spätgotischer Form kann das Sakramenthäuschen genannt werden, das Adam Krafft in der Lorenzer-Kirche zu Nürnberg hingestellt hat. Gibt es ein anderes Gebilde, das so wie dieses die Phantasie ständig in Bewegung hält? Nirgends ein Abschluß, nirgends klare Gelenke: alles ist Übergang, jeder Teil durchdringt den andern. Das Auge muß suchen. Überschneidende Glieder verdecken wichtige Ansätze, und die Figuren bergen sich in tiefen Schattenhöhlen. Es ist das Unantikste, was der germanische Boden hervorgebracht hat, für italienische Empfindung ein Greuel, für uns eine Quelle unerschöpflichen Reizes.

Aber offenbar ist diese malerische Phantasie mit schuld gewesen, die Entwicklung der deutschen Kunst in einem gewissen Sinne hintanzuhalten. Auffallend spät erst und mühsam entwickelte sich ein Gefühl dafür, was klare Darstellung sei. Je mehr man den reichen Anblick erstrebte, desto schwerer kam man dazu, ein Motiv klar durchzubilden. Man berauscht sich an der Fülle und empfindet kein Unbehagen am Unklaren. Die Darstellung aber beruhigt sich nicht mehr bei der Fläche, sondern sucht überall in die Tiefe vorzustoßen. Daher die schroffen Übereckstellungen, die Verknäuelungen, Hinterschneidungen, die plötzlichen Verkürzungen, die gerade *die* Bilder uns unangenehm machen, in denen wir doch das lebendige Pochen des Raumgeistes als etwas Neues und Wichtiges anerkennen müssen.

Die zweite Hälfte des 15. Jahrhunderts hat nicht mehr den großen Blick des Anfangs. Viel Reichtum im einzelnen, aber kein Gestalten im großen. Man vergnügt sich an der klein gebrochenen Linienbewegung, an der vielteiligen Behandlung der Flächen. Gewiß, der vorigen Generation gegenüber unterscheidet jetzt die Zeichnung feiner; man sieht nuancierter; man sucht auch den vorübergehenden Moment zu fassen, Doppelmotive in einer Figur – ein Zeichner wie der sogenannte Meister des Hausbuchs entwickelt sogar eine wahre Genialität im Fixieren des Momentanen –; aber die große Gesinnung, sich auf weniges zu beschränken, ist eben so selten geworden wie das starke Temperament. Die Anschauung verlor sich nur allzu leicht in Einzelheiten, und die Gefahr lag nahe, über dem Geäder den Körper zu verlieren. Es gibt Ausnahmen, im allgemeinen jedoch ist die alte Kunst die größere gewesen.

Wenn aber von Bildklarheit gesprochen werden soll, so ist meiner Meinung nach Martin Schongauer der einzige in diesem Zeitalter, der konsequent daran gearbeitet hat. Wir kommen darauf zurück.

2.

Das ist die Atmosphäre, in der Dürer aufwuchs. Daß er zu einer neuen Gesinnung und zu einer neuen Anschauung durchbrach, ist seine historische Tat. Kein Mensch wird sagen können, woher ihm die Kraft dazu kam. Selbst wenn das ganze Stromnetz offen läge und man sähe, was er für »Einflüsse« in sich aufgenommen hat, wäre keine Antwort zu geben, da das Genie aus Addition von Einflüssen doch nicht zu erklären ist.

Er ist als Nürnberger geboren und hat bei *Michael Wolgemut* seine Lehrzeit durchgemacht.

Von jeher hat man gefunden, daß die Anlage Nürnbergs mehr auf das Zeichnerische geht als auf das Malerische; der plastisch-räumlichen Form wird hier ein besonderer Ernst entgegengebracht. Und wenn man weiterhin sagt, die Anlage gehe mehr auf das Charakteristische als auf das Ideale, so ist wohl auch das wahr; es liegt in dem Nürnberger Wesen eine gewisse Sachlichkeit, die, wenn sie auch manchmal ins Nüchterne ausartet, doch immer gehaltvoll wirkt und auch der Größe nicht entbehrt. Dem verwöhnten Geschmack des Westens mag hier vieles derb und bürgerlich vorgekommen sein. Es ist nicht die Luft, in der man sich das graziöse Gewächs der Kunst Schongauers heimisch denken kann. An einer einzigen Stelle kommt etwas zum Vorschein, das seinem milden und feinen Geiste verwandt ist: im Peringsdörffer Altar des Germanischen Museums (1487). Der zarte Sebastiansknabe ist wie ein Bruder des Schongauerschen und in den zugehörigen Tafeln spürt man dieselbe Stimmung. Die Malerei hat kein reineres Kunstwerk in dieser Zeit hervorgebracht. Und nun fällt dieser Altar nicht nur in die Lehrzeit Dürers, sondern eine urkundlich gestützte Tradition (Neudörffer) nennt ihn auch als Arbeit Wolgemuts. So wäre Dürer dann schon von der ersten Werkstatt her auf Schongauer hingewiesen worden! Ob es freilich Wolgemut gewesen ist, der jene Tafel gemalt hat, ist trotz der alten Überlieferung fraglich. Aus anderen Werken Wolgemuts blickt doch ein sehr verschiedenes Gesicht heraus. Bei alledem wollen wir nicht vergessen, daß Dürer noch spät zu Wolgemut als seinem »Lehrmeister« sich bekannt hat, und gerade das Bildnis von 1516, das Dürer nach dem hochbetagten Manne gemacht hat und wo jenes Wort sich findet, deutet auf eine Persönlichkeit, von der eine gewisse Macht ausgegangen sein muß. In früheren Bildern überrascht er wohl auch durch eine Absicht auf strenge und feierliche Wirkung, aber es scheint doch an der rechten Wärme gefehlt zu haben, um eine reichere Entwicklung zu zeitigen. »Nüchtern wach« und »von fast galligem Ernst« nennt ihn Robert Vischer. Vielleicht ist es gerade das Herbe und unmittelbar Zugreifende gewesen, das Dürer Eindruck machte und das auch neben Schongauer einen positiven Wert darstellt[1].

Michael Wolgemut, 1516. Nürnberg

Von *Schongauer* ist bisher schon manchmal gesprochen worden, mehr aber als einem Vertreter der Generation und nicht in bezug auf seine besonderen Qualitäten. Was man an ihm bewunderte, muß zunächst die Mannigfaltigkeit und die Kraft individuellen Lebens gewesen sein; das reiche Geschehen und der reiche Anblick seiner eng zusammengeschobenen Figuren. Blätter wie der Marientod und die große Kreuztragung sind auch da nachgeahmt worden, wo man für seine Idealität weniger Verständnis hatte, allein der Begriff des Bildmäßigen, daß man die Dinge so geben müsse, wie sie vom Auge am besten gefaßt werden können, ist wenigen aufgegangen. Schongauer hat von Anfang an und konsequent diesem Ziele zugestrebt. Er sucht die einfachen Ansichten der Szene, bringt gerade Orientierungen und verzichtet auf Verkürzungen, um ein möglichst klarsprechendes Bild zu gewinnen. Man muß Verwandtes zusammenhalten, wie den Johannes auf Patmos vom Meister E. S. oder dessen Apostelfolge, um zu sehen, wie Schongauer durch Herausarbeiten der

Silhouette, durch Einstellen der Figur ins reine Profil, durch Behandlung der Folien den Dingen Sehbarkeit gibt.
Die Skala von Licht und Schatten ist bei ihm schon sehr ausgedehnt, und indem er ökonomisch das Helle vom Dunkeln und das Dunkle vom Hellen absetzt, gewinnen seine Blätter neben der Klarheit auch einen großen Reichtum der Erscheinung.
Dazu kommt seine besondere Bedeutung als Zeichner. Er hat ein merkwürdiges Gefühl für die Ausdruckskraft der Linien besessen. In seinen Ornamentstichen – wie da alles lebendig wird! Gotische Krabben, Kettenschlänglein, ja bloße gerollte Bänder – sie haben fast wirkliche Bewegung, ein wunderbares Schleichen und Schlingen. Und wie nun gar die Form herausgearbeitet ist beim organischen Gewächs! Der Rücken eines Löwen, die greifende Klaue eines Adlers! Alles übertrieben in der Linie, aber voll Gefühl für das Wesentliche. An den unbetonten Stellen ist der Umriß eingezogen, damit die Hauptakzente an den Kraft- und Knotenpunkten um so stärker herauskommen sollen.
Das Wichtigste aber ist die Innenzeichnung. Nach älterer Art wird eine Figur modelliert mit vielen kurzen, geraden Strichelchen, die, an sich ausdruckslos, in ihrer Gesamtheit einen Schatten ausmachen und die Form runden. Schongauer ist der erste, der die modellierenden Schattenstriche lang führt und als Ausdruckshilfen zu behandeln versucht. Es ist das von besonderer Bedeutung in der Zeichnung des Nackten, wo er mit seinen Linien der Form nachgeht, den Bewegungszug der Muskeln, die größere oder geringere Spannung der Oberfläche anzudeuten weiß.
Die ganze Kunst Dürers beruht auf diesem Prinzip der formbezeichnenden Schattenlinie.
Trotz alledem – für einen Nachahmer barg das Beispiel Schongauers auch große Gefahren. Sein Geschmack neigte zum Raffinierten, sein eminentes Naturgefühl stand im Bann eines sehr einseitigen Stilideals, und seine Empfindung bewegte sich an jener äußersten Grenze, wo das Feine an das Gekünstelt-Überfeine rührt. In gewissem Sinne kann man sagen: der Weg ging hier nicht weiter. Jede Fortsetzung mußte zum Verfall werden, und der sogenannte Bartholomäusmeister, der wohl von Schongauer ausgegangen ist, liefert das Beispiel dafür.
Für Dürer lag die große Korrektur – wenn er einer Korrektur bedurfte – in der italienischen Kunst. Wahrscheinlich wäre er auch aus eigener Kraft durchgebrochen zum Großen und Starken, aber durch Mantegna ist ihm der Weg abgekürzt worden. Was in seiner Natur war an großer Anschauung und großer Empfindung, wurde durch Mantegna frei. Eine ganz organische Entwicklung ist es allerdings nicht gewesen. Wie es in solchen Fällen immer geschieht: mit dem fertigen Vorbild kam auch Unverstandenes und Unverständliches mit herüber, Elemente, die sich in der deutschen Kunst nie ganz auflösen konnten.
Wir sind von Jugend auf so sehr an die verschiedenartigste Kunst gewöhnt, daß es einer besonderen Anstrengung bedarf, sich den Eindruck zu vergegenwärtigen, den *Mantegna* und die italienische Kunst überhaupt auf einen unvorbereiteten nordi-

schen Menschen mit spätgotischer Sehgewöhnung machen mußte. Dürer rühmt noch spät als die eigentlichen Vorzüge der Italiener vor den Deutschen: die Kenntnis des Nackten und der Perspektive. Wahrscheinlich sind es diese Dinge gewesen, die von Anfang an ihm als die wertvollsten und begehrenswertesten erschienen. Er mußte getroffen sein von der »sicheren Gegenwart« mantegnesker Gestalten. Die vollkommene Klarheit der räumlichen Verhältnisse war ihm ebenso neu wie die organisch einheitliche Darstellung des menschlichen Körpers. Wie diese Menschen im Raum drin standen! Wie die Sohle am Boden haftete, und wie das Gewicht des Körpers sich fühlbar machte! Und was für Körper das waren und was für Bewegungen! Die Körper nicht nur anders proportioniert, sondern unter andern Linien gesehen, mit horizontalen Teilungen, die das gotische Auge nicht kannte, und in den Bewegungen ein vollkommen anderer Rhythmus, Stehbein und Spielbein mit kontrastierenden Schiebungen der oberen Glieder und energischen Wendungen des Kopfes. Das alles gegeben in einem monumental-einfachen Stil und getragen von einer Empfindung für das Grandiose, die bis zum stärksten Ausdruck der Leidenschaft emporsteigt, aber auch das einfache Dasein schon heroisch verklärt.

3.

Wenn es als das besondere Merkmal des künstlerischen Menschen überhaupt gilt, daß ihm von früh an die Dinge der Welt in ihrer ganzen Tiefe und Fülle und als etwas Unerschöpfliches erscheinen, so kann man sich bei Dürer den Trieb gar nicht drängend genug vorstellen, zu sehen und das Gesehene zu gestalten. Er muß sich – ich wiederhole das Wort – von der Darstellungswürdigkeit und der Darstellungsmöglichkeit der Natur sehr bald seine eigenen neuen Begriffe gebildet haben. Die Gegenstände im Raum sprachen stärker zu ihm, als daß er sich mit den überlieferten Ausdrucksformeln irgendwie hätte zufrieden geben können und für das individuelle Leben brachte er ein Gefühl mit, das alle bisherigen Fassungen nur als ganz ungefähre Andeutung gelten lassen konnte.

Selbstverständlich ist gerade von den Anfangsarbeiten sehr vieles untergegangen. Allein, wenn auch im einzelnen nicht alles aufgeklärt werden mag, so besitzen wir doch Zeugnisse genug, um im allgemeinen zu erkennen, wie sich Dürers Art entwickelte, wie er auf die Eindrücke von Kunst und Natur antwortete und wie er sein Schifflein durch die Strudel und Stromschnellen der Jugend hindurchgebracht hat.

An Hand der Selbstporträts kann man zunächst biographisch die ganze Periode bequem überblicken.

Von dem ersten, der Knabenzeichnung von 1484 (Albertina), ist schon die Rede gewesen. Es folgt ein undatiertes Bildnis (Erlangen, L. 429), mit der Feder rasch auf das Papier hingewühlt, sehr inhaltsvoll: der Jüngling, der mit aufgestütztem Kopf in den Spiegel sieht, mit brennendem Auge, ganz konzentriert im Ausdruck: eine geistige Spannung, für die es ältere Beispiele kaum gibt. Ich möchte das höchst

Selbstbildnis, um 1492. Erlangen

merkwürdige Blatt in die Mitte der Wanderzeit setzen. So muß man sich den jungen Maler vorstellen, der in die Welt hinausgegangen ist und über sich selbst sich besinnt: »Was will ich?« – Mehr sonntäglich und still dann das Gemälde von 1493 (Paris, Louvre). Keck im Wurf der Lippen und in der Linie der Nase, aber im ganzen doch gehalten und beinahe schüchtern wirkend, mit einem Seitenblick und einer leisen Neigung des Kopfes, die die Erinnerung an das – sentimentalere – Jugendbild Raffaels wachrufen. Die Hände halten eine Blume, Männertreu, und am oberen Rande steht der Spruch: »My Sach die gat, als es oben schtaht.« Aus der Fremde mag er das Bildchen heimgeschickt haben; man meint, daß es die Brautwerbung begleiten sollte. – Endlich ein Bild in Madrid, 1498 datiert, wo es durchaus auf festliche Wirkung abgesehen ist. Pracht der Kleidung und Schaustellung des künstlich gelockten, lang herabfallenden Haares. Nicht herausfordernd, aber von gereiftem Selbstbewußtsein. Bezeichnend auch die zusammengeschlossenen Hände mit

Der heilige Hieronymus, 1492

ihrem festen Griff. Obwohl dieses Bild offenbar auch schon von dem Eindruck italienischer Repräsentation bedingt ist, muß es als historische Urkunde doch für zuverlässiger gelten als die späteren Bildnisse. Die Augen sind sehr klein, im Gegensatz zu den großen Götteraugen des Münchner Idealporträts. So sah der Künstler aus, als er die Apokalypse veröffentlichte[2].

Dürer hat offenbar Freude an seiner eigenen Geschichte gehabt. Er hat die Dokumente seiner Entwicklung sorgfältig aufgehoben und auch später immer selbst kleine Dinge mit dem Datum bezeichnet. Eine Maria mit Engeln (Berlin, L. 1) trägt die Jahreszahl 1486, folgt also unmittelbar dem Albertina-Selbstbildnis: wahrscheinlich nicht ganz original in der Erfindung ist das Blättchen doch schon durch seine dekorative Geschlossenheit merkwürdig. Dann findet man, was alle Knaben anzieht: Soldaten, Pferde, reitende Kavaliere. An Mustern auch dafür fehlte es nicht. Die zeitgenössische Graphik behandelte gern dergleichen Stoffe. Es sind sorgfältige Federzeichnungen, ohne direkte Naturbenützung. Man spürt die bereits stark entwikkelte plastische Vorstellungskraft.

Als er dann 1490 das Elternhaus verlassen sollte, malte er noch ein Porträt des Vaters (Florenz, Uffizien). Er wollte zeigen, was er gelernt hatte. Die Stimmung des Kopfes hat etwas Befangenes und die Form ist noch klein und nicht im ganzen gesehen, aber doch wirkt das Stück mit eigentümlicher Wärme. Eine menschliche Existenz ist hier mit einer Genauigkeit umrissen, daß man sofort an Dürer denken muß, und als Leistung eines Neunzehnjährigen konnte das Bild die Nürnberger schon zum Staunen bringen. Einen besonderen Wert für den historischen Betrachter erhält es dadurch, daß Dürer selbst ein paar Jahre später eine Kritik darüber geschrieben hat, in dem zweiten Porträt des Vaters vom Jahre 1497[3].

Die Wanderschaft führte ihn an den Oberrhein. Wir finden seine Spur zunächst in einem geschnittenen Holzstock mit dem hl. Hieronymus, der in Basel sich erhalten hat und auf der Rückseite eigenhändig von Dürer bezeichnet ist: Albrecht Dürer von Nürnberg. Als Druck erschien er zuerst in einem Buche vom Jahre 1492. Obwohl der Holzschneider mit seinem Messer der Vorlage offenbar nicht ganz gerecht geworden ist, zeigt die Zeichnung doch noch bedeutende Eigenschaften. Die Figur ist ausdrucksvoll und die plastisch reiche Behandlung des Raumes wie das mannigfaltige Lineament, das die Form modelliert, sind Dinge, die auch ohne Signatur auf Dürersche Art hinweisen. Nun liegt es nahe, nach Verwandtem in der damaligen Produktion Basels zu suchen. Schon ältere Kunstfreunde hatten in den moralischen Geschichten des »Ritters vom Turn« (1493)[4] und in Sebastian Brants »Narrenschiff« (1492)[5] Dürer als Illustrator vermuten wollen, und neuerdings ist dann im gleichen Sinne auf eine Sammlung von etwa anderthalbhundert, zum Teil noch ungeschnittenen Holzzeichnungen hingewiesen worden, die für eine Terenzausgabe bestimmt waren und in einem ähnlichen Stil gemacht sind[6]. Ob wir es mit einer einzigen Hand oder mit der Arbeit einer mehrköpfigen Werkstatt zu tun hätten, darüber gingen die Meinungen auseinander, in der Hauptsache aber schien es doch *eine* Persönlichkeit

Selbstbildnis, 1493. Paris

gewesen zu sein, die hinter dieser Arbeit stand. Der Unterschied zu älteren Basler Drucken ist beträchtlich. Ist Dürer diese Persönlichkeit gewesen? Die ganze Gruppe von Zeichnungen ist in Dürers Werk tatsächlich mit gewissen Motiven verzahnt, so daß eine Beziehung außer Frage steht; dennoch glaube ich, daß solche vereinzelten Übereinstimmungen nicht als Beweis für seine Autorschaft geltend gemacht werden dürfen.

Die Heilige Familie, 1492/93. Berlin

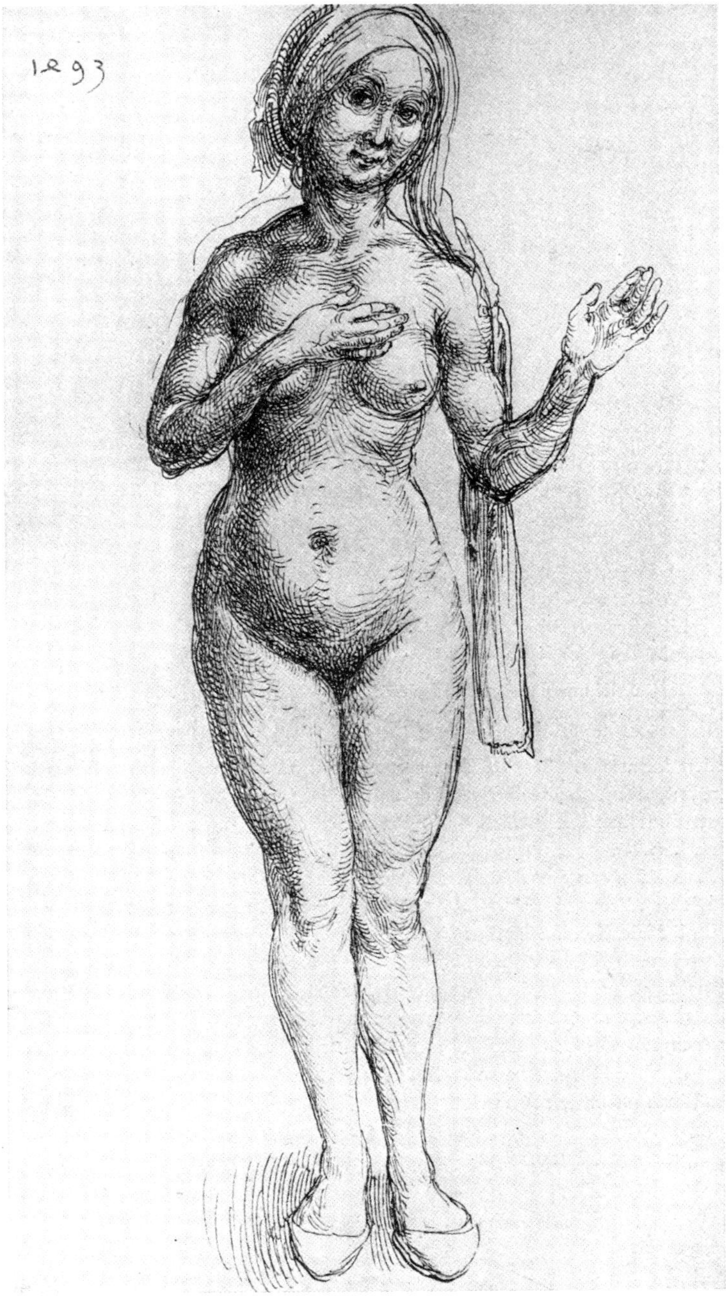

Aktzeichnung, 1493. Bayonne, Museum Bonnat

Selbstbildnis, 1498. Madrid

Unmittelbar überzeugend wirkt die große Zeichnung einer Heiligen Familie, die kürzlich nach Berlin gekommen ist. Sie wird um 1492/93 anzusetzen sein. Maria mit dem Kinde auf einer Rasenbank, daneben Joseph, schlafend, mit aufgestütztem Kopf. Sie hält gotisch-spitz eine Nelke. Reiche, aber in der thematischen Erfindung noch wenig interessante Gewandung. Die Figur muß mit Schongauers Marienbildchen in Wien verglichen werden, sie ist aus einer ganz ähnlichen Stimmung hervorgegangen. Doch sagt Dürer schon deutlich, daß er ein anderer sei und die bloße

Landschaft mit ihrer Raumtiefe und Fülle geht über alle Möglichkeiten Schongauerscher Kunst hinaus.

Aber nun möchte man mehr sehen als solche Variationen herkömmlicher Schemata: die durchschlagenden Äußerungen des jugendlichen Genius; daß er Dinge sagt, die noch nie gesagt worden sind, daß man vom Gewöhnlichsten einen Eindruck bekommt, als ob man etwas Neues sähe.

Das Erlanger Selbstporträt ist eine solche Äußerung gewesen, ein unerwartetes Aufleuchten momentanen Ausdrucks. Verwandt damit ist ein weiblicher stehender Akt im Museum Bonnat, Bayonne (L. 345), datiert 1493, vielleicht in Basel entstanden. Ein Natureindruck, rasch mit der Feder fixiert: die Zeichnung ohne schönschreiberische Ängstlichkeit, mit vielen verschiedenartigen Strichen der gefühlten Form nachtastend; trotz aller Unvollkommenheit zwingend in der Wirkung des Gesamtmotivs.

Warum es nicht mehr dergleichen Naturstudien gibt? Wenn man alles zusammennimmt – von den Landschaften wird später die Rede sein –: es bleibt immer noch eine kurze Liste. Gewiß ist der jetzige Bestand an Zeichnungen nicht maßgebend für das, was einmal existierte, aber wir wissen auch, daß um 1494 eine Wendung bei Dürer eintrat. Mit einem Mal erklingen fremde Töne. Dicht hintereinander eine ganze Folge von Nachzeichnungen nach italienischen Originalen. Eine neue Welt von Stoffen und vor allem ein neuer Stil. Dürer stürzt sich auf die Sachen, als ob es seine Erlösung gälte. Er kopiert, nicht um auch einmal etwas anderes zu machen, sondern überzeugt, daß Italien das Heil für ihn bedeute. Fast von jeder dieser Nachzeichnungen sind Figuren in Dürers Werk übergegangen.

Da ist zunächst ein Tod des Orpheus, wie er von thrakischen Weibern erschlagen wird (Hamburg, L. 159). Das Vorbild ein Kupferstich, der uns im Original nicht erhalten ist, der aber augenscheinlich von Mantegna stammt (alter Nachstich in Hamburg). Mantegna selber fußte dabei auf der Antike[7]. Ob irgendein sachliches Interesse bei Dürer mitsprach, lassen wir dahingestellt, jedenfalls waren die lebhaft bewegten, klar gewandeten Weiber und der gestürzte nackte Mann Motive, an denen sich eine plastische Phantasie schon entzünden konnte. Und dann ist der Stich nicht einfach kopiert, sondern Form für Form ist umgesetzt in die modellierende Liniensprache, wie sie Schongauer ausgebildet hatte, und das bedeutet kein Kleines. Die Zeichnung wirkt noch spitz, die Konturen sind eckig gebrochen, die Glieder haben kein genügendes Volumen, aber in der Sorgfalt der Mache merkt man den Genuß des die Plastik miterlebenden Nachbildens. Im Hintergrund ist ein Gebüsch frei hinzukomponiert mit ausführlicher Detailzeichnung des Laubes, wie sie später nie mehr vorkommt. Das Blatt trägt das Datum 1494.

Aus demselben Jahre in der Albertina zwei Kopien nach Mantegna, das Bacchanal und ein Kampf von fabelhaften Seewesen (L. 454, 455).

Das erstere ist eine trockene Komposition, ein Bacchanal ohne Trunkenheit, aber es enthält doch wie jeder Mantegna viel wertvolle Gelenkzeichnung und Verkürzung,

Zeichnung nach Andrea Mantegnas »Meergöttern«, 1494. Wien, Albertina

und in den feisten Leibern alter Schlemmer und gemeiner Weiber fand Dürer einen Naturalismus, vor dem er die Augen groß aufgemacht haben wird. Was wollte alle Charakteristik deutscher Schächer- und Henkerfiguren sagen neben solcher Naturfülle! Und auf dem andern Blatt die starke Bewegung und der Furor bestialischer Leidenschaft, ein wildes Gemenge, in das wunderbar die Kantilene ruhiger schöner Frauenkörper hineinklingt[8].

Auch hier hat Dürer die einfache Diagonalschraffierung des Originals in seine formbezeichnende Linie umgesetzt. Und damit nicht genug: überall, in der vegetabilischen und in der animalischen Form, suchte er den genaueren und reicheren Ausdruck. Höchst charakteristisch, wie er die Fischschwänze auszeichnete, Haare, Holzwerk, Weinranken durchbildete, nicht ohne dabei die Linie durchweg ins Bewegtere zu steigern. Hier ließ er seiner Formempfindung freien Lauf, in der Zeichnung der menschlichen Körper aber ordnete er sich dem Italiener unter: er übernimmt das System Mantegnas, die Binnenform zu erklären, das antike System, das für nordische Augen eine vollständige Umgewöhnung des Sehens voraussetzte.

Der Norden kannte das Nackte fast gar nicht und für die bewegte Figur hatte man sich gewöhnt, den Ausdruck wesentlich in den Linien des Gewandes zu suchen. Im wörtlichen Sinn handelt es sich für Dürer darum, der menschlichen Gestalt auf den Leib zu rücken.

Ein weiteres Bild von unschätzbarem Wert scheint ihm Antonio Pollaiuolo geliefert zu haben, den »Frauenraub« (L. 347). Wir kennen nicht das Original. Kein Zweifel, daß es einen plastischen Typus des Altertums paraphrasiert. Es sind zwei nackte Männer von herkulischer Muskulatur, lebhaft ausschreitend, jeder mit einem jungen Weib auf den Schultern. Was für eine Kraft in diesen Beinen steckt! Auf Schongauers großer Kreuztragung gibt es ein ähnliches Motiv: auch da das lebhafte Ausschreiten – einer der Schergen, der mit dem Seil zur Eile treibt –, auch da nackte Beine, aber nun messe man den Abstand der Zeichnung! Das übertrieben Holprige der Muskulatur wird man nicht auf Pollaiuolos, sondern auf Dürers Rechnung setzen müssen.

In einer Kopie nach Lorenzo di Credi vom Jahre 1495 (Paris, L. 384) ist das Problem des Kinderkörpers behandelt, den die Italiener so ganz anders gaben als die nordischen Spätgotiker: dick und wulstig, mit fettverschwollenen Knöcheln. Uns, mit unsern historisch erzogenen Augen, mag eine solche Nachbildung nicht als besondere Leistung erscheinen, für Dürer war die Sache weniger selbstverständlich, und es setzt eine große Herrschaft über das Auge voraus, daß er die fremde Form so objektiv sehen konnte. Wo es ihm weniger darauf ankam, läßt er die Feder laufen wie sie's gewohnt war, z. B. bei den Ohren.

Ob diese Zeichnungen in Deutschland oder in Italien gemacht worden sind, wissen wir nicht. Es steht nichts im Wege, sie im Norden entstanden sein zu lassen. Im Jahre 95 aber kommen dann italienische Dinge, die nur an Ort und Stelle aufgenommen sein können. Vielleicht gehört schon der Lorenzo di Credi dazu. Bedeutsamer sind die venezianischen Kostümbilder der Albertina (L. 459)[9], und ein anderes Frühblatt dort (L. 456) mit dem Raub der Europa weist ebenso entschieden auf einen Aufenthalt in Venedig: es enthält u. a. die Zeichnung nach einem antiken bogenspannenden Eros, die Figur eines Orientalen, Löwenköpfe, Sachen, die in Venedig nebeneinander zu sehen waren. Der Raub der Europa an sich ist ein typisches venezianisches Thema, im Holzschnitt besonders oft behandelt.

Vieles muß auch hier verlorengegangen sein. Das spätere Werk enthält noch manche italienische Motive, für die die Zwischenstufe der Zeichnung sich nicht mehr nachweisen läßt[10].

Es war ein gefährlicher Schatz, den Dürer da nach Hause brachte. Wir heutzutage werden das am allermeisten fühlen, wo man so ängstlich ist, die Unbefangenheit des Auges zu erhalten und den Sinn für das Eigene. Wenn er nun anfängt, diese Blätter zu verarbeiten in mühsamen Kupferstichen, die eine Figur daher nimmt, die andere dorther, so fragt man sich doch unwillkürlich, ob das noch gesunde Entwicklung sei, ob überhaupt Widrigeres geschehen konnte als dieser Betrieb mit ausländischen Schablonen. Es gab ein unreines Produkt, selbstverständlich, und es ist keine Rechtfertigung, daß Dürer getragen und gedeckt war von einem allgemeinen mächtigen Vorurteil zugunsten Italiens. Aber um billig zu urteilen, muß man sich sagen: hier handelte es sich nicht um den bloßen Import einzelner italienischer Körper und bestimmter Bewegungsmotive, sondern um eine grundsätzlich neue Empfindung für Körperlichkeit. Das leibliche Sein wird mit einer Kraft und Fülle durchempfunden wie nie zuvor. Nicht nur der Körper bekam eine ganz neue Bedeutung, die Stellung zur ganzen Welt mußte sich ändern. So ganz neu ist die Entwicklung, die sich hier vollzieht, daß man schon begreifen kann, daß Dürer zunächst an die bereits geprägte Form sich hält: an den italienischen Mustern hat sich das schlummernde Lebensgefühl zum wachen Bewußtsein emporgebildet.

Und für die Perspektive der Italiener gilt dasselbe. Auf die Handhabung einiger geometrischer Leitsätze kommt es nicht an und auf die einzelne Verkürzung auch nicht, und sei sie noch so schwierig: das, was als Bestimmendes zugrunde liegt, ist ein neues Erlebnis des Raumes, daß die Verhältnisse des Vor und Zurück sprechen wie mit Stimmen. Auch dafür ist die Anlage in Dürer natürlich vorhanden gewesen, allein der Anblick italienischer Kunst hat ihn dann gleich sehr rasch mit sich ins Reine gebracht. Auch wo die Gesetze der linearen Perspektive noch nicht begriffen sind, kommt im Norden von nun an doch ein neues Gefühl für das Dreidimensionale zum Ausdruck.

Am stärksten spürt man das in ein paar großen Landschaften, die Dürer damals an der Brennerstraße aufgenommen hat. Das Interessante für ihn ist nicht die phantastische Silhouette dieser Berglandschaft, sondern wie die großen Massen gegeneinanderstehen und was für Räume von ihnen beschlossen werden, das reizt ihn. In ihrem kubischen Gehalt liegt die außerordentliche Qualität dieser Zeichnungen. Es sind nicht bloße Anweisungen, wie man sich die Folge der Dinge im Gelände zu denken hat, sondern die Vorstellung bekommt gleich das volle Bild des Raumes.

Wie groß dieses Trient gesehen ist! Gewiß würde Dürer selbst die einzelnen Häuser und dergleichen später besser mit dem Ganzen ausgeglichen haben, aber ist es nicht ein neuer Eindruck, die große Luftmasse dieses Bildes? Wem unter allen deutschen Malern möchte man diesen beherrschenden Blick zutrauen? Und merkwürdig: die Gegend ist auch ganz objektiv gesehen. Die gotischen Zeichner haben sonst die Neigung, die Berge in die Höhe zu stilisieren. Dürer aber hat der Landschaft durchaus ihr Maß von Horizontalismus bewahrt, wovon sich jeder noch an Ort und Stelle überzeugen kann. Wer dann aber die Malerei im Original ansieht – früher in Bremen (L. 109) –, dem steht noch eine andere Überraschung bevor: die erstaunliche Schönheit der Farbe, die durch Frische und Reichtum ganz modern anmutet. Vom blaugrünen Schattenton der Berge links geht es ins Rötlich-Violette hinüber. Farbiger Widerschein im Wasser, da wo es dunkel ist. Die Bäume grünblau und gelblich. Weiß-blau bewegter Himmel[11].

Irre ich nicht, so bezeichnen die neunziger Jahre den Anfang eines allgemeinen Emporgehens der Gesinnung in Deutschland. Die Züge, die wir im vorausgehenden als charakteristisch für die zweite Hälfte des Jahrhunderts hervorheben zu müssen glaubten, würden nicht mehr stimmen für das Nürnberg, in das Dürer nach seiner Heimkehr eintrat. Schon der eine Veit Stoß sorgt dafür. Er kam 1496 nach langer

Ansicht von Trient, 1494. Verschollen (ehemals Bremen)

Abwesenheit aus dem Osten zurück und reißt alsbald weitere Kreise in den Wirbelwind seiner stürmischen Genialität hinein. Der bedächtige Adam Krafft erhebt sich zu dem Schwung des Pergenstorfferschen Grabmales (Frauenkirche) und sucht sich selbst in der Landauerschen Krönung (Ägidienkirche) nochmals zu überbieten, und für die gehaltene Monumentalität Peter Vischers haben wir in den Grabmälern der Dome von Magdeburg (1495) und Breslau (1496) die frühen und bezeichnenden Proben. Das ist keine philiströse und rührselige Gesellschaft, schon sieht man die Vorstellung einer höheren Menschenwürde da und dort auftauchen und der Horizont weitet sich ins Unmeßbare, wenn man die intellektuellen Potenzen des gelehrten Nürnberg mit in Betracht ziehen will.

In diesem Kreise entwickelt Dürer seit 1495 eine sehr lebhafte und mannigfaltige Tätigkeit. Das eigentliche Malerwesen ist dabei nur von zweiter Bedeutung gegenüber den graphischen Arbeiten. Er entwirft die großen Holzschnittfolgen der Apokalypse und der Passion, ganz neu in der Technik und von erstaunlicher Originalität der Auffassung; es sind populäre Veröffentlichungen, aber er verschweigt nicht, daß er italienische Kunst gesehen hat. Er behandelt das Nackte, wie die Italiener es pflegten, in sorgfältig durchgezeichneten Stichen; er nimmt die antiken Historien der Humanisten unter die Hände, mischt italienische Figur und romantische Landschaft eigener Erfindung zu kuriosen Ensembles. Er will ganz modern sein und in diesem Sinne bildete er in jenen Jahren – vermutlich 1496 – sein Monogramm, wie er es dann zeitlebens beibehalten hat, aus den lateinischen Buchstaben A und D.

Die Apokalypse

1.

Man muß linienempfindlich sein, um den jungen Dürer zu verstehen. Er hat auf den bloßen Linienausdruck des Holzschnittes sich beschränken können, weil alles Wesentliche seiner Formempfindung vollkommen damit sich sagen ließ. Die ganze Sichtbarkeit setzte sich ihm in Linienbewegung um. Da gibt es kein Ruhendes und gleichgültig Stilles. Der Baumstamm windet sich empor, die Rinde umschließt ihn wie mit Polypenarmen, das Gras schießt aus dem Boden, das saftige Blatt rollt sich, und die Erdwelle wölbt sich sichtbar in stets erneuerter Bewegung; selbst in dem toten Stein scheinen die einst wirkenden und bauenden Kräfte anschaulich zu werden, und was soll man nun erst erwarten von der Zeichnung der lebendigen menschlichen Form! Es ist gar nicht nötig, daß es bewegte Körper sind: immer wird diese neue Kunst eine höhere Aktivität zu besitzen scheinen, weil auch die ruhende Form als Funktion begriffen ist. Verständlich aber, daß sie gerne nach der wirklichen Bewegung greift. Männerkämpfe, Simson als Löwenwürger, der rasende Lauf der Rosse – das sind ihr die erwünschten Aufgaben.

Manchmal möchte man sagen, die Zeichnung koche. So sehr sind alle Linien in Wallung geraten, daß gar nichts still bleibt und bis auf die Blätter im Buche sich alles krümmt und kräuselt. Es ist eine Manier, die man nirgends als im Holzschnitt findet. Nicht daß Dürers Formgefühl sonst anders geartet erschiene, aber nur im Holzschnitt erlaubt er sich die starken Übertreibungen. Er war der Meinung, die derbe Linie des Holzstockes bedürfe dieser Stilisierung. Selbstverständlich ist damit von vornherein ein großer dekorativer Reichtum gesichert, allein das ist nicht das Wesentliche: wäre nicht ein neues und höchst intensives Erleben der Form vorangegangen, so hätte er seine Linien nicht gefunden. Wie beim jungen Goethe jedes Wort einen sinnlicheren Klang erhält, so kann man bei Dürer von einer neuen Sinnlichkeit der Linie sprechen, eben weil für sein Auge die Form überall und unmittelbar eine lebendigere Bedeutung gewann.

Bei Schongauer haben wir die Anfänge, hier steht die Erfüllung. Schongauer zeichnet bloß mit dem Stichel, Dürer hat sich auch die ungefüge Linie des Holzstockes dienstbar gemacht und er ist nirgends großartiger als da, wo er sich ganz primitiv ausdrücken muß.

Dem älteren Nürnberger Holzschnitt gegenüber bedeutet seine Kunst zunächst eine Vereinfachung, insofern er alle Erscheinung auf rein linearen Ausdruck zurückführt. Die Holzschnitte des Schatzbehalters und der Weltchronik geben ein Feuer, ein Gebüsch, eine Wolkenmasse nicht streng zeichnerisch; so beschränkt die Mittel sind, sucht man der Erscheinung doch gewissermaßen von der malerischen Seite her beizukommen; der einzelne Strich bedeutet wenig oder nichts, erst der Gesamteffekt der gehäuften Striche soll das ungefähre Bild der Sache ergeben. Bei Dürer dagegen hat schon die einzelne Linie ihre charakteristische Form, jede ist durchgeprüft auf ihren Ausdruckswert und es sind die brillanten Entdeckungen seiner Jugend, den linearen Ausdruck auch für die vorübergehenden und plastisch-unfaßbaren Dinge gefunden zu haben; für die schlagende Flamme, für blitzende Sterne, für quellende Wolken, jene großen stolzen Wolken, mit denen die junge Generation so prächtig einherfährt.

Der Holzschnitt hatte immer im Umriß seine Kraft. Es ist dann (vielleicht schon unter Schongauers Einfluß) die Binnenzeichnung im weiteren Umfang als formerklärend hinzugenommen worden, in dem Sinne, daß die Schatten nicht nur eine Dunkelheit angeben, sondern durch Verlauf und Richtung die Form mit erklären sollten. Aber was so geschah, geschah unentschieden und unökonomisch, und man ging kaum über ein Schattieren in kurzen Lagen hinaus. Jetzt erst, bei Dürer, tritt die Binnenzeichnung in ganzer Bedeutung hervor: breitströmend, in langen Linien geben die Schatten der Figur erst Nachdruck und Energie.

Und nun kommt auch Zusammenhang in die Lagen. Er wechselt nicht beständig und grundlos die Richtung, sondern hält das Zusammengehörige zusammen, er achtet auf eine reinere Harmonie in der Gesamtbewegung: die Linien wirken als dekorative Ganzheit, ja, jede einzelne Linie ist nach ihrem dekorativen Werte durchempfunden.

Damit ist jene neue Art von Zeichnung begründet, wo alles Linienwerk Form angibt, und doch zugleich als Arabeske genossen werden kann.

Ursprünglich war die Farbe die obligate Begleitung, auf die der Holzschnitt rechnete. Sie setzt aber leere Flächen voraus. Je mehr die Umrißzeichnung mit Linienwerk sich füllte, um so weniger war sie am Platz. Schon vor Dürer war die Herrschaft der Farbe erschüttert, allein Dürer hat zuerst in der Verwendung von Weiß und Schwarz eine ausgesprochene malerische Wirkung erreicht, die den Wunsch nach etwas anderem gar nicht mehr aufkommen läßt. Und dabei verzichtete er auch von Anfang an auf das zum Flecken ausgebreitete Schwarz, das die Älteren als bereicherndes Motiv gern in die Komposition aufgenommen hatten, indem sie etwa beim Laub oder bei ornamentalen Mustern, am häufigsten bei den Schuhen die Form ganz schwarz ließen. Er faßte den Holzschnitt als reine Zeichnung, die in allen Teilen homogen sein müsse und so löst er diese schwarzen Klumpen im Element der Linie auf. Auch die größte Dunkelheit ist immer noch durchsichtig.

Seine Skala von Hell und Dunkel ist sehr viel reicher, und er ersetzt die altertümliche, gleichmäßig helle Haltung der Holzschnitte durch die Kraft starker Tongegensätze. Wolken stehen licht vor schwarzem Grunde, über einer hellen Landschaft hängt ein dunkler Himmel. Es sind die malerischen Effekte, mit denen Schongauer einen bescheidenen Anfang gemacht hatte.

Nun beklagt man sich aber noch immer über die schwere Schaubarkeit dieser Dürerschen Schnitte, daß die Figuren nicht deutlich heraustráten und daß man sich nur ganz allmählich darin zurechtfinde. Das ist wohl wahr und Dürer hat selber später eine größere Klarheit der Erscheinung angestrebt, aber andererseits ist der moderne Betrachter darauf aufmerksam zu machen, daß man bei diesen Zeichnungen von den einzelnen Figuren nicht ausgehen darf. Das Maßgebende ist der Linien- und Tonzusammenhang des Ganzen, nicht das einzelne Motiv. Aus der allgemeinen Linienbewegung und dem Rhythmus in der Verteilung von Hell und Dunkel ziehen diese Blätter ihre Stimmung. Sie wollen als eine dekorative Einheit gefaßt sein. Wie ein Relief des Adam Krafft seine Schönheit nicht in dieser oder jener Gestalt besitzt, sondern in der Art der Flächendurchwühlung im ganzen, so ist ein Blatt der Apokalypse neben allem Sachinteresse immer auch als Liniendekoration bedeutend, wobei grundsätzlich die Fläche in allen Teilen gleichmäßig gefüllt sein soll. Unseren Augen mag dabei wohl des öfteren eine Aufgabe zugemutet werden, der sie nicht gewachsen sind. Die Fähigkeit, komplizierte Dinge aufzufassen, ist ehemals größer gewesen. Schon in ihrer Architektur besaß diese Generation der späten Gotik eine Schule für das Sehen, wie sie uns fehlt.

Und noch etwas ist zu sagen. Dürer arbeitet mit ganz neuen Flächeneinteilungen. Man ist überrascht, wenn man von älteren Büchern herkommt, vom Schatzbehalter etwa, wie stark sich Blatt von Blatt unterscheidet, wie der Gesamtcharakter immer wieder ein anderer ist. Das gilt im höchsten Maß von dem Gegensatz der frei komponierten Bilder zu den Bildern mit tektonischem Rückgrat. Ich meine die großen Symmetrien, wie wir sie beim Sternenfall finden oder bei den sieben Posaunen und den vier Würgengeln. Nicht als ob die Symmetrie früher unbekannt gewesen wäre, allein hier tritt sie mit einer ganz neuen Kraft in Erscheinung. Dürer hatte diese Wirkungen in Italien kennengelernt.

2.

Ich leb und weiß nit wie lang,
Ich stirb und weiß nit wann,
Ich fahr und weiß nit wohin,
Mich wundert, daß ich fröhlich bin.
Spruch von 1498

Das Buch der Apokalypse, trübe und schwer, ist der erste große Stoff gewesen, an dem Dürer seine Kraft erprobte. Das Buch hatte damals eine ungeheure Bedeutung. Die Empfindung, daß man dem Ende nahegekommen sei, war überall vorhanden; jeder bereit, in den Erscheinungen der Natur Dinge von geheimnisvoller Vorbedeutung zu sehen; allgemein ein nervöses Aufhorchen auf Zeichen und Wunder. Von Dürer selbst wissen wir Derartiges. Auch Luther hat bekanntlich bis zuletzt daran geglaubt, daß die Jahre der Welt erfüllt seien.

Und nun hatte man in der Apokalypse die Beschreibung der furchtbaren Dinge, denen die Menschheit entgegenging, und das Bedürfnis war fast unstillbar, den schwierigen Text in Bildern sich anschaulich zu machen. »Selig ist, der da lieset und die da hören die Worte der Weissagung und behalten, was darinnen geschrieben ist;

denn die Zeit ist nahe« (Apok. 1, 3). Der Stoff ist in Bilderhandschriften oft behandelt worden. Die Darstellung existierte als Blockbuch. Die deutsche Bibel, die in Köln um 1480 herauskam, ist in der Illustration dieses Abschnittes ganz besonders ausführlich und später in der ersten Bibelausgabe Luthers, September 1522, ist er sogar der einzige illustrierte Teil.

Dürer knüpfte also an eine Tradition an. Die Holzschnitte der Kölner Bibel waren ihm von Jugend an bekannt: der Verleger Koberger, Dürers Pate, hatte 1493 eine Nürnberger Bilderbibel herausgegeben und darin die gleichen Stöcke benutzt. Aber er läßt seinen Vorgänger weit hinter sich. Man wird da und dort in den neunziger Jahren finden, daß man sich besinnt auf das Ernsthafte und Bedeutende, hier aber treffen wir plötzlich auf eine Stimmung von so hoher Art, daß man wohl glauben kann, diese Zeichnungen zur Offenbarung hätten wie ein Sturmwind die Gemüter ergriffen. Dürer wußte sich im Besitz neuer Ausdrucksmittel, aber er hatte auch Neues zu sagen. Und er wollte eindringlich reden, wie man noch nie hatte reden hören. Schon das Format sollte ein ungewöhnliches sein: Es schließt sich an an die größten Stöcke des Prachtwerks der Schedelschen Weltchronik.

So entstanden die 14 Folioblätter, die als Buch gebunden 1498 in erster und 1511 in zweiter Auflage herausgegeben wurden. Der Text ist immer den Rückseiten aufgedruckt, zunächst in deutscher, später (1511) auch in lateinischer Sprache. Für die zweite Auflage zeichnete Dürer noch einen figurierten Titel, bei dem die Schrift (Apocalypsis cum figuris) interessanter ist als das Bild des schreibenden Johannes.

Wer nun unmittelbar vom Lesen der biblischen Worte herkommt, wird vielleicht seine Erwartungen bei Dürer nicht erfüllt finden, und es ist auch begreiflich, wenn die Schrift stärker auf die Phantasie wirkt als das Bild. Sie arbeitet mit einer Reihe von Mitteln, die nicht übertragbar sind. Es wogt und rauscht und dampft und flammt im Texte der Offenbarung. Was gesprochen wird, wird gesprochen »mit Donnerstimme«, »wie ein Löwe brüllet«, oder es heißt: »seine Stimme war wie ein großes Wasserrauschen«; das Bild ist stumm. Farben spielen eine wichtige Rolle; im Holzschnitt verschwinden auch sie. Dann widersetzt sich das Übergroße und Unvorstellbare der jüdischen Phantasie überhaupt aller Bildgestaltung. Aber auch abgesehen davon, wird manchen Modernen Dürer zu trocken, zu linear, zu wenig visionär vorkommen und sie werden meinen, der Stoff verlange einen anderen Stil. Malerische Phantastik darf man allerdings nicht erwarten. Man muß sich entschließen, auf *seine* Wirkungsmittel einzugehen, wenn man die Phantasiearbeit in Dürers Apokalypse beurteilen will, und vielleicht gehört auch das dazu, daß man das echte alte Buch in alter niedriger Stube einmal gesehen hat, um zu ahnen, wie die gewaltigen Linien von Dürers Griffel einst wie in Flammenschrift aufgeleuchtet haben müssen.

Die erste Vision. – Eine große Stimme spricht und Johannes wendet sich um, zu sehen, wer mit ihm redet. »Und als ich mich wandte, sah ich sieben goldene Leuchter und mitten unter den sieben Leuchtern einen, der .. war angetan mit einem

Die Vision der sieben Leuchter

langen Gewand und gegürtet um die Brust mit einem goldenen Gürtel .. und seine Augen waren wie eine Feuerflamme .. und hatte sieben Sterne in seiner rechten Hand; und aus seinem Munde ging ein scharfes, zweischneidiges Schwert; und sein Angesicht leuchtete wie die helle Sonne. Und als ich ihn sah, fiel ich zu seinen Füßen als ein Toter.«

Dieser Text ist in dem Holzschnitte der Köln-Nürnberger Bilderbibel[1] schlecht und recht verbildlicht: ein sitzender Mann (Christus) im herkömmlichen Gewande, die eine Hand (es ist hier in der Umkehrung des Druckes die linke geworden) im Redegestus gehoben und von Sternen umgeben, in der Richtung vom Munde nach unten schwebt ein Schwert. Das Buch in der anderen Hand, von dem der Text nichts sagt, ist dem üblichen Schema des sitzenden Christus in majestate entnommen. Eine symmetrische Einrahmung durch die Leuchter, der siebente hinter dem Kopf, das Ganze eingefaßt von den Krausen, die in der alten Kunst Wolken bedeuten. Johannes kniend, nicht wie ein toter, zu Füßen der Erscheinung.

Was hat Dürer daraus gemacht?

Jedermann ist getroffen von der Wucht der neuen Darstellung. Empordampfende Wolken; sieben kolossale Leuchter (sie dürfen kolossal sein, denn Johannes sieht sie zuerst), nicht bloß ornamental auf der Fläche verteilt, sondern in wirklich räumlichem Hintereinander; auf dem zwischengespannten Bogen sitzend der Mann, mit dem Buch und den Sternen. Aber was für eine andere Bedeutung in dieser Sternenhand! Alle Finger, der ganze Arm in jähem Ruck ausgestreckt, eine Bewegung, die so stark wirkt, daß man das Aufblitzen der Sterne wie eine notwendige Begleiterscheinung der Aktion hinnimmt. Mächtig sprechen die Vertikalen der Ärmelfalten, denen von der Mitte ein anderes großes Linienthema antwortet. Im einzelnen ist alles durchdrungen von einer quirlenden Bewegung: der Gürtel, die krausen Buchblätter geben das Maß dieser Bewegung an. Ein Prachtbeispiel sind die Falten des Ärmelumschlages. In der Darstellung des Monströsen ist Dürer viel wörtlicher: das Schwert geht wirklich vom Munde aus und die Augen leuchten wie Feuerflammen, aber das Temperament im ganzen ist so groß, daß man über das Unglaubliche sich nicht wundert. Der Kopf an sich scheint auf einen Schongauerschen Typus zurückzugehen, ebenso wie die Leuchter zum Teil an Schongauersche Kunst anknüpfen, die spätgotischen Motive dann allerdings mit neumodisch-italienischen durchsetzend[2].

Johannes ist auch hier nur eine kniende Beterfigur, daß ihn der Schreck zu Boden warf, kommt nicht zum Ausdruck: Es lag nicht im Geiste des 15. Jahrhunderts, den momentanen Affekt zu geben. Ein Holbein hat sich später die heftigere Darstellung selbstverständlich nicht entgehen lassen, ebenso wie Christus nicht mehr sitzend, sondern zuschreitend auf den Evangelisten dargestellt wird.

Das zweite Blatt gibt die Vision, wie eine Türe sich auftut im Himmel und man drinnen einen Mann sitzen sieht, in der Mitte, und um ihn herum auf 24 Stühlen *die 24 Ältesten* in weißen Kleidern. Dürer breitet zu Füßen dieser himmlischen Szene eine weite stille Landschaft aus. Es ist eine Vorahnung dessen, was er später in dem Allerheiligenbilde bringt, wo dann freilich das Feierliche einen ganz anderen Charakter gewonnen hat. Die Gesellschaft im Himmel sitzt eng und unübersichtlich, dagegen hat die Landschaft schon merkwürdige Eigenschaften, den Eindruck der Raumtiefe zu geben.

Die vier Reiter. – Aus den vier Reitern, denen Macht gegeben ist, den vierten Teil der Menschheit zu töten, mit dem Schwert und durch Hunger und andern Tod, hat Dürer das berühmte Bild der Vernichtung gemacht, die mit Windesflügeln über die Erde hingeht. Die deutsche Kunst bis dahin hat keinen Bewegungseindruck aufzuweisen, der diesem vergleichbar wäre. Er nimmt die vier Figuren, die der Text einzeln auftreten läßt und die auch früher in der Darstellung nie als einheitliche Gruppe behandelt worden waren, eng zusammen, hebt sie in die Luft und gewinnt so eine Summe gleichlautender, phantastischer Bewegung. Er beherrschte damals das Pferd noch nicht, geschweige das bewegte Pferd (es gibt Zeichnungen, die das ganze Ungenügen verraten: L. 209 z. B.), aber er hat hier mit suggestiven Wirkungen der Linie gearbeitet, die eine vollkommenere Zeichnung entbehrlich machen. Sie laufen nicht gleichmäßig gut die Pferde, und in dem keuchenden, dürren Gaul des Todes ist sogar die mühsame Bewegung gewollt, aber das Hauptmotiv ist von vorzüglicher Bewegungskraft: der Reiter, der im Sattel sich vorlegt und in der hochgehobenen Hand seine Waage schwingt, wie man eine Hetzpeitsche schwingt. Die Tiere greifen galoppierend aus, wobei die Hinterbeine sehr zum Vorteil des Eindrucks verdeckt bleiben.

Alle vier Reiter sehen ins Weite, keiner auf das nächste Ziel. Sie bilden eine Kette, die durch das Bild ganz durchgeht und alles, was am Boden liegt, völlig erdrückt. Auch das ist neu. In älteren Darstellungen pflegt man nur dem Tod ein Häuflein Menschen vor die Füße zu legen[3]. – Unten links der Rachen der Hölle, oben ein Strahleneinbruch.

Mit mächtigem Flügelschlag begleitet ein Engel den Zug (es ist der Engel, der ursprünglich als Kronenbringer über dem ersten Reiter schwebt); eine weiße Wolke geht steil empor, wie eine von starkem Hufschlag emporgewirbelte Staubsäule; entscheidend aber für die Stimmung des Blattes ist die heftige Begegnung der Licht- und Schattenmassen und der allgemeine Linienaufruhr in den Wolkenrändern, den emporflatternden Pferdedecken, Gewändern, Mähnen und Schweifen: es zittert und dröhnt in der Luft.

Der Sternenfall. – Es folgt der Augenblick, wo die Erde erbebt und die Sterne vom Himmel fallen und die Menschen sich verkriechen in den Klüften und Felsen und zu den Bergen sprechen: »Fallet auf uns und verberget uns, denn es ist gekommen der große Tag des Zornes?« Als Einleitung dazu gibt der Text ein schauerliches Vorspiel im Himmel: wie die Seelen der Märtyrer unter dem Altar hervor nach Rache schrei-

Die vier Reiter

en, und wie man ihnen dann weiße Kleider gibt und sie vertröstet, sie sollten noch eine Weile harren, bis alle beisammen seien.
Dürer hat die zwei Szenen zusammengenommen. Wenn das Blatt für uns nicht den erwarteten Charakter der elementaren Katastrophe hat, so ist daran nicht schuld, daß Dürer zur Form der strengen Symmetrie griff, sondern daß wir diese Symmetrie nicht mehr als eine so packende empfinden, wie damals als sie neu war, in dieser Anwendung neu war.
Unten zwei Gruppen von Menschen nach den Ecken hin. Kaiser, Papst und Kardinal mit Angst und Stöhnen übereinander auf der einen Seite, auf der andern als Hauptfigur eine hockende, sich duckende Frau, die ihr Kind vor sich hält und mit gellendem Schrei den Raum durchdringt: der verzweifelnde Notruf, der nicht weiß, wohin er sich wenden soll. Das ist der beste Teil im Bilde.
Die fallenden Sterne sind züngelnde Gebilde mit Flammenschwänzen, die bald auf hellem, bald auf dunklem Grund erscheinen und so tatsächlich den Eindruck der Bewegung erzeugen[4].
Und nun ein Gegensatz der höchsten Ruhe: die *vier Engel*, die die *Winde* halten sollen, daß sie nicht blasen, während die 144 000 Auserwählten versiegelt werden. Man sieht beide, die Wächter und die Versiegelten. In den älteren Darstellungen haben die Engel ihren Platz außen an den Ecken um die Gemeinde der Versiegelten herum. Dürer nimmt sie alle zusammen und stellt sie kühn und herb als *eine* Masse den anderen gegenüber. So zweispaltig wird dadurch das Ganze, so ungleichartig sind die Hälften, daß das Bild fast aus den Fugen geht. Und dabei ist sehr schlecht für die sachliche Deutlichkeit gesorgt: in den zwei Hauptfiguren fehlt durchaus eine verständliche Beziehung zu den Winden oder dem Engel, der den Auftrag übermittelt. Woher diese Unklarheit der Motive und der Anordnung? Offenbar ist es dem jungen Dürer eine Lust gewesen, mit dem alten Prinzip der gleichmäßigen Flächenbesetzung zu brechen und seine Pointen, zu Massenakzenten gesteigert, asymmetrisch zu setzen. Allein mit dieser Erklärung wird man doch nicht ganz auskommen. Zu deutlich gibt sich das Blatt als eine Komposition zu erkennen, in die fertige Motive, aus anderen Zusammenhängen genommen, verbaut worden sind. Wenigstens möchte ich mit Bestimmtheit behaupten, daß für den Hauptengel die Zeichnung schon bereitlag, bevor Dürer an diese apokalyptische Szene dachte. Er wollte sie verwenden unter allen Umständen: ob sie gerade das gab, was die Geschichte erheischte, war Nebensache. Man kennt analoge Fälle.
Diese Hauptfigur, ein Jüngling-Engel mit großen Zügen und mächtigem Flügelpaar, sieht aus wie eine Erinnerung an Mantegna. Was hier vor allem spricht, ist nicht die mächtige Form des Hauptes und das gewaltige Paar der zottigen Flügel, es ist der wundervolle, langsame Rhythmus der Bewegung, wie er den Körper erfüllt, das große gehaltene Pathos im Aufblick und in der Gebärde. So eine Gestalt bedeutet eine völlig neue Humanität. Am Sebaldusgrab ist das gleiche Motiv für den Apostel Paulus verwertet.

Die langförmig geführte Idealgewandung tut das ihrige zu der freien und feierlichen Wirkung und bildet einen merkwürdigen Gegensatz zu der ganz anders behandelten geistlichen Tracht des Begleiters mit ihrer verkrümmten Bewegung.

Wie Dürer auf diese italienische Figur gekommen ist, läßt sich nur im allgemeinen sagen. Ein genaues Vorbild habe ich wenigstens bisher nicht gefunden, doch ist der mantegneske Charakter offenbar. Mantegna hat namentlich weibliche Figuren, die den dürerischen in der Stimmung ganz verwandt sind, z. B. die Magdalena auf dem Londoner Dreifigurenbilde, aber auch schon früher. Es ist nicht ausgeschlossen, daß jenes Londoner Bild gerade zur Zeit von Dürers Reise fertig wurde[5]. Auch die dünnen langen Röhren des Gefälts haben bei Mantegna ihre Analogie, so daß man nicht erst venezianische Beispiele anzuziehen braucht[6]. Für den Aufblick und die Verkürzung des Kopfes kann auf den kranzempfangenden Jüngling in Mantegnas »Bacchanal mit der Kufe« verwiesen werden.

Die *Märtyrer mit Palmen* sind eines von den wirkungsloseren Blättern. Der Zug, der aus der Tiefe hervorkommt, hat eine rechte Flüssigkeit nicht gewinnen können und die Reihung der vierundzwanzig Ältesten in ihrer räumlichen Unklarheit wirkt noch ganz altertümlich[7].

Der Text bekommt jetzt eine große Spannung. Es gab eine Stille im Himmel und dann wurden den *sieben Engeln*, die vor Gott stehen, *sieben Posaunen* gegeben, und ein anderer Engel kam und füllte das Rauchfaß mit Feuer vom Altar und schüttete es auf die Erde, und Donner und Blitz und Erdbeben brechen los. Doch das ist nur die Ankündigung der furchtbaren Verwüstungen, die kommen sollen, wenn die Posaunen das Zeichen geben. »Und die sieben Engel mit den sieben Posaunen hatten sich gerüstet, zu posaunen.« Wie einen Chor von Rachegeistern sieht man sie dastehen. Und der erste posaunete, und es ward ein Hagel und Feuer und fiel auf die Erde, und der dritte Teil der Bäume verbrannte und alles grüne Gras. Und der zweite posaunete, und es fiel wie ein großer Berg mit Feuer brennend ins Meer, und so geht es fort, und als der vierte posaunet hatte und das Maß des Schreckens voll scheint, da hört man eine Stimme durch den Himmel ein dreifaches Wehe rufen über die Unseligen, die erleben müssen, was die drei letzten Posaunen bringen werden.

Dürers Blatt gibt die Spannung der Erzählung nicht wieder, schon darum nicht, weil ihm das Nacheinander fehlt. Die Verwüstungen an sich machen keinen rechten Eindruck; den Engeln fehlt das Dämonische; sie treten auch nicht als geschlossene Masse auf, sondern verstreut in lockrer Symmetrie, und es ist noch dafür gesorgt, daß jeder in Flügelzeichnung und Gewandung etwas verschieden sei, eine Abwechslung, die man entbehren könnte. Die Formen flatternder Gewänder, ein Thema, das Dürer später noch öfter und wunderbar behandelt hat, sind dagegen schon hier von bedeutender Erfindung, und wenn man dann weiter geht zu dem Schwung der großen Flügel und den merkwürdig sich windenden Wolken, und das Ganze übersieht, wie sich's drängt mit Hellem und Dunklem und mächtig durcheinander fahrendem Linienschuß, so wird man doch gepackt und muß dem Blatt eine Stimmung des

Die vier Engel mit den Winden. ▷
Links ein Ausschnitt in Originalgröße

Ungeheuerlichen zugestehen. Sie liegt nur nicht da, wo man sie zuerst sucht, in der einzelnen Figur, sondern in dem Formenganzen. Verkleinerte Nachbildungen aber können den Eindruck nicht übermitteln.

Das dreifache Wehe ruft ein großer Raubvogel, während der lutherische Text (weniger richtig) einen Engel verlangt. Ein schönes Beispiel von Flugbewegung.

Die Engel vom Euphrat. – Hier wird es dem Künstler wohler, wo die Vernichtung durch menschlich geformte Wesen ausgeführt wird und nicht das Gestaltlose bloßer Naturvorgänge dargestellt werden mußte. Es sind die Engel vom Euphrat, die aufgerufen sind, den dritten Teil der Menschheit zu töten. Die sechste Posaune hat sie gerufen. (In den Wolken der Zug der Reisigen auf Rossen mit Löwenköpfen und Skorpionenschwänzen.) Die Stimmung des Seekampfes von Mantegna erscheint gesteigert in dem wuchtigen Dreinschlagen der vier Gestalten. Nicht in einer Linie, sondern nach rechts und links auseinandergehend, füllen sie – in schneidend harten Begegnungen – den Raum und verbreiten das Verderben um sich. In voller Gestalt sieht man nur einen, diese Hauptfigur aber, die mit der Gier eines Raubtieres sich auf ihr Opfer stürzt, überbietet an Energie der Aktion wohl alles, was man aus der vorangehenden Kunst kannte. Man kann die Steigerung der Dynamik messen, indem die Kölner Holzschnittbibel eine ganz ähnlich entworfene Figur bringt, die aber mit ihrem gestreckt vorgeschobenen Bein mehr auf den Eindruck der raschen leichten Bewegung hinarbeitet als auf den Eindruck der Kraft. Mantegnesk ist der schreiend aufgerissene Mund, und der Ausdruck schmerzlichen Ernstes im ganzen kommt dort her[8].

Die himmlische Oberszene enttäuscht etwas. Der posaunenblasende Engel sieht doch gar zu sehr wie ein unschuldiger kleiner Page aus.

Der Mann mit den Säulenfüßen. – Dürer ringt mit dem Unmöglichen. Es soll ein starker Engel sein, der mit einer Wolke bekleidet und mit Feuerpfeilern als Füßen vom Himmel herabkommt und dem Johannes ein Büchlein zu verschlingen gibt. Und er schrie mit großer Stimme, heißt es, wie ein Löwe brüllet, und da er schrie, redeten sieben Donner ihre Stimmen. Dürer greift zum größten Maßstab; er gibt der himmlischen Erscheinung nicht bloß (nach Art der älteren Darstellungen) ein Kleid aus Wolkenkrausen, sondern läßt sie im Gestaltlosen der Himmelswolken verfließen; Johannes ergreift mit leidenschaftlicher Erregung das hingehaltene Buch; aber so ernst Dürer die Aufgabe genommen hat, und so frei er ausgreift mit der Linie, um das Außerordentliche zu geben, er hat das Monströse des Themas doch nicht überwinden können.

Nun wird die Geschichte immer ungeheuerlicher und verworrener. Der Böse tritt auf in Tiergestalt; als ein *Drache mit sieben Köpfen*, sein Schwanz reißt den dritten Teil der Sterne an sich und wirft sie zur Erde. Ihm ist ein Weib gegenübergestellt, die auf der Mondsichel steht, eine Sternenkrone auf dem Haupt und umgeben von strahlendem Licht; sie hat ein Knäblein geboren, das von Engeln zu Gott emporgetragen wird, und ist niemand anders als die jungfräuliche Gestalt der Maria. Frühe-

res und Späteres sind verbunden in der Darstellung; der Drache wendet sich gegen die Jungfrau und schießt einen Strom Wassers gegen sie, daß sie ersäufe, aber die Erde verschlingt das Wasser und der Jungfrau werden Flügel gegeben, damit sie hinwegflöge.
Es ist eine der prachtvollsten Phantasien Dürers, das ungebärdige Tier mit seiner vielfältigen Bewegung, die doch als Einheit wirkt; die Köpfe alle in verschiedener Form durchgebildet, keiner das Wirkliche berührend, aber jeder überzeugend und alle erfüllt von einem gemeinsamen Charakter des Bösen.
Auf drei Blättern erscheint der Drache, aber hier ist er am bedeutendsten. Man muß die Darstellungen zusammennehmen, um die Entwicklung der Dürerschen Gestaltungskraft zu übersehen. Die *babylonische Hure* auf dem Drachen ist offenbar das älteste Blatt der Reihe, vielleicht liegt überhaupt hier der Anfang der ganzen Arbeit. Das würde dann wohl heißen, daß den Künstler dieser Stoff besonders lockte. Das Tier ist da noch zahm, weniger ausdrucksvoll und im ganzen gleichförmiger, aber in den Köpfen schon durchaus differenziert. Für die Hure, das schöne lockende Weib, hat Dürer bekanntlich die Zeichnung nach einer Venezianerin benutzt, die er an Ort und Stelle gemacht hatte (L. 459). Seine Phantasie lieferte ihm keinen Typus, der verführerischer wirken konnte. – Die staunend befangene Menge, der die Verführung gilt, ist nach einzelnen Charakteren durchgebildet. Man denkt an Signorellis gleichzeitige Darstellung vom Auftreten des Antichrists in Orvieto. Ein Mönch ist der einzige, der gleich fromm vor der Hure in die Knie gefallen ist.
Im allgemeinen aber leidet das Blatt, nach Art eines Erstlings, unter der Zerstreuung durch das Zuviel (oben der Engel, der den Fall Babylons ausruft – die brennende Stadt – und der Engel mit dem Mühlstein, daneben der Reiter »Treu und Wahrhaftig« mit den Seinigen). Übersichtlicher, obwohl sonst gleichgültiger, ist das mittlere Drachenblatt, wo das *Tier mit den Lammshörnern* hinter dem *Berge* hervorkommt und oben der Herr mit der Sichel sitzt.
Michaels Kampf mit dem Bösen. – Wir haben die historische Folge verlassen. Gleich nach dem ersten Erscheinen des Drachens findet ein Kampf im Himmel statt: »Michael und seine Engel stritten mit dem Drachen, und der Drache stritt und seine Engel, und siegeten nicht, auch ward ihre Stätte nicht mehr gefunden im Himmel.« Ein Streit in den Lüften. Unten eine sonnig stille Landschaft, oben vor schwarzem Grund ein unruhiges Hin und Her von Lichtern, schlangenhaft sich windendes Wolkengekröse, schreckhaftes Gewürm da und dort auftauchend, mitten drin aber – mit wirksamer Verschiebung nach der Seite – ganz einfach die langgewandete weiße Gestalt Michaels. Die mächtigen Flügel weit ausgestellt, hat er seine Lanze mit beiden Händen hoch oben gefaßt und stößt sie nun mit gebeugtem Knie dem Gegner in die Kehle. Es ist ein gewaltiger Ernst in diesem Michael. Man fühlt, wie er sich zusammennehmen muß. Die Bewegung hat nichts Vehementes, aber sie ist außerordentlich eindringlich und übertönt durchaus die Aktion der helfenden Begleiter. Nicht ganz unähnlich ist dagegen der Typus, den die Kölner Bilderbibel

Michaels Kampf mit dem Drachen

verwendet hat, doch hat Dürer, wie bei dem Euphratengel, das Motiv dynamisch gesteigert.

Denkt man aber andrerseits an die Michaelbilder der Italiener, wie sie von Raffael und Guido Reni gemalt worden sind: der mit leichtem Fuß einhereilende Überwinder, so kommt noch eine andere Seite hervor, die Dürers Blatt für unser Gefühl bedeutsam macht: daß der Kampf mit dem Bösen, auch wenn es ein Erzengel ist, der ihn führt, als ein schwerer empfunden worden ist.

Und nun kommt das Ende. Der Böse wird ergriffen, gebunden und in den Abgrund geworfen für tausend Jahre. Ein Engel besorgt das »mit bedächtiger Schnelle«. Es liegt etwas Feines und Leises in seinem Tritt, wie er den Drachen an die Versenkung geführt hat, in der er nun mit unwilligem Zischen verschwindet. Der Abgrund ist nämlich, ganz nach Bühnenart, nichts als ein rundes Loch im Boden, mit einem Deckel verschließbar.

Auf dem Hügel oben steht Johannes und ein Engel zeigt ihm das *neue Jerusalem*. Auch das geschieht ohne Pathos. Wie ein Wegweiser steht der Engel da mit seinem ausgestreckten Arm. Eben das war damals das Neue: die einfache starke Bewegung. Die Horizontale des Armes abgesetzt von den drei durchgehenden Steilfalten des Rockes. Johannes außerordentlich reizvoll mit vorgebeugtem Körper und gotisch schleichendem Schritt dazu komponiert.

Den Szenen der Offenbarung hat Dürer in herkömmlicher Weise noch das *Martyrium des Apostels* im Ölkessel beigegeben; er eröffnet die Folge und ist eins der prachtvollsten Blätter. Mantegnesk-großartig die nackte Figur des leidenden Beters mit den langen Locken und von rauschender Pracht der Gewalthaber auf dem Thron, wo in Bart und Turban, Gewand und Schmuck fast alle Register der Linienzeichnung gezogen sind.

Obwohl es an erster Stelle steht, gehört das Stück seiner Entstehung nach sicher zu den allerletzten. Man kann es direkt als das eine Ende dem Blatt mit der babylonischen Hure als dem andern Ende gegenüberstellen, und diese Grenzen umschließen ein so großes Stück Entwicklung, daß man mit der Datierung der frühen Blätter jedenfalls um mehr als *ein* Jahr vor das Publikationsjahr 1498 zurückgehen muß. Einen bündigen Anschluß an den ersten bekannten Holzschnitt, den Basler Hieronymus, gewinnt man freilich auch so noch nicht[9].

3.

Neben der Apokalypse gibt es noch ein paar Einzelblätter vom gleichen großen Format, wo Dürer, ohne alle Mühsal eines widerspenstigen Stoffes, ganz frei die Glieder reckt. Sie sind im Stil den entwickelteren apokalyptischen Zeichnungen verwandt. Ein Teil davon behandelt die große physische Bewegung, ein anderer (und es ist nicht der geringere) gibt nur das ruhige Dasein, das sich in diesem Stil der strömenden Linie zu einer merkwürdigen Pracht verklärt[10].

Nichts wirkt festlicher als die *Maria mit den Hasen* (B.102), nur muß man den

Strich in seiner ganzen originalen Größe und Breite sehen und in der saftigen Schwärze eines guten Druckes. Sie sitzt glücklich und still im Freien und das stehende Kind auf ihrem Schoße spielt mit einem Buch und dahinter erscheint Joseph, ehrerbietig mit abgenommenem Hut – gar nichts Besonderes im Motiv, aber alles strahlt in diesem Blatte. Das ist die ganze satte Pracht der Dürerschen Jugendlinie. Der Körper als plastische Form ist zwar noch unentwickelt, aber was tut das? Das Auge wird mitgerissen von dem Reichtum des Gefälts, das in plätscherndem Formenüberschwang am Boden sich staut. Die Pflanzen mit den gerollten Blättern führen die Bewegung weiter, alles atmet Fülle des Lebens, und was für ein entzückendes Allegro in jenem fliegenden Puttenpaar mit der Krone, das die Komposition nach oben abschließt!

Ein anderes Blatt, *Simson*, der dem Löwen den Fuß auf den Nacken setzt und den Rachen auseinanderreißt (B.2), vergleicht sich in der nervigen Energie mit den Würgengeln vom Euphrat. Es ist ein oft behandelter Bildstoff, aber alles, was Kraft ist daran, war als Ausdruck neu zu entdecken. Dürer geht auch hier von einem Linienbild aus (keinem bloßen Konturbild), das eine gewisse suggestive Macht hat, ohne das Motiv zu plastischer Deutlichkeit durchgebildet zu enthalten. Im Sinne der bildnerischen Klarheit bleibt es ein Fehler, daß der den Löwen niedertretende Fuß, der Träger der größten Energie, nicht auch der sichtbarste Teil im ganzen ist: das Bein wird fast völlig überschnitten[11].

In dieser Beziehung wirkt der *»Ercules«* mit den zwei Gewappneten am Boden (B.127) günstiger, obwohl das Blatt sicher älter ist. Es sieht aus, als ob Dürer für die Hauptfigur eine italienische Vorlage benützt hätte (das Weib mit dem Kinnladenknochen im Hintergrund geht sicher auf Mantegna zurück), und daß in dem neuen Zusammenhang die Verbindung mit dem Niedergeworfenen darum eine ungenügende geblieben sei.

Die vollständigste Auskunft über Dürers Zeichnung des Nackten gibt das *Männerbad* (B. 128). Michelangelo hat im gleichen Lebensalter seinen Karton badender Soldaten gezeichnet, lebensgroße Akte in reicher Bewegung und Verkürzung. Derartiges darf man natürlich hier nicht suchen. Es sind stehende, lehnende, sitzende Männer, alle in einfacher Erscheinung, vorn zwei Halbfiguren: eine Rückenansicht und eine Brustansicht. Aber gerade diese Einfachheit ist so verblüffend. Vollkommen klar ausgesprochen, Form mit Form zu ruhiger Gegenwirkung gebracht, stehen diese Körper im Bilde. Man bemerkt, wie die Zentralfiguren zum Dreieck sich fügen und wie die Strenge des Tektonischen im weitern zur Freiheit gemildert ist. Hier liegt eine große Absicht zugrunde. Und dazu diese merkwürdige Energie der Formauffassung. Wie der Rückenakt gegeben ist! Übertreibend im Umriß, übertreibend in der Modellierung, im Wogen der Flächen – aber diese Übertreibung war Notwendigkeit, wenn die Zeichnung die ganze Kraft der sinnlichen Anschauung, des Formerlebnisses ausdrücken sollte. Eine Fortsetzung hat die Gattung nicht gefunden. Nach Dürers Urteil sollte das Nackte dem Kupferstich vorbehalten bleiben.

Das Männerbad

Die große Passion

1.

Die Passionsdarstellungen nehmen im Norden einen ungeheuren Raum ein. Wenn Dürer sagen will, wozu die Malerei gut sei, so nennt er zwei Dinge: daß sie das Bildnis des Menschen über seinen Tod hinaus aufbewahre – der uralte Ruhm der bildenden Kunst – und dann, daß sie die Passion des Herrn zu vergegenwärtigen imstande sei[1]. Wie undenkbar wäre ein solches Urteil in Venedig oder Florenz! Aber es ist wahr, noch heute sind es die Denkmäler der Passion, die einem in Nürnberg auf Schritt und Tritt begegnen, in den Kirchen und auf den Gassen, da ein Schmerzensmann, dort ein Gekreuzigter, ein Gebet am Ölberg oder eine Kreuztragung. Man hatte das Bedürfnis, die Folge der Situationen nachzuerleben, Stunde um Stunde des großen Leidensdramas sich vor Augen zu stellen. Das Volksgemüt konnte sich nicht ersättigen am Rührenden. Die Peiniger konnten nicht gefühllos genug, Christus und seine Mutter nicht erbarmungswürdig genug dargestellt werden. Die Passionsspiele gehen hierin noch viel weiter als die bildende Kunst. Den biblischen Text ganz hinter sich lassend, versuchen sie alle Tiefen des Mitleiderregenden zu erschöpfen und andrerseits den Haß gegen die jüdischen Schergen zu schärfen, indem die Qualen lang und grausam geschildert werden. Wenn daneben das Burleske auch sich eindrängt, so empfindet man das fast als eine Befreiung, als einen Akt der Selbsterhaltung, den der gesunde Volksinstinkt verlangt.

Die bildende Kunst, wie gesagt, unterscheidet sich in der Stimmung von dem Ton dieser Passionsspiele, aber eine Neigung zum Rührseligen und zur Übertreibung des Grausamen wird man doch im ganzen 15. Jahrhundert bemerken. Nun hatte die graphische Kunst die Aufgabe, bildliche Erbauungsbücher für das Haus zu liefern, und auf diesem Boden ist der schönste Passionszyklus vor Dürer erwachsen, die Kupferstichfolge des Martin Schongauer. Er geht nicht immer tief, allein er hat deutlich den Willen, das Gemeine und Triviale zu verdrängen durch eine edlere Darstellung, und in der Regie der Szenen, da wo nun der Künstler im besonderen spricht, ist er allen weit überlegen. Um Dürers Passion zu beurteilen, ist die Vergleichung mit Schongauer unerläßlich.

2.

Die Anfänge der Dürerschen großen Holzschnittpassion gehen weit in die Zeit der apokalyptischen Arbeit zurück, trotzdem ist die Folge unvollständig geblieben und erst lange nach der zweiten italienischen Reise im Jahre 1510 durch vier Kompositionen ergänzt und dann im folgenden Jahre ausgegeben worden. Auch das Titelbild ist erst damals dazugekommen.

Der Unterschied des Stils in den früheren und den späteren Blättern ist in die Augen springend und bezieht sich auf Entwurf wie Ausführung, so daß man nicht meinen kann, die Zeichnungen seien liegen geblieben und später bloß in einer neuen Manier geschnitten worden.

Es sind die gefühlvollsten Szenen, die Dürer als junger Mensch vorausgenommen hat: das Gebet am Ölberg, das Ecce homo, die Kreuztragung, die Kreuzigung, Beweinung und Grablegung. Auch die bewegte Geißelung ist früh. Was dagegen später erst gemacht wurde, sind das Abendmahl, die Gefangennahme, die Auferstehung und der Niederstieg zur Hölle, ziemlich flüchtig empfundene Geschichten, wobei Dürer sich auf die Wirkung seiner italienischen Kompositionsschemata und die große malerische Haltung verließ. Wir werden seinerzeit darauf zurückkommen.

Die sieben alten Blätter, von denen einstweilen allein die Rede sein soll, unterscheiden sich zeichnerisch nicht von der Apokalypse, doch liegt es im Thema, daß die überraschenden Flächeneinteilungen der apokalyptischen Visionen fehlen. Bei gleichem Format beherrscht die große Figur gleichmäßig die ganze Folge, das bedingt von vornherein einen anderen Eindruck, und dann sieht man deutlich, wie das Figürliche immer mehr aus der malerischen Linienverflechtung zu plastischer Bestimmtheit und plastischem Eigenwert sich herauszubilden bemüht ist.

Das Gebet am Ölberge. – Dürer hat gerade dieses Thema außerordentlich oft behandelt und ihm die verschiedensten Stimmungen abgewonnen. Es enthält seinem Wesen nach zwei Grundmöglichkeiten: ob man die Angst Christi darstellen will, die sich bis zum lauten Aufschrei steigern kann, oder die Ergebung: »Nicht mein Wille geschehe, sondern der deine.« Hier spricht noch die Angst. Die Bewegung der Hände sagt so deutlich als es Worte tun könnten: »Ist es möglich, daß dieser Kelch an mir vorübergehe...« Vom Ausdruck des Kopfes hat das grobe Messer des Holzschneiders nicht viel übrig gelassen, doch wirkt die Figur trotzdem dringlich und ergreifend. Schongauer ist über das bloße Beten kaum hinausgekommen.

Im allgemeinen ist das herkömmliche Schema beibehalten: der Fels links, gegen den Christus kniet; der Ausblick rechts, wo man in der Ferne Judas mit den Häschern kommen sieht; die drei Jünger im Vordergrunde. Die Schwierigkeit der Gethsemane-Komposition liegt in diesem letzten Punkt und, um es gleich vorauszusagen, die Tendenz bei Dürer und in der gesamten Kunst geht dahin, die Jünger immer unscheinbarer zu machen. Sie sollen das Auge nicht zu stark auf sich ziehn. Man nimmt sie mehr oder weniger als eine Masse zusammen oder läßt sie zusammengehen in der Bewegung mit dem Terrain, man zeigt nicht bei allen dreien das Gesicht oder setzt es doch in Schatten, damit der Sinn nicht zerstreut und vom Hauptvorgang abgelenkt werde. Dürer ist in seiner Komposition noch altertümlich, indem seine Jünger alle in fast voller Sichtbarkeit und ungefähr gleich stark in ungefügen Ansichten dem Auge sich darbieten. Sie sitzen bloß und haben den Kopf unterstützt, man soll merken, sie sind vom Schlaf *überrascht* worden; es ist nicht das dicke Schlafen auf dem Bauch, wie es die ältere Kunst hie und da gegeben hat, allein die Bewegung hat auch noch nirgends das Gelöste des Schlafes, und jener ergreifende Ausdruck des Kummers, den Dürer später erreicht, scheint noch nicht einmal angestrebt zu sein.

Altertümlich ist auch, wieviel vegetabilisches Detail angebracht ist. Auch die Felswand mit dem Buschwerk darauf ist unendlich formenreich: in Platten sich spaltendes Gestein, mannigfach verwittert und aufgefressen. Es sind Dinge, wie sie im Kupferstich der Frühzeit gleichfalls vorkommen, und dort passen sie noch besser hin, denn die Felsen Dürers haben alle einen metallischen Klang.

Die Geißelung ist die Szene der großen physischen Bewegung und ist als solche für Künstler immer wertvoll gewesen. Die Schlagenden sind dabei meist interessanter als der Geschlagene. Leider hat Dürers Blatt gar nichts von der Schongauerschen Schaubarkeit, es ist mühsam zu besehn, weil alles ineinandergekeilt ist. (Wer nimmt die zwei Stufen wahr, die den Raum hinter der Säule durchziehn?) Die einzelnen Motive an sich aber sind einfach und gehn an Kraftinhalt teilweise schon weit über Schongauer hinaus. Da ist ein Mann, der am Boden hockt und die Füße gegen die Säule stemmt und mit beiden Händen die Stricke festhält, mit denen Christus gebunden ist: solche Arme waren in Deutschland noch nicht gezeichnet worden. Es ist wohl die beste Figur des Bildes. Der Rutenbinder gegenüber wirkt schon darum befangener, weil er noch als reine Flächenfigur in *einer* Ebene entwickelt ist. An sich aber ist es wichtig, hier den Finger auf den archaischen Stil Dürers legen zu können, jenen gesunden Archaismus, der sich die schwierigen Dinge zunächst einmal auf den einfachsten Ausdruck bringt. Das Blatt enthält in den zwei Schlagenden noch weitere Beispiele hierfür. Christus selbst ist ein italienischer Akt. Nicht mehr die grazile spätgotische Gestalt, sondern ein völliger und muskulöser Körper, in Bewegung und Einzelzeichnung nach italienischer Art umgebildet. Der Kopf ist stark verschnitten. Das Motiv des Reißens am Haar würde später weggelassen worden sein.

Ecce homo. – Der eine, der leidet, und die Menge ohne Mitleiden werden sich gegenübergestellt. Schongauer hatte in klarem Kontrast sozusagen Profil gegen Profil, die zwei Parteien einander entgegengesetzt. Dürer glaubte hier perspektivisch interessanter d. h. räumlich packender sein zu müssen und orientiert die Flucht des Richthauses mit den Stufen, auf denen Christus steht, schräg zum Beschauer, wodurch eine Unruhe in die Szene kam, die auch bei »richtiger« Perspektive[2] der Hauptwirkung gefährlich werden mußte.

Die Christusfigur ist klar und ausdrucksvoll gegeben, »erbärmlich« wie es in der Situation liegt, aber gegenüber Schongauer doch gehaltener und würdiger. Im Tritt noch die spätgotische Zierlichkeit. Nebenfiguren, Dekoration und dunkler Grund verbinden sich zu einem reichen Ganzen. Die Menge unten fällt dagegen ab. Es mangelt der Wille darin. Bis die Kunst eine Volksstimmung darstellen konnte, dauerte es noch lange. Meisterhaft hat Holbein mit ganz wenig Elementen beim *Ecce homo* den Eindruck der Menge so gegeben, daß man den Sturm der Stimmen zu

Die Kreuztragung

hören glaubt, aber schon Schongauer war darin weiter gekommen als Dürer. Hier wirken die paar Personen durchaus vereinzelt. Es sind aber auch sonst matte Redner (der vordere mit charakteristischer Unklarheit in dem eigentümlich spätgotischen Schreiten). Am besten ist der zuschauende Soldat mit Lanze bei Fuß, eine nach damaligen Begriffen moderne Figur. Sie ist ähnlich verwendet im Kupferstich, auf dem frühen Blättchen der sogenannten sechs Soldaten.

Mit der *Kreuztragung* tritt Dürer in Konkurrenz mit dem berühmtesten Stich Schongauers, dem großen Einzelblatt des Meisters, einer klaren flüssigen Komposition von erstaunlichem Reichtum. Vorzüge und Mängel der jungen Kunst lassen sich hier besonders deutlich erkennen. Das Strömende hat Dürer nicht: der Zug ist still gestellt. Was man wahrnimmt, sind lauter einzelne Figuren. Die Knechte, die bei Schongauer treiben und drängen, sind hier ersetzt durch die Stehfigur des umblickenden Soldaten, die schöne Pose eines Statisten[3]. Aber freilich, es ist eine Figur, wie sie Schongauer nicht hätte geben können, so fest aufstehend auf dem Boden, mit durchgedrücktem Knie und gespannten Muskeln der Waden. Da spricht der neue Stil. Zu allen Zeiten ist es nun so gewesen, daß das Neue, bruchstückweise erfaßt, zunächst zersetzend wirkt, das Interesse wendet sich dem Einzelnen zu und das Gefühl für das Ganze wird schwächer. In der Hauptfigur hat Dürer das Bedürfnis gehabt, das Leidende im Ausdruck stärker herauszuarbeiten und die Figur nach ihrer mechanischen Funktion völliger aufzuklären. Der Schongauersche Christus trägt nicht, erst Dürer gibt den gestrafften Stützarm. Die zweite Hand scheint bei Schongauer ganz verloren gegangen zu sein, nach langem Suchen erst kann man unten irgendwo ein paar Finger finden, Dürer läßt den Arm hochgreifen und sichtbarer den Kreuzbalken umschlingen. Doch ist die Lösung noch keine vollkommene, das Motiv ist nicht in der Figur vorbereitet und wird darum leicht ganz übersehn. Am wirkungsvollsten ist die Behandlung des Kopfes: Es ist für den Ausdruck wichtig, daß die Drehung keine leichte und flüchtige sei, sondern sich mühsam und schwer vollziehe. Schongauer läßt den Vorgang in den Halsgelenken nur erraten, während die Darstellung Dürers gerade hier einsetzt und dadurch den Vorgang erst erlebbar macht. Auch das ist aber nur ein Anfang. Erst später findet er die abschließende Lösung; daß der Blick über die emporgedrückte Schulter des Stützarmes hinübergehen müsse. So ist es gehalten in der kleinen Holzschnittpassion.

Die Kreuzigung. – Das ist ein Stück von gradioser Empfindung. Der Blick richtet sich zuerst auf Maria, die man von älteren Darstellungen her kennt als die ohnmächtig zusammenbrechende, der die Freunde zu Hilfe kommen. Hier ist sie bereits zusammengebrochen; aber nur körperlich, nicht im Bewußtsein. Man sieht, wie sie zu Boden geglitten ist, aber noch will sie die Haltung bewahren. Sie kann nicht mehr blicken, die Lider sind geschlossen, aber wie sie den Kopf hält und wie die Hände bewegt sind, heißt, daß sie bis zum äußersten der Schwäche Widerstand

Christus am Kreuz

INRI

leistet. Hier ist man denn wirklich mit einem Schritt weit hinaus über die Rührseligkeit des 15. Jahrhunderts. Die Begleitfiguren geben den Abstand der gewöhnlichen Menschheit. In Johannes die übliche Ratlosigkeit. Und auch Magdalena, die einzig stehende, hebt den Blick nicht bis zum Antlitz des Gekreuzigten empor.

Dieser hat ganz die stracke Form wie sie schon früher gelegentlich vorkommt, im Gegensatz zu einer anderen, mehr auf das Erbarmungswürdige hinzielenden Darstellung, die das Geknickte namentlich in den Knien, zur Anschauung bringt. Man würde übel interpretieren, wenn man auf das Motiv der Passionsspiele zurückgreifen wollte, dem Herrn grausam die Glieder zu strecken, um Fuß und Arm an das vorgebohrte Nagelloch heranzubringen; die Behandlung hat im Gegenteil etwas Sieghaftes. Arme und Beine sind straff gespannt, aber man empfindet diese Straffung wie eine Kraftäußerung. Und dazu paßt in der Stimmung die prachtvoll flatternde Fahne des Lendentuches.

Das Leid erscheint erst wieder als Mitleiden in den Engeln, die, mit großen Flügeln rauschend, das Kreuz umfliegen und das Blut der Wunden auffangen. Sie sind die höhere Entwicklung der apokalyptischen Engel, wo sie diese rauschende Bewegung noch nicht haben. Wie zierlich und nichtssagend sind aber gar die gleichen Gebilde bei Schongauer. Zwei Reiter halten der Familie Christi das Gleichgewicht auf der andern Seite des Kreuzes. Mit gesteiftem Bein sitzt der Hauptmann im Sattel und sein überquellender Federbusch ist für Dürers damaliges Formgefühl ebenso charakteristisch wie die saftige, großlinige Zeichnung des Pferdes, das den Kopf unruhig herumwirft.

Die Beweinung. – Der Leichnam ist vom Kreuz abgenommen. Man hat ihn auf den Boden gelegt, Johannes faßt ihn unter den Armen, daß der Kopf emporkommt, und Maria und die Frauen dürfen ihn so noch eine Weile bei sich haben. Es ist ein Thema, das erst mit dem 16. Jahrhundert in Deutschland eigentlich populär wird (den bekanntern Typus der Maria mit dem toten Sohn auf dem Schoß hat Dürer auffallenderweise nie behandelt), in Italien ist es von jeher heimisch gewesen und es haben sich früh Gruppenbau, Nuancierung und die Kontraste des Ausdrucks daran gebildet. Die Absicht auf das tektonisch regelmäßige Zusammenordnen der Figuren im italienischen Sinn ist auch bei Dürer deutlich und will als etwas Besonderes bemerkt sein. Die schöne Stehfigur der Magdalena mit betenden Händen, die aus der Kreuzigung wiederholt ist, bildet den krönenden Abschluß: gehalten in der Stimmung wie in der Linie des Umrisses. Daneben die laute Klage, mit emporgeworfenen Armen (ein Nachklang Mantegnas), und die krampfhaft erdrückte bei der Frau, die abseits sitzt und mit den Händen das emporgezogene Knie preßt, eine volkstümliche Gebärde, die später nicht mehr vorkommt, die aber schon bei Schongauer sich findet; neu ist hier nur das lebhafte Herumdrehen des Kopfes: die Ausnutzung der Gelenke des menschlichen Körpers hat die deutsche Kunst zuerst bei den Italienern zu sehen bekommen.

Die Beweinung

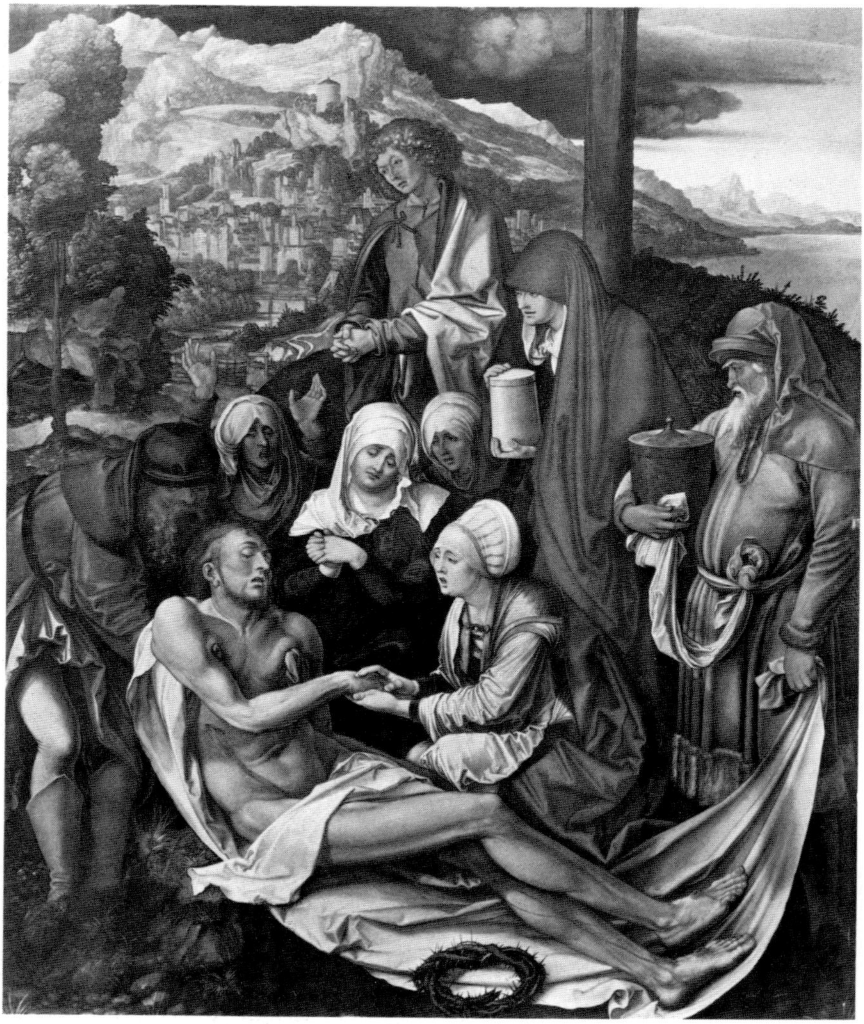

Die Beweinung, um 1500. München

Maria selbst hält die Hand des Toten empor, die nun gut und weich auf ihrer Unterlage ruht. Sie scheint mit dem Kopftuch die Wunde (oder ihre Augen?) trocknen zu wollen[4]. Die andere Hand des Herrn liegt mit zusammengekrampften Fingern am Boden. Dies Motiv muß Dürer später als roh empfunden haben: so oft er die Beweinung noch behandelt hat, er greift nie mehr darauf zurück. Die Zeichnung hat etwas sehr Gefühltes, was auch in dem stellenweise ganz ungenügenden Schnitt heraustritt. Doch fehlen noch die eigentlich klassischen Leidensakzente, die emporge-

drückte Schulter und der zurückfallende Kopf. Hier ist es mehr das Bild eines Kranken und Müden als das eines Toten, der unter ungeheuren Qualen verschieden ist.
Das Gemälde der Beweinung in München, das sich am besten hier einschalten läßt, arbeitet schon mit etwas geschärfteren Ausdrucksmitteln in der Führung der Kopf- und Schulterlinien, hat aber in den gekreuzten Beinen etwas Grobes und auch die Überschneidung der Brust durch den aufgenommenen Arm wäre später von Dürer vermieden worden, indem sie das Stille und Feierliche in der Erscheinung des Toten zerstört. Der Aufbau der Gruppe im Dreieck stimmt mit der Komposition des Holzschnittes überein. Das Datum 1500 mag das Richtige angeben[5].
Die Grablegung. – Das beliebtere Thema des Nordens an Stelle der Beweinung ist die Grablegung, das heißt im wörtlichen Sinn das Hineinlegen des Leichnams in den Sarkophag, der Abschied von dem teuren Toten am Grabe, eine Szene, zu der das Leben ja täglich die Parallele bot.
Nürnberg besaß in dem großen Relief Adam Kraffts außen an der Sebalduskirche aus neuester Zeit eine hervorragende Darstellung dieser Art. Sie enthält den unvergeßlichen Moment, wie Magdalena sich niederwirft, um dem Leichnam, während man ihn hineingleiten läßt, noch einen letzten Kuß zu entreißen. Bei Dürer ist es nun nicht die eigentliche Grablegung, sondern das Aufnehmen oder vielmehr Forttragen des Leichnams, also das, was Mantegna in einem berühmten Kupferstich gegeben hat. Drei Männer haben angefaßt, der Zug setzt sich in Bewegung. Es ist erstaunlich, wie schlecht der Vorgang zur Darstellung gebracht ist: der Körper völlig zerschnitten und die mechanische Operation kaum zu fassen. Wie man schon der Technik der Zeichnung entnehmen kann, ist es eine ganz frühe Arbeit.
Das Blatt lebt von der Figur der Maria. Diese ist in einem sehr großen Sinne aufgefaßt und der Maria der Kreuzigung vielleicht noch überlegen. Sie sitzt ganz gelähmt am Boden, unfähig, auch nur den Kopf nach dem Vorgang hinzuwenden, die Augen blicken matt vor sich hin, aus den Händen ist alles Leben gewichen, und doch ist in der Haltung noch etwas Großes übriggeblieben.

3.

Es läßt sich denken, daß diese großen Passionsblätter keine eigentlich volkstümliche Wirkung hatten. Es *gibt* volkstümliche Figuren drin, wie der Christus des Ecce homo, und der Ernst des Gebets am Ölberg oder der große Aufblick in der Kreuztragung mußte wohl allgemein Eindruck machen, aber ob das Heroische in der Maria gleich verstanden wurde, ist zu bezweifeln, und im allgemeinen kann man wohl sagen, daß das Werk etwas Ungleichartiges hat, Anläufe in verschiedener Richtung zeigt, und daß die formalen und die inhaltlichen Interessen darin sich nicht überall durchdringen. Aus einer gleichmäßigen Passionsstimmung ist es jedenfalls nicht hervorgegangen. Und dann fehlt ihm, um populär zu sein, das Verweilende. Es fehlen eine Reihe von Situationen, die dem Gefühl besonders nahestehen mußten und auch in den Passionsspielen breit behandelt wurden: die Kreuzanheftung, die würfelnden Soldaten am Kreuz, die Dornenkrönung, die Verhöre nach der Gefangennahme und dergleichen. Der junge Dürer wollte offenbar nicht erzählen, seine Phantasie hing sich mehr an die große Einzelfigur oder die kunstvoll komponierte Gruppe.

Das ändert sich. Um das Jahr 1504 zeichnet er eine neue Folge der Passion, die im Stil und in der Gesinnung anders ist. Es ist die Folge, die wir als »grüne Passion« kennen, zwölf Federzeichnungen auf grünem Papier mit weißgehöhten Lichtern (Albertina, L. 477 ff.). Für einzelne Bilder besitzen wir die Dürerschen Vorzeichnungen (L. 377, L. 409, L. 479, L. 482)[6] und diese sind so viel besser, daß man die Echtheit der grünen Blätter bestritten hat[7]. Meder hat aber mit guten Gründen die Originalität verteidigt, ohne die Schwächen zu leugnen[8].

Dürer wird jetzt mitteilsamer. Er gibt gerade die Szenen, die vorhin im Namen des Publikums reklamiert wurden, und er ist dabei ausführlich und bringt nicht nur viel Architektonisches, Hallen und Portale und Treppen, sondern auch viel Leute. Er zeichnet jetzt beim Ecce homo das Gewirr der Juden und Soldaten auf der Gasse, und Christus erscheint nur hoch oben als kleine Figur, und bei der Kreuzigung verschwinden die Engel, dafür sieht man die Soldateska. Die Kreuztragung hat jetzt Zug und drängende Bewegung; der lanzenhaltende Statist ist ersetzt durch eine Charakterfigur im alten Sinne. (In der Geißelung von »1502« auf der Veste Coburg ist der Übergang von der alten Passion zu dieser neuen gut zu beobachten[9].)

Dabei darf man sich aber nicht darüber hinwegtäuschen, daß die Auffassung gesunken ist. Es genügt, die Figur der Maria in den Geschichten zu verfolgen. Nirgends ist der Ton hochgenommen, so daß der (seit Sandrart) traditionelle Ruhm dieser Folge doch wohl einmal eine Abschwächung erfahren möchte.

Die wirklichen Fortschritte liegen in der Klärung der Zeichnung und der reicheren Ansicht von Einzelfigur und Ganzem. Trotz dem Vielfigurigen ist die Komposition schon leichter faßbar, der Raum schaubarer gemacht. Dürer beruhigt sich, er vermeidet die gedrängte Linienfülle der älteren Kompositionen, er nimmt die Figuren auseinander, gibt ihnen Luft und führt den Umriß in glatterem Strich. Die Motive werden klarer durchgebildet, die alten Figuren aber überboten durch Reichtum, wobei für den ersten Fall der Christus der Kreuztragung, für den zweiten der Rutenbinder der Geißelung genannt sein möge.

Wie die Situationen im ganzen gestaltet sind, wird besser an einem andern Ort, im Zusammenhang mit den spätern Passionen, beurteilt werden können.

Abschließend sei nur noch auf einen Holzschnitt, B. 59, verwiesen, der zeitlich zur »grünen« Passion gehört und die Tendenz zur Darstellung eines vielköpfigen Geschehns sehr deutlich enthält[10]. Es ist dieselbe Bildstimmung, aus der das Marienleben hervorgegangen ist.

Grüne Passion, um 1504: Gefangennahme Christi. Wien, Albertina

Das Marienleben

1.

Wir treten ein in die gewöhnliche Welt. Die ungeheuerlichen Gestaltungen der Apokalypse bleiben zurück, die hohe Spannung der Passion löst sich. Das »Marienleben«, wenn es auch das Tragische nicht ganz übergeht, ist eine freundlich-anmutige Geschichte, breit erzählt, mit behaglichem Verweilen und mit offenbarer Freude an der Schilderung als solcher. Die Wirklichkeit machte ihr Recht geltend, Dürer wollte einmal in der Breite der Welt sich ergehen. Nicht einzelne Helden erscheinen auf der Bühne, sondern das Volk, in der Mannigfaltigkeit seiner Typen. Vielerlei Bauwerk: fremdländische Hallen, der Tempelvorhof, Hütten und Burghöfe, ruinenhaftes Gewölbwerk und merkwürdige Binnenräume. Dann Landschaften mit dem Reichtum der nahen Dinge und heiteren Fernen: Heimisches und Phantastisch-Fremdes nebeneinander. Und im Kostüm dieselbe Vermischung.

Es ist die gleiche Art von unkonsequentem Realismus, die auch das italienische Quattrocento beherrscht. Man will nicht das Alltägliche sehen, sondern etwas, was darüber hinausgeht in Pracht und Merkwürdigkeit. Die berühmte Stube mit dem Wochenbett der Maria ist in allem einzelnen echt und doch als Ganzes nicht der Wirklichkeit entsprechend. Man würde sich sehr täuschen, wenn man meinte, Dürer habe hier einmal das Marienleben *deutsch* erzählen wollen. Im Gegenteil, er ausländert viel mehr als seine Vorgänger. Die Verkündigung spielt in einer Halle, die absichtlich jeden Gedanken an heimatliche Räume fernhalten soll. Der Engel ist ein italienischer Engel, nicht der altvertraute Diakonenknabe. Die Stadt im »Abschied von der Mutter« ist ein kurioses Gebilde, das die Phantasie weit, weit wegführen soll. Und trotzdem – wenn er die Vermählung zeichnet und die Brautjungfern der Maria, so greift er wieder zum Allernächsten und bringt modernste Nürnberger Toiletten.

Der Formgeschmack hat sich nach dem Feinen und Zierlichen hin entwickelt. Will man den Unterschied gegen früher klar sehen, so muß man die Bäume hier mit denen der Passion vergleichen: wie er jetzt die Silhouetten durchbildet, den Ästchen bis in die letzte Linie nachgeht und auch noch am geknickten und verdorrt herunterhängenden Zweige sein Vergnügen hat. Das gilt gleicherweise für die Zeichnung von Kostüm und Gefält, für architektonische und ornamentale Motive, für Engelflügel, Lattenwerk, geflochtene Körbe usw.

Der alte, großzügige Holzschnitt nimmt eine Wendung zum Feinschnitt. Die Linie wird zarter, die Intervalle enger, die Strichlagen gehen gegen das Lichte in Punkte aus.

Die Technik hält sich an die der Federzeichnung, die gleichzeitig kristallhell und perlend wird, mit allerzierlichsten Linien die Flächen überrieselt[1]. Es ist sonst ein Vorwurf, wenn man eine Zeichnung kalligraphisch nennt, hier muß man das Wort

im lobenden Sinne gebrauchen. Die Striche sind voll Formempfindung und haben doch ihre dekorative Schönheit für sich.
Absicht und Ausführung decken sich freilich noch lange nicht, noch immer muß man viel von der Wirkung dazu denken, aber doch spürt man das Neue: mit einem Mal ist der deutsche Holzschnitt reich und fein und zierlich geworden.
Und das geht zusammen mit einer mehr tonigen Haltung. Es entsteht eine Empfindung für Lichtstufen. Wenn der Hintergrund nach der Tiefe geöffnet ist und ein Einblick in einen zweiten Raum sich auftut, so geschieht das bereits mit malerischem Bewußtsein: man weiß, daß in den Verhältnissen von hell und dunkel eine Welt von Reizen verborgen liegt. Der Einblick in ein dunkles Kircheninterieur, in den verdämmernden Waldgrund sind Probleme, die Dürer hier schon beschäftigen. Die Kompositionen samt und sonders aber haben in der bewußten Ausbildung von Licht und Schatten einen neuen Charakter gegenüber den älteren Folgen.
Dazu kommt im allgemeinen eine mannigfaltigere Art der Figurenkombination und der Kombination von Räumlichkeiten. Der Mittelgrund bildet sich aus. Große Figuren treten mit perspektivisch-kleinen zusammen. Die Art, ein Bild vom Vordergrunde her gleich mit einer Überschneidung anzufangen, ist neu. Die Ansichten der Einzelfigur sind reichere, doch enthält die gezeichnete Passion von 1504 immerhin mehr Verkürzungen.
Der Übermut, mit dem sich Dürer in solchen Versuchen tummelt, mag von der Sicherheit kommen, die ihm sein neues Verhältnis zur linearen Perspektive gibt. Von dem einen Verschwindungspunkt hat er schon um 1496 gewußt: der Innenraum des Frauenbades (verschollen, ehemals Bremen, L. 101) ist sicher danach konstruiert[2]. Allein das Resultat war doch ein unbefriedigendes. Ob er merkte, wo der Fehler lag, daß die Figuren mit dem Raum nicht zusammengingen? Er scheint der Botschaft nicht ganz getraut zu haben und überläßt sich immer wieder einem gefühlsmäßigen Herumraten. Erst nach 1500 befestigt sich das perspektivische Sehen mit festgehaltenem Augenpunkt. Ob Jacopo de' Barbari ihm dabei geholfen hat, wissen wir nicht, und die perspektivischen Zeichnungen des Franzosen Viator (Jean Pélerin) vom Jahre 1505, denen man einst das Interieur der »Darstellung im Tempel« entlehnt glaubte[3], können als Quelle für das Marienleben nicht in Betracht kommen, vielmehr ist hier umgekehrt Viator von Dürer abhängig[4].
Auch im Marienleben kreuzen sich inhaltliche und formale Interessen, ohne sich überall zu durchdringen. Es scheint mir nicht angebracht, ein Lied auf die unvergleichliche Innigkeit dieser Schöpfung zu singen: manche Blätter sind wirklich sehr gleichgültig (wie der Tempelgang, die Beschneidung, die Darstellung) und überall ist der Anlaß ergriffen, mit Nebenfiguren und andern Zutaten über den Rahmen der Geschichte hinauszugehen, aber das Ganze macht ein freundliches Gesicht, ja es glänzt vor Bildlust, und an einem Ort hat Dürer auch den Stimmungston so hoch gegriffen wie in den großartigsten Szenen der Frühwerke: im Abschied Christi von seiner Mutter.

Ausschnitt in Originalgröße aus der »Begegnung« (S. 91)

Die Begegnung (Joachim und Anna unter der Goldenen Pforte), 1504

Das Datum 1504, das sich auf dem Blatt der »Begegnung« findet, ist weder als Anfangs- noch als Schlußtermin anzusehen, sondern als eine mittlere Zahl. Es ist sicher, daß eine Anzahl Blätter erst 1505 entstanden ist und andererseits möchten die Anfänge bis in die ersten Jahre des Jahrhunderts zurückgehen. Der im Charakter singuläre »Abschied Christi« ist vielleicht erst nach der großen italienischen Reise gezeichnet worden, um 1507[5], und erst ganz spät, 1510, kamen die so wesentlich verschiedenen Darstellungen des Todes der Maria und der Krönung im Himmel dazu. So zum Zyklus vervollständigt und auch mit einem Bildtitel versehen, wurde das Marienleben 1511 – wie die Passion – als Buch ausgegeben[6]. Ein Augustinermönch, Schwalbe (Chelidonius), begleitete die einzelnen Bilder mit langweiligen lateinischen Versen, wie er auch zur Passion den poetischen Text besorgte.

Wie Joachims Opfer zurückgewiesen wird. – Das erste Blatt ist gleich durchaus bezeichnend für den Geist der Erzählung: wie der Vorgang eingebettet wird in eine reiche Umwelt, wie neben den Hauptpersonen ein Publikum auftritt, ein vielköpfiges, und neben dem Geschehen der Schauplatz das Auge fast ebenso stark beschäftigt. Man soll nicht so rasch fertig sein mit der Betrachtung. In den Figuren ist viel individuell charakteristisches Leben, ein Überfluß, der gar nicht ganz zur Geltung kommen kann. Der kinderlose Joachim, dem sein Schäfchen vom Priester wieder zugeschoben wird, sieht in der hastigen Bewegung mit der eigentümlich spätgotischen Stellung der Beine sehr kümmerlich aus; als Gegensatz ist ihm der stiermäßig starke und stiermäßig dumpfe Mitopferer gegenübergestellt. Echt dürerisch die Frau, die bei der peinlichen Szene die Hände zusammenpreßt und der Reflex des Mitleids bei dem Nachbarn. Die Mauer des Grundes öffnet sich in einem hohen Bogen, man sieht in dunklere Binnenräume und in ausgesprochen malerischem Sinne sind die Motive der Überschneidung – durch den herabhängenden Leuchter –, der teilweisen Verdeckung – durch die Vorhänge – verwertet. Auch das Mauerwerk ist in malerischer Verwitterung gezeichnet.

Wie Joachim die Verheißung empfängt. – Joachim ist traurig in die Einsamkeit hinausgegangen zu seinen Hirten, und dort bringt ihm ein Engel die gute Botschaft, daß ihm ein Kind geboren werden solle.

Das Blatt hat etwas besonders Munteres in den lebhaften Licht- und Schattengegensätzen; als helle Figur vor dem dunklen Waldrande kommt der Engel mit seinem Pergament herabgeflogen und wieder mit lebhaftem Wechsel von Hell und Dunkel kommt ihm Joachim entgegen, Blick und Hände emporgehoben und im Begriff, ins Knie zu sinken. Dazu ein hellaufleuchtender Mittelgrund und die staunenden Hirten in springender Perspektive als kleine Figuren den großen zur Seite gesetzt. Auch die Linie in Gewändern und Bäumen ist hier ganz besonders nach dem Zierlichen und Heitern hin ausgebildet.

Die Begegnung (datiert 1504). – Wie dann die zwei Gatten, die beide die gleiche Verheißung empfangen haben, bei der Begegnung am Tor sich umarmen, ist von einer wirklich großen, milden Schönheit. (Carpaccio hat das Motiv im Großen wiederholt. Bild in Venedig, Akademie.) Sie legt den Kopf an seine Brust und in der Umarmung ist noch das eilige Entgegenkommen spürbar. Die Gruppe steht ganz am Rande des Bildes. Ein Bauer, der, den Hut in der Hand, mit raschem Schritt dem Herrn folgt, gibt die Richtung an, wie die Bewegung Joachims zu ergänzen ist. Auch hier fehlt nicht das Publikum, das seine Glossen macht. Die kleinen Figuren verbinden die großen und die Folge hat einen solchen Fluß, daß man den umrahmenden Bogen fast als eine künstlerische Konsequenz, als letzten Ausdruck des Zusammenfassens empfindet[7]. Die relativ dunkle Einrahmung aber steigert die Heiligkeit des Bildes und gibt ihm etwas Sonniges. Der feine Mittelton im Gemäuer des Hintergrundes will besonders bemerkt sein.

Die Wochenstube (Geburt der Maria). – Aus dem ursprünglichen Motiv der Wöchnerin im Bett, neben der das Kind sein erstes Bad bekommt (L. 7), hat sich eine reiche Komposition mit drei Figurengruppen entwickelt, die mit den vielen Vorsprüngen und Einsprüngen des Zimmers, den Truhen, Bänken, Treppen, Fensterluken usw. ein höchst bewegtes Gewimmel ausmacht, das durch das Auf und Ab des Lichtes noch einen höheren Reiz für das Auge erhält.

Man muß ältere Beispiele vergleichen, um zu empfinden, wieviel Richtungsreichtum hier zusammengeschlossen ist und wie die Raumvorstellung sich entwickelt hat. Die plastisch uninteressanteren Momente, wie das Bett mit der Wöchnerin darin, sind zurückgeschoben, der ganze Vordergrund dafür gefüllt mit sitzenden, stehenden, trinkenden, redenden Weibern, die in der Vielfältigkeit ihrer Kopfneigungen und Körperwendungen dem Beschauer einen lustigen Lärm vormachen, ein optisches Gegenstück zu dem Geschnatter, das den Raum füllt. Da ist zunächst die reizende Figur der Badefrau, die das Kind auf die Arme genommen hat; die vornehme Besucherin dahinter folgt der Bewegung mit dem Blick; eine Gevatterin zur Seite reicht ihr eine Erfrischung und gibt indessen der Magd, die mit dem Krug und der Wiege unter dem Arm dasteht, neue Weisungen. Daran schließt sich eine weitere Gruppe von drei Frauen mit einem Kinde, die in einem Klumpen zusammenhokken. Sie haben ihre Sache getan, für sie ist es nun Feierabend: die eine hebt ihr Kleines, das nicht länger warten will, auf den Schoß, während ihr Gegenüber den mächtigen Bierkrug mit beiden Händen zum Munde führt und eine mittlere dritte auf hohem Sitz in vergnügter Beschaulichkeit assistiert. Die Gruppe ist in reiner Dreiecksform gebildet und die drei wesentlich verschiedenen Motive sind ganz eng zusammengebunden. Andrea del Sarto, der als Florentiner des 16. Jahrhunderts immerhin auch etwas von plastischem Reichtum verstand, hat das eine davon (die Frau mit dem Kinde) als große Freskofigur wiederholt.

Oben schwebt mit ausgebreiteten Flügeln ein Engel, weihrauchspendend. Ein merkwürdiges Hereinziehen des Überirdischen in die so ganz alltäglich gegebene Szene. Für den Fortschritt im malerischen Stil sei auf die neue Zeichnung des Gewölks verwiesen, im Gegensatz zu dem rein linearen Ausdruck dieser Dinge in der Apokalypse.

Die Wochenstube (Geburt Mariä)

Der Tempelgang. – Das der Vorgang mit großer Gleichgültigkeit erzählt ist, sieht jedermann. Es ist dieselbe Gleichgültigkeit, mit der ein italienischer Quattrocentist wie Ghirlandajo eine solche Geschichte behandelt. Das Kind, das die Treppe hinaufstürmt, aber nicht recht sichtbar gemacht ist; die Eltern, die unten stehen, ohne eigentlichen Anteil zu nehmen; Nebenpersonen mit überwuchernder Bedeutung; Schaustellung von Baulichkeiten um ihrer selbst willen. Die Nebenpersonen sind hier ein Händler mit seiner Frau, vorzügliche Charakterfiguren, Beispiele jener sittenbildlichen Darstellung, wie sie Dürer auch in frühen Stichen, aber mit weniger Unbefangenheit, versucht hat. Wichtiger für ihn war jedenfalls das Architektonische hier: ein Stück italienisch-antiker Baukunst, Bogen auf Säulen und Tore mit horizontalem Abschluß! Es ist kaum möglich, den Phantasieeindruck zu bemessen, den solche Dinge auf gotische Augen machten. Wir sehen nur das Unverstandene der Bildungen, und es geht uns durch Mark und Bein, wenn Dürer mit dem Geländer in den Säulenstamm hineinsticht, wie man in eine Wurst sticht, damals aber hing an diesen Formen von jenseits der Berge der Zauber der Ferne und einer großen Vergangenheit.
Um das Blatt als Ganzes zu würdigen, muß man die analoge Aufgabe des Ecce homo in der Passion betrachten[8]: wie Dürer den Raum nun zu gliedern weiß, wie er anfängt mit erhöhtem Vordergrund und die Hauptmasse in die Tiefe der Bühne hineinschiebt, wie ruhig der Blick an den verkürzten Wänden hin ins Weite geführt wird.
Die Perspektive der Stufen wirkt falsch, ist aber nach der Theorie richtig. Dürer wußte noch nicht, daß es Fälle gibt, wo die starre Anwendung des Gesetzes zu falschen optischen Resultaten führt.
Die Vermählung. – Unsere Vorstellung von der Vermählung ist mehr als billig von jenem Jugendbilde Raffaels beherrscht, das jeder Italienreisende in Mailand gesehen hat und das in unzähligen Häusern als Stich an der Wand hängt. Es ist ganz gleichzeitig mit dem Holzschnitt Dürers entstanden. Bürgerlich-unscheinbar wirkt dieser daneben, in der Gebärde und in den Typen, und im Vergleich zu der eleganten Arbeit eines Linienstichs im alten Sinne mag Dürers Holzschnitt recht rauh und holperig aussehen, aber wie rein ist der Vorgang empfunden, mit wie feinen Mitteln ist die Braut in ihrer Befangenheit charakterisiert und dem Joseph gegenüber als Kontrast wirksam gemacht, und wie ist dieser Priester, der vor sich hinblickt, indem er die Hände der Brautleute zusammenfügt, so ganz erfüllt von der Bedeutung des Sakramentes. Bei Raffael denkt er an die Zeremonie. Wie schön mag die Originalzeichnung gewesen sein! Wir können das nur noch kontrollieren an einer einzigen Figur, der Brautjungfer mit der großen Haube, die einer Folge von Nürnberger Trachtenzeichnungen entnommen ist, wie sie unabhängig vom Marienleben ein paar Jahre vorher angelegt wurde und jetzt in der Albertina aufbewahrt wird. Das Blatt (L. 464) hat in der leichten Federführung und zarten Aquarellfärbung einen Reiz, den der Holzschnitt nicht ahnen läßt.

In dichtem Kreis umgibt die Menge das Paar. Von plastischer Isolierung keine Spur, ja, Dürer sucht auf alle Weise den Eindruck zu erwecken, daß das Bild nur einen zufälligen Ausschnitt der Wirklichkeit gebe. So sind die Überschneidungen der Randfiguren zu erklären und so das merkwürdige Motiv, daß der Mann hinter Joseph sehr auffällig vom Vorgang wegschaut.

Der Hintergrund: eine spätgotische Bogentüre mit Einblick in das Kircheninnere, wo Säulen und Gewölbe, alle unter einen Dämmerungston gebracht, malerisch wirkungsvoll erscheinen. Die Orientierung ist aber unklar.

Die Verkündigung. – Es kann kein Zufall sein, daß Dürer hier den festlich-heiteren Eindruck der großen Bogenfolgen italienischer Architektur aus der Erinnerung herangerufen hat. Die Italiener selber haben um diese Zeit den Gruß des Engels gern in Säulenhallen erklingen lassen. Dürers Raum ist nun freilich etwas unbehaglich und frostig geworden, und mit der Komplikation der Deckenform, den Rundlöchern und den Brettern auf den Kämpfergesimsen hat er die Sache nicht besser gemacht, sondern nur schlechter[9], aber neben der Enge älterer Verkündigungsräume muß die grandiose Weite dieser Bogen doch sehr feierlich gewirkt haben. Die Figuren sind hier besonders klein im Raum.

Nach älterer Tradition – und es ist Schongauer, der wohl am feinsten die Verkündigung durchempfunden hat – hebt nun der Engel leise den Vorhang, wo Maria betet und beugt das Knie und sagt, ohne nahe zu kommen, seinen Vers, während Maria den Kopf wendet und mit gesenktem Auge hört; regelmäßig kommt ihr der Engel vom Rücken her. Dürer läßt den Engel eilig heranlaufen, wie die Italiener das machten, und zwar von der Seite her; er kleidet ihn antik und läßt die Beine unter dem leichten Rock spüren, und nur in den *hoch*gestellten kolossalen Flügeln ist er wieder deutsch. Maria erhebt sich mit gekreuzten Armen dem Engel entgegen. Sie sitzt auch hier hinter einem Vorhang, allein die gesammelte feine Stimmung der Schongauerschen Darstellung hat sich ganz verflüchtigt.

Erst später (in der kleinen Holzschnittpassion) hat er der Geschichte ihre Stille und Weihe zurückgegeben und ganz spät in einer Zeichnung vom Jahre 1526 (Chantilly, L. 344) nach einem *großen* Ausdruck für die Verkündigung gesucht.

Die Heimsuchung. – Maria ging auf das Gebirge, heißt es. Und wir bekommen eine richtige Berglandschaft mit einem überraschenden Sonneneffekt. Eingefaßt von dunklen Kulissen sieht man den Hang gegenüber in vollem Lichte schimmern. Selbst die Schatten darin sind heller als der Himmel und durch den Gegensatz zu der kräftigen Zeichnung des Vordergrundes ist eine Wirkung erreicht, als ob in der Tat die Mittagssonne auf dem fernen Gelände läge. So war die Absicht auch in der Apokalypse, wo Michael über der hellen Erde in dunklen Wetterwolken kämpft, allein dort muß man erraten, was man hier sieht[10].

Die Frauen beide mit hohem Leib, ein Naturalismus, den die Italiener vermieden haben. Das Umfassen ist übrigens nicht ganz klar, man merkt nur, daß Dürer in der Maria etwas Besonderes sagen wollte. Während Elisabeth starr bleibt (im Wider-

Die Anbetung der Könige

spruch mit dem Herkömmlichen), ist ihr ein großer Schwung mitgeteilt, als sollte im Rhythmus ihrer Bewegung der Lobgesang ertönen: magnificat anima mea dominum.

Geburt und Anbetung der Hirten. – Eine Hütte, in die man der Länge nach hineinsieht, und darin das Kind, angebetet von der Mutter und bestaunt von Engeln. Türen rechts und links: dort drängen die Hirten herein, hier kommt Joseph mit Stock und Laterne. Der große Wurf in der Adoration der Maria wird leider beeinträchtigt durch die perspektivische Haltung, die Dürer der Komposition gegeben hat: der Augenpunkt liegt ganz am Rande, draußen vor der Hütte, so daß die Szene von Mutter und Kind, die etwas Beschlossenes und in sich Ruhendes haben sollte, in eine unbehagliche Störung hineingezogen wird, als ob sie einer starken Zugluft ausgesetzt wäre. Joseph aber wirkt zusammenhanglos.

Es kommen solche Widersprüche zwischen Form und Inhalt in jedem Zeitalter vor, das die Mittel der Darstellung erst entdecken muß. Italien bot selbst die verführerischen Vorbilder. Um ein Beispiel zu nennen: Crivelli hat in einem Bilde der Verkündigung (London) in ganz gleicher Weise die Szene zerrissen, indem er den Augenpunkt weit weglegte und zwischen dem Engel und Maria eine Mauer zog und so (trotz der Tür) die natürliche Beziehung durchschnitt.

Die Behandlung der Hütte, in ihrer Absicht auf malerischen Reichtum, ist typisch für diesen Frühstil. Ein Motiv, wie die verkürzt gesehene, abgebrochene Mauer mit ungleich vorstehenden Quadern wird man zu dieser Zeit gleichmäßig im Norden und im Süden finden. Was der nordische Künstler allein hat, sind die reicheren Tonverhältnisse.

Die Beschneidung. – Das ist eine krause Szene. Man wird gut tun, sich erst einmal das Sachliche einer Beschneidung zu vergegenwärtigen.

Einer muß das Kind halten und einer muß die Operation ausführen, und wenn das deutlich gemacht werden soll, so wird man die Figuren in eine Linie parallel zum Beschauer bringen. Hier sind sie bildeinwärts entwickelt und der Anblick kompliziert sich zudem dadurch, daß sie sitzen. Mit offenbarem Vergnügen läßt nun Dürer auch noch seine Faltenkünste spielen, so daß das Auge gerade genug gereizt wäre, aber nein! – nun kommen erst die Nebenfiguren: aus einem dichten Knäuel von Menschen muß die Hauptgruppe herausgelesen werden.

Nicht mehr die gleichmäßige Füllung des Raumes: die Hauptmasse liegt rechts, und links hält eine einzelne Stehfigur das Gegengewicht. Sie zieht natürlich den Blick stark an, es ist aber eine ganz gleichgültige Person. Die Eltern, die man sucht, Maria, die hier einen ihrer sieben Schmerzen erduldet, bleiben unbemerkt im Gedränge.

Man mag sich vorstellen, was so ein Figurenhaufen in Italien für einen Eindruck machte. Auch dort verlangte man die reichen Zusammenstellungen, aber ein Filippino sieht immer dürftig aus daneben und ein Carpaccio geradezu leer. Freilich sind es

Die Flucht nach Ägypten

nicht die plastischen Motive allein, die die Wirkung machen, sondern das ornamentale Leben der Linie und das gotische Astgeflecht über der Tür im Hintergrund ist just der passende Schlußschnörkel zu diesem Kapitel.

Die Anbetung der Könige. – Der Schnitt gehört nicht zu den brillanten, aber die Zeichnung ist eine der wertvollsten. Das was als selbstverständlich wirkt, ist die Hauptleistung. Es gibt keine ältere Anbetung, wo alles so klar spricht – das Sitzen und das Knieen und das Herankommen – und wo jedes Motiv so mühelos ans andere sich anschießt.

Noch bei Schongauer (B. 6) – was für ein klebriges Ineinander der Figuren, und in den Einzelmotiven wie selten die vollkommene Deutlichkeit! Es ist eine seiner meist wiederholten Kompositionen, aber dem Knieenden fehlen noch die Linien, die die Bewegung gleich auf den ersten Blick angeben, von den Stehenden ist der eine ganz unsicher in der Haltung und wenn man den andern im großen gelten lassen will, so bleibt man doch an einer Einzelheit hängen: die Hand, die den Deckel hebt, wirkt ungenügend, sie ist nicht gesehen.

Dagegen nun bei Dürer der glücklichste Fluß im ganzen und eine fast vollkommene Klarheit der einzelnen Figur. Und dazu wieviel neues Leben! Die Neigung der Maria fraulich-süß und zart[11]; der alte König edel und streng, die rituelle Betfigur; Joseph ein guter Kontrast dazu; und dann die andern Könige wieder stark differenziert. Der Mohr wird erst herangewunken: ein beliebtes Motiv, hier mit leiser Komik behandelt. Er rennt mit dem Hut in der Hand herbei und der Hund hinten drein. Ruinenphantasien im Hintergrunde[12]. Ohne daß eigentlich an eine Verwendung der Architektur zugunsten der Figuren gedacht wäre, merkt man doch, wie für die einzelnen Köpfe die Folien hergerichtet sind, und damit ist auf neue Art jene Schaubarkeit gesichert, auf die Dürer bei diesem Blatt besonders hingearbeitet zu haben scheint.

Die Darstellung im Tempel. – Der Eindruck ist zunächst bedingt durch das Architektonische, jene Säulenstellungen mit offenem Gebälk darüber, die in ihrer Kolossalität und Sinnlosigkeit als etwas Ungeheuerliches wirken. Er wollte wohl einen malerisch-phantastischen Eindruck hervorbringen, indem er die Decke durchbrach, aber an anderen Stellen wird die Wirkung zu einer unreinen und peinigenden[13], und es ist interessant, wie Viator, der die Vedute in seinem Perspektivbuch wiederholt (s. S. 89, 168), die Vorlage ins Sichere und Ruhige umgesetzt hat.

Nachdenklicher aber macht die Art, wie Dürer hier wieder zu erzählen versucht als Maler, der die Szene von weitem sieht; der nicht nur die Hauptspieler hervorholt, sondern das ganze Bild der Wirklichkeit geben will; der den Helden der Geschichte nicht gleich im Vordergrunde präsentiert, sondern mit ganz gleichgültigen Personen groß anfängt[14] und dann erst drinnen im Raum die Hauptsache bringt. Und dabei immer Menschen und Schauplatz zusammengesehen: der Eindruck der Menge, die sich im dämmrigen Tempelraum verliert. Es ist eine malerische Auffassung, die unmittelbar zu Rembrandt hinüberführt.

Der Aufenthalt in Ägypten (Die Heilige Familie im Hof)

Maria mit den vielen Tieren, um 1503. Wien, Albertina

Die Flucht nach Ägypten. – Nach dem Thema des Tempelinnern das Thema des Waldinnern. Die malerisch noch höher stehende Aufgabe. Man pflegt Schongauers Stich der Flucht als Vorbild zu nennen, aber die Ähnlichkeit geht kaum über das Äußerliche des gleichen Stoffes hinaus. Vor allem sind es bei Schongauer nur einzelne Bäume, die licht dastehen, während Dürer den ernsthaften Versuch macht, den Eindruck des geschlossenen Waldes zu geben. Mit starken Überschneidungen fängt er an, man sieht gar nichts vom Himmel, die Stämme verlieren sich nach hinten im Dunkel und nur in der Mitte läßt er noch einmal ein junges Bäumchen hell aufleuchten. Weiß liegt dann auch eine Wolke in den Wipfeln drin mit der Schar von Engelchen (die Form hier neu!), die den Wanderern als Begleiter folgen. Der malerischen Wolkenzeichnung entsprechend hat auch der Baumschlag schon ausgesprochen malerischen Charakter.

Der Zug ist in ganzer Längsrichtung, ohne Verkürzung, gegeben. Reizend die Silhouette der Reiterin mit dem Schattenhut im Rücken. Vom Kinde sieht man kaum noch eine Spur. Auch das ist neuer Stil.

Der Aufenthalt in Ägypten[15]. – Die Mutter tritt die Wiege und spinnt dazu, und drei Engel stehen bewundernd um sie herum. Daneben arbeitet Joseph als Zimmermann mit der Axt, und geflügelte kleine Putten kehren die Späne zusammen und füllen sie in den großen Tragkorb. Andere machen indes ein Spielchen. Und all das geschieht an der lieben Sonne, der Brunnen plätschert, und aus den Höhen sieht Gottvater segnend herab.

Das hört sich so idyllisch an, daß der Unvorbereitete von Dürers Darstellung wahrscheinlich zunächst enttäuscht sein wird. Die Gruppe der Maria ist keck an den äußeren Rand hinausgeschoben, Joseph allein wäre nicht imstande, ihr das Gegengewicht zu halten, dafür baut sich hinter ihm eine hohe Häuser- und Ruinenreihe auf, die in jäher Verkürzung nach der Tiefe abschnurrt. Es ist unwohnliches Gemäuer, große schwarze Löcher, das Gegenteil von dem, was wir erwarten, und dazu die Aufdringlichkeit der Perspektive! Erst jenseits des öden Hofraumes kommen die traulichen Motive. Und doch hat das Blatt die Stimmung, die es haben soll, sobald man sich nur entschließen will, das Linien- und Tonganze als das Wesentliche zu nehmen und nicht die einzelnen Gegenstände. Wie die Fläche übersponnen ist mit Linienwerk verschiedenster Art und durchsetzt mit lustig polternden Schattentiefen, das macht ihr besonderes Leben aus, und auf solche Wirkungen einzugehen, war den Alten selbstverständlich. Dabei kann man immerhin zugeben, daß die Architekturperspektive sich etwas selbstgefällig präsentiert. Das malerisch Mannigfaltige in sicherer Erscheinung vorgetragen, das war es, was man damals bewunderte und was dann wohl auch einzeln herausgenommen und in anderm Zusammenhang von dritten wieder verwendet wurde. Die Einzelbetrachtung des Figürlichen wird freilich jeden über solche Unreinheiten unseres Blattes trösten. Vor allem muß man sagen, daß Dürer nie mehr mit dieser Unmittelbarkeit Kinderszenen gefaßt hat. Wie viel leerer sind die Motive in dem großen Holzschnitt der Maria von 1518!

Christus unter den Schriftgelehrten. – Das Blatt leidet unter einer widrigen Zerstreuung der Figuren. Es ist ein Versuch, den reich besetzten Binnenraum zu geben, aber erst in dem (später entstandenen) Blatt der Mariengeburt ist der Versuch wirklich gelungen. Viel originelle Bewegung in den Gelehrten, die sich da herumräkeln, die Disputation selbst aber ist dabei fast verloren gegangen. Christus ist ein nichtssagendes Püppchen auf dem Katheder. Man war freilich nichts Besseres gewöhnt. Erst in Italien hat Dürer das Thema von der psychologischen Seite angefaßt. Der häßliche Raum im »modernen« Stil vollendet die unbehagliche Wirkung dieses Blattes.

Der Abschied von der Mutter. – Christus bricht auf zur letzten Reise nach Jerusalem. Die Frauen haben ihm das Geleite gegeben bis über das große Gartentor hinaus, da macht die Mutter noch einmal den verzweifelten Versuch, ihn zum Bleiben zu bewegen: mit gerungenen Händen wirft sie sich vor ihm auf die Kniee. Dieser Moment ist dargestellt. Es geht über allen Ausdruck der älteren Kunst hinaus, wie die Mutter zum Sohne emporsieht, wie die Gefährtin sie vom Boden emporheben will und es doch nicht tut, und wie in die Gebärde so eine Doppelbewegung hineinkommt als bedeutete der gesenkte Arm ein Nachlassen im Verlangen, ein Zurücktreten von der Bitte, unter dem Eindruck des ernsten Blickes, mit dem Christus auf die Knieende herabsieht. Er segnet sie, aber bleibt zum Gehen gewandt.

Die Maria mit Heiligen hat uns danach nichts mehr zu sagen. Wir könnten ganz darüber hinweggehen, wenn es nicht noch einer stilistischen Anmerkung bedürfte, um diesem Blatt seine richtige Stelle zu geben. Mancherorts gilt es nämlich noch immer als spätere Zutat, und doch scheint es fast unmöglich, in der bis zum Unleidlichen gedrängten und unklaren Komposition mit der völligen Zerklüftung des Grundes die charakteristischen Merkmale des Frühstils zu übersehen.

2.

Wie der Inbegriff alles Freundlichen, Gutmütigen und Sonnigen, was das Marienleben enthält, erscheint uns die kolorierte Zeichnung der Albertina: *Maria mit den vielen Tieren*, L. 460 (Vorstudium dazu in Berlin, früher Sammlung Blasius L. 134)[16]. Das alte beschlossene Gärtlein der Maria ist hier zum weiten offenen Gelände geworden, mit Bergen und Meeresküsten und großen Wolken darüber. Der Hauptton ist ein lichtes Gelbgrün, in dem die Figur als eine schimmernde Helligkeit sitzt, ganz weiß. Nicht das Festliche ist die Absicht, wie seinerzeit bei der Maria mit den Hasen, sondern die lächelnde Anmut. In muntern Falten bricht sich das Gewand (ganz ähnlich wie auf dem darauffolgenden kleinen Kupferstich von 1503), die Schwertlilien und Päonien kräuseln sich noch mal so zierlich, und wohin man blickt, regt sich's von kleinem Leben. Der Pinscher sonnt sich am Boden und starrt einen Hirschkäfer an, der auf ihn losgeht; das interessiert den Fuchs, der an seiner Leine herankommt; im dunklen Loch hausen das Käuzchen und der Uhu; ein Papagei hockt auf dem Pfahl der Rasenbank, Rotkehlchen und Specht treiben sich herum: ein großes Singen und Summen füllt die Sommerluft.

Mit dem Marienleben ist aber die Holzschnittproduktion der Zeit nicht erschöpft. Es gibt eine ganze Anzahl von Blättern gleichen Stils. Soll man etwas Charakteristisches nennen, so wäre es der Besuch des *Antonius bei Paulus* (P. 107). Eine Mönchsgeschichte: das Paar der alten Einsiedler, die am Waldrand zusammensitzen und denen heute, aus Anlaß des Besuches, der Rabe wunderbar ein Doppelbrot bringt; sehr anregend in dem Nebeneinander der zwei Figuren und gleichmäßig durchrieselt von raschen, kurzen Linienwellen (der Entwurf der Sammlung Blasius, Nürnberg, Germanisches Nationalmuseum, Depositum Irmgard Petersen, geb. Blasius,

Maria Magdalena in Verzückung

L. 141, noch wesentlich abweichend). Die *Magdalena* (B. 121) vor weitem Meereshintergrund gibt dazu den Gegensatz der Schönheit und der ganz entlassenen Schwere. Dürer hat nichts Vollkommeneres gezeichnet als die Gestalt dieser Frau, die in Engelsbegleitung über der Erde schwebt. Sie soll dann die himmlischen Harmonien gehört haben, und man glaubt es, so ganz ist die Bewegung in rhythmischen Wohlklang aufgelöst. Die Datierung des bedeutenden Blattes auf die Zeit von 1504/5 ist aber durchaus nicht gesichert. Wie beim Abschied Christi im Marienleben spricht manches für eine Entstehung nach der großen italienischen Reise (vgl. Heidrich, Geschichte des Dürerschen Marienbildes, S. 190). Schon die Art, wie das untere Engelpaar als Form mit dem Hügel zusammengeht, setzt ein eigentümlich entwickeltes, großes Sehen voraus.

Die frühen Stiche

1.

Die Anfänge des Stiches bei Dürer gehen wahrscheinlich ebensoweit zurück wie die des Holzschnittes. Aus der Goldschmiedewerkstätte war ihm der Umgang mit dem Metall von früh an ein vertrauter, die Präzision seiner Anschauung aber drängte ihn förmlich zu dieser Technik, und als dann das Problem des menschlichen Körpers ins Zentrum trat, war es auch schon entschieden, daß die Aufgabe nur auf der Kupferplatte mit dem Reichtum, der Feinheit, der Bestimmtheit der metallischen Linien gelöst werden könne. Insofern kann man sagen, für die Jugendzeit Dürers bezeichnet der Stich die tiefste Spur der Entwicklung.

Die ersten Stiche wirken rauh und spitzig. Dürer behandelt den Stichel ganz nach der Art der Feder, verlangt viel malerische Wirkung, legt die Striche unordentlich übereinander. Eine charakteristische frühe Arbeit, wie die Maria mit der Heuschrecke, sieht aus, als ob er die Wirkung Schongauers mit der des Hausbuchmeisters habe verbinden wollen. Dann entwirrt sich allmählich die Unklarheit, die Linien, mit mehr Überlegung gewählt, werden zu reinerer Erscheinung gebracht, und die malerische Wirkung baut sich auf kräftigere Gegensätze von Hell und Dunkel. Beispiele dieser Art sind die Maria mit der Meerkatze oder das große Blatt der »Eifersucht«. Und dann, bald nach 1500, bereitet sich jene Verfeinerung vor in der Zeichnung und in der Lichtbehandlung, wie wir sie auch im Holzschnitt kennen und die zu der unnachahmlichen Technik des großes Glückes, des Totenkopfwappens, des Adam-und-Eva-Blattes führt. Die Oberflächen der Dinge in ihrer stofflichen Verschiedenheit sind mit einem Feingefühl behandelt, das in der eigentlichen Malerei dieser Jahre keine Analogie hat.

Es empfiehlt sich, die kurze Folge der Marienstiche an erster Stelle zu behandeln: die Entwicklung in drei Stufen ist vollkommen darin ausgesprochen.

Die Maria mit der Heuschrecke (B. 44) repräsentiert den Anfangsstil. Das alte Motiv der Mutter, die im Freien auf einer Rasenbank sitzt, mit dem schlafenden Joseph zu seiten. Das Format auffallend groß und die Absicht offenbar auf reichste Wirkung gerichtet. Ausgedehnte Draperie mit zusammengehaltenen Schattenmassen, wie sie im Holzschnitt nicht ihresgleichen haben. Das Figürliche mühsam und teilweise ungenügend, im Vergleich zu der frühern Zeichnung aber ist die Überwindung bloß frontaler Ansichten bedeutsam. Die Verkürzung im Kopf des Joseph vielleicht bedingt durch Pollaiuolo. Spitz und ungelenk, wie die Strichführung nun einmal ist, kommt ein rechter Eindruck der Rundung und Fülle nicht zustande, und auch der Blick ins Weite behält trotz allem Aufwand an Einzelmotiven etwas Märzlich-Frostiges. Der Stich wird auf 1494/95 zu datieren sein.

Etwa fünf Jahre später die *Maria mit der Meerkatze* (B. 42). Schon fest und klar im Strich mit energischen Tiefen. Wieder die sitzende Frau im Freien, diesmal aber in

Maria mit der Heuschrecke

italienischer Redaktion. Dürer muß eine Vorlage aus dem Kreise des jungen Lionardo (vielleicht von Lorenzo di Credi) benutzt haben. Das Kind gehört ganz dieser Kunstrichtung an, aber auch in der Mutter mit der milden Neigung des Kopfes und der kontrastierenden Schiebung der Knie ist die lionardeske Empfindung unverkennbar[1]. Man muß an den Typus der Maria Lionardos in der Florentiner Anbetung der Könige denken. Und dieses Motiv ist nun vollkommen plastisch durchgefühlt

Maria auf der Rasenbank, 1503

und man weiß genau, was unter den Kleidern ist. Der Faltenwurf überwuchert nicht mehr die Gestalt, sondern ist ihr Ausdruck und kommt durch alle Dürerschen Kräuselungen nicht zu Schaden darin. Zum Schluß eine Landschaft, die, bei aufgehobener Symmetrie, bereits den Bedürfnissen der Figur entsprechend angeordnet ist[2].

Endlich die *Maria* von 1503 (B. 34), die kleinste von den dreien, aber die empfundenste, ganz in dem feinen, reichen Stil und in der behaglichen Stimmung der Holzschnitte des Marienlebens. Die Situation im allgemeinen ist keine andere als vorher, aber jetzt ist es ein geschlossener Winkel, in den die Szene hineinverlegt ist. Die Mutter neigt sich, dem Kinde die Brust zu geben, und dabei kommt es zu einem Spiel der Hände, so reizend in seiner Natürlichkeit, wie Dürer später nie mehr etwas erfunden hat. Und hier versteht man auch unmittelbar die Poesie des Faltenwerks. Wie das Geplätscher eines Brünnleins einen Garten freundlich machen kann, so gewinnt durch die Bewegung des Gefälts das Bildchen erst die rechte Munterkeit. Und wie zierlich klingt dann die Stimmung aus in dem Sträuchlein mit dem Rankengeringel am Hag!

2.

Für die Schätzung des Kupferstichs als der vornehmsten Kunst gibt es kein gewichtigeres Zeugnis bei Dürer als die Tatsache, daß er ihr das Problem des nackten Körpers vorbehielt. Die Entdeckungen, die die neue Kunst über Bau und Bewegung der organischen Form zu machen hatte, wurden als Stichelzeichnungen veröffentlicht, und die große Frage, die sich auftat, die Frage nach der Schönheit der menschlichen Gestalt, wurde auf der Kupferplatte beantwortet. Die Arbeiten dieser Gruppe sind zweifellos für Dürer die interessantesten gewesen.

Als kleine Introduktion kann man das Blättchen mit den sogenannten *sechs Soldaten* auffassen (B. 88), eine Sammlung von Stehmotiven, die die Kenntnis Italiens bereits zur Voraussetzung haben. Neumodische Bewegung und neumodisches Kostüm. Der schreitende Lanzenträger geht auf die Zeichnung des Frauenraubs nach Pollaiuolo zurück. Die Technik des Stiches ist noch die primitive[3].

Fortgeschritten und wertvoll als erste nackte männliche Figur: der *Sebastian an der Säule* (B. 56) mit großem, schwerem Kopf, an apokalyptische Bildungen gemahnend. Die Ponderation ist italienisch. Das Vorbild möchte Cima da Conegliano geliefert haben, der seinerseits aber durch Perugino bedingt ist[4]. Es handelt sich hier um eine freiere Wiedergabe des Originals, als wir sie von den Stichkopien her kennen; ganz natürlich. Um so deutlicher läßt sich ersehen, was Dürers ästhetische Meinung eigentlich gewesen ist und wie er doch der Figur durch die knorrige Zeichnung eine höhere Schönheit geben zu können glaubte. Was das Motiv als solches bedeutet, zeigt ein Vergleich mit Schongauer, der mit dem zierlichen und knabenhaft zarten Sebastian (B. 56) den Geschmack seiner Generation jedenfalls vollkommen getroffen hat. Ein Aufbau auf spitzer Basis, die Füße gekreuzt und nicht mit der Sohle am Boden haftend. Trennung der Knie bei beidseitiger Knickung, und dann ein starkes Ausweichen des Körpers in der Mitte, kontrastierend begleitet von der Windung des Baumstammes. Die Arme hochgebunden, mit viel Feinheit in der Fingerbewegung und absichtlichem Herausholen der spitzen Form im Ellbogengelenk. Der Gesamtumriß eckig und bewegt. Das Lendentuch muß zackig flattern und der Baumstamm mit feinem, dürrem Geäst ausgreifen[5].

Der »welsche« Stil verlangte die Linie umgekehrt groß und fließend, die einheitlich durchgeführte Bewegung; der Körper nicht gebrochen, aber bestimmt gegliedert, mit klaren Gegensätzen, wie dem der Belastung und Entlastung in den Beinen. Er hatte zur Voraussetzung eine andere Auffassung des Körperlichen überhaupt: die Schätzung der Schwere des Leibes und die Empfindung für das Wohltuende gewisser Gleichgewichtsverhältnisse, die die Last als eine leicht getragene erscheinen lassen. Das Schönheitsurteil entscheidet sich zugunsten der breitern und völligern Gewächse; man sieht den Körper überhaupt nach andern Kategorien; wenn die nordische Gotik ihn in wesentlich vertikalem Sinn interpretierte, so tut es die italienische Renaissance (auf Grundlage der antiken Auffassung) in horizontalem. Entscheidend für den Eindruck ist die Partie am Becken, wo die Italiener, Bauch- und Lendenmuskeln verbindend, eine durchgehende, untere Begrenzung des Torso gewinnen, eine stark sprechende horizontale Teilung, während die Nordländer vor dem 16. Jahrhundert diese Gliederung nicht kennen, im Gegenteil die Teile vertikal zusammennehmen und nur unterhalb des Brustkorbes die Silhouette scharf einziehen, so daß er oft wie abgeschnürt erscheint. Entsprechend geben die Welschen die Fläche der Bauchmuskeln als großen breiten Schild, breit schon ansetzend an dem Bogen der falschen Rippen, während im Norden dieser Bogen nur als enge Gabel vorkommt.

Im blinden Vertrauen auf die Vortrefflichkeit der italienisch-antiken Zeichnung ergreift Dürer das neue Schema zugleich mit dem neuen Ideal von Bewegungsschönheit. Zu dem genannten Sebastian findet man im frühen Holzschnittwerk die Verwandten[6]. Die neue Form hat einen so großen Zauber, daß sie die Natur überstrahlt. Schongauers Sebastian ist entschieden originaler und trotz aller Spätgotik naturalistisch-feiner.

Man wird das Dürersche Blatt ungefähr ins Jahr 1497 setzen müssen. Dieselbe Zahl findet sich auf dem ersten datierten Stich Dürers, den sogenannten *Vier Hexen* (B. 75), wo er das Thema des weiblichen Körpers aufnimmt.

Eine Gruppe stehender nackter Weiber, offenbar um ihrer selbst willen dargestellt. Erst allmählich entdeckt man die Teufelsfratze, die durch einen Türspalt hereinschaut und mit ihrer Flammenbegleitung den Beschauer merken läßt, daß es sich hier nicht um einen Chor der Grazien handelt, sondern um einen tüchtigen Höllenbraten[7]. Das Hexenmäßige fehlt diesen Weibern freilich völlig. Wer eine Walpurgisnachtphantasie sehen will, muß sich an Baldung Grien wenden, der so recht in der Gemeinheit des Fleisches schwelgen kann. Dürer will hier im Grunde nichts anders geben als ein paar schöne Frauenakte. Sie scheinen aber in der Tat einmal als Grazien bezeichnet worden zu sein, denn Sandrart sah sich veranlaßt, gegen den Namen zu protestieren[8]. Natürlich hat er recht. Und doch muß man in Gedanken die Komposition mit italienischen Gruppen der Grazien zusammenhalten, wo ja auch eine Rückenfigur die Mitte abzugeben pflegt. Daß es hier vier Figuren sind, ist nebensächlich, denn die vierte ist ein bloßes Einschiebsel, notwendig nur für Dürer, dessen Auge nicht nach einer Reliefkomposition in klaren Linien verlangte, sondern nach der malerisch reichen Gruppe mit Überschneidungen, wobei er für Wert und Unwert einer größeren oder geringeren Klarheit noch kein Gefühl hatte. Die Frauen stehen auf verschiedenem Niveau, was auch im Interesse des Reichtums angeordnet wurde, aber kaum in seinen Konsequenzen durchgeführt ist. Der Hintergrund ist dunkel.

Von dieser Folie gehen die Leiber hell ab, und was für Leiber! Mit einer noch unge-

Die vier »Hexen«, um 1497

fügen, störrischen Linie ist der zentrale Rückenakt doch zu einer wahrhaft bedeutenden Erscheinung gebracht. Es ist ein neues Gefühl, eine neue Sinnlichkeit in der deutschen Kunst, wie hier die breiten Hüften dieses Weibes gefaßt sind, die bestgezeichnete Partie überdies, groß gesehen und mit sicherm Fluß der Linie modelliert, während bei den Füßen die Kraft ausläßt und eine unklare und unentschiedene Strichführung auch in den Schulterpartien den Effekt in Frage stellt. Dürer kennt noch nicht den Sinn der Linien. Der beschattete Oberarm hätte nicht in Vertikalen, die der Längsachse folgen, gegeben werden dürfen; er bekommt dadurch eine Span-

Das Frauenbad, 1496. Verschollen (ehemals Bremen)

nung, die hier nicht hingehört. Die zweite Rückfigur, in Verkürzung gesehen, ist zeichnerisch ganz verunglückt, aber auch die Frontfigur erreicht nicht den Natureindruck der mittleren: sie posiert aufs Italienische in Stellung und Kopfhaltung, hat aber nordische Details. Und das ist eben das Merkwürdige hier und in der Folge: das Schwanken zwischen italienischer Form und deutscher, spätgotisch empfundener Natur. Man ahnt, wieviel Kraft bei diesem zwiespältigen Wesen verlorengehen mußte.

Unmittelbar vor dem Hexenstich, 1496, hat Dürer das Nebeneinander weiblicher Akte auch in einer ausführlichen Zeichnung behandelt, dem *Frauenbad* (verschollen, ehemals Bremen, L. 101), das wie der Holzschnitt des Männerbades ganz unter dem Eindruck italienisch-großer Form und Bewegung entworfen ist. Wenn man sieht, mit welcher Freiheit die Motive hier erfunden und mit wie breiten Lagen die Flächen eines vollen Rückens abgestrichen sind, so könnte die Zeichnung der Hexen

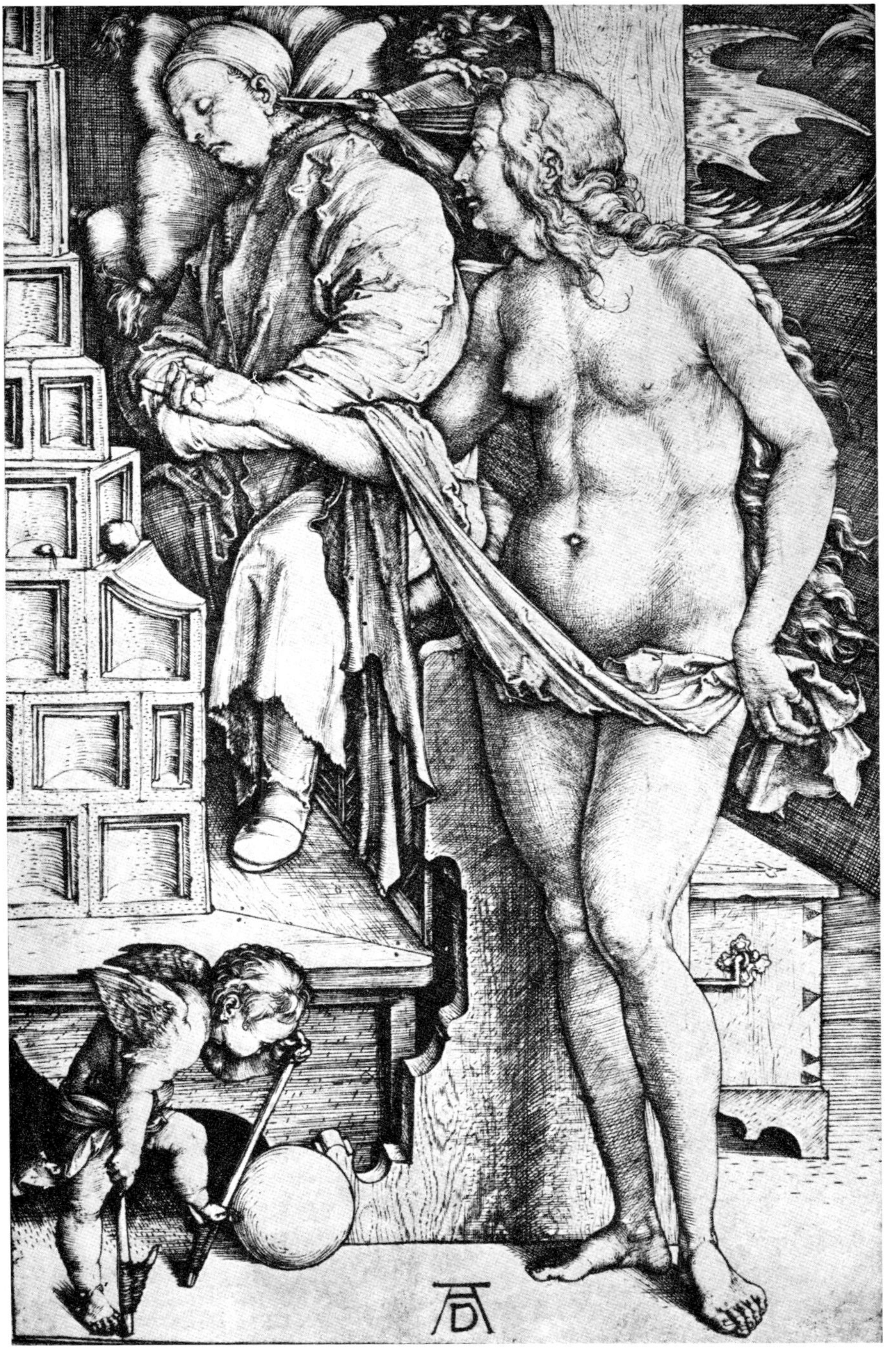

Die Versuchung (Der »Traum des Doktors«), um 1497/98

wie ein Rückschritt erscheinen, doch ist die Erklärung wohl wesentlich in der peinlichen Arbeit des Stichels zu suchen[9].

Der italienisierende Akt der Hexen erscheint weitergebildet in dem Stich der *Versuchung* (B. 76), auch der Traum des Doktors genannt. Es muß ein besonders schöner Eindruck gewesen sein, der hier nachklingt. Ein nacktes Weib mit winkend vorgestrecktem Arm: das Lässige im Stehen, das Leichte der Wendung, das Lockende der Gebärde – es wirkt selbst in Dürers Zeichnung süß und schmeichelnd. Woher er die Figur hatte, ob sie seine eigene Vision gewesen ist, weiß ich nicht anzugeben. Jedenfalls originell ist, was er dazu komponiert hat, der wohlgenährte Mann, der auf der Ofenbank sitzt und sein Schläfchen hält, den Kopf in Kissen gebettet und die Hände in den Ärmeln vergraben. Ein Teufel liegt ihm mit dem Blasebalg am Ohr. Man kennt das Blatt unter dem Namen: der »Traum des Doktors«. Der Name ist zwar nicht alt, indessen kann die Bedeutung kaum anders sein. Genaue literarische Parallelen sind bisher nicht gefunden worden, doch halten sich die Motive des lüsternen Doktors und die Versuchung durch das Traumbild einer schönen Frau durchaus im Kreis des Bekannten[10]. Die Gebärde der Frau hat Dürer mit unzweideutigem Sinn in der spätern Versuchung des heiligen Antonius wiederholt (L. 576). Der Putto am Boden, der auf Stelzen zu gehen versucht, mag als Amor gedeutet werden. Es ist ein höchst wirksamer Gegensatz: die schlanke nackte Frau mit der Grazie ihrer Bewegung und der schlafende feiste Mann, sinnlich ist sie aber ganz und gar nicht empfunden. Es ist eine italienische Musterfigur, wie sie im Buche steht, und es könnte einer auf den Gedanken kommen, die Komposition zu einem durchaus anderen Zweck zu benutzen: nicht die Verführung des Fleisches zu zeigen, sondern das Gift der italienischen Schönheit.

Sonderbar, daß Dürer nun gar nicht lassen kann von den erotischen Stoffen. Das nächste ist ein Mädchenraub. Das *»Meerwunder«* hat er selbst das Stück genannt (B. 71). Vom Adriatischen Meer gingen derartige Geschichten um, wie Unholde von Zeit zu Zeit aus der Tiefe auftauchten und an den Küsten Menschenraub übten. Möglich, daß Dürer auch schon antike Fabeln ähnlichen Inhalts kannte: der übliche Name »Raub der Amymone« kann sich jedenfalls auf die Umschrift eines Brettsteins des 16. Jahrhunderts mit der Dürerschen Komposition berufen[11]. Nun wird man zugeben müssen, daß diese Komposition wenig Schreckhaftes enthält, daß man wohl am Ufer ein paar kleine Leute laufen und jammern sieht, aber die geraubte Schöne fast so ruhig daliegt, als ob sie auf einem Ruhebett sich hingestreckt hätte, und an diesem Eindruck kann auch der schmerzlich geöffnete Mund nichts mehr ändern. Sie füllt den Raum in ganzer Breite und ist durchaus die Hauptfigur, zu der der Entführer nur mangelhaft hinzukomponiert ist. Das heißt: als Kern und Ausgangspunkt behalten wir das Thema einer liegenden weiblichen Figur, und die ganze »Geschichte« ist wohl erst nachträglich für sie zurechtgemacht worden. Die maritime Entführung sollte die Nacktheit legitimieren: aus dem Kreis badender Gespielinnen hat der Unhold seine Beute geholt.

Das Meerwunder, um 1498

Dürer ist also von der Stehfigur zur Liegefigur übergegangen. Fragt man sich nach älteren Beispielen in der deutschen Kunst, so gerät man in einige Verlegenheit, was eben beweist, wie sehr hier etwas Besonderes versucht ist. So kommt es denn auch gar nicht darauf an, gleich auf das Mangelhafte der Lösung aufmerksam zu machen, sondern zuerst einmal das Positive der Leistung anzuerkennen: daß der Körper in seinem schweren Daliegen einen durchaus neuen Charakter hat und daß die gebrochene Begegnung von Brust und Unterleib, die hängende Schulter, die Wendung des Kopfes, die ganze Silhouettenführung der oberen Seite von einer etwas ungeschlachten, aber sehr eindrucksvollen Art ist[12]. Lähmend in dem Zusammenhang wirkt der linke Arm, der ursprünglich sicher Stützarm gewesen ist, aber es nicht blieb der Verbindung mit der zweiten Figur zuliebe. Ich bin überzeugt, daß Dürer auch hier ein fremdes, italienisches Vorbild gehabt hat, das er in seiner Weise verarbeitete[13].

Der Meerunhold, wie gesagt, ist nicht viel mehr als ein Lückenbüßer. Der greifende Arm bleibt unentwickelt, und man sieht nicht recht ein, wo die Frau aufliegt. Doch hat der Kopf, ein alter Försterkopf, sein individuelles Interesse.

Und das ist es eben, was bei all diesen Dingen so eigentümlich wirkt: daß Abgeleitetes und Ursprüngliches, Naturnahes und Naturfernes nebeneinanderstehen und daß bei dem mühsamen Ringen mit dem Hauptproblem, der Figur, noch ein tröstlicher Kraftüberschuß bleibt, der sich in dem fröhlichen Wellengekräusel ebenso laut kundgibt wie in dem reichbesetzten bergigen Ufer, das hoch hinauf den Hintergrund füllt.

Das Blatt hat einen malerischen Charakter, der über alles Ältere hinausgeht: der Ton des dunklen Wassers, auf dem der weiße Körper steht, oder das Helldunkel des beschatteten Schenkels sind in guten Drucken von einer sehr feinen Wirkung. Den jungen Dürer aber wird man von vornherein an der höchst originellen und kecken Fleckenverteilung erkennen, und die Durchführung der Schräglinie des Bergabhangs durchs ganze Bild ist eine Kühnheit ohnegleichen gewesen.

Nach dem »Meerwunder« macht Dürer einen noch bedeutenderen Anlauf: er verfeinert die Zeichnung, steigert den Maßstab, nimmt das Problem der Bewegung mit auf und versucht vier, fünf Figuren zu einer tektonischen Gruppe zusammenzuschließen. Es entsteht der sogenannte »große Herkules«. Aber wieder keine Natur, kein Bilden aus erster Hand, sondern ein Arbeiten mit geprägten Formen, die der italienischen Kunst entnommen sind.

Der Stoff ist seltsam und unerklärt. Nicht einmal das ist sicher, ob Dürer wirklich den Namen Herkules mit diesem Stich verband[14]. Populär heißt er *»Die Eifersucht«*. Soviel ist klar: das Liebespaar, der Satyr mit dem nackten Weib im Schoß, wird angegriffen. Eine langbekleidete Frau, hochaufgerichtet, holt zum Schlage gegen beide aus. Ein starker nackter Mann tritt hinzu, er hält mit beiden Händen einen Baumstamm empor – will auch er die Liebenden damit treffen, oder kommt er zum Schutze? Schon hier stockt die Erklärung. Die Art, wie der Baumstamm gefaßt ist – mit lockeren Fingern – sieht so aus, als ob die Waffe zum Parieren gebraucht würde, aber dem widerspricht die Richtung des Blickes. Also ist es doch ein Angreifer? Und wenn Dürer ihn Herkules nannte, sollte das überraschte Paar dann nicht Dejanira sein mit ihrem Entführer, dem Kentauren Nessus? Man hat so interpretiert. Daß Nessus als Satyr und nicht als Kentaur erscheint, wäre kein Hindernis für diese

Die »Eifersucht« (Die Entscheidung des Herkules), um 1498/99

Erklärung, da die Verwechslung von Satyr und Kentaur auch sonst vorkommt. Aber warum fehlt der Pfeil des Herkules, in dem doch die Pointe der Geschichte liegt? Und wenn man für das Kind allenfalls einen Namen fände, was soll die Frau in diesem Zusammenhang? Hier muß man schon halsbrecherische Wege der Interpretation beschreiten, um zu einem Ende zu kommen. Auch an Jupiter und Antiope ist gedacht worden, wobei in der Frau die beleidigte Juno zu erkennen wäre – ohne Zwang läßt sich die Gruppe auch damit nicht auflösen. Nachdenklich bleibt jedenfalls die Tatsache, daß um 1500 in Deutschland ein Publikum existierte, dem man derartige Geschichten vorlegen durfte. Wenn doch nur eine Person eine Namensbeischrift trüge, wie das früher und später üblich ist! Daß das Blatt bloß für die Philologen von Nürnberg bestimmt war, wird kaum jemand glauben. Vermutlich sind gar keine besonderen mythologischen Kenntnisse vorausgesetzt; das bedrängte Satyrpaar im Walde scheint eine Situation gewesen zu sein, die nicht nur Gelehrten verständlich war[15]. Ich bin überzeugt, daß der Sinn des Blattes kein anderer ist als der Kampf der Keuschheit gegen die Unkeuschheit. Das nackte Weib zwischen den Beinen des Satyrs bezeichnet deutlich genug das eine Thema, und die bekleidete Frau, die jedenfalls als Diana gedeutet werden muß, gibt den klassischen Gegensatz.
Die ganze Angelegenheit kommt aber in ein neues Licht, wenn man das Blatt in seine Elemente zerlegt. So unklar der Sachinhalt ist, so deutlich sind die formalen Quellen des Bildes. Für die drei Hauptfiguren lassen sich die Vorbilder nachweisen, und zwar an drei verschiedenen Orten. Die Liegende ist dem Mantegna nachgebildet, sie findet sich auf dem Seekampf, den Dürer kopiert hat (vgl. Abb. S. 54), die stehende Frau mit dem Knüppel stammt aus dem Orpheusstich, und der nackte Mann geht, wie jetzt allgemein bekannt ist, auf ein Original des Pollaiuolo zurück, auf jenen Frauenraub, von dem oben (S. 55) die Rede gewesen ist. Wie in einem Kaleidoskop sind die von Haus aus fremden Elemente zum Bilde zusammengemischt, es ließen sich auch andere Kombinationen denken, jedenfalls ist es aber unwahrscheinlich, daß die darzustellende Geschichte genau auf diese Figuren gepaßt habe. Dürer verfolgte seine artistischen Interessen, die Klarheit der Erzählung mochte dabei immerhin einen Knick bekommen[16]. Erinnert man sich aber daran, wie die älteren Kupferstiche wesentlich auch als Werkstattvorlagen gedacht waren, so könnte man hier einen Gesichtspunkt finden, unter dem Dürers Verfahren weniger unbegreiflich erschiene.

Die Pollaiuolo-Figur ist die wichtigste: Darstellung der Kraft in einem nackten, starkbewegten Körper. Lauter neue Darstellungswerte. Es verlohnt sich, das Verhältnis Dürers zu seiner Vorlage genau anzusehen. Identisch ist das zurückgesetzte Bein, der Rücken und der hochgehobene Arm, doch ersetzt er die »Ausfall«-Stellung Pollaiuolos durch ein stämmiges Dastehen mit gespreizten Beinen. In den Armen beschränkt sich die Ergänzung auf die rechte Hand – man möchte eigentlich mehr sehen –, die andere ist mit dem Arm übernommen und bis in die Fingerstellung hinein kopiert, obwohl es sich hier doch um eine ganz andere Funktion handelt als dort, wo die Hand ein zappelndes Frauenbein umschließt. Diese Abhängigkeit ist um so merkwürdiger, als Dürer den Körper in anderer Hinsicht vollkommen neu redigiert hat. Ist schon seine Federkopie eine Transkription in eine andere Liniensprache gewesen, so prüft er jetzt noch einmal Strich um Strich auf seine Fähigkeit, das Muskelerlebnis auszudrücken und gewinnt durch Detaillierung der Form seine eigentümliche Straffheit der Kniekehlen und der Gesäßmuskeln. Beibehalten aus der Vorzeichnung wurde die harte Konturierung der Rückenmuskulatur auf der belichteten Seite und das scharfe Absetzen vor der dunklen Brust (was sich am Oberschenkel wiederholt).

Für die allgemeine Verfeinerung der Linie gibt die Liegende den besten Maßstab: im Vergleich zum »Meerwunder« hat der Frauenkörper an Weichheit gewonnen, die Formbezeichnung ist aber durchaus die des italienischen Vorbildes. Sobald dieses versagt, wird Dürer unangenehm. Man sieht das z. B. an den Füßen. Daß die klare Darstellung Mantegnas auch den gesenkten Arm noch deutlich verfolgen läßt, ist ihm nicht als Vorzug erschienen. Der Beschauer bleibt ganz im ungewissen über den Verlauf dieses Gliedes. Und so zeigt sich auch weiterhin, wie unentwickelt Dürers plastische Anschauung noch ist: in dem vom Körper abgetrennten linken Huf des Satyrs und in dem fußlosen Bein der stehenden Frau, das wie ein Holzbein aussieht. Seine Vorlage gab ihm die klare Form, aber er fühlte sie noch nicht.

Dafür machte er in der Komposition einen höchst bedeutsamen Versuch, auf italienische Monumentalität einzugehen, indem er seine verschiedenen Motive zur strengen Pyramidalform zusammenschloß. Es ist dieselbe Absicht, die uns noch da und dort in Frühwerken entgegentritt, im Männerbad und in der Beweinung der großen Passion, hier aber hat das Gefüge am meisten tektonischen Charakter. Die Frage nach dem maßgebenden Vorbild wird man kaum anders beantworten können als durch den Hinweis auf Lionardo[17].

Der Hintergrund ist dunkles Laubwerk. Dürer verwendet hier das, was in seiner Orpheuszeichnung original war. Leistet er dort schon mit der Feder das Erstaunlichste an Entsagung, so ist ein solches Eichengebüsch als Stichelarbeit selbstverständlich ein noch viel größeres Wunder des Fleißes. Ganz unmalerisch ist Blatt neben Blatt gesetzt. Das plastisch Feste und Meßbare behauptet allein das Feld.

Vom »Herkules« des Stiches führt ein direkter Weg zu dem Temperabild des bogenschießenden Helden im *Kampf mit den Stymphalischen Vögeln* (Nürnberg, Germanisches Museum). Ein rasches Schreiten mit weit vorgeschobenem Beugeknie und festgehaltener Rückansicht. Man könnte glauben, eine weitere Abwandlung der genannten Pollaiuolo-Zeichnung vor sich zu haben, es gibt aber eine direkte Vorlage bei Pollaiuolo: eben einen bogenschießenden Herkules[18]. Als Ganzes ist die Nürnberger Figur dem Stich überlegen. Es ist viel mehr ein Stück aus einem Guß, die Bewegung – von der Sohle des abstoßenden Fußes bis in die Faust des vorgestreckten Armes – wirklich durchgehend gegeben. Und der Entwurf (Darmstadt, L. 207) ist im Eindruck des Eiligen womöglich noch besser als das Bild[19].

Wie einfach dieser bogenschießende Mann aussieht! In einer Sammlung zeitgenössischer Bilder fällt er völlig aus der gemeinen Art heraus. So klar ist die Ansicht, so silhouettenmäßig alles in der Fläche entwickelt. Wir stehen in der Tat vor etwas Neuem. Auf Dürer hat dieser Profilcharakter der italienischen Kunst einen nachhaltigen Eindruck gemacht. Er greift jetzt bewußt auf die einfachsten Ansichten zurück. Er will ganz sachlich sein, die Dinge geben in der größten Deutlichkeit der Erscheinung, und verzichtet darum auf alles, was den Anblick komplizieren könnte. Ja, es treten nun in den Stichen einstweilen auch die Bewegungsprobleme zurück: die ganze Absicht geht auf erschöpfende Darstellung der Dinge nach ihrer wesentlichen Gestalt.

Das bezeichnende Beispiel für diese Wendung ist der große Stich des *Eustachius* (B. 57).

Ein heidnischer Jäger hatte im Walde das Abenteuer, daß zwischen dem Geweih des gejagten Hirsches plötzlich der Heiland als Kruzifixus erschien und vernehmlich zu ihm sprach: »Eustachius, was jagst du mich, glaube mir, ich bin Christus und habe lange nach dir gejagt«, worauf der Heide niederfiel und sich bekehrte[20]. Nun ist es geradezu grotesk, wie diese schlichte Geschichte als Geschichte von Dürer vernachlässigt wird. Der Charakter des Ereignisses ist der Darstellung völlig genommen. Lauter Musterfiguren nebeneinander: groß und in reiner Breitansicht ein Pferd, darüber, gleichfalls in reiner Breitansicht, ein Hirsch (die Beziehung zum Jäger kann kaum erraten werden) und so die Hunde, alle einzeln, wie eine Folge von Zeichnungsvorlagen. Auch der kniende Jäger ist als Profilfigur gegeben[21]. In der Geschichte ist der Hirsch die Hauptsache, für den Künstler war es das Pferd. Das Charakteristische der Form ist noch nicht ganz gefaßt, allein das Mehr-oder-weniger-gut tritt hier ganz zurück neben dem Prinzipiellen der Fragestellung. Damals nahmen die Bemühungen ihren Anfang, die später zu dem nach bestimmteren Proportionen gebildeten Typus des Pferdes in »Ritter, Tod und Teufel« führten. (Eine Zwischenstufe bildet der eine Pferdestich von 1505, B. 96[22].) Einstweilen möchten die Hunde des Eustachius die vortrefflichste Tierbildung darstellen. Zu dem größten ist die Pinselzeichnung erhalten (Windsor, L. 388). Von bewunderungswürdiger Sicherheit und zierlicher Geschmeidigkeit im Strich, aber um wieviel verfeinert sich dann noch die Form bei der präzisen Stichelarbeit!

Die Feinzeichnung der Figuren, die über den Stil der »Eifersucht« nochmals hinausgeht, findet ihr Echo in der Behandlung des Landschaftlichen. Nie mehr hat Dürer eine solche Verschwendung getrieben mit Bäumen, wo jeder Ast eine Formenwelt für sich ist, nie hat er die stoffliche Charakteristik verschiedener Rinden, des bloßgelegten Holzes weiter geführt. Und so ist der Hintergrund von einem fast unerschöpflichen Reichtum der Motive: der verschwiegene Weiher im Schatten der Gebüsche, das gurgelnde Bächlein unter der Brücke, die Wege, die gegen die hohe Burg sich hinanziehen, der felsige Absturz und wie die Bauwerke auf dem Berge Fuß gefaßt haben, alles ist inhaltreich und hält die Phantasie lange fest. Rechts oben

Der heilige Eustachius

die Horizontale des Seespiegels überschnitten von den Stämmen des Vordergrundes.
Zur Belebung der Erscheinung sind die malerischen Hilfsmittel der hellen und dunklen Gründe herangezogen worden, Licht und Schatten folgen sich in munterem Wechsel. Das Ganze natürlich mehr eine Zusammenfügung von Einzelheiten als eine Einheit in höherem Sinne, und doch ist gerade im Vergleich zum Vorausgehenden bemerkenswert, wie große Partien, z. B. der Berg, unter einen Ton zusammengenommen sind. Wir sind in die Periode des malerischen Stils eingetreten, nicht nur des Feinstils[23].

Auf diesem Boden ist nun auch eine neue Anschauung des Nackten erwachsen. Mit Verzicht auf fremdländische Bewegung und ohne Angleichung an welsche Form sucht Dürer jetzt einmal die Natur seiner Zone aufzunehmen. Rückhaltlos und ohne Auslassung, so, daß der ganze Reichtum der Form zum Ausdruck kommt. Er nimmt eine nürnbergische Frau und läßt sie die Kleider ausziehen. Sie soll in einfacher Profilstellung an der Wand stehen, man gibt ihr etwas zum Halten in die Hand, und nun – den Modellcharakter nicht verbergend – versucht Dürer diese Erscheinung so vollständig wie möglich zu fassen. Das Resultat ist eine Zeichnung, die alles bisherige als leer erscheinen läßt: bedeutsam dabei ist aber nicht die Fülle des einzelnen, sondern dies, daß sie aus dem Gefühl für das Wunder des Lebens hervorgegangen ist. Das *»Große Glück«* – denn ich spreche von diesem – ist die erste Figur Dürers, die uns den warmen Hauch des Wirklichen spüren läßt (B. 77).

Ein nacktes Weib also, auf einer Kugel über Wolken stehend; abgesetzt auf ganz weißem Hintergrund, der dann in einer dunklen Landschaft unten seinen Gegensatz findet. Man nennt die Frau das Große Glück im Gegensatz zu einem andern, viel früher entstandenen Stich kleinen Formates, der ebenfalls das Weib auf der Kugel darstellt (B. 78). Dürer gebrauchte den Namen Nemesis und meinte damit die schicksalverteilende Göttin, die beides hält, Zügel und Becher, den Zügel für den Übermütigen, den Becher für den Sieger im Leben. Es ist eine gelehrte Vorstellung, und neuerdings sind denn auch ein paar Verse Polizians zitiert worden, die, wenn sie nicht die Quelle für Dürer sein sollten, doch immerhin als literarische Parallele wert sind gehört zu werden[24].

Es hat fast etwas Erschreckendes, diese Wirklichkeit an dieser Stelle. Nicht das schöne, jugendliche Weib, sondern die reife, starke Frau, ein schwerer Körper, dessen Bedeutung immerhin mehr in den unteren als in den oberen Partien liegt: die Brust ziemlich flach, ein großer Leib, mächtige Schenkel. Auf einen gotisch gebildeten Geschmack muß die Erscheinung gewirkt haben wie ein Schlag ins Gesicht. Wollte Dürer das Schicksal hier charakterisieren als die gleichgültig hinschreitende Macht, »wenig bekümmert um uns«, die nicht reizvoll zu sein braucht, weil sie niemandem gefallen will? Ich glaube nicht, daß man so interpretieren darf. Wenn

Das Große Glück (Nemesis), um 1501/03

man Dürer diesen Gedanken zumuten dürfte, so müßte man von der Gebärde mehr verlangen. Das Weib steht aber mit seinen Attributen da so befangen, wie eben ein Modell dasteht, das nicht weiß, was es mit den Sachen machen soll. (Das Fassen der Becherhand ist übrigens nicht einmal als Griff ganz verständlich.) Und dann das unselige Kleben der Füße an der Kugel!

So sehr die Gestalt vom Herkömmlichen abweicht, Dürer hat sicher die höchste Freude an diesem nordischen Modell gehabt. Stark und formenreich, mehr muskulös als fett. Es ist gar kein Versuch gemacht, den Körper und seine Bewegung auf italienisches Schema zu bringen, aber die Figur soll nicht den häßlichen Nebenfall zeigen, sie ist mit hohem Ernst auf das Typische hin durchgearbeitet und in ihrer Art auch eine Normalgestalt. Nicht daß sie bereits auf Grund einer bestimmten Proportion konstruiert zu sein braucht (obwohl auch diese Meinung verfochten wird), aber die Form ist von einer gleichmäßigen Klarheit, daß man durchaus an »bearbeitete« Natur denken muß. Und nun setzt Dürers Zeichnung ein mit feinen, feinen Stichellinien und modelliert die gewaltigen Wölbungen dieses Leibes, überall der Form folgend, da den straffern Zug des Fleisches bezeichnend, dort das weichere Polster; um die kleinsten Gelenke des Fingers geht er mit haarscharfem Griffel herum, um ihnen ihre Form abzugewinnen; Fuß- und Kniegelenke legen sich zu reichen Formkomplexen auseinander, deren lebendige Beziehung die Zeichnung zu offenbaren versucht.

Aber was bedeuten Worte? Die vergleichende Betrachtung sagt unendlich viel mehr. Man muß den Unterschied an dem noch so ganz allgemeinen und unsicheren Ausdruck eines früheren Stiches wie den vier Hexen ermessen. Und doch liegen nicht viel mehr als fünf Jahre dazwischen. Wenn irgendwo, so muß es hier auch dem Laien möglich sein, die bildnerische Freude, die plastische Gier des geborenen Künstlers nachzuempfinden.

Das Auge scheut vor nichts zurück. Mit einer Art Wollust ist jenes unförmliche Bündel von Lederriemen angefaßt, das Pferdegeschirr nämlich, das die Nemesis in der Hand hält: es scheint die undankbarste Aufgabe der Welt zu sein, aber der Blick bohrt sich ein in die Verwirrung und der Stift drängt nach und ruht nicht, bis der widerspenstige Stoff ruhig und einfach daliegt. Wie undenkbar wäre eine solche Zeichnung in Italien! Und ebenso dann die flatternden Streifen eines unbestimmbaren Stoffes, in denen sich auch ein Stück urgermanischer Formphantasie auslebt, wie in den Schnörkeln und Rankenschlingungen der Zeichnungen zum Gebetbuch des Kaisers Max. Aus dem Gefühl der national verschiedenen Begabung heraus hat denn auch schon Vasari den Flügel der Nemesis als etwas Unvergleichliches bewundert. Zum erstenmal ist hier das Gefieder nicht bloß der Form nach, sondern nach der stofflichen Beschaffenheit der Oberfläche charakterisiert. Und auch auf solche Dinge – Federn, Haare, Pelz – als Lieblingsstoffe seiner Sinnlichkeit kommt Dürer später immer wieder zurück.

Die Flügel und die anderen Akzessorien geben der Figur als Tiefen starke malerische

Akzente, und die feinen Helldunkelversuche am Rücken bekommen eine kräftige Einrahmung. Es ist dafür gesorgt, daß die belichtete Seite mit dem weißen Grunde sich kaum berührt.

Und nun hat Dürer noch eine irdische Szenerie dazu gezeichnet, die neben der weißen Fläche dunkel wirkt und mit ihren kleinen Häuschen die Schicksalsgöttin als ungeheuer erscheinen läßt. Zu einer räumlichen Wirkung ist es aber nicht gekommen: die Nemesis schreitet nicht in Wolken über die Welt hin, denn es ist unmöglich, Oberes und Unteres in eine reale Beziehung zu bringen; es bleibt bei einem Flächengegensatz.

Durch eine glückliche Entdeckung ist jetzt auch die Neugierde befriedigt worden, die seit langem den Namen der durchaus porträtmäßig anmutenden Lokalität zu wissen verlangte: es ist Klausen in Südtirol[25], frei variiert, aber unverkennbar, seitdem das Wort einmal ausgesprochen ist. Von seiner Wanderschaft muß sich Dürer eine sorgfältige Studie mitgebracht haben, wie wir deren ja mehrere kennen. Damit ist nun auch endgültig festgestellt, daß keine Anspielung auf ein bestimmtes Ereignis vorliegt. –

Historiker, die gern rationelle Entwicklungskurven konstruieren, möchten wohl in diesem Stich der Nemesis am liebsten eine Programmerklärung sehen, in dem Sinne, daß Dürer damit die Absage an eine weniger naturalistische Vergangenheit schreiben wollte und den Entschluß ankündigte, künftighin freudig und ausschließlich für das Heimatliche einzutreten. Allein die Tatsachen verbieten, so zu konstruieren; dieser Nemesis folgt auf dem Fuß der Stich von *Adam und Eva* von 1504 (B. 1), da sind es ganz italienische Posen, und die Körper sind nun – horribile dictu – in allen Hauptmaßen einem bestimmten Proportionsschema nachgebildet.

Der Stich ist nicht populär. Er kann es nicht sein, denn vom Inhalt ist ihm gar nicht beizukommen. Ja, es gibt kaum eine Darstellung des Sündenfalls, die noch äußerlicher gefaßt wäre. Ein frostiges Nebeneinander der zwei Personen; beide von ganz statuarischer Erscheinung; keine ist völlig bei der Sache; was will der hochgehobene Arm Adams? Zu deutlich ist seine Herkunft von ganz anderen Voraussetzungen.

In der Tat, der Stich ist ein Kunstwerk, wo das formale Motiv lange bereit war, ehe es für den bestimmten Stoff »Adam und Eva« zurechtgemacht wurde. Also in der Form läge die Bedeutung. Aber auch der Genuß der Form wird fraglich, sobald man erfährt, daß die Körper nach gewissen Maßen konstruiert sind. Die vorbereitende Zeichnung mit der Konstruktion ist erhalten[26]. »Proportion« – »konstruiert«, das wirkt wie ein kalter Wasserstrahl auf die Mehrzahl der Kunstbetrachter, deren Interesse dann ebenso rasch erlahmt wie das von Kindern, denen man sagt, die Geschichte sei nicht wahr. Man kennt das Aufstellen von Proportionsgesetzen im Publikum nur noch als eine Grille von Künstlern, denen ein tieferes Naturgefühl fehlt (wie würden sie sonst sich nicht genügen lassen an der einfachen Erscheinung des Wirklichen?), und man hat gar keine Lust, irgendeine derartige Demonstration mit anzuhören, da bekanntlich ein Schema das andere ablöst.

Adam und Eva, 1504

Damals lag die Sache anders. Die Proportion des Menschen war ein großes und aufregendes Zeitproblem. Und als Dürer zum erstenmal davon hörte, da hätte er gern »ein neues Königreich« darangegeben, um nur etwas Genaueres zu erfahren, wie man das Bild der Menschen »aus der Maß« machen könne. Und das zu verstehen, muß man sich vor Augen halten, daß es überhaupt ein ganz neuer Begriff war: der Mensch in seiner natürlichen Vollkommenheit. Wenn Jan van Eyck einen Adam malte, so fragte er sich nicht, ob das ein schöner Mann sei oder ein weniger schöner, er malte eben einen Mann. Die Darstellung des Charakteristischen, wie sie der neue Realismus brachte, verdrängte völlig die Frage nach dem Schönen. Wo sie aufgenommen wird, da lautet die Antwort noch immer: die Schönheit ist nicht von dieser Welt. Eine Schönheit des Nackten aber gab es wohl überhaupt nicht. Das ändert sich allmählich gegen Ausgang des Quattrocento. Memling denkt schon anders als Jan van Eyck, mit der Wende des Jahrhunderts aber erhebt sich glorios die alte Vorstellung von einer Schönheit, die dem Menschen in seinem natürlichen Zustand eigen ist: nicht nur, daß das Nackte wieder ins Zentrum der Kunst gerückt wird, das Auge sieht die Schönheit wieder in dem natürlichen und nicht in dem so oder so umgebildeten Körper. Aber freilich nur in wenigen ist die Schönheit erhalten, die der Mensch seiner Natur nach haben sollte. Und die menschliche Urteilskraft ist schwach, so daß sie das sichtbare Schöne nicht gleichmäßig und sicher fassen kann. Dem einen gefällt dieser Mensch, dem andern jener. Wir können zwei ganz verschiedene Individuen beide schön finden, ohne einen Wertunterschied zu machen, und doch: wie ist das möglich? Es muß doch einer der Schönere sein! Unsere Idee von der Schönheit ist eben nicht klar genug, um bestimmt zu urteilen.

Indem ich hier Gedankengänge von offenbar platonischer Färbung reproduziere, gehe ich nicht über Dürers Kreis hinaus, nur hat er erst später die Sache so ausgesprochen. Immerhin mögen ähnliche Sorgen sich früh beunruhigend eingestellt haben, das liegt so in der Natur der Fragestellung. Aus der verwirrenden Mannigfaltigkeit des Individuell-Natürlichen hinauszukommen zu dem Festen, Sichern, dem Bilde des Menschen, wie er sein muß, wer das könnte! Und nun der rührende Glaube an die Bücher der Alten. Die Griechen und Römer, die haben es gewußt und aufgeschrieben, aber die Bücher sind verlorengegangen. Die Italiener arbeiten seit ein paar Generationen daran, die alte Kunst wiederzufinden, und ein Bote dieser Italiener, Jacopo de' Barbari, war dem Geheimnis auf der Spur: der zeigte Dürer etwas, aber nicht genug, so daß er sich selber forthelfen mußte. Er wandte sich an Vitruv. Aber auch das genügte nicht ganz, und so setzt die eigene Spekulation ein, aufregend genug, denn es handelte sich bei diesen Forschungen um nichts Geringeres als darum, den Menschen zu entdecken, oder mit andern Worten: dem lieben Gott nachzurechnen, wie er den Mann und das Weib gemacht habe.

Das Suchen nach Proportionsregeln stammt nicht erst aus dem Jahre 1504, sondern geht bis 1500 etwa zurück. Das erste sichere Zeugnis ist eine Umzeichnung der Frau des »Meerwunders«, datiert 1501[27]. Im Jahr zuvor war Jacopo de' Barbari nach Nürnberg gekommen, den Dürer zuerst das Thema behandeln hörte. Auch scheint es mir durchaus nicht merkwürdig, wenn Dürer ein paar Jahre vergehen läßt, bis er eine Konstruktion der Kupferplatte anvertraut, und die sicher konstruierten Figuren von Adam und Eva in ihrer rein frontalen Erscheinung, die alle Hauptflächen klar übersehen läßt, sagen es auch gleich ganz deutlich, daß sie konstruiert sind. Für die Art der Konstruktion sei auf die Darlegung bei L. Justi verwiesen[28].

Aber nun sind die neuen Proportionen gar nicht der einzige Inhalt des Stiches. Mit dem andern Körper kommt eine andere Bewegung. Wir können nur mit Mühe uns vorstellen, was das heißt, daß das ganze Inventar der hergebrachten Bewegungsformen zum alten Eisen geworfen wird; daß über das Stehen, das Schreiten, die Biegungen und die Gleichgewichtsverhältnisse des Körpers lauter neue Begriffe aufkommen. Andeutend ist schon oben davon die Rede gewesen. Wie unorganisch sich Altes und Modernes zunächst noch mengt, zeigen eine Reihe von Blättern der Apokalypse und der großen Passion. Nirgends hat Dürer angelegentlicher diese Probleme behandelt als in den Stichen. Adam und Eva geben einen vorläufigen Abschluß. Der Tritt des Adam ist damals etwas ganz Neues gewesen, und in der Eva erklingt seit Jahrhunderten zum erstenmal wieder rein die uralte Melodie des Körpers mit lässig nachgezogenem Spielbein. Auch hier ist Italien und die Antike Ziel und Vorbild gewesen. Barbari mag manches vermittelt haben, es müssen für Dürer aber noch andere reichere Quellen geflossen sein[29].
Aber weder die Form noch die Bewegung des Körpers erschöpft die Bedeutung des Blattes. Ja, das sind nur die vergänglichen Werte, das eigentlich Wichtige, das, was das Werk zu einem Knotenpunkt in der Kunstgeschichte Deutschlands macht, ist der neue Begriff von bildnerischer Klarheit, der hier zugrunde gelegt ist. Zum erstenmal menschliche Körper, die aus den Gelenken verstanden sind; eine Darstellung, die erschöpfend sein will nicht in dem Sinn, daß sie den zufälligen Anblick mit mehr Sorgfalt aufgenommen hätte als vordem geschah, sondern so, daß der Körper seine Form vollkommen offenbaren muß. Das Entscheidende in der Form sind aber eben die Gelenke.
Das Bewegungsmotiv des Adam setzt sich zusammen aus seitwärts abgesetztem Spielbein, gehobenem und gesenktem Arm und ins Profil gestelltem Kopf (der Richtung des Spielbeins entgegengesetzt). Man spürt sofort, daß das Motiv nicht an diesem Platze gewachsen ist; es ist aus anderm Zusammenhang herübergenommen und gehörte einst einem Apoll an, der in der gehobenen Hand eine Sonne, in der gesenkten einen Bogen (Apollo Poyntner, New York, Metropolitan Museum, L. 179) oder einen Stab trug (wie in der Zeichnung des British Museum, L. 233). Eine andere Variante gibt den Mann als Äskulap mit entsprechend veränderten Attributen (Zeichnung Berlin, L. 181[30]). Als Dürer sich entschloß, das plastisch wertvolle Motiv für einen Adam zu benützen, behielt er die doppelte Armstellung, trotzdem er sie in einem Fall nur gezwungen, im andern Fall gar nicht erklären konnte, denn warum braucht sich Adam gerade in diesem Moment an einem Ast zu halten, und was soll eigentlich diese energisch heischende Hand? (In der Vorzeichnung, L. 173, hielt sie einen Apfel.) Eine höhere Schönheit ergab sich dagegen unerwartet durch die Wendung des Kopfes gegen Eva hin; jetzt erst kommt der zusammenhängende Fluß in die Gestalt, indem der Anlauf des Spielbeins in der Richtung des Kopfes seine Fortsetzung zu finden scheint. Das ist später dann immer so gehalten worden.

Es gilt jetzt als eine ausgemachte Sache, daß der Apoll vom Belvedere in irgendeiner Nachzeichnung Dürer vorgelegen haben müsse. Vergleicht man den Stich mit der Statue, so ist die Ähnlichkeit allerdings nur eine sehr ungefähre: die Differenzierung der Arme in einen horizontalen und einen gesenkten ist ähnlich, auch die Einstellung des Kopfes ins Profil, aber dort sieht er in der Richtung des gehobenen Armes und die Beine stehen hintereinander. Zieht man die vorbereitenden Zeichnungen heran, so verringert sich aber die Ungleichheit, und bedenkt man, daß Dürer zuerst wirklich einen Apoll machen wollte, so kann man die behauptete Beziehung kaum abweisen. Ob für Eva die Kenntnis eines antiken Venustypus unbedingt vorauszusetzen sei, erscheint mir zweifelhafter. Jedenfalls ist die Figur durch die Venus im Traum des Doktors schon genau vorbereitet, nur daß sie jetzt in die obligate Frontstellung eingerückt ist.

Körper und Köpfe (denn auch die Köpfe sind konstruiert) haben etwas Unindividuelles, wie natürlich; dagegen sind die Arme reine Modellzeichnung. Von dem gesenkten Arm Adams ist die Naturaufnahme zufällig erhalten (London, L. 234), der linke Arm der Eva, der aussieht wie einer der vom Winde gedrehten Baumstämme auf dem Eustachiusstich, läßt ebenfalls nur an eine wörtliche Wiederholung eines (oben sehr magern) Modells denken; er sieht merkwürdig genug aus neben dem egalisierten Torso. Und Dürer mochte an sich selbst denken, wenn er später davor warnt, Gliedmaßen von verschieden gearteten Körpern zusammenzusetzen.

Die Eva würde er »lind« genannt haben, den Adam aber eine Figur »von harter Art, mit viel Gepräge darin«. Er unterscheidet die flaumige weibliche Haut von der zäheren des Mannes und zwingt seinen Stichel zu Subtilitäten, die noch über die der Nemesis hinausgehen, den Haupttriumph aber feiert seine Zeichnung in der Klarlegung der plastischen Form. Hier ist das Prinzip der formbezeichnenden Linie in allen Konsequenzen durchgeführt. Die Schenkel mit ihren vertikalen Zügen vergleichen sich noch Schongauerscher Weise, dagegen sind die ringförmig umfassenden Linien des Torso wesentlich modern. Die Stauung der Muskeln am gehobenen Arm drückt sich in Querlinien aus, der Schatten des gestreckten Unterschenkels besteht hauptsächlich aus Längslinien. (Das Durchscheinen des Schienbeins erinnert an Pollaiuolo.) Zwischen Eigenschatten und Schlagschatten wird grundsätzlich unterschieden; nur die Linien der Eigenschatten brauchen der Form zu folgen, die Linien der Schlagschatten gehen darüber weg.

Im Walde des Paradieses haben auch noch ein paar Tierstudien Platz gefunden. Katze und Maus liegen friedlich zu Füßen des ersten Menschenpaares; dann eine Kuh, ein schreitender Elch[31] usw. Die Katze in ihrem pelzig-weichen Kleide geht mit der Eva zusammen. Auch Baldung bringt gelegentlich auf Bildern diese Kombination. Das Fell der höheren Säugetiere ladet zum Streicheln ein, sagte F. Th. Vischer.

Im Gegensatz zur Nemesis stehen jetzt die Figuren auf dunkler Folie, und zwar ist es ein sehr reichtoniger Teppich, zu dem der Grund der Baumstämme verarbeitet

Der Fahnenschwinger, um 1502/03

Der bogenschießende Apoll (Apollo und Diana), um 1502/03

worden ist. Zwei schönrindige Prachtexemplare stellen sich als Helligkeiten neben die Figuren, doch noch nicht eigentlich im Sinne einer kontrastierenden Linienbegleitung.

Es wären nun noch einige Variationen des Adammotivs zu nennen. Der *Fahnenschwinger* (B. 87) ist eine direkte Fortführung des Themas, nur im Gegensinn. Der Kopf geht wieder mit der gesenkten Schulter zusammen. Es ist eine große Lebendigkeit in dieser fein balancierten und durch Gegensätze reich gemachten Figur[32].

Von noch größerer Bedeutung ist der *bogenschießende Apoll* (B. 68), mit dem Adam nur insofern noch in Beziehung steht, als er bekanntlich aus einer Zeichnung hervorgegangen ist, die den bogenhaltenden Apoll enthielt, und dort trat dieser schon zusammen mit einer Sitzfigur auf, seiner Schwester Diana, die man vom Rücken sah. Es ist die weitgeführte, offenbar für den Stich gedachte Zeichnung in London, deren vorhin Erwähnung geschah (L. 233). Der Gegensatz des männlichen und weiblichen Gewächses, gesteigert durch einen Bewegungskontrast, ist hier beibehalten[33]. Unser Bogenschütze ist aber wesentlich Profilfigur; der erste Moment des Bogenspannens, nicht der letzte wie sonst; hinreißend im Schwung des Emporgehens. Die Arme in reiner Horizontale, mit viel Deckung, ergeben eine ungeheure Summe verhaltener Kraft. Das Motiv ist nur malerisch möglich, nicht plastisch. Barbari hat einen verwandten Kupferstich (K. 14): dort ist nach italienischer Art durch das Zurückziehen des einen Armes die plastische Klarheit gewonnen, und in diesem Sinne ist dann auch die schöne Figur des Apollobrunnens in Nürnberg aus der Vischerschen Gießhütte (»1532«) gestaltet. Sollte sie wirklich von Barbari abhängig sein, so könnte man allerdings sagen, die deutsche Kunst habe von den Brosamen gelebt, die von den italienischen Tischen fielen.

3.

Es gibt noch genug Orte in Nürnberg, die heute nicht anders aussehen als vor vierhundert Jahren, und auch die Hantierungen der Menschen mögen sich nicht allzusehr verändert haben – wie merkwürdig nun, wenn man zwischen gotischen Kirchen, steilen Giebelhäusern und dem Gewimmel des Marktes sich Dürers Adam und Eva vergegenwärtigt, jenes Paar großschreitender, idealer Menschheit, für das im Leben die antwortenden Gegenbilder nicht vorhanden waren. Aber Dürer hatte das Auge für das Leben auch, das frühe Kupferstichwerk enthält eine Reihe von sittenbildlichen Figuren, und man kann fragen, warum nicht viel größere Kreise des Lebens in die Kunst hineingezogen wurden, warum es nicht zu einer vollkommenen sittenbildlichen Auffassung der Welt gekommen ist? Darauf ist zunächst zu antworten, daß die Gesinnung des *modernen* Sittenbildes bei Dürer auch nicht im Keime vorausgesetzt werden darf. Es interessierte ihn gar nicht, die Lebensstimmung gewisser Stände zu erfassen, die Freuden und Leiden des armen Mannes etwa zu erzählen: der »Fähnrich« ist nicht ein Stück Soldatenleben, sondern eine Bewegungskomposition, und wenn er Bauern bringt, so sind es nicht die Leute auf dem Felde, die pflügen, säen und ernten, sondern es sind die Bauern als komische Figuren, über die der Städter lacht[34]. Und dann kam noch etwas dazu, um eine ausgiebige Sittenschilderung, wie wir sie gerne haben möchten, unmöglich zu machen: daß Dürer von der Durchführung der Einzelfigur zu viel verlangte, um sich auf die Darstellung des Getriebes im Wirtshaus oder auf der Straße einzulassen. Man sieht sich bei ihm vergeblich um nach vielköpfigen bewegten Szenen des zeitgenössischen Lebens, wie sie der Hausbuchmeister gezeichnet hat. Im Holzschnitt ist er noch eher mitteilsam – die Volksszenen des Marienlebens sind ja durchaus sittenbildlich empfunden –, allein der Kupferstich war ihm zu gut dazu. Und ganz deutlich sprechen die Zeichnungen. Die Albertina besitzt eine Reihe von kolorierten Figuren (L. 463–465): die Nürnbergerin, wie sie zum Tanze geht, wie sie zur Kirche geht usw., auch einen gewappneten Reiter von 1498 mit der Beischrift: »So ist die Rüstung zu der Zeit in Deutschland gewest« (Albertina, L. 461) – alles das sind Einzelfiguren, ebensosehr aus wissenschaftlichem wie aus künstlerischem Interesse aufgenommen, jenem selben wissenschaftlichen Interesse, das ihn zu anderen Zeiten die genaue Analyse einer Rüstung, eines Schuhs, eines Beguinenmantels aufzuzeichnen veranlaßt. Er gibt lieber die einzelne Kirchgängerin als den Kirchgang, lieber das Tanzkostüm als den Tanz.

Das ist ein sehr bezeichnender Zug in Dürers Kunst. Ich sage nicht, daß ihm die andere Seite mangelte, allein die Versuche, den Wellenschlag eines reichen raschen Geschehens mit flüchtigem Griffel zu fixieren, sind ebenso selten wie die Beschäftigung mit der Bewegung überhaupt. Was sich an Zeichnungen in diesem Sinne anführen läßt, stammt alles aus verhältnismäßig früher Zeit[35].

Viel reicher als an Genremotiven ist die Ausbeute an Landschaft in dieser Folge früher Stiche. Einige Male ist die landschaftliche Begleitung so stark ausgebildet, daß man fast von einem selbständigen Landschaftsstich sprechen könnte. Auf den modernen Betrachter wirkt wohl der *Verlorene Sohn* (B.28) am meisten überraschend, weil wir hier in der Dorfszenerie am deutlichsten das finden, was wir Stimmung nennen. Das Gehöft in seiner Unbehaglichkeit und Öde wirkt so trostlos wie der arme Sünder selbst, der da am Schweinetrog kniet. Allein im Sinne Dürers sollte es keine Stimmungslandschaft sein: er gab das malerisch Reichste, was er hatte, und nur die primitive Behandlung wirkt so kalt. Neu ist aber das Heranziehen der Landschaft an die Figur. Häuser und Höfe, Städte und Schlösser hatte man schon längst gemalt, aber diese Dinge erscheinen dann immer abgetrennt, sie existieren für sich neben der Figur: hier ist die Szene der Figur sozusagen über den Kopf gestülpt und diese, obwohl der Mittelgrund noch nicht ganz aufgeklärt ist, ist aufgenommen in den Raum. Die Vorzeichnung in London (L.222) hat dieses Verhältnis noch nicht, trotzdem die architektonischen Details alle genau schon vorhanden sind. In den sich drängenden Schweinen ist viel starkes Leben, die Figur des Beters entbehrt auch nicht der Dringlichkeit, der Eindruck wird aber immerhin beeinträchtigt durch die merkwürdige Unklarheit in den Beinen: man weiß nicht mehr, was rechts und was links ist. Der Stich ist zeitlich vor die Vollendung der Apokalypse zu setzen[36].

Eine zweite büßende Kniefigur in offener Landschaft folgt mit kurzem Abstand, der hl. *Hieronymus* (B.61). In der Durchführung ist er schon viel tonreicher. Der Heilige, förstermäßig-rauh, sieht aus wie ein gutmütiger Kollege des Frauenräubers im Meerwunder. Er kniet in einer kahlen Mulde, die mit prächtig strömenden Linien gezeichnet ist. Hinten ein Felsendurchlaß. Der Stein in den verwitterten, ausgefressenen Teilen muß eine rechte Wollust des Zeichners gewesen sein. Er hat Nürnberger Motive benützt[37], unter seinem Griffel verändert sich aber die Natur des Gesteins ins Metallisch-Harte. Ein Zusammengehen der Figur mit den Formen der Landschaft liegt noch nicht in der Absicht, auch die wirkungsvolle, energische Dunkelheit der Felsenwand bleibt als Folie unbenutzt[38].

»Weihnachten« (Die Geburt Christi), 1504

Eine weitere Verselbständigung erfährt die Landschaft im großen Stich des *Eustachius*, der in seiner Feinzeichnung bereits der Stilperiode des Marienlebens angehört. Es ist oben schon versucht worden, den fast unerschöpflichen Inhalt dieses Blattes anzudeuten. Freilich sieht man auch, daß die Anschauung immer mehr Einzeldinge als Gesamtbild liefert. Je formenreicher der einzelne Ast, das einzelne Gewächs am Boden wird, um so mehr isoliert es sich für die Aufmerksamkeit. Man kann auch hier sagen, Dürer gibt den Baum, aber nicht den Wald, den Grasbüschel, aber nicht die Wiese, und auch da zeigen sich dieselben Unterschiede zwischen Kupferstich und Holzschnitt wie bei der Figurenzeichnung[39].

Ein Feinstich von höchster Vollendung und doch schon geschlossener in der Haltung ist die Geburt Christi von 1504 (B. 2), die Dürer selbst *Weihnachten* genannt hat. Es ist eigentlich ein Architekturstück, die Figuren treten im Eindruck ganz zurück neben der Räumlichkeit. Ein Gehöft mit vielen Ecken und Winkeln, mit tiefen Dunkellöchern und köstlichen, schwebenden Schatten mit bröckelnder Fachwerkwand und lustig ausgreifendem zierlichem Buschwerk auf der hochragenden Mauerruine. Und das ist nicht bloß mit dem Auge des Naturalisten gesehen, der immer gern das Zufällige und die Erscheinungen des Verfalls als Trumpf seiner Wirklichkeitsmalerei ausspielt, sondern Form und Licht sind hier in der Tat auf ihre Stimmung hin empfunden, daß der Ort den Zauber des heimlich Beschlossenen und freundlich Lebendigen habe. Eine mehr als dekorative Harmonie von Weiß und Schwarz darf man natürlich nicht erwarten: die Fensterlöcher z. B. sind zu schwarz. Zehn Jahre später würde Dürer es damit anders gehalten haben, gegenüber Früherem aber ist die Lichtnuancierung in diesem Blatte schon eine sehr vorgeschrittene. Der Schatten am Brunnen ist in ersten Drucken von einer entzückenden Weichheit, und wie angenehm ist der dunkle Ton des Tores, durch das der Blick in die sonnige Landschaft hinausdringt. Ein bißchen Romantik muß immer dabei sein, in ganz Deutschland würde man eine solche Örtlichkeit nirgends gefunden haben. Die Phantasie will ihre Ranken treiben, hier so gut wie in der offenen Landschaft mit ihren hochgetürmten Bergen und fernen Meeresküsten.

Die frühen Bilder

1.

Es ist nicht wahr, daß die Farbe für Dürer keine Bedeutung gehabt habe. Gerade seine Jugend ist durchaus farbig gestimmt, und ich wüßte nichts, was einen unerwarteteren Eindruck machen muß als die landschaftlichen Aquarelle dieser Zeit. Sie enthalten farbige Beobachtungen, die überhaupt eine ganz andere malerische Entwicklung in Aussicht stellen, als wir sie kennen. Von Anfang an folgt die große Malerei dem Kolorismus der Zeichnungen nur von weitem, und innerhalb der Bildaufgabe unterscheidet Dürer zwei ganz verschiedene Stile, je nachdem er mit Öl auf Holz oder mit Wasserlösungen auf Leinwand malt. Die erstere Art ist die volkstümliche und hier nähert er sich am meisten seinem Holzschnittstil, die zweite ist die vornehme, die er in Italien sich angeeignet hatte und wo er sich dann auch in Hinsicht auf Linienbewegung unter Umständen zu einer so merkwürdigen Enthaltsamkeit zwingt, daß man den Zusammenhang mit dem übrigen Werke fast aus den Augen verliert.

Gleich am Eingang steht ein Rätsel. Ich nenne so den *Dresdner Altar*, der nirgends recht hineinpaßt, widersprechende Eigenschaften einschließt und den Biographen Dürers immer – ob sie es zugestanden oder nicht – eine Verlegenheit gewesen ist. Ein Triptychon: in der Mitte Maria, das schlafende Kind anbetend; Antonius und Sebastian auf den Flügeln. Lebensgroße Halbfiguren. Die Technik eine dünne Malerei mit Wasser- oder Leimfarben auf Leinwand.

Es ist ein Bild, das man nicht leicht wieder vergißt: reizlos und herb, aber groß und von einem ergreifenden plastischen Ernst. Man bemerkt sofort, daß Flügel und Mitte nicht denselben Stil haben. Die heiligen Männer sehen einen vertraut an und schließen sich leicht mit Dürerschen Erinnerungen zusammen, aber die Maria ist von einer so versteinernden Kälte und alles um sie her so kahl und starr, daß man stutzig werden muß: ist es möglich, daß der Zeichner der Apokalypse das gemacht hat? Der junge Dürer, dem sich alles umsetzt in bewegte Linie, der die Bildfläche bis in alle Winkel lebendig durchfurcht, wäre er imstande, plötzlich ein so ganz anderes Gesicht zu zeigen? Und man ist nicht minder erstaunt, in der Durchführung des großen Verkürzungsthemas Kleinlichkeiten, und in der Körperzeichnung (des Kindes) Lahmheiten zu finden, die weder mit Dürer noch überhaupt mit einem großen Künstler sich zu vertragen scheinen.

Kritische Untersuchungen der jüngsten Zeit haben ergeben, daß wir ein durchaus entstelltes Bild vor uns haben. Die Pfeiler mit der (perspektivisch auffallenden) Fugenzeichnung sind neu, ebenso das Lesepult mit dem Tüchlein, Boden- und Deckenzeichnung, die Ausstattung des Hinterraums usw., und in den Figuren, wo sie kleinlich und energielos sind, ist eine fremde pedantische Hand der Zeichnung nachgegangen[1].

Was Dürer festhalten wollte, war das Packende einer lebensgroßen Verkürzung.

Der Dresdner Altar (Maria mit den Heiligen Antonius und Sebastian), um 1496/97. Dresden

Hier handelt es sich nicht mehr um dekorative Flächenfüllung, sondern um Körperlichkeit und Räumlichkeit. Mit rein linearen Mitteln ist der Eindruck gewonnen, aber es hat noch jetzt etwas Verblüffendes, wie der Kopf sich uns entgegenneigt, innerhalb der damaligen deutschen Kunst bedeutet das Bild etwas Unerhörtes. Auch unter Dürers andern Bildern steht es isoliert. Im Typus vergleicht sich die Maria am ehesten mit jener stehenden Frau im Kupferstich der Eifersucht. Allenfalls kann man auch noch die Meerkatzenmadonna heranziehen. Der Gesamteindruck freilich ist noch altertümlicher, so daß gegen eine Datierung auf 1496 oder 97 nichts einzuwenden sein wird.

Der italienische Charakter liegt mehr in der Einfachheit der Linienführung und der Plastik der Verkürzung als im Stofflichen. Es gibt freilich Schlafkinder in Italien, aber dieses Kind ist nordisch und erinnert im besonderen an niederländische Typen[2]. Das Motiv der Brüstung kennt der Norden so gut wie der Süden und gerade die breite Form ist nicht die südliche. Kostüm und Haartracht der Maria wirken vollends unitalienisch. Die nach unten gerichtete Hand (oft mit gekreuzten Daumen) ist die typische Form der niederländischen Anbetungsbilder, doch findet sie sich auch in Italien, und der Hinweis auf ein Bild wie Bramantinos anbetende Madonna in der Ambrosiana hat eine über dies Einzelmotiv hinausgehende Bedeutung: es bietet für die Figur im ganzen die schlagendste Parallele, die bisher bekannt geworden ist[3].

Die Flügelfiguren sind jünger, ich möchte sie auf 1504/5 datieren. Nach der großen italienischen Reise würde Dürer vom geistigen Ausdruck der Heiligen mehr verlangt haben. Sie haben weniger gelitten, obgleich auch sie nicht intakt sind. Das Engelgewimmel wird man sich etwas ins klarere gelichtet denken dürfen. Antonius (mit unechten Ungeheuern) ist ein schöner Greisenkopf, mit den Zeichen von Mühe und Sorge – er ist vorbereitet durch die Josephstypen im Holzschnitt –, Sebastian, der sympathische, treuherzig-betende Jüngling, höchst wichtig als Beispiel einer lebensgroßen Aktfigur des neuen Stils. Das Gefüge der Brust- und Schulterpartien prachtvoll durchempfunden und bildnerisch vollkommen klar ausgebreitet[4]. Die Hände (leider stark ruiniert) müssen ein Meisterwerk gewesen sein. Eine fast identische Zeichnung ist später im Zusammenhang der Apostelstudien für den Helleraltar (1508, L.507) entstanden. Auf der Brüstung steht ein Wasserglas mit einer Blume darin: das Motiv findet in den malerischen Tendenzen gerade dieser Zeit leicht seine Erklärung; doch ist der Effekt modernisiert worden, so breit und schillernd hat Dürer nie gemalt.

Die Technik der Temperamalerei auf feiner Leinwand[5] mit großer Reserve im farbigen Ausdruck muß Dürer gefallen haben. Er braucht sie noch später, wenn er etwas Besonderes sagen will und für Kunden arbeitet, die etwas von der Sache verstehen. Das Selbstporträt, das er dem Raphael verehrte, war so gemacht. Sie entsprach seiner Neigung für die ganz bestimmte Zeichnung und war in der nordischen Kunst durchaus nicht unbekannt (Hugo van der Goes), den entscheidenden Eindruck von dem metallisch-harten Stil solcher Malereien hat er aber zweifellos durch Mantegna empfangen.

Ein Porträt der Berliner Galerie schließt sich unmittelbar an die Dresdner Maria an. Ein seltsam-düsteres, großäugiges Porträt, in dem man den *Kurfürsten von Sachsen* Friedrich (den Weisen) erkennen will. Es wäre dann derselbe Herr, dem der Dresdner Altar gehörte. Schon das Format sagt, daß etwas Bedeutendes versucht werden sollte: die lebensgroße Halbfigur mit Händen. Auffallend ist aber auch hier eine Starrheit, die man sonst bei Dürer nicht kennt; alle übrigen Porträts sind anders behandelt, Dürer verzichtet auf die Mittel der bewegten Linie, ohne die es doch sonst kein Leben für ihn gibt. Der diagonale Mantelzug wirkt sogar schleppend und mühsam.

Und das scheint in diesem Bilde beinahe Temperamentssache zu sein: auch die Hände liegen matt übereinander und lassen die Energie der Funktion entbehren, die Dürer sonst selbst der ruhenden Form mitteilt (die eine ist übrigens beschädigt). Ob er etwas Italienisches nachahmen wollte? Ich komme über den Eindruck von etwas Innerlich-Widerspruchsvollem auch beim Kopf nicht hinaus. Das große Schema ist nicht ganz lebendig geworden. Ein Rest von Leere blieb unüberwunden. Aber es ist hier ein Versuch gemacht, für menschliche Größe eine Form zu finden, der Dürer wahrlich nicht zu Unehren gereicht und in der deutschen Kunst vom Ausgang des 15. Jahrhunderts als etwas ganz Unvergleichliches dasteht[6].

Dürers Vater, 1490. Florenz

◁ *Kurfürst Friedrich der Weise. Berlin*

2.

Das lehrreichste Beispiel, um zu erfahren, wie es mit Dürers Menschenauffassung damals stand, liefert das *Bildnis seines Vaters* aus dem Jahre 1497, sieben Jahre also nach der ersten Aufnahme gemacht. Das Bild muß berühmt gewesen sein, es kommt mehrfach vor (Bayerische Staatsgemäldesammlungen, Frankfurt, zweimal in England): das Exemplar der Londoner Galerie hat den Vorzug, ohne das Original selbst zu sein, doch jedenfalls die vertrauenerweckendste Zeichnung zu enthalten; das ist

Die Drahtziehmühle, um 1494. Berlin

wirklich derselbe Mann wie auf dem Bilde, das Dürer vor Antritt der Wanderschaft machte[7]. Aber jetzt bringt er an den alten Goldschmiedmeister seinen Begriff von großgesehener Natur hinan, aus der befangenen und kümmerlichen Gestalt von ehemals wächst der Greis zu einer fast mächtigen Erscheinung empor. Die neue Wirkung beruht nicht allein auf dem andern Verhältnis von Figur und Raum, auf dem Aufnehmen der Gestalt in größerem Abschnitt, so wenig wie sie durch die bedeutendere Führung der Linien im Gewand und in der Kappe erklärt werden könnte; auch das Motiv der auswärts blickenden Augen (bei seitlicher Wendung des Kopfes), so wirksam es ist, ist doch nur eine Nebensache; entscheidend ist, daß der

Elisabeth Tucher, 1499. Kassel

Kopf nach seinen großen und wesentlichen Formen gesehen ist und daß der Beschauer nicht auf Einzelheiten hingeleitet wird, sondern auf das Ganze. Dadurch kommen ganz andere Akzente heraus. Jetzt erst antwortet den breiten Backenknochen das breite Kinn. Es ist Dürer klar geworden, was die Kinnladen in der Architektonik eines Kopfes bedeuten. Die Stirn ist freigelegt. Nase und Augen bekommen eine führende Rolle. Und dann ist freilich wahr, daß Dürer mit einer andern Stimmung seinem Modell gegenübertrat, er sah jetzt das Großartige in den Zügen dieses alten Lebenskämpfers. Die Linie des Mundes ist gesättigt mit Ernst, und die Bewegung der emporsteigenden Augenbrauen ist, in bestimmter Wirkungsabsicht,

Dürers Vater, 1497. London

sicher über die Natur hinaus gesteigert worden. Das ist ein rechtes Linienkunstwerk, so wie man es vom Autor der Apokalypse erwartet. Ganz ähnlich in der Ansicht mit dem »Kurfürsten« und doch ganz anders in den Ausdrucksmitteln. Das Original war offenbar auf Holz gemalt.

Noch ein Porträt gibt es aus dem Jahre 1497 von unmittelbar überzeugendem Charakter, trotzdem nur Kopien erhalten zu sein scheinen, die Fürlegerin (mit den hochgebundenen Haaren). Ein munterer Mädchenkopf, knorrig in der Linie und fast heftig in der Bewegung der Flächen. Brustbild mit ineinandergefügten Händen. Der Raum mit einer seitlichen Fensteraussicht vertikal geschlitzt[8].

Ich erwähne das Bild deswegen, weil es eine zweite berühmtere Fürlegerin gibt mit offenen Haaren (die bekannten Exemplare in München und Frankfurt[9]), die ebenfalls auf 1497 datiert ist, wo aber alles zweifelhaft ist, Datum und Name und Monogramm. Von den zwei genannten Exemplaren ist das Frankfurter das weitaus feinere, aber jedenfalls auch nicht das Original. Es mag ein sehr schönes Bild gewesen sein: der leise gesenkte Kopf von den Wellen des reichen Haares umrahmt, mit großer, ruhiger Lichtverteilung, breit füllend in die Fläche gesetzt – man denkt an Lionardo. Zu Jugendarbeiten Dürers ist es schwer, Beziehungen zu entdecken. Eher könnte man im Kreis der venezianischen Arbeiten von 1506 Stimmungsanalogien finden: der Christusknabe des Barberinibildes ist eine ähnliche lionardeske Inspiration gewesen[10]. Vielleicht liegt ein Ausweg in der Annahme, das Original sei ein Leinwandbild im Stil der obengenannten Gemälde gewesen, wobei dann an die lionardesken Elemente der Meerkatzenmaria erinnert werden könnte[11].

Die Linie geht nun weiter über das bekannte Madrider Selbstporträt von 1498 zum Oswold Krel (München) und zu den kleinen Tucherporträts (Kassel und Weimar), denen sich dann noch der sogenannte Hans Dürer (München) mit dem Datum 1500 anreiht. Alle diese auf Holz gemalten Bilder haben einen einheitlichen Stil, der nur variiert in der größeren oder geringeren Ausführlichkeit des Verfahrens. Je abgekürzter der Ausdruck ist, um so mehr scheint Dürer die Neigung zu haben, die Wirkung in der holzschnittmäßig stilisierten Zeichnung zu suchen. So hat die stürmisch-drängende, temperamentvoll übertreibende Linie des Brausekopfs Oswold Krel einen fast aggressiven Charakter.

Die folgenden Jahre sind eine Zeit der Beruhigung und des ausgebildeten Feinstils. Das frauliche kleine Marienköpfchen in Wien (1503) ist ein charakteristisches Beispiel. Im Porträt sind wir fast nur auf Zeichnungen angewiesen. Darf man danach ein allgemeines Urteil fällen, so möchte man sagen, daß Dürer immer mehr den augenblicklichen Ausdruck und sogar die überraschende Ansicht zu fassen versucht. Er bemüht sich um die Formen des Lächelns und um das Sprechende im wörtlichen Sinn und entwickelt in raschen Kohle- und spielend durchgeführten Federzeichnungen schon eine ganz erstaunliche Leichtigkeit, doch erscheint seine Psychologie, neben den meisterhaften Analysen der späteren Jahre noch etwas oberflächlich. Der Körperzeichnung, wie man sie im Großen Glück findet, entspricht keine ebenso vollkommene gleichzeitige Seelenzeichnung[12].

Dafür entstanden damals die zwei lieblichsten Kirchenbilder, auf denen der ganze Zauber der Jugend liegt, der *Paumgärtnersche Altar* mit der Geburt Christi in München und die Anbetung der Könige in Florenz. Die letztere datiert 1504, die andere um zwei, drei Jahre vorangehend[13].

Das Geburtsbild ist im Räumlichen ähnlich behandelt wie der Weihnachtskupferstich (1504): ein Hof mit großem Bogendurchblick im Hintergrund, nur sind die

Arco (Fenedinger Klausen). Paris

Das große Rasenstück, 1503 Wien, Albertina

Figuren hier natürlich nicht bloß Staffage, sondern haben das erste Wort. Joseph und Maria knieen diagonal gestellt, ein Häuflein von Kinderkörperchen (Christus und helfende Engel) zwischen sich, und dieses freundliche Gewimmel verklingt vorn nach den Ecken zu in den Reihen der kleinen Stifterfiguren. Es ist ein großer Gewinn der neuerlich vollzogenen Restauration des Bildes, daß durch die Aufdekkung dieser Stifterfiguren der alte Bewegungsrhythmus wieder hergestellt wurde, das Kleinteilig-Prickelnde der ursprünglichen Flächenbesetzung. Auch in den Lüften ist viel neues farbiges Leben gewonnen worden[14].

Bekanntlich sind bei Gelegenheit dieser Restauration auch die großen Ritterfiguren ihrer Helme entkleidet worden, statt des Schildes erschien der überwundene Drache in der Hand des Georg, die Pferde verschwanden, und an Stelle des landschaftlichen

Grundes sehen wir jetzt eine einfache schwarze Folie (viel schmäler übrigens als vordem), auf der die Männer mit weiß flatternden Fahnen in ungeahnter Monumentalität sich darstellen. Es bedeutet eine neue Gesinnung, als man zum erstenmal anfing, die alten in Felder abgeteilten Flügel als *eine* Fläche aufzufassen und diese Fläche mit fast lebensgroßer Figur zu füllen, und für unsere Empfindung ist es kaum verständlich dabei, wie solche Figuren Porträtfiguren, Stifterfiguren in der Maske von Heiligen sein durften – das Selbstbewußtsein, was darin liegt, verlangte jedenfalls nach dem größten Stil in der Präsentation der Person. Und nun ist es interessant, vor diesem Paumgärtnerschen Altar zu erfahren, wie man sich den großen Stil des Lebens am Anfang des neuen Jahrhunderts in Nürnberg gedacht hat. Das Dastehen der beiden ist modern. Der eine (mit dem Tritt des Adam im Kupferstich) posiert auf ausgesprochen italienische Weise, der andere ist scheinbar deutscher: er steht fest mit beiden Sohlen am Boden, etwas vorgebeugt, ein Knie durchgedrückt, es ist aber auch hier ein der italienischen Kunst geläufiges Motiv verwendet[15].
Wie ein Juwel leuchtet die köstliche *Anbetung der Könige* in den Uffizien von der Wand, besonders hell, weil sie zwei dunkelgründige Gemälde neben sich hat. Das Bild, das aus der Wittenberger Schloßkirche stammt, muß mit der größten Hingebung gemalt worden sein. Mutter und Kind im Motiv glückselig leicht erfunden, das Fleisch strahlend, die Gewänder tief und prächtig und bis in den Hintergrund alles erfüllt mit Heiterkeit.
Sage ich zuviel, wenn ich diese Anbetung das erste vollkommen klare Gemälde der deutschen Kunst nenne? Man sollte es nur einmal sehen im Zusammenhang zeitgenössischer Kunst: wie es seinen Inhalt gleich vollkommen ausspricht, wie selbstverständlich die Motive aufeinanderfolgen und jedes sich vor dem Auge ohne weiteres auseinanderlegt. Das geht noch ein gutes Stück über die entsprechende Zeichnung des Marienlebens hinaus. Der Hintergrund, so unterhaltend er an sich ist, steht doch bereits in einer notwendigen Verbindung mit den Figuren, er folgt dem Bewegungszug der Gruppe und gibt jeder einzelnen Figur ihre wirksame Folie[16].
Wie in der Zeichnung, so würde man jetzt auch in der Farbe eine neue Ökonomie feststellen können, basierend auf Vereinfachung und dem Sprechenlassen von Kontrasten. Es »sprechen« nur drei Farben: das Blau der Maria, das Rot des knieenden Königs, das Grün des stehenden – der Mohr hat nur einen schiefergrauen Mantel und seine Hosen geben das Rot ins Kalte gebrochen. Der bestimmende Farbendreiklang ist auf einen einheitlich-neutralen Grund abgesetzt: Boden und Gemäuer sind beide von demselben lichten Braun.
Überall schwarze Konturlinien. Eine naturalistische Färbung ist nicht angestrebt. Es mag scheinen, das brauche nicht besonders gesagt zu werden, allein es ist gar nicht selbstverständlich. Zugunsten der dekorativen Wirkung hat sich Dürer innerhalb dieser Schranken gehalten, seine Naturskizzen aber beweisen, daß er von der farbigen Erscheinung der Welt schon ganz andere Erfahrung besaß und über die Möglichkeit einer natürlichen Farbweise nicht im Zweifel sein konnte.

Der Paumgärtner-Altar. München

3.

Die Landschaften sind am bezeichnendsten. Wir besitzen deren eine ganze Anzahl, in Wasser- und Deckfarben ausgeführt, und bei der Bedeutung dieser Blätter, wo Dürer für eine ganze Gattung der Kunst eigentlich Begründer wird, soll hier im Zusammenhang davon gehandelt werden.

Zum altertümlichen Bestand gehören ein paar Ansichten aus der Umgebung von Nürnberg, die der junge Dürer vielleicht schon vor der langen Wanderschaft gemacht hat. Was wir hier oben abbilden, die »Drahtziehmühle« (Berlin, L. 4), ist noch sehr im einzelnen gesehen, aber das Blatt ist doch außerordentlich reizvoll durch das Umfassende und Verweilende des Blickes. Wieviel Leben ist hier mit einem Male gehoben. Man sagt sich wohl, es wäre besser, wenn das Interesse sich nicht so sehr an das Einzelding heftete und die Szene mehr im ganzen genommen wäre. Dürer hat das später getan, allein (ich weiß, es ist »unkünstlerisch«, so zu urteilen) den Reiz des Schilderns haben diese primitiven Zeichnungen vor allen anderen voraus.

Gegenüber dieser »Drahtziehmühle« erscheint dann die Ansicht der Stadt Nürnberg von Westen her (verschollen, ehemals Bremen, L. 103) nicht nur anders durch die Ausschaltung der Linie, sie macht vor allem einen fortgeschritteneren Eindruck

Die Anbetung der Könige. Florenz

durch die starke Wirkung des Raumganzen. Die Distanzverhältnisse sprechen sich entschiedener aus und die Schichten nach der Tiefe zu folgen sich in einem ebenen Hintereinander im Gegensatz zu der Staffelung, wie sie aus dem hohen Augenpunkt des andern Blattes sich ergab. Diese Horizontalität hat Dürer in Italien gewonnen. Sie bedingt schon die Erscheinung der Trientiner Ansicht (verschollen, ehemals Bremen, L. 109), die wir als die unmittelbare Vorstufe des Nürnberger Stadtbildes anzusehen haben. Der bewunderungswürdige Reichtum der Farbe ist kein Grund ge-

gen eine solche Eingliederung. Wir kennen den Fall ja aus Analogien. Die Landschaft mit dem Weiherhäuschen (L. 220), die im Kupferstich der Maria mit der Meerkatze verwendet wurde und also sicher nicht wesentlich später als 1500 zu setzen ist, ist eine solche malerische Naturaufnahme, die wir nach dem bloßen Maßstab der Gemälde für diese Zeit einfach als unmöglich ablehnen müßten.
Ein Wasserspiegel zwischen sandigen Ufern, mit dem Widerschein des Abendhimmels. Aus grünen Weiden hebt sich das rote Dach des Häuschens empor, oben in der einen Ecke violettes Gewölk, dem unten in der gegenüberliegenden Ecke ein dunkler Kahn antwortet. Das Ufer ein dunkler Ockerton mit hellblauen Bergen darüber. Am Himmelshorizont ein gelblichrötlicher Schein.
Noch merkwürdiger ist der sogenannte Sonnenaufgang am Weiher mit den Kiefern (London, L. 219). Wahrscheinlich aus dem bloßen Gedächtnis versuchte Dürer hier das Schauspiel wiederzugeben, wie die Strahlen der Sonne das Gewölk durchblitzen. Ein heftiges Orangegelb, das sich mit den blauvioletten Wolkenballen trifft. Der Himmel am Rande ist rotgefärbt. Der baumumstandene Weiher erglänzt in der Mitte in intensiver Bläue, vorn liegt er in tiefem Schatten. Ist es die Sonne, die nach dem Gewitter noch einmal durchbricht? Man kann es nicht sagen: die Malerei ist unvollendet geblieben. Leider ist Dürer auch späterhin nicht mehr auf solche malerischen Phantasien zurückgekommen. Es ist Altdorfer, der den Faden weiterspann: wer kennt nicht jenen märchenhaften Sonnenuntergang der Alexanderschlacht in München?
Und dann kommt die Zeit der Feinbeobachtung, wofür wir in der Landschaft zum Eustachiusstich den Typus schon kennengelernt haben (s. S. 120). Ein Blatt wie das Schloß am Wasser (verschollen, ehemals Bremen, L. 108) geht in der Durchbildung der Form wie in dem malerischen Zusammennehmen der Bäume zum Wäldchen mit dem Burgberg des Eustachius aufs engste zusammen. Sogar der Starenschwarm fehlt nicht. Unübertroffen in bezug auf die reiche Terrainbildung ist »Welschberg« (Oxford, L. 392): das krumme Tal zwischen den buckligen Bergen, wo der letzte Höhenzug über dem blaugrünen Vorberg violett gegen den Abendhimmel ausläuft. Das Auge war hier auf ein so scharfes Sehen eingestellt, daß noch weit in der Tiefe der Baumbestand am Berghang detailliert ist (Vordergrund unvollendet). Soweit diese Landschaften als tirolisch anzusprechen sind, dürften sie 1505 auf der zweiten Reise nach Italien entstanden sein. Doch ist es für alle nicht nötig, geographisch so weit zu gehen. Sicher aus der Nähe stammt jedenfalls die »Weidenmühle« (Paris, Bibliothèque Nationale, L. 331), im selben Stil durchgeführt. Kleinteiliges hölzernes Barackenwerk am Wasser mit sehr durchgeführter Spiegelung. Der Abendhimmel strahlend gelb.
Dürer war unendlich beschaulich und liebevoll damals. Er steigt hinunter bis zu den unscheinbaren Gewächsen der Wiese, und das arme Leben eines Rasenstückes wird ihm zu einer ganzen Welt. Gräser, Schafgarbe, Wegerich und Löwenzahn, wie sie durcheinanderstehen in der Zufälligkeit ihres Wachstums, bildet er nach in natürli-

cher Größe, mit einer Andacht, die sich scheut, das Geringste auszulassen oder zu verändern. Alles ist grün, er muß mit ganz feinen Nuancen unterscheiden; nirgends eine große zusammenfassende Form, lauter kleine Sonderexistenzen, die dargestellt sein wollen – und doch das Ganze klar und schaubar gemacht. Das sogenannte große Rasenstück der Albertina (L. 472) trägt die Jahreszahl 1503. Man wird an das Lederriemenbündel des Großen Glückes denken angesichts dieser seltsamen Aufgabe.

Das bekanntere Prunkstück derselben Sammlung ist der Feldhase von 1502 (L. 468), wo man schwören möchte, es fehle kein Härchen[17]. Das Wunderbare ist aber nicht der Fleiß, sondern das künstlerische Gefühl, das das tausendfache Einzelne immer noch einem Gesamteindruck unterzuordnen imstande ist. Und wie ist die stoffliche Qualität empfunden! Trotzdem Dürer hier zur Farbe gegriffen hat, ist es doch wesentlich ein Linienschauspiel für ihn gewesen; und so reflektiert der Kupferstich die Stimmung solcher Naturzeichnungen stärker als die Tafelmalerei. Die Katze von »Adam und Eva« ist einzig, und nie hat er als Maler im großen eine ähnliche Charakteristik menschlicher Haut versucht wie auf eben diesem Stich. Man spricht von einer »stoffbezeichnenden Manier« in der Graphik, aber nicht in der Malerei. Zu dem Wappen des Todes (Kupferstich von 1503. B. 101), wo das Mürbe des Schädelknochens und das klingend Harte des metallenen Helmes so wunderbar nebeneinander gesetzt sind, wüßte ich kein Bild als Gegenstück zu nennen.

Es gehört zu den Eigentümlichkeiten der germanischen Kunst, daß sie ein starkes Stoffgefühl hat, daß sie weiß, wie es der Materie zumute ist, daß ihr keine Art von Dasein verschlossen ist, sondern alles seine besondere Stimmung hat, der Tropfen Wasser im Glas oder der Stein am Wege. Das Stilleben ist ein nordisches Produkt, der Südländer sieht darin mehr nur das Illusionskunststück. Es gibt keinen großen nordischen Maler, der nicht diese Ader des Stillebenmalers gehabt hätte.

Die Eycks hatten einst der Welt die Augen geöffnet für den Reichtum in der Erscheinung der Oberflächen, aber es dauerte lange, bis sie in Deutschland recht verstanden wurden. Man malte die reichen Kleiderstoffe und Glas- und Wasserspiegelungen, man charakterisierte Holz und Rinden, man ließ Gräser aus den Fugen sprießen und Käfer auf den Steinen herumlaufen, aber im ganzen ist es doch ein armer Reichtum gewesen, weil die Empfindung nicht stark war. Es hat vor Dürer deutsche Maler gegeben, die für das Farbige viel begabter gewesen sind als er; aber er besaß die größere Liebe. Nie mehr so wie in jenen Jahren des Marienlebens ist Dürers Welt reich und vielfärbig gewesen. Die große italienische Reise bedeutete für ihn eine Verarmung, und erst nach 1512 fand er sich wieder. Das Stillebengefühl erwachte noch einmal und aus dieser Stimmung heraus ist dann ein Kunstwerk wie der Hieronymus im Gehäus möglich geworden.

Sonnenaufgang am Weiher, 1496/97. London

Italien und die großen Gemälde

1.

Dürer stand im fünfunddreißigsten Jahre, als er zum zweiten Male nach Italien ging. Er wußte jetzt, was er zu erwarten hatte; er suchte nicht Überraschungen, sondern Bestätigungen. Man begreift auch, daß er nach Venedig ging, aber warum ging er nicht weiter? Warum ging er nicht nach Florenz? Er war Zeichner. Florenz war die Stadt der Zeichnung. Er hatte sein Menschenpaar gemacht, den Stich von Adam und Eva: das war seine Kunst des menschlichen Körpers. In Florenz hätte er sich mit Michelangelo vergleichen müssen und was hätte der ihm zu sagen gehabt mit dem einen Karton der badenden Soldaten, der damals fertig dastand! Lassen wir die Qualität der Zeichnung beiseite – aber Michelangelo stand überhaupt schon bei viel höheren Aufgaben: er gab den Körper in der mannigfaltigsten Bewegung, er zeigte ihn in Verkürzungen, die bisher für undarstellbar galten, und er stellte nicht nur *den* Einzelkörper hin, sondern brachte die reiche Verschränkung vieler Körper. Wie weniges konnte Dürer solchen monumentalen Unternehmungen entgegensetzen, was bedeutete sein Holzschnitt badender Männer und wie einfach hatte er das Problem selbst noch in seinem bogenspannenden Apoll genommen! Aber freilich, wo wäre auch in Deutschland Platz für eine solche Kunst gewesen? Es sind später die kleinen Kupferplatten eines Barthel Beham, wo ähnliche Anläufe mündeten.

Und neben Michelangelo hätte er den Eindruck eines großen Werkes von Lionardo erfahren, der als Gegenstück zu den »Badenden Soldaten« seine Reiterschlacht zu malen begonnen hatte und darin Resultate jahrzehntelanger Beschäftigung mit dem Pferde niederlegte. Hatte Dürer nicht eben dieselben Interessen? Aber auch da hätte er gefunden, daß der Italiener in der Fragestellung schon weit über das ruhige Bild der Vollkommenheit hinausgegangen war und Bewegung und Verkürzung und gedrängte Fülle von seiner Zeichnung verlangte. Unberührt von dem Genius Lionardos sollte Dürer zwar nicht bleiben – wir kommen darauf zurück –, aber im wesentlichen war Italien für ihn doch nur Venedig.

Und nun ist Venedig gerade der Ort der stillsten Kunst. Was der erste Eindruck der Stadt mit ihren Wasserstraßen ist, die Stille, ist auch der Charakter ihrer Kunst. Das ruhige Beisammensein von Figuren in schön beschlossenem Hallenraum ist nirgends so genossen worden. Der Sinn fand darin ein völliges Genügen. Still breiten sich die Flächen, still gleiten die Linien, und dabei haben die Venezianer ein ihnen eigentümliches Gefühl für Ton, daß jeder Schatten weich eingebettet sei und das Licht mild und ruhig wirke. Und dazu die satte Farbe mit ihrem sanften Glühen – eine letzte feierliche Verklärung der Welt.

Eigentlich sind das alles Sachen, die das Gegenteil von Dürers Art bedeuten. Was sollte er hier mit seiner knorrigen Linie? Wie wenig konnte er imstande sein, den leisen Harmonien der Venezianer zu folgen. Überall anders, meint man, müßte er sich wohler gefühlt haben. Aber es ist doch nicht so, und wenn er über venezianische Kunst urteilt, so ist es der venezianischste Maler, der ihm am besten gefällt, Giovanni Bellini. »Bellini ist sehr alt, aber noch immer der Beste«[1]. Und nun wissen wir genau, was er mit diesem Urteil meinte. Es gibt aus dem Jahre 1505 ein großes Altarbild des Bellini in S. Zaccaria, ein Hauptwerk des Meisters, das Dürer also sicher gesehen hatte. Bellini ist in der Tat noch ganz frisch da, trotzdem er schon ein Greis war. Er wiederholt nicht eine ältere Form, sondern hat seinen Stil noch einmal zu einer neuen Schönheit emporgebildet. Wie mochte so ein Bild zu Dürer sprechen?

Daß die hier besonders reizvolle Begegnung von Mutter und Kind ihn ergriff, daran zweifle ich nicht. Er hatte lange genug italienische Rhythmen nachzubilden versucht. Auch für das Zusammenführen der Linien von Figur und Umgebung mag er schon eine Empfänglichkeit mitgebracht haben. Aber nun die venezianische Wohlräumigkeit der Halle? Bellini ist hier schon ganz einfach geworden, er wirkt mit dem einen Motiv der weiten Nische und ihrem Wölbungsschatten und verzichtet auf alle Verzierung im einzelnen. Es ist kaum denkbar, daß Dürer mit seinem Raumgefühl habe nachkommen können und daß er die Örtlichkeit nicht als leer empfunden habe. Reicher behandelt ist die Gewandung, aber sie ist nicht mehr im alten Sinne bloß linear erfunden, als ein Komplex von den und den Faltenlinien, sondern zieht ihren Reiz schon wesentlich aus jenen Flächenbrechungen, die, ohne lineares Interesse, nur dem Tonreichtum zugute kommen. Das lag einstweilen noch weit ab von Dürers Gewohnheit der Faltenbehandlung. Und weiter ist dies ja nur ein Einzelfall, im Grunde handelt es sich um den allgemeinen Gegensatz eines Sehens in Linien und eines Sehens in Flächen. Der Zeichner Dürer stand einem schon entwickelten malerischen Stil gegenüber, wo der Umriß zurücktritt und die Massen von Hell und Dunkel das Wort haben, wo die Form ganz breit modelliert ist, wo Licht und Schatten weich verlaufen und in der Harmonie der Tonstufen die letzte Schönheit gesucht wird. Diese Kunst ist lauter Wohlklang und Poesie, Dürer wirkt wie harte Prosa daneben. Wie von einem weichen, schmeichelnden Element muß er sich umgeben gefühlt haben, unfähig aber, darin sich aufzulösen.

Soviel ist deutlich, daß ihm die Breite venezianischen Vortrags einen großen Eindruck gemacht hat. Mit der ihm eigentümlichen Fähigkeit, auf Fremdes einzugehen, verändert er seine Zeichnungsart nach venezianischem Muster. Der weiche Tuschpinsel, der früher bei Dürer nur vereinzelt vorkommt, tritt an Stelle der Feder, und das farbig getönte Papier, wobei die Lichter mit aufgesetztem Weiß herausgetrieben werden, wird das Normalpapier. Das Wichtige aber ist, wie der Strich an Größe gewinnt. Die Linie beruhigt sich, und das Auge fängt an, die Dinge in breitern Massen zu sehen. Und die Malerei bleibt hinter den Zeichnungen nicht zurück: in dem wundervollen Frauenkopf der Berliner Galerie ist ein Non-plus-ultra großflächigen Sehens erreicht. Für alles, was Lichtbehandlung heißt, war Dürer ja sehr gut vorbereitet, und wenn sein Kolorit neben venezianischer Feinheit leicht tonlos erscheinen kann, so weiß man doch von seinen graphischen Arbeiten her, wie entwikkelt sein Lichtgefühl – ich brauche das Wort nach Analogie von »Farbgefühl« – gewesen ist, aber er braucht das Licht in erster Linie im plastischen Interesse. Auf der dunkeln Seite der Form bemerkt man jetzt fast durchweg, daß ein Reflexlicht da ist und der tiefe Schatten bis auf einen schmalen Streifen aufgezehrt ist, der dann wie ein von der Welle am Ufer zurückgelassener Schaumkamm zwischen dem Hellen und dem Lichtabgewandten sitzt. (Vgl. den weiblichen Akt L. 138, Berlin, der allerdings wegen der Verkleinerung die Sache nur halb deutlich machen kann[2].)

Und wie muß die gleichmäßige Klarheit der Figurenzeichnung jetzt auf ihn gewirkt haben, wo er die mühsame Selbsterziehung bis zum Adam- und Evastich hinter sich hatte. Die Venezianer, wenn sie schon nicht die plastischen Tendenzen der florentinischen Kunst verfolgten, hatten als Italiener dem Deutschen noch so viel Neues zu bieten, daß man begreifen würde, wenn er zu einer Unterscheidung des Mehr oder Weniger von plastischem Gehalt gar nicht gekommen wäre. Wie klar die Form überall sich auseinanderlegte und wieviel plastischen Reichtum so ein Bild umschloß! Ein stiller Bellini, wie das genannte Altarstück von 1505, ist dem Dürerschen Dreikönigsbild von 1504 eben doch noch unendlich überlegen in der Regsamkeit der Figuren und dem Reichtum der räumlichen Verhältnisse. Die überzeugende Gelenkigkeit der Neigungen und Wendungen, das Auseinandergehen der Richtungen, die Empfindung für die Stellung der Körper im Raum – das sind Eigenschaften, über die Dürer noch nicht verfügte. Dazu kam dann die monumentale Anordnung der Figuren und der große Maßstab überhaupt. Er mußte spüren, daß Bilder zu etwas Höherem berufen sein könnten, als nur wie vereinzelte Zierstücke im Kirchenraum zerstreut zu werden; hier waren sie ein Teil der Architektur und für das Zusammen der Figuren waren Anordnungen gefunden, die ihrerseits schon mit einer fast architektonischen Gewalt sprachen.

Sicher ist eine große Steigerung des Lebensgefühles damals über ihn gekommen. Er gewinnt die Anschauung einer Menschheit, die eine höhere Würde besitzt, die in größeren Gebärden spricht und der man ein lebendigeres Leben zutrauen möchte. Das Schwere und Befangene des nordischen Daseins fällt von ihm ab. Das Auge öffnet sich weiter und erhält einen strahlenderen Blick. Es erschließt sich eine Welt von neuer Bewegung, und unbekannte Gebiete der Seele tun sich auf.

Erwartungsvoll fragt man, in was für Werken diese neue Empfindung ausgeströmt sei. Es ist eine kleine Reihe, und wer von modernen Verhältnissen herkommt, wird kaum eines darunter als eine wirklich persönliche Äußerung anerkennen wollen. Das Rosenkranzbild, die Berliner Madonna, ein paar Köpfe, vielleicht noch die großen Figuren von Adam und Eva, die wenigstens in den Studien auf Venedig zurückgehen, das ist alles. Wie gebunden erscheint die künstlerische Phantasie bei dieser Liste von Titeln, gar nichts, was wie bei neuern Malern als eine unmittelbare Umsetzung italienischer Eindrücke in eine Bildgestalt gelten könnte. Und doch hat Dürer bei seiner Aussprache eine völlige Befriedigung gefunden und alles darin gegeben, was er geben wollte; enttäuscht wird nur der bleiben, der meint, es gehöre zu italienischer Stimmung unter allen Umständen jener elegische Ton, der dem deutschen Publikum durch Feuerbach und den jungen Böcklin fast unentbehrlich geworden ist.

2.

Das Hauptwerk des zweiten italienischen Aufenthalts ist ein Kirchenbild, das Dürer auf einem Nebenaltar der kleinen Kirche S. Bartolommeo beim Kaufhaus der Deutschen aufstellen durfte[3]. Er malte es im Auftrage seiner Landsleute, und man könnte denken, sie hätten sich an ihn gewandt, um neben all den italienischen Madonnen eine recht heimischtraute Liebe Frau zu bekommen. Allein der Augenschein zeigt, daß es Dürer viel mehr darum zu tun war, im Sinne der Italiener »große Kunst« zu machen, als etwaigen Heimwehstimmungen entgegenzukommen.
Der neu entfachte Kultus des *Rosenkranzes* gab das Thema. Was dargestellt werden sollte, war die feierliche Handlung, wie Rosenkränze durch Maria und ihr Kind an die Häupter der geistlichen und weltlichen Menschheit verteilt werden. Der hl. Dominikus, als traditioneller Stifter des Kults, ist auch dabei tätig, und unter Beihilfe von Engeln geht die Bekränzung in den Scharen der Andächtigen weiter. Dürer arbeitete mit einem alten Typus. In den Ausgaben der Rosenkranz-Bruderschaft des Jakob Sprenger aus den siebziger Jahren findet sich wiederholt ein Holzschnitt, der das Schema enthält (Schreiber V. 5293), wie es auch anderwärts noch auf Einzelblättern vorkommt: die Maria in der Mitte, rechts und links von ihr die Vertreter des geistlichen und des weltlichen Regiments, der Knabe gibt den Kranz dem Kardinal, die Mutter dem Kaiser, darüber zwei Engel mit einer Krone.
Das ist bei Dürer ebenso gehalten. Nun wollte er aber die Szene ins Feierlich-Großartige erheben, und dazu schuf er aus den Hauptpersonen eine Gruppe, die als mächtiges Motiv das ganze Bild beherrscht; Maria und die knieenden Figuren von Kaiser und Papst sind zum geschlossenen Dreieck zusammengenommen, von der Spitze geht die Linie beidseitig breit auseinander, die schwer schleppenden Mäntel ziehen sich bis an den Rand. Mit einem neuen Gefühl für Monumentalität sind die parallelen Kniefiguren beide in reinem Profil sich gegenübergesetzt. Zwischen ihnen ein lautenspielender Engel, dessen entschiedene Diagonalbewegung um so stärker wirkt, als sie zu der Richtung des Kindes in Gegensatz steht.
Hinter der Maria führt ein farbiger Teppich in die Höhe, die Versammlung aber setzt sich mit symmetrischen Akzenten seitlich fort. Noch wirkt sie gotisch-gedrängt, und an eine bestimmte Ökonomie in den Stellungen ist nicht gedacht, aber doch existiert schon ein Gefühl für Richtungsäquivalente: der dominierenden Horizontale antworten von den Seiten her die Vertikalen der Baumstämme. Auch hier, wie sonst, eine deutliche, im einzelnen aufgehobene Symmetrie.
In der Absicht auf monumentale Wirkung, die auf symmetrischer Ordnung ruht, kommt wohl Stephan Lochner mit dem Kölner Dombild von allen deutschen Quat-

trocentisten Dürer am nächsten. Lochner hat die Symmetrie (sie ist aber nur eine ungefähre!) seinem Stoffe, einer Anbetung der *drei* Könige, gewaltsam abzwingen müssen und der feierliche Eindruck ist in Köln nie mehr ganz vergessen worden, wieviel mehr aber gibt Dürer als bloße Symmetrie: zum erstenmal ist hier der Gedanke, mit einem zusammenhängenden figuralen Thema ein Bild zu bauen, in die deutsche Großkunst eingeführt worden.

Und mit was für Gestalten hat Dürer gebaut! Faltenwurf und Gebärde sind gleichmäßig über das Gewöhnliche hinausgehoben worden. Die Pracht des breit und schwer fallenden Pluviale des Papstes ist ein höchst großartiger Versuch, die Draperie in italienischem Sinne monumental zu gestalten, und wenn man zu der Gebärde des Kaisers in der älteren Kunst nach Analogien sich umsieht, wird man bald innewerden, daß auch sie eine wesentlich neue Empfindung voraussetzt. Der Kopf des Kaisers – es ist der Kaiser Maximilian –, dessen Lebendigkeit einst ein Hauptruhm des Bildes gewesen ist, basiert merkwürdigerweise auf der Zeichnung eines Italieners (Ambrogio de Predis); der Papstkopf mit den Zügen Julius II. wird auf ein Münzbild des Caradosso zurückgeführt[4]. Die Maria hat eine ganz frei wirkende Bildung nicht gewinnen können (der Kopf im Original völlig übermalt), im Gefält kommt es zu peinlichen Stockungen und die Restaurationen haben das Unglück vermehrt: das lahme Weißzeug beim Kinde ist eine grobe Entstellung des ursprünglichen Motivs. Das Kind selbst ist in der Absicht geschaffen, reiche Bewegung zu geben und zugleich den Körper in allen seinen Gliederungen klar zu machen. Dürer ist hier fast italienischer als die Italiener selber. Es streift ans Pedantische, wie er den Akt sozusagen anatomisch präpariert, und der Natureindruck hat notwendig einigen Schaden nehmen müssen[5]. Einheitlicher, unmittelbarer wirkt der lautenspielende Engel zu Füßen der Maria, wo Dürer in jenes Gebiet schwärmerischer Entzükkung hinübergreift, das im Norden unbekannt war[6]. Ich brauche nicht zu sagen, daß es ein spezifisch venezianischer Typus ist, doch gleicht er weniger den Engeln des Giovanni Bellini als denen des Palma. Künstler pflegten damals nicht wie heutzutage ihre Stimmungen in besonderen Bildern vorzutragen, diesem Engel aber, der da zwischen ernsten Männern in stiller Seligkeit sich wiegt, hat Dürer gewiß Geständnisse eigenen heimlichen Glücksgefühls anvertraut.

Bei den Engelsköpfchen in der Luft sind ebenfalls venezianische Typen verfolgt. Die Verkürzung möchte bei diesen kugeligen Gebilden, deren Achsenstellung immer wechselt, leicht der interessanteste Gesichtspunkt gewesen sein. Einige haben etwas eigentümlich Konstruiertes, Maskenhaft-Leeres[7].

Dafür werden wir dann in den Reihen der andächtigen Gemeinde durch reichliches Bildniswerk entschädigt. Den von Dominikus gekrönten Kardinal glaubt man als Domenico Grimani bestimmen zu können, und in Dominikus selbst ist, wenn auch namenlos, ein ernster und feuriger venezianischer Priester (oder ist es ein deutscher?) unsterblich geworden. In der Hauptmasse aber sind es natürlich Angehörige der deutschen Kolonie in Venedig, kaufmännisch kluge, positivistische Köpfe, ne-

Das Rosenkranzfest, 1506. Prag

ben denen ganz am Rande rechts merkwürdig genug ein Künstlerkopf sich ausnimmt, der Architekt des deutschen Kaufhauses, Hieronymus von Augsburg. Es ist der Idealist in dieser Gesellschaft, etwas verwahrlost im Äußeren, mit außerordentlich durchgearbeiteten Zügen und jenem Charakter des Seherhaften im Blick, von dem man da spricht, wo die Augen Dinge sehen, die in der Sichtbarkeit nicht enthalten sind. Glücklicherweise besitzen wir auch hier noch die Zeichnung[8]. In seiner Nähe hat sich Dürer postiert, im Prachtkleid und mit sonntäglicher Lockung der Haare. Die Hände halten den Inschriftzettel: Exegit quinquemestri spatio Albertus Dürer germanus 1506.

Er war zufrieden mit sich, und von den italienischen Kollegen, die ihm bisher aufsässig gewesen waren, meint er, er habe sie alle »gestillt und sie müßten eingestehn, daß sie schönere Farben noch nie gesehen«[9]. Man könnte denken, Dürer habe vene-

Maria mit dem Zeisig, 1506. Berlin

zianische Höflichkeiten nicht richtig eingeschätzt, allein der Ruhm des Bildes als eines besonders farbenprächtigen klingt noch bis Sansovino[10] weiter, und einzelne erhaltene Partien wie der Papstmantel lassen auch in der Tat glauben, daß die Erscheinung einstmals etwas sehr Brillantes gehabt habe, was nicht ausschließt, daß diese Brillanz venezianischen Augen ein bißchen barbarisch vorgekommen sein mag. In großen Massen ausgebreitet wirken der Goldbrokat des Papstes, das Rot des Kaisers und das Blau der Maria gegeneinander.

Als Ganzes möchte man Dürers Werk am ehesten mit einer Tafel wie dem großen Bellini von 1488 in Murano zusammenhalten, wo der Doge Barbarigo zu Füßen der Madonna kniet. Freilich wird jede Vergleichung sehr empfindlich bemerkbar machen, daß eine ruhige Festlichkeit weder in der Farbe noch in der Konfiguration erreicht ist. Überall steht noch das Zuviel der Wirkung im Wege, und erst fünfzehn Jahre später bei den Entwürfen zu einem großen Präsentationsbilde von vielen Figuren, das leider nie ausgeführt wurde, kann man sagen, daß die venezianischen Eindrücke sich in ein gleichartiges Kunstwerk umgesetzt hätten.

Eng verwandt mit der Maria vom Rosenkranz ist die Berliner *Maria mit dem Zeisig* (1506). Das Bild glänzt in einer lauten Farbe, es ist das jubelnde Kolorit des venezianischen Dürer[11]; merkwürdig, daß der Jubel so wenig ansteckend wirkt. Das Motiv an sich wäre gewiß nicht schuld: es ist ja sehr niedlich, wie der Knabe, der Mutter im Schoß sitzend, das Vögelchen auf seinem Arm spazieren läßt und ihm den Schnuller vorenthält, den es pickend begehrt, allerliebst, wie der kleine Johannes in Begleitung eines Engels ein Sträußchen von Maiblumen bringt, das ihm Maria abnimmt[12] – aber ist jemals ein Thema frostiger, akademischer abgewandelt worden als hier? Ist das noch derselbe Mann, der drei Jahre vorher den kleinen Kupferstich der säugenden Maria mit ganzer Herzlichkeit gemacht hat? Hier ist alle Unmittelbarkeit verschwunden und alle natürliche Zusammenbewegung erstarrt. Maria trägt ihr Gesicht zur Schau und legt die Hand über das hochgestellte Buch und greift nach den Blumen, aber alles nur mechanisch, als ob es der Photograph so verlangt hätte; und das Kind sitzt ihr im Schoß, aber ohne Zusammenhang, und seine Bewegung ist bestimmt durch die Rücksicht, reich zu erscheinen und gleichzeitig alle Gelenke dem Blicke bloßzulegen. Es ist dieselbe Bemühung, die Natur zu *rationalisieren,* unter der schon der Christus des Rosenkranzbildes litt; etwas, wofür Venedig nicht verantwortlich ist: der Stich von Adam und Eva enthält ja das Prinzip schon vollkommen.

Für die Entwicklung der deutschen Kunst war es sehr wichtig, daß solche Übungen gemacht wurden, das augenblickliche Resultat aber ist unerfreulich. In der Berliner Galerie hängt nicht weit von diesem Dürer ein kleiner Altdorfer, eine Maria mit dem Kinde am Brunnen (1510), wo das Verhältnis ins deutlichste Licht kommt: voll frischer und natürlicher Bewegung ist Altdorfer dem Dürer ebensosehr überlegen, wie dieser ihn an Klarheit des einzelnen Motives und in der Durchbildung des Struktiven übertrifft[13].

Daneben ist die *Disputation Christi mit den Schriftgelehrten* (1506; ehemals Rom, Sammlung Barbarini, jetzt Lugano-Castagnola) ein bloßes Kuriosum. Durch die Beischrift, das Stück sei in fünf Tagen gemacht (Opus quinque dierum) hat Dürer sowieso gesagt, man brauche es nicht als ernsthaftes Bild zu nehmen.

Die Form ist oberitalienisch. Mantegna hat z. B. die Darstellung im Tempel so in Halbfiguren erzählt (Berlin), mit schwarzem Grund, und es scheint mir, als ob sogar die hintersten Köpfe bei Dürer direkt an jenes Bild anklängen. Dagegen ist die

Bildnis einer jungen Frau, um 1507. Berlin

ruhige reliefmäßige Erscheinung unverstanden geblieben. Dürer schiebt Figur hinter Figur, soviel Köpfe eben Platz haben auf der Fläche. Dazu eine völlige Gesetzlosigkeit in den Kopfrichtungen. Bedeutsam aber ist, daß das Thema hier überhaupt psychologisch aufgefaßt ist. Es sind wirklich Figuren, die bei einer Disputation vorkommen könnten, und man merkt, wie der Charakterkopf zu einem selbständigen Wert gelangt ist. Man kann bei dieser Gelegenheit daran erinnern, wieviel Mühe sich Lionardo gegeben hat, die Typen menschlicher Gesichtsbildung und menschlicher Ausdrucksbewegung festzustellen. Fragmente dieser Studien sind damals Dürer bekanntgeworden. Ich würde diese Anregungen nicht allzu hoch einschätzen, aber so auffallend es sein mag: der große nordische Zeichner des Individuellen ist erst in Italien zur Anschauung des ganz in sich geschlossenen Charakterkopfes

durchgebrochen. Hier liegen die Anfänge zu den physiognomischen Arbeiten, die für den Heller-Altar gemacht wurden. In der Fremde kommt man manchmal auf das Eigenste. So kann man auch in dem Greis vorn rechts mit kahlem Schädel und großem Bart eine Vorahnung des Paulustypus der vier Apostel erkennen[14].
Das zarte leichtgesenkte Lockenköpfchen des Christusknaben geht offenbar auf eine Zeichnung Lionardos zurück, deren Schmelz sich freilich in dem härteren Stil Dürers verloren hat. Die Studie (Albertina L. 499) sieht besser aus als die Malerei. Die allerschönste Zeichnung zum Bild ist aber die der Hände des Knaben (Nürnberg, Germanisches Nationalmuseum, Depositum Irmgard Petersen, geb. Blasius, L. 137): feine italienische Knabenhände, die auf der Bildtafel ebenfalls knolliger und knorriger geworden sind. Indem sie dann mit den gleichartig behandelten Händen des antippenden Alten, der Christus in die Rede fällt, zusammenkommen, entsteht in der Mitte des Bildes ein merkwürdiger Komplex von zwanzig Fingern, die man etwa nach Analogie einer spätgotischen Astverschlingung an Becherfüßen oder Kirchenportalen beurteilen muß[15].
Aber es gibt auch ernstere Stimmungen in der Zeit. Der kleine Dresdner *Kruzifixus,* datiert 1506 (wenn er wirklich von Dürer wäre), spräche sogar von einer ganz merkwürdigen Weihe der Passionsempfindung. Christus hell vor dem schwarzen Grunde des Himmels. Nur am Meereshorizont ein gelber Streifen, tief unten sitzend im Bilde. Davor ein paar kleine überschneidende pfingstgrüne Birken. Tiefblaue Berge und dazu rotbraun eine Leiste am vorderen Bildrand. Die langen Enden des weißen Lendentuches sprechen sehr laut. Sie bewegen sich im Winde wie ängstlich flatternde Vögel. In der nordischen Kunst spielen sie seit langem eine wichtige Rolle: der spätgotische Spielgeist hat sich ihrer bemächtigt, rauschend schlägt der Schwall des Tuches ums Kreuz in dem Blatt der großen Passion, kleinlich-dekorativ wie Kanarienvogelgezwitscher gehen die krausen Enden empor in der Zeichnung eines Kruzifixus von 1505 (Albertina, L. 490), hier aber ist die Linie mehr auf die tragische Stimmung hin durchempfunden. Das einseitige tiefe Heruntergehen gibt der Erscheinung den entscheidenden Charakter, und es klingt wie Klage die Art, wie die zwei Enden wieder zum Körper sich zurückbiegen. Christus selbst blickt mit schmerzvoll geöffnetem Munde aufwärts: pater in manus tuas commendo spiritum meum, sagt die Inschrift. Das kommt hier zum erstenmal vor, und es wäre interessant genug, wenn Dürer diesen Typus, der dann im 17. Jahrhundert allgemein wird, geschaffen hätte, allein das Bild läßt sich für ihn nicht halten. Es ist eine Dürer-Nachahmung aus der Zeit um 1600 und scheint auf eine Form zurückzugehen, die erst nach dem Tode Dürers in der Cranach-Werkstatt auftritt.
Jedenfalls – es bleibt eine ungleiche und konsequenzlose Reihe die paar Bilder, die wir aus Venedig kennen, und es ist wenig gewonnen, wenn wir zwei, drei Porträtköpfe dazuziehen, die damals auf Bestellung entstanden, da sie neben den Köpfen des Rosenkranzbildes doch nichts Neues geben[16]. Ich glaube aber, daß in Dürer damals Gedanken arbeiteten, die in den Bildern noch gar nicht recht zur Erschei-

Selbstporträt, 1500. München

nung kommen. Wie er's für sich ausgedrückt hat, weiß ich nicht, es dürfte aber etwas Ähnliches gewesen sein wie das, was Goethe meinte, als er von Italien aus schrieb: »Ich möchte mich nur noch mit den bleibenden Verhältnissen beschäftigen..., hier ist Notwendigkeit, hier ist Gott«. Die Fortsetzung zeigt erst, wie sehr der Gedanke an die Gesetze, die allen natürlichen Bildungen zugrunde liegen, in Italien sich verfestigt hat. Daher die Gleichgültigkeit gegen alles, was durch Gemütsgehalt und Unmittelbarkeit des Ausdrucks ergreift: er wollte vor allem klar sein und ein Offenbarer des Gesetzmäßigen in der gewordenen Form. Die Spekulationen über die Proportionen des menschlichen Körpers und Kopfes werden fortgesetzt, die physiognomischen Variationen der Natur auf ihre Grundverhältnisse untersucht – man spürt die unmittelbare Nähe Lionardos. Den vollkommensten Ausdruck dieser Stimmung, die überall das Zufällige auf das Ewige beziehen möchte, finde ich in dem Münchner *Selbstporträt.* Es ist falsch signiert und falsch datiert »1500«, es gehört unbedingt in den Zusammenhang der idealen italienischen Periode, gleichgültig ob es nun noch in Venedig selbst oder nachher in Nürnberg gemalt wurde. Damit stimmt auch die Erscheinung des Dargestellten, der doch immerhin ein Mann von etwa 36 Jahren sein muß.

Das Bild beherrscht unsere Vorstellung von Dürer durchaus, das edle Gesicht mit den langfallenden Locken, der große Ernst der weitgeöffneten, ruhig blickenden Augen, die denkerhafte Stirn und die Fülle sinnlicher Empfindung in dem lebhaft geschwungenen, vollen Munde. Trotzdem hat man immer gefunden, daß dem Kopf das überzeugend individuelle Gepräge fehle. Und es genügt eine Vergleichung mit den älteren Selbstporträts, um zu erkennen, wie wenig Dürer hier auf die Nachbildung des Wirklichen ausgegangen ist. Er malt sich nicht, wie er war, sondern wie er sein wollte. Die großen Augen hat er nicht gehabt; die seinigen waren kleingeschlitzt, sie lagen flach und die Brauen gingen in hohem Bogen drüber hin. Die charakteristische Form der lebhaft gebogenen Nase spricht gar nicht mit. Hier ist alles im Sinne des feierlich Stillen genommen, ohne daß darum die wesentlichen Verhältnisse verschoben worden wären[17].

Und nun wirkt sehr stark die Einstellung des Kopfes in die reine Vertikale mit reiner Frontansicht. Die Haare, die in langen, feingeringelten Strähnen fallen, verstärken den Eindruck des Hochfeierlichen, auch sie sind Kunst und nicht Natur. Der Umriß läuft ganz gleich auf beiden Seiten, seine eigentliche Wucht aber bekommt der Kopf dadurch, daß er mit den begleitenden Locken das Bild in seiner ganzen Breite füllt. Es ist das gleiche Prinzip wie in der Komposition des Rosenkranzbildes.

Die Lichtführung scheint derart gewesen zu sein, daß die eine Wange ganz im Halblicht lag. Jedenfalls ging die Absicht auch hier auf das Ruhige. Was man jetzt sieht, ist kaum mehr maßgebend[18].

Von den Händen ist nur eine sichtbar (im Bilde die rechte, eigentlich aber die linke, da es sich um ein Spiegelbild handelt), sie greift lässig in den Pelz, eine italienische Bewegung, die aber hier etwas Starres, fast Krampfhaftes erhalten hat. Der Ruhm der Schönheit von Dürers Hand, den Zeitgenossen uns überliefern, ist immerhin ein spätgotischer Ruhm. Das Kostüm entspricht dem auf dem Rosenkranzbilde.

Man nennt die Freude an der eigenen Persönlichkeit einen Grundzug der Renaissance. Hier ist aber mehr als das: die Steigerung des Individuellen zu einem Idealen. Das Porträt wirkt wie ein Selbstbekenntnis, wie ein Programm. So hat noch nie ein nordischer Mensch uns angeblickt. Man findet etwas Christusmäßiges darin. Daß Dürer im Typus so hoch greifen konnte, wäre ohne Italien nicht möglich gewesen.

3.

Aus dieser Gesinnung heraus erwartet man nun ein allgemeines Emporführen der Typen in der deutschen Kunst, daß die himmlischen und irdischen Figuren einen bedeutenderen Inhalt bekämen, daß alle Szenen der biblischen Historie im Sinn einer neuen Humanität umgebildet würden. Man erwartet, daß Deutschland groß empfinden lerne.

Es beginnt auch wirklich in dieser Zeit die Reihe der »großen Gemälde«, allein der Ertrag bleibt hinter der Erwartung zurück. Es sind nur wenige Stoffe, die Dürer in die Hand bekam; er behandelt sie mühsam und zögernd, so daß ihm selbst der Mut entsinkt, auf dieser Bahn großer Malerei fortzuschreiten, und vielleicht fühlte er auch, daß seine Empfindung doch noch nicht ganz reif war, um zu einer völligen Ausgleichung zwischen Form und Inhalt zu gelangen. Die besten Früchte sind erst später und auf einem andern Felde, auf dem Boden der graphischen Kunst gewachsen.

Was er zunächst angriff, als er wieder in Nürnberg saß, war die nackte Figur. Das Problem des Adam- und Eva-Stichs sollte auf einer höheren Stufe weitergebildet werden. Es gelüstete ihn nach dem lebensgroßen Maßstab, und es sollte ein Menschenbild werden in der Totalität der natürlichen Erscheinung, d. h. farbig und nicht in bloßer Linienabstraktion. Es entsteht die große Doppeltafel des *ersten Menschenpaares,* datiert 1507 (Madrid, Prado)[19]. Wieder liegen der Bildung zum voraus festgesetzte Proportionen zugrunde – der bloße zufällige Einzelfall erschien ihm wertlos –, aber es sind andere Proportionen als ehedem, schlankere, leichtere: die Vorstellung vom schönen Menschen hat sich für ihn geändert[20]. Und dann brachte er einen neuen Begriff mit von der Formenharmonie in einem vollkommenen Körper, daß die Tonart durchgehen müsse in allen Gliedern. Die Eva von 1504 in ihrer Zusammenstückung mag ihm unleidlich vorgekommen sein. Einen Körper als etwas Ganzes und Einheitliches durchzuempfinden, das hatte er in Italien gelernt, und alsbald sieht man auch eine neue zusammenhängendere Bewegung die Teile durchdringen, daß alle Formen zusammenklingen wie eine Musik. Die starre Frontalität ist überwunden, die Figuren rühren sich ohne Ängstlichkeit vor dem messenden Zirkel, Konstruktion und natürliche Bewegung erscheinen nicht mehr als Gegensätze. Und auch darin ist er freier geworden, daß er dem »antiken« Schema der Formenerklärung sich nicht mehr bedingungslos überantwortet. Ohne das Typische aus den Augen zu verlieren, wird er in diesem großen Bild entschieden naturalistischer, als er es im Stich gewesen ist. Sieht man aber auf die Art der Bewegungsmotive, so ist gar kein Zweifel: Dürer hat *vor* der italienischen Reise stärker »antikisiert« als nachher. Die Eva ist ganz im Sinne nordischer Schönheit bewegt.

Die Figuren stehen vor schwarzem Grunde, wofür schon im Paumgärtneraltar ein Beispiel vorliegt. (Auch in den Zeichnungen liebt Dürer den schwarzen Grund.) Der starke Tongegensatz hat den Vorteil, die Gestalt als Ganzes zusammenzuhal-

Das erste Menschenpaar, 1507. Madrid

Die Marter der zehntausend Christen, 1508. Wien

ten, so daß auch einzelne komplizierte Lichtführungen (wie die am linken Arm des Adam) sie nicht »aus der Fassung« bringen. Die Flächen- und Linienbehandlung ist aber auch an sich sehr ruhig und groß. Will man die Stillung gegenüber früher an einem bestimmten Fall messen, so vergleiche man die Zeichnung der Blattzweige. Leicht, schwebend tritt Adam heran, durchaus kunstgemäß erfunden im Kontrapost der Glieder, aber die formale Wirkungsrechnung verbirgt sich hinter dem sehr lebendigen Ausdruck. Es ist eine durchgehende Bewegung, wie sich die Gestalt auf den Zehen hebt, der Oberkörper sich vorschiebt, der Kopf begehrlich blickt und die Hand zwar noch nicht greift, aber den Reiz in den Fingerspitzen spüren läßt[21]. Komisch dann nur das kokett-zierliche Halten des Schamzweiges, das einzig retardierende Motiv. Eva ist erst recht zierlich. Durch das Hintereinandertreten der Füße geht die Gestalt auf punktartig schmaler Basis empor. Der lange Torso erinnert an ältere deutsche Schönheitsformeln. Die Köpfe sind Ausdrucksköpfe im Sinne des 16. Jahrhunderts, dem die ältere Kunst als stumme Kunst erschien. Die Benützung venezianischer Studien ist wahrscheinlich, es wird sogar eine direkte Beziehung zwischen dem Kopf der Eva und dem Frauenkopf (L. 510) aus Venedig anzunehmen sein. Noch eine andere weibliche Ausdrucksfigur ist damals entworfen worden: eine *Lucretia* (Zeichnung von 1508, Albertina, L. 516)[22]. Dort die Verführung, hier die Verzweiflung. Die Romanen haben das aufgebracht, tragische Rührung mit dem Nackten zu verbinden, und es ist eines der Themata, nach denen der Norden am begierigsten griff. Dürer gibt diesmal keine Figur von nachweisbarer Konstruktion, möglich, daß ein venezianischer Akt zugrunde liegt, doch ist das Individuelle offenbar stark überarbeitet. Der Wert der Figur liegt in den unteren Partien: wie die Beine stehen, ist sehr fein durchempfunden. Für das Pathos einer Lucretia ist die Gesamtbewegung dagegen ganz unzulänglich. Was hat Baldung in ähnlichen Fällen – wenn der Tod ein junges Weib anfaßt – für Motive gefunden! Dürer verhehlt nicht, daß im Grunde nur der Körper als Gewächs ihn interessiert hat. Daher die lahme Selbstmörderin dieser Zeichnung. In der Bildausführung ist dann noch mal Wasser zugegossen worden, und die veränderte Haltung des Armes mit dem Dolch macht zwar die Sache deutlicher, zerstört aber den schönen Rhythmus der ursprünglichen Figur. (Dazu kommt eine häßliche Verbreiterung des Schamtuches nach oben aus dem 17. Jahrhundert.)

Gleichzeitig hatte Dürer ein Bild in Arbeit, wo der gewaltsame Tod in Masse vorkam: die *Marter der zehntausend Christen* unter König Sapor, eine Bestellung des Kurfürsten von Sachsen (Wien). Statt des Einen das Viele, das Allzuviele! Insofern ist es ein deutsches Bild. Die Figurenisolierung behält für den Nordländer immer etwas Fremdartig-Kahles; er will die Menge und die Menge mit der Umgebung zusammen; der malerische Instinkt setzt sich dem plastischen Instinkt entgegen. Bei dieser Massenhinrichtung im Grünen kreuzt sich beides. Es entsteht das Unnatürliche einer vielköpfigen Menge, wo jede Figur für sich plastisch interessant gemacht und genau durchgebildet ist und doch nicht für sich gesehen werden kann. Bilder der Art meinte Michelangelo mit seinem Verdikt: die Deutschen stellten auf ihren Bildern viel zu viel dar, einen Haufen von Figuren, wo eine allein genügte, ein Bild zu füllen.

Man bedauert Dürer, daß er einen solchen Stoff habe behandeln müssen. Ich fürchte mit Unrecht. Er hat lange und mit Hingebung an dem Bilde gearbeitet und fand es gut. Zum Zeichen seiner Zufriedenheit malte er sich selbst ins Bild hinein, in ganzer Figur, zusammen mit Freund Pirkheimer, der inmitten der Schlächterei eine komische Bewegung des Bedauerns macht. Das Inschriftfähnchen aber gibt nicht nur den Namen und das Jahr: Albertus Dürer 1508, sondern fügt stolz die Volksbezeichnung alemanus hinzu: ein Deutscher hat das gemacht[23]!

Jean Pélerin, Perspektivische Musterzeichnung

Dürer nahm den Stoff rein von artistischer Seite: Nacktes, Bewegung, Verkürzung, Reichtum ohne Unklarheit, Bewältigung des großen Raumes mit sicherer Handhabung der perspektivischen Verkleinerung.

Bei diesem letzten Begriff bleibe ich stehen. Die ältere Kunst scheut sich vor der Verkleinerung oder springt vom Großen gleich auf das ganz Kleine. Hier ist die Erkenntnis verwertet, daß zwischen Entfernung und Größe des Objekts ein gesetzmäßiges Verhältnis bestehe und daß diese Figurenperspektive der Raumillusion sehr gute Dienste leisten könne. Die Figuren des Mittelgrundes stehen zu denen des Vordergrundes im Verhältnis von 1:2. Wie wichtig die Sache war, beweist die analoge Konstruktion in dem Musterbuch des französischen Perspektivikers Viator, der schon S. 89 bei Anlaß des Marienlebens genannt wurde.

»Les quantitez et les distances
ont concordables différences«

lautet hier die Unterschrift.

Es gibt einen frühen Einzelholzschnitt (B. 117) mit dem gleichen Stoffe, und es ist

lehrreich, gerade unter diesem Gesichtspunkt ihn zu vergleichen, wie die Verkleinerung noch nicht gesetzmäßig, d. h. nicht im Sinne berechneter Raumwirkung gehandhabt ist. Dem Gemälde unmittelbar vorangehend die Zeichnung von 1507 (Albertina, L. 504). Hier läßt sich kontrollieren, wie Dürer im letzten Moment noch klärt, Bewegungen steigert und die Motive verflicht. Man muß gut zusehen, wenn man die einzelnen Themata herausschälen will: die Enthauptung des Knienden, die Tötung des Liegenden mit dem Holzschlegel usw. So reich ist noch kein Bild in Deutschland komponiert worden, schade, daß es so zerstückt wirkt, so zerfetzt, daß Dürers rhythmisches Gefühl so ganz zerbrochen ist.
Aber nun kommt das große Werk, zu dessen Vollendung Dürer alle Segel aufgespannt hat und dem er eine Dauer von Jahrhunderten zu sichern wünschte, die *Krönung der Maria* mit den Aposteln am Grabe. Ein Stoff von dem bedeutendsten Gehalt, dessen Darstellung – in Figuren von halber Lebensgröße – die monumentalste Form verlangte. Die Zeit war da für die große Empfindung. Man hatte es genug und übergenug, das Feine und Süße, man verlangte nach der tieferen Erschütterung. Die bloße Wirklichkeitsmalerei hatte das Erstaunende verloren, man ersehnte eine neue Idealität. Dürer war bereit, sie zu geben.
Der Auftrag kam von dem Frankfurter Kaufmann Heller, mit dem Dürer in alten Beziehungen stand. Während der Arbeit ist viel hin und her geschrieben worden, das Werk wurde beträchtlicher und infolgedessen auch teurer, als der Besteller sich's vorgenommen; der fertigen Tafel gibt Dürer 1509 noch seine guten Wünsche mit. Aber sie haben nichts geholfen: von den Dominikanern in Frankfurt 1615 an den Kurfürsten Maximilian nach München verkauft, ist sie dort bei einem Residenzbrand (zu Anfang des 18. Jahrhunderts[24]) zugrunde gegangen. Wir sind auf eine schwache Kopie des Jobst Harrich angewiesen, die in Frankfurt das Original ersetzen sollte[25]. Auch die Flügel sind noch dort, doch sind sie nur Gesellenarbeit. Nicht einmal die kleinen Stifterbildnisse sind eigenhändig[26].
Es ist eine Doppelszene: eine himmlische und eine irdische. Das Schwergewicht liegt unten bei den Aposteln. Aber nichts gibt das Plötzliche, den Eindruck, den das Wunder des leeren Grabes auf die Umstehenden machen muß. Dürer ist allem Naturalismus der älteren Kunst aus dem Wege gegangen. Lauter statuarische Gestalten in tektonischer Ordnung. Damit sucht er zunächst seinem Bild die ideale Stimmung zu geben. Wie zwei mächtige Pfeiler sind die Figuren des Vordergrundes hingesetzt, Petrus und Paulus; ungleich unter sich, der eine stehend, der andere kniend, aber durchaus beherrschend, in gleichen Abständen vom Rand. Die übrigen Apostel, die mit rasch eintretender perspektivischer Verkleinerung sich anschließen, sind ebenso gleichmäßig verteilt, fünf rechts, fünf links. Da, wo Petrus kniet und eine Gleichgewichtsstörung droht, ist einer der fünfe bis in die Mitte vorgezogen worden. Eine solche Komposition war in Deutschland noch nicht gesehen worden: man kannte die Symmetrie, d. h. die Gleichheit der Flügel um eine gegebene Mitte, aber nicht diese Gesetzmäßigkeit bei unbezeichneter Mitte. Und nun gar bei einem bloß erzäh-

1508

lenden Bilde! Das ist der Begriff von monumentaler Komposition, den Dürer in Italien gewonnen hatte. Er sieht das Große nicht mehr bloß im einzelnen Motiv, das man da oder dort einschaltet, sondern in der Gesamtanlage. Jetzt erst gibt es entscheidende Über- und Unterordnung im Bilde, führende Themata, eine Rechnung mit Kontrasten im großen. Das Rosenkranzbild wirkt noch ungegliedert neben dem Heller-Altar. Aber eben dieses Rücksichtnehmen auf die Erscheinung ist auch die Gefahr. Die deutsche Kunst ist ungemein empfindlich gegen die Schaustellung der bloßen Form. Auch hier – wer wollte sagen, daß das Formengerüste ganz gedeckt sei durch die Sache? Und dazu kommt dann jener verhängnisvolle Ehrgeiz, mit den Italienern im plastischen Reichtum zu wetteifern. Bis zu den hintersten Figuren soll jede einzelne durch Wendung und Gebärde wieder interessant sein, und dabei kühlt sich die Empfindung natürlich rasch ab.

Aber nun in den Hauptfiguren – was für denkwürdige Anstrengungen, das große Sein zu geben! Paulus ist als die bedeutendste Persönlichkeit herausgehoben: kein italienischer Schwung, nicht die grandiose Freiheit der Bewegung wie bei Bartolommeo, sondern das felsenschwere Dastehen. Das Gewand bricht sich in zähen Formen. Es ist etwas furchtbar Ernstes, Mühsames, Haftendes in diesen Formen. Eine langsam, aber unbeugbar wirkende Gewalt. Der Kopf hat es schwer, daneben zur Geltung zu kommen. Man merkt auch, er ist nicht im gleichen Zusammenhang, nicht aus demselben Teig geformt. Dürer pflegte die Teile einzeln zu modellieren und dann erst zusammenzusetzen. Aber auch der Grad der Idealität ist nicht derselbe. Der Rock ist großartiger als der Mann. Man lernt hier ahnen, was für eine Kraft Dürer aufwenden mußte, um über das Gemeinbürgerliche hinauszukommen. Nicht daß er abhängig gewesen wäre vom Modell: es sind nach einer bestimmten Seite des Ausdrucks durchgebildete Typen dabei, aber was wirkt, ist doch mehr die Intensität des Individuellen als die Größe der Charaktere. Keiner ist jemals der Arbeit der Natur in der Buckelung von Stirnen, in raubvogelmäßig gebogenen Nasen, in den Krümmungen von Jochbein und Kinnlade mit zäherem Drange des Nacherlebens nachgegangen als Dürer, und in machtvollen Greisenköpfen rührt er auch hie und da ans Erhabene, wie in dem niederblickenden Apostel (L. 510), der noch im Münchner Paulus nachklingt, aber dann überläßt er sich wieder ganz dem Bloß-Sonderbaren und sucht seine Apostelköpfe da, wo die Natur in der individuellen Ausbildung des Kleinlichen sich gefallen hatte. Es sind merkwürdige Widersprüche, daß dem großen italienischen Bildschema Figuren eingefügt werden wie jener bocksbärtige alte Schneidergeselle – einen wahnwitzig superklugen, spitälerischen Kopf nennt ihn Robert Vischer –, zu dem die Albertina die Zeichnung besitzt (L. 508). Dürer muß ihn sogar ganz besonders lieb gehabt haben, denn er bringt ihn später noch einmal auf dem schönen Blatt einer Versuchung des Antonius von 1521 (L. 576), allerdings hier in einem Zusammenhang, der eine leise Komik erlaubt. Bei

Gewandzeichnung zum Apostel Paulus der Marienkrönung, 1508. Berlin

andern Personen greift er wohl höher, aber dann passiert es wieder, daß ihm der Artist einen Streich spielt in der Art der Ansicht. Das heißt, Dürer gibt Verkürzungen, wo er seine ganze Meisterschaft einsetzt, aber ohne Gefühl dafür, daß gewisse Ansichten einen Kopf unwürdig erscheinen lassen. Ich rechne dahin den Kopf des Petrus, und auch die Bewegung des Paulus (Modellzeichnung, Berlin, L.20) ist schlecht geeignet, einen höheren Eindruck aufkommen zu lassen. Ein moderner Beobachter würde das Modell am ehesten unter dem kleinbürgerlichen Reisepublikum in der Sixtinischen Kapelle finden können beim Frondienst vor der Decke Michelangelos; im Bild ist die Physiognomie allerdings etwas veredelt worden, allein die Verkürzung blieb.

Die höchste Idealität in diesem Werke – nach unserm Gefühl – gibt Dürer nicht bei den Aposteln und auch nicht in den himmlischen Majestäten, sondern in den jugendlichen Figuren der Engel. Es ist die Schönheit, die frisch immer wieder aus dem Schoße der Natur hervorkommt.

Zu keinem Bilde gibt es so viele Zeichnungen wie zum Hellerschen Altar; Köpfe, Hände, Füße, Gewänder[27], aber kein einziges Blatt, wo eine Gesamtbewegung durchprobiert wäre, wo der Versuch gemacht wäre, für das Emporschauen des Paulus oder das Sich-Niederwerfen des Petrus die sprechendste Linie zu finden. Das ist kein Zufall. Schon den Zeitgenossen fiel es auf, daß Dürer mit lauter Einzelelementen baute. Camerarius spricht davon: es sei ein Wunder gewesen, wie er alle Teile einzeln zeichnete, und nachher doch alles zusammenstimmte[28]. Wirklich gibt es auch für das Ganze keine Studien, wo die Verbindungen der Figuren geprüft worden wären, bis der selbstverständliche optische Zusammenhang und der vollkommene Fluß erreicht ist. Ob man es aber nicht merkt? Ob dies Nebeneinander bei Dürer und die Einzelbewegung nicht doch etwas Ungefüges eben deswegen behalten hat?

Selbst in der oberen Gruppe, bei wenigen Figuren, wird man einen freiern Zug entbehren. Andere haben die himmlische Krönung schwungvoller behandelt, mit einem prachtvollen Sturm der Linie, aber das ist nun einmal Dürers Sache nicht. Neben einem Baldung Grien wird er immer bedächtig, zurückhaltend, manchmal pedantisch erscheinen: seine Stärke liegt in der Durchbildung der Form. Nimmt man allein die Gewänder, so steckt darin eine Kraft der Polyphonie, daß man kaum mehr etwas anderes daneben sehen kann, wie es Leute gibt, denen neben Sebastian Bach alle übrige Musik leer vorkommt.

Und dann hat die Bewegung doch eine seltene Art von Nachdruck und Bedeutsamkeit. Allgemein verlangte man jetzt nach der stärkeren Gebärde. Die Krönungen des 15. Jahrhunderts, wenigstens in seiner näherliegenden Hälfte, kamen den Leuten etwas gar zu zimperlich vor: Christus soll sich mächtiger recken, und der Krönungsgestus soll größer ausgreifen. Hier ist Kraft und Gehaltenheit beisammen. Die führende Christusgestalt ist mit nacktem Oberkörper gebildet. Er faßt mit beiden Händen. Was den Eindruck bestimmt, ist die festgehaltene Vertikale bei starker

Wendung des Leibes. Gottvater begleitet die Aktionen mit größerer Gelassenheit, und bei Maria ist Dürer in deutschem Sinne über das Weiblich-Befangene, fast möchte man sagen Hausmütterlich-Verlegene, nicht hinausgegangen.

Das Hellersche Krönungsbild ist zweifellos die brillanteste Frucht der italienischen Reise. Eigentlich muß man sich aber wundern, daß neben der Historie kein Repräsentationsbild gezeigt wurde. Das war doch die eigentümliche Note venezianischer Kunst: das stille repräsentative Dasein mit der feierlichen Resonanz eines einfachen Architekturmotivs. An Anlässen hätte es doch auch in Deutschland nicht gefehlt. Marien und Heilige brauchte man fortwährend. Die Gründe liegen offenbar tiefer, daß Dürer auf die Nischen- und Hallenkomposition nicht eingegangen ist: das Zusammenempfinden von Figur und gestaltetem Raum war ihm versagt. Die nordische Phantasie überhaupt ist eine malerische und keine architektonische Phantasie[29].

Aber auch das große Bild der Maria mit der Schwertlilie[30] in freier Gartenlandschaft ist keine Entschädigung. Die künstlerische Fragestellung ist eine ziemlich gleichgültige. Dürer scheint selbst nicht allzuviel von dem Stück gehalten zu haben, sofern man wenigstens mit Recht die im Briefwechsel mit Heller erwähnte Maria mit unserm Bilde gleichsetzt. Brief an Heller am 24. August 1508[31].

Im umgestalteten Raume, nicht im gestalteten, feiert die Kunst Dürers ihren eigentlichen Triumph: erst den zahllosen Scharen des *Allerheiligenbildes* gegenüber scheint er seine ganze Freiheit gewonnen zu haben.

»Allerheiligenbild« sagt man nach Thausings Vorgang, weil die Kapelle, für die es der alte Rotschmied Landauer bestellte, allen Heiligen geweiht war, die alte Bezeichnung aber war deutlicher: Anbetung der hl. Dreifaltigkeit. Die Christenheit, geordnet nach geistlichem und weltlichem Stand, betet die geoffenbarte Gottheit an, Männer des Alten Testamentes und heilige Frauen des Neuen erscheinen in gesonderten Zügen, Engelchöre assistieren, und all das vollzieht sich in den Wolken hoch über der Erde[32].

Man möchte sich das Bild gern als eine Vision denken, die Dürer in einer großartigen Landschaft empfangen hätte; man möchte gerne glauben, daß er auf abendlicher Wanderung, wo der See tief unter ihm lag im letzten Licht des Tages, die Lüfte mit einem Mal sich habe füllen sehen, daß ihm das große Geheimnis der Erlösung leibhaftig sichtbar geworden sei, Gottvater mit dem Gekreuzigten, und daß in rauschenden Scharen die Heiligen des Himmels herbeigeschwebt wären und Stellung neben dem dreimal Heiligen genommen hätten und in der Tiefe als eine ideale Gemeinde, unübersehbar, die Menschheit, der zuliebe das Ungeheure gelitten war.

In Wirklichkeit ist es wohl nicht so gewesen, aber es bleibt eine recht eigentümliche nordische Vorstellung, die Anbetung der Dreifaltigkeit als eine große Lufterscheinung zu denken. Der Vergleich mit Raffaels Disputa in den vatikanischen Stanzen liegt nahe, weil der Stoff ein ähnlicher ist, für Raffael aber war es eine selbstverständliche Voraussetzung (ganz abgesehen von den besonderen Forderungen der Bildwand), mit dem festen Boden anzufangen, darauf die Hauptszene zu entwickeln und erst dann den Kranz der ruhig thronenden Himmlischen folgen zu lassen. Bei Dürer liegt die Erde tief unten, der Beschauer selbst ist auf einen idealen Standpunkt entrückt, so daß ihm das Wunderbare nah und das Gewohnte fern erscheint, und der Anblick gewinnt dadurch etwas Phantastisches. Man mag sich daran erinnern, wie Altdorfer diesem Motiv frappante Wirkungen verdankt, im 17. Jahrhundert haben es dann auch die Italiener stark ausgebeutet.

Die Figuren erscheinen nicht in geschlossenen Reihen, übersichtlich, zählbar, sondern als wogende Massen, ein weithin zitterndes Gewimmel von Köpfen. Das Bild umschließt einen ungeheuren Rauminhalt. Man muß an ähnliche Situationen der Apokalypse zurückdenken, z. B. an die zweite Vision (B. 63), um das recht zu schätzen. Wie man Heiligenscheine ursprünglich nur als stehende Scheiben auf die Fläche zu bringen wußte und dann erst sie liegend, d. h. verkürzt, darzustellen wagte, so ist hier der Kreis der Menschen nicht mehr nach der Höhe zu entwickelt, sondern in die Tiefe des Raumes hineingezogen. Eine rastlos flutende Bewegung und doch im Ganzen eine feierliche Stille.

Es ist eine Komposition, wo nicht auf jede einzelne Figur gerechnet ist, aber die Hauptpunkte sind in ein festes System eingebunden. Dominierend innerhalb der konzentrisch zusammenklingenden Kurven die Vertikale der Trinitätsgruppe. Sie entfaltet sich in strenger Frontalität, der weit ausgebreitete Mantel macht sie als Masse bedeutend, und obwohl sie nicht in die untere Gruppe reicht, wird auch dort noch in der Kreisformation die Zentralachse respektiert. Die Führer der menschlichen Gemeinde von rechts und links her sind der Kaiser und der Papst, letzterer vor allem im langen Zug der Falten eine grandios empfundene Gestalt. Sie stehen sich diagonal gegenüber und man kann keinen von seinem Nachbar ganz trennen: das Motiv des Kaisers vollendet sich erst in der Figur des knienden Königs, zu dem er spricht, und die Linie des Papstes wird erst weihevoll durch die Parallelbegleitung des Kardinals. Der Kardinal aber seinerseits wendet sich um, um mit ermunternder Gebärde den knienden Stifter heranzuholen. Es ist ein Dienst, den er dem Beschauer erweist. Die ältere Kunst hätte in einem solchen Falle nicht daran gedacht, daß das Auge geführt werden muß. Der greise Stifter aber ist eine Profilfigur von ergreifender Schlichtheit: ein armer Mensch, der plötzlich aufgerufen wird, hereinzukommen in den Himmelssaal. (Vorstudie in Frankfurt, L. 75.)

Wir kennen einen Entwurf zu dem Bilde aus dem Jahre 1508 (Chantilly, L. 334). Er ist einfacher, aber auch uninteressanter. Das Motiv der Landschaft war von Anfang an da, sogar ursprünglich mit größerer Bedeutung. Als Dürer die Menschenscharen anschwellen ließ, ist es auf dessen Kosten geschehen. Die Diagonalstellung der Vorderfiguren findet sich erst im Bilde und ebenso ist die so wirksame Enge des Durchblicks zwischen Kaiser und Papst (mit den daraus folgenden Überschneidungen) erst im Verlauf der Arbeit angeordnet worden. Dabei kam erst die Gottgruppe so hoch hinauf und die ganze Gewichtsverteilung ist eine andere geworden. Auch der flache Bogen als oberer Abschluß gehört erst der definitiven Redaktion an.

Anbetung der Dreifaltigkeit (»Allerheiligenbild«), 1511. Wien

Der besondere Reiz jener Zeichnung aber besteht darin, daß er die Komposition in einem umständlich gegebenen Rahmen zeigt. Wir haben noch den wirklich ausgeführten Rahmen (Nürnberg) – und er ist anders geworden als im Entwurf –, aber es ist immerhin wichtig, auch das Dokument zu besitzen, daß Dürer auf dem Papier die Harmonie der zwei Elemente, Rahmen und Füllung, prüfte. Dem Bilde geschieht in der Tat ein Unrecht, wenn man es rahmenlos reproduziert. Es sieht dann wie geköpft aus: die Tafel hat kein Gleichgewicht in sich, sondern bedarf eines oberen Abschlusses. Für den Norden war es eine neue Form, das Altarbild ohne Flügel, aber auf die Mitwirkung des Rahmens ist noch immer gerechnet.

Der Entwurf gibt den Rahmen italienisch einfach: zwei glatte Säulen mit Gebälk und einem halbkreisförmigen Schildbogen darüber. Daß die Formen noch nicht ganz verstanden sind, verrät sich wohl da und dort, und die nach unten sich verengende Predella, die den Säulen sozusagen den Boden unter den Füßen wegnimmt, ist unbedenklich noch im alten Stil komponiert, allein für deutsche Augen vom Anfang des 16. Jahrhunderts muß das Werk als reine Fremdkunst gewirkt haben, so sehr, daß Dürer nicht dabei blieb. Es ist einer der lehrreichsten Prozesse, die wir bei ihm beobachten können, wie die architektonischen Formen ihre Größe und ihre Strenge verlieren, wie die Flächen dem Ornament überliefert werden, mit einem Worte, wie er das fremde System dem nationalen Geschmack anzugleichen versucht. Ist schon im alten Entwurf die Predella ein Kompromiß, so ist das Zusammenrücken des Bogenaufsatzes, wodurch er die Fühlung mit den Säulen verliert, ein zweiter Schritt in dieser Richtung[33]. Die Säulen selbst, zarter gebildet, stecken zu zwei Dritteln in Strümpfen von blätterdurchwirktem Astgeflecht. In allem ist die Dekoration kleinteiliger, bewegter, flimmernder geworden. Und das paßt vortrefflich zu der Haltung des Bildes.

Es kommt dazu, daß die starken Schattenakzente im Rahmen, verbunden mit dem blitzenden Gold, das Bild wohltätig beruhigen und zu einer teppichartig schimmernden Wirkung bringen. Denn an sich ist es in der Farbe nichts weniger als ruhig behandelt. Man staunt, wie Dürer alles außer acht läßt, was er je von farbiger Erscheinung der Dinge in der Luft beobachtet hatte. Die Rüstung des Ritters oder das Pluviale des Papstes sind vollkommen unmalerisch gegeben. Rein dekorativ ist Farbfläche neben Farbfläche gesetzt in einer hellen, bunten, harten Harmonie. Thausing mag aber recht haben, daß dieses blumige Kolorit die rechte Art war, dem deutschen Volk einen Begriff von der Herrlichkeit des Paradieses zu geben.

Schließlich ist der Rahmen auch sachlich bedeutsam: er enthält die Darstellung des Jüngsten Gerichtes, als ernste Mahnung, das angebotene Heil zu ergreifen. Wie man aus der Vorzeichnung sieht, hat Dürer die Figuren selbst entworfen.

Neuer graphischer Stil. Die kleinern Passionen

1.

Italien hatte den Anstoß gegeben, von den Dingen weiter zurückzutreten und die Form größer zu fassen. Zügige Zeichnungen gibt es schon vor 1505, aber doch nur bei flüchtiger Ausführung. Sobald auf die Form näher eingegangen wird, verliert Dürer den zusammenfassenden Blick. Die großgezeichneten und doch so inhaltsvollen Köpfe zum Heller-Altar wären ohne die italienische Schulung nicht möglich gewesen, und selbst hier mag man vielleicht schon da und dort, z. B. in den Händen, eine kleine Rückbildung wahrnehmen gegenüber dem, was in Venedig selbst entstand. Geradlinig konsequente Entwicklungen gibt es überhaupt nicht bei Dürer.

Die neue Zeichnung ist groß und klar und auf das Notwendige vereinfacht. Die offene Mache ist ein allgemeines Merkmal der Graphik des 16. Jahrhunderts. Man soll sehen, wo der erste und wo der letzte Strich sitzt, und soll überzeugt sein, daß gerade so viele Striche nötig waren und nicht mehr oder weniger. Jener Satz von der Notwendigkeit als letzter Bestimmung der Schönheit, den L. B. Alberti formuliert hatte und den man füglich der Kunst die Hochrenaissance als Motto vorsetzen kann, hat seine Geltung bis in das Strichgefüge der einzelnen Zeichnung hinein. Daß die Linien an sich eine dekorative Schönheit besitzen sollen, ist schon gesagt worden, aber gegenüber den Anfängen dieser Art von Zeichnung führt die Entwicklung zu einer immer größeren Reduktion des Linienmaterials und zu einer immer rationellern Ökonomie in der Verwendung der gegebenen Elemente.

Die Albertina bewahrt die merkwürdige Zeichnung Raffaels, die er Dürer zum Geschenk gemacht hatte: zwei männliche Akte in Rötel. Eigenhändig hat Dürer darauf notiert, daß Raffael ihm diese nackten Männer geschickt, ihm »seine Hand zu weisen«. Dabei die Jahreszahl 1515. Man darf annehmen, es habe dieses Blatt nicht den ganzen Inhalt der Sendung ausgemacht, wahrscheinlich sind auch Federzeichnungen dabei gewesen: auf jeden Fall – wenn auch die Naturauffassung der beiden Künstler eine sehr verschiedene war – in der Technik gehen sie nicht allzuweit auseinander. Es gibt eine Folge von freien Aktzeichnungen Dürers aus den Jahren 1514, 1515, 1516, die sich in der durchsichtigen Mache, dem großen Strich, dem eigentümlichen Rhythmus der Linien und Linienintervalle ganz gut mit Federzeichnungen Raffaels vergleichen lassen[1]. Beide sind sie eben Cinquecentisten.

Die offenkundigste Wirkung hat die neue Zeichnung auf Holzschnitt und Kupferstich gehabt. Der Stich entsagt der subtilen Behandlung der Platte aus der Zeit des »großen Glücks« oder des »ersten Menschenpaares«. Was nicht beim Anblick des Ganzen als Linie wirkt, wird ausgeschieden. In festen klaren Ringen umschließt die Zeichnung die Form. Und der Holzschnitt geht noch weiter. Aus der kleinwelligen und stellenweis punktierenden Technik des Marienlebens wird eine großzügige Manier, die in ihrer Tendenz auf das Einfache nicht nur alle komplizierten Linien und Kreuzungen tunlichst vermeidet, sondern sogar ihren Ehrgeiz darin sucht, so lange wie möglich mit der geraden Linie auszukommen.

Das ist jetzt in höherem Grade möglich als früher, weil das Bild nach fortgeschrittenem malerischen Geschmack in breiten Tonschichten sich aufbaut. Eine gerade Schraffur kann unbedenklich über eine runde Form hingeführt werden, sobald sie nicht im hohen Licht steht. Ganze Komplexe verschiedenartiger Formen werden einheitlich zusammengestrichen, anderseits aber neue Quellen malerischer Reichtümer in den Richtungsgegensätzen der Strichlagen erschlossen. Enge und Weite der Intervalle spielen eine geringere Rolle gegenüber der Wirkung dieser Richtungsdivergenzen. Man entdeckt, daß je nach der Orientierung des Striches die gleiche Linienlage heller oder dunkler erscheint.

Das Auge ist auf Tonwerte eingestellt, aber gleichzeitig handelt es sich auch um ein Sehen in großen Massen, um ein einheitlich zusammenfassendes Komponieren, das das geschlossenste Blatt der früheren Zeit zerbröckelt wirken läßt. Zu der malerischen Einheit kann noch eine tektonische Einheit treten, sobald diese graphischen Blätter nach Art der Gemälde behandelt werden mit genauer Entsprechung der Seiten, durchgeführten Kontrasten usw. Jedenfalls nehmen sie teil an der allgemeinen Klärung des Bildstils in dem Sinne, daß das Hauptmotiv auch optisch gleich als das bedeutsamste sich geltend macht und zwischen Thema und Begleitung das Verhältnis der Über- und Unterordnung bestimmt herausgebildet ist.

So sind um 1510 die Ergänzungsblätter zu den alten Folgen der großen Passion und des Marienlebens entworfen worden. Der Abstand war empfindlich und es kam zu klaffenden Gegensätzen. Wenn man die Passion aufschlägt, so steht an erster Stelle das modern gezeichnete Abendmahl, und dann folgt in der Darstellung des Ölbergs gleich eines der allerunbeholfensten alten Blätter. Heutzutage würde man stilistisch zu vermitteln suchen, Dürer gibt immer das, was er zuletzt schön gefunden hat, mit derselben Naivität, mit der die alten Baumeister an ihren Domen den Wandlungen des Geschmackes ohne Herzklopfen gefolgt sind.

Ein Vergleich des *Abendmahles* mit der Kreuzigung oder der Beweinung (s. oben S. 81 u. 83) wird die Unterschiede des alten und des neuen Holzschnittes ohne weiteres klarmachen. Dort liegt die Hauptwirkung in der Linie, hier im Ton. Das ganze Feld ist gedeckt und was als weiß übrig bleibt, erscheint darum als leuchtendes Licht. Nicht nur der Nimbus des Herrn ist für die malerische Haltung bezeichnend, viel mehr noch sind es die großen Noten von Hell und Dunkel, die im Zentrum des Bildes stehen: das Weiß auf dem Tisch, das Dunkel darunter und zwischen beiden – wunderbar leicht und schwebend – der Mittelton des Tischtuchs im Schatten. Leider ist es unmöglich, der verkleinerten Nachbildung den Reiz der originalen Wirkung zu erhalten, doch kann ein Ausschnitt in Originalgröße wenigstens über die Elemente des Aufbaus Aufschluß geben.

Vergleicht man dann die Zeichnung einer Figur im einzelnen, so wird man bemer-

Das Abendmahl, um 1510

ken, in was für breiten Lagen die Modellierung sich ergeht, wie oft die Linie glatt über das Gewölbte hinweggeführt ist und nur durch die Erweiterung und Verengerung der Intervalle und durch den Wechsel in der Richtung der Lagen die körperliche Rundung gewonnen ist, die der alte Stil mit seiner differenten Zeichnung jeder einzelnen Falte im Gewand umsonst zu erreichen sich bemüht hat. Für den räumlichen Gesamteindruck ist es von entscheidender Bedeutung, daß entferntere Körper überhaupt nicht mehr modelliert werden, sondern – wie in der Natur – nur noch als Flächenerscheinungen mitsprechen.

Die Linienelemente sind viel einfacher als früher, und die größere Wirkung beruht allein auf der strafferen Ökonomie. Sogar der Eindruck des reflexerhellten Schattens, das zitternde Halblicht ist dieser Linienkunst zugänglich gewesen.

Das Tektonische der Figurenfügung bedarf keines besonderen Hinweises. Symmetrische Kulissen im Vordergrunde, durch kontrastierende Bewegung interessant gemacht. Der weineinschenkende Wirt beugt aus keinem anderen Grunde sich uns entgegen, als weil Judas auf der anderen Seite sich ins Bild hineinbeugt. Er ist die beschattete Figur, der andere die belichtete. Das sind italienische Rezepte. Wie dann die Hauptfigur mit den Eckfiguren zusammengeht und die übrige Gesellschaft sich duckt, kommt aus derselben Quelle, und bei den Verbindungsmotiven der Jünger (unter sich) muß man direkt an Lionardo erinnert werden[2].

Ob bei alledem die Empfindung gewonnen habe, ist eine andere Frage. Dürer hat später (1523) ein Abendmahl entworfen, das kein günstiges Licht auf unser Stück wirft. Es erscheint etwas gleichgültig daneben. Ich würde aber auch denen Recht geben, die in der ganzen Art der Zeichnung eine Abkühlung fühlen und den alten Holzschnittstil trotz aller Unscheinbarkeit als den wärmeren, innerlich lebendigeren lieber haben.

Was sonst noch zu dieser Gruppe ergänzender Blätter gehört, der Titel, die Gefangennahme, Christus in der Vorhölle und die im Lichteffekt besonders glanzvolle Auferstehung wird weiter unten in der vergleichenden Passionsbetrachtung besprochen werden. Im Marienleben sind es wieder, abgesehen vom Titel, nur der Tod und die Krönung Mariä, die dem Jahre 1510 angehören.

Die *Krönung* hat ihr besonderes Interesse, weil sie im Stoff mit dem Hellerschen Altar zusammengeht und man hier gut sieht, wie Dürer unterscheidet zwischen monumental und nicht-monumental. Es ist eine Beobachtung, die schon Thausing gemacht hat, daß der Christus des Holzschnittes gebetbuchmäßig-sentimental behandelt ist und der süßlichen Haltung des Kopfes und der angelegentlichen Vorwärtsbewegung der Brust. Die vorbereitende Zeichnung in Berlin (L. 27)[3] hat diesen Zug noch nicht, und auch die Vereinfachung in der Disposition der Arme, daß beidemal der rückwärtsliegende die Krone faßt, ist erst nachträglich als die allein holzschnittmäßige Lösung der Aufgabe empfunden worden.

Auch zum *Tod der Maria* besitzen wir noch eine Vorzeichnung (Albertina, L. 474). Sie gilt als wesentlich früher als der Schnitt, allein die tonige Schraffierung wie die

Tod der Maria, 1510

Figurenordnung zeigen doch, daß sie nicht im Zusammenhang der alten Marienblätter entstanden sein kann. In der endgültigen Redaktion sind dann nur die Schatten zu größeren Massen zusammengestrichen und die Lichter sprechender gemacht worden. Das Bett wurde verkleinert in der Erscheinung des Fußendes, wie namentlich im Himmel, und es ist eine besonders lehrreiche Korrektur, wie von den Bettvorhängen, die ursprünglich beide gleichmäßig aufgeknüpft waren, der eine aufgelöst und zum Rande hinübergezogen wurde, weil nur auf diese Weise der Vorgang am Lager der Sterbenden dem Beschauer gleich als der wesentliche Inhalt empfohlen werden konnte. Die zusammenfassende große Kreuzstange ist auch erst ein Motiv des reifen Stils.

Übrigens lassen sich ganz direkte Vergleichungen anstellen zwischen jetzt und ehemals: der Einzelschnitt von 1511 (B. 3), eine *Anbetung der Könige,* behandelt ja ein Thema, das schon im Marienleben vorkommt (vgl. Abb. S. 97). Vielleicht ist diese Parallele mehr als jede andere geeignet, die veränderte Stimmung deutlich zu machen. Die neue Zeichnung hat einen imposanten Wurf, schon durch das Zusammengehen der Figuren mit dem großen Gefüge der Architektur, allein es fehlt das Herzliche. Die alten Motive sind herzlicher und die alten Linien sind herzlicher, gar nicht zu reden von dem Schatz der Details. Was Dürer einst als seine Poesie der Diminutive ausgebildet hatte, ist verlorengegangen, er spricht nur noch in großen Hauptworten.

Wo die Einfachheit im Stoffe liegt, da sieht man ihn dann freilich auch zu einer ungeahnten Großartigkeit emporsteigen. Der *Gnadenstuhl* in Wolken von 1511 (B. 122) ist nicht nur der schönste Holzschnitt dieser Epoche, sondern auch von einer unübertroffenen Macht der Erfindung[4]. Wer das Motiv einmal unerwartet vor Augen bekommt – ich denke an eine Begegnung in der Marienkirche zu Lübeck, wo es in einem großen Gemälde verarbeitet worden ist –, der wird den Eindruck nicht vergessen, wie gehaltvoll die Dürersche Zeichnung erscheint und wie ganz unvergleichbar ihre Sättigung mit Ausdruck ist. Gewiß, ein Baldung Grien ist hinreißender in der Wirkung, wenn er das Thema so aufgelöst hat, daß dem erst in ferner Höhe sichtbaren Vater der zerschlagene Leichnam des Sohnes zugetragen wird und alle Engel im Himmel bei dem Anblick in Weinen ausbrechen, allein die bildnerische Leistung bei Dürer ist von höherem Range.

Der Alte hält den Toten mit verhüllten Händen unter den Achseln, die dadurch emporgedrückt werden, während der Kopf schmerzvoll und müde zurückfällt. Es ist nicht die triumphale Schaustellung des Allerheiligenbildes, sondern die erbarmungswürdige, die zum Herzen sprechen soll. Die Engel sind denn auch hier zur nächsten Nähe zugelassen, Arm und Hand des Leichnams sind ihnen nicht versagt. Zwei halten die Mantelenden, andere kommen mit den Marterwerkzeugen. Die Zeichnung erreicht ein Höchstes an Ton- und Bewegungsgegensätzen. Die blitzenden Glorienlichter auf dunklem Grunde und das Gequirle der hellen Wolken sind bewußte Kontraste so gut wie das lebhafte Faltengeknister zu Füßen Gottes und das geheimnisvoll dumpfe Rauschen in den weiten Schattenhöhlen seines Mantels. Die Jahre 1510 und 1511 sind für den Holzschnitt ganz ungemein ergiebig gewesen. Der Geißler (B. 119) mit dem Datum 1510, die Enthauptung Johannes des Täufers (B. 125) aus demselben Jahre, und dann aus dem folgenden die Übergabe seines Hauptes (B. 126), die Messe des Gregor (B. 123), der Christophorus (B. 103), der Hieronymus in der Zelle (B. 114), zwei heilige Familien (B. 96 und 97), es sind lauter Prachtholzschnitte, von denen wir höchstens den letztgenannten (B. 97) als eine flüchtige Arbeit auszunehmen hätten. Der Kupferstich hat keine analoge Produktion aufzuweisen. Es fallen nur wenige Blätter in diese Jahre, und diese wenigen bezeichnen nicht das Beste der Gattung. Die Manier »tiefeingeschnittener, regelmäßiger Strichlagen«, die die alte subtilere Technik ablöste, frommte nicht für den Kupferstich. »Bei allem Glanz der Durchführung, und gerade wegen der Reinheit und Schärfe des Linienzuges führt diese Art der Behandlung leicht zu kalter, metallischer Wirkung«, bemerkte F. Lippmann und führt als charakteristisches Beispiel die Maria mit der Birne von 1511 an (B. 41)[5]. Erst die folgenden Jahre bringen der Stichelarbeit ihre Blüte.

Einstweilen aber messen sich die zwei Ausdrucksweisen in einer parallelen Folge von Passionsdarstellungen kleinen Formats. 1511 erschien neben allem anderen noch die sogenannte kleine Holzschnittpassion, eine umfängliche Sammlung von Schnitten, wo der Augustiner Schwalbe wieder für begleitende lateinische Verse gesorgt hatte. Zwei Blätter tragen die Zahl 1509 und zwei 1510, die anderen sind undatiert, in der Hauptsache aber von übereinstimmendem Charakter[6]. Neben dieser Holzschnittfolge lag schon lange eine gestochene Passionsgeschichte im Plan, die aber erst im Jahre 1512 ernstlich aufgenommen wurde. Alle Blätter hier sind datiert, eines 1507, zwei 1508, wieder je eines 1509 und 1511, und zehn 1512. Gewöhnlich nimmt man auch noch die Heilung des Lahmen durch Petrus und Johannes von 1513 (B. 18) mit der Passion zusammen. Eine Buchausgabe ist nie veranstaltet worden.

2.

Die *Holzschnittpassion* in 37 Blättern, die man zur Unterscheidung von der älteren die kleine nennt, ist die volkstümlichste Dürers. Er erzählt die Geschichte umständlich, fängt an beim Sündenfall und der Vertreibung aus dem Paradies und führt den Betrachter bis zu den Ereignissen nach der Himmelfahrt Christi. Der Anfang ist mit Behagen und fast mit Humor gezeichnet: Adam und Eva, die in traulicher Umarmung vor dem Baume stehen und sich anblicken, währenddem sie den Apfel bereits gefaßt hält; er, der Bedenkliche, mit altväterisch zierlichem Tritt, sie in einer leichtfertigeren Art den einen Fuß auf den anderen setzend[7], – dann aber wechselt der Ton vollständig, und die Szenen sind durchweg nach der ergreifenden Seite hin durchgebildet, mit unverkennbarer Tendenz auf populäre Wirkung[8]: Christus am Kreuze z. B. ist wieder in der erbarmungswürdigen alten Weise mit geknickten

Die Fußwaschung (Kleine Holzschnittpassion), um 1509

Knien dargestellt. Aber doch ist es keine Rührseligkeit bei Dürer, der durchgeführte Charakter ist der der Ergebung, wie ihn der Titel anzeigt. Als ein stiller Dulder voll Hoheit geht der Held durch die Folge der Geschichten hindurch, und nur einmal steigert sich der Ausdruck zum lauten Aufschrei in der Kreuztragung. Man bemerkt, wie alle fremdartigen Elemente möglichst ausgeschaltet sind, in Bewegung und Kostüm; der Engel der Verkündigung hat nicht mehr das antike Gewand wie im Marienleben, sondern erscheint in seinem bekannten Diakonenkleide, und der Engel des Sündenfalls ebenso. Die Absicht geht nicht auf das Außerordentliche in der geistigen Formung der Situationen, manches ist sogar oberflächlich, der Abschied von der Mutter nicht zu vergleichen mit der entsprechenden Darstellung im Marienleben, aber in den meisten Fällen ist doch bei aller Schlichtheit eine schöne Feierlichkeit erreicht.

Der Vortrag soll ganz einfach sein. Keine Verkürzung, keine komplizierten Stellungen und Schiebungen, in allem nur das Notwendige, d. h. das Deutlichste, wobei allerdings dem Holzschnitt in seiner Armut prinzipiell eine krausere Bewegung der Linie, ein paar Schnörkel mehr zugestanden werden, als es dem ernsthaftern feinen Kupferstich erlaubt wäre.

Der Wert dieser Zeichnungen liegt in der ganz klaren Fassung der Hauptmotive und das will sehr viel sagen. Wie man eine Situation mit wenigen Zügen erklären könne, hat Dürer zeigen wollen, und es gibt eine Anzahl von Motiven, denen er hier überhaupt die letzte und abschließende Form verliehen hat. Die Fußwaschung (»– nicht die Füße allein!«), das Gebet am Ölberg, die Kreuztragung, die Abnahme vom Kreuz, die Beweinung und die Grablegung sind solche Muster der einfachen und ausdrucksvollen Darstellung.

Abschätzig werden über diese Dinge nur diejenigen urteilen, die überall Bewegung fordern. Das ist wahr, der Charakter des momentanen Geschehens fehlt, manches wirkt direkt »komponiert« und zieht seine Wirkung nur aus der tektonisch-feierlichen Anordnung. Man braucht nicht an Holbein zu denken, der in der Darstellung des Geschehens ein Meister gewesen ist: auch neben Altdorfer, dem er doch im Ernst so weit überlegen ist, wirkt Dürer oft steif und schulmeisterlich. Damit berühren wir aber eine allgemeine Schranke seiner Kunst, und es ist kein Anlaß, gerade hier im besonderen davon zu reden.

Die *Kupferstichpassion* hat nicht ganz den einheitlichen Charakter wie die Folge der Holzschnitte. Die Entstehung verteilt sich über einen längeren Zeitraum. Von Anfang an aber dient der Kupferstich mehr den intimeren künstlerischen Interessen; er ist der empfindlichste Gradmesser künstlerischer Wandlungen, und so finden wir unter dem frühesten Datum 1507 eine Beweinung im Sinne einer italienisch-plastischen Komposition, während die letzten Daten 1512 vollkommen malerisch konzipierte Blätter bezeichnen. Abgesehen davon sucht der Kupferstich seiner Natur nach die schwierigeren Probleme auf, hier bringt Dürer die Verkürzungen, die er im Holzschnitt vermeidet, hier operiert er mit den reichen Figurenzusammenstellungen, hier ist er raffiniert in der Detaillierung der Köpfe und Körper, hier gibt er Kostümeffekte, hier ist er Maler, der Licht und Schatten auch in ihren feineren Verhältnissen fixiert. Der Kupferstich, wie schon öfter bemerkt, denkt an ein anderes Publikum, er arbeitet für Kenner. Es ist natürlich, daß die Folge dieser Passionsstiche nicht die Frische haben kann, wie die Holzschnitte sie haben, wo Dürer nur darauf ausging, den einfachsten und schlagendsten Ausdruck für die Sache zu finden; manches streift ans Gekünstelte, und doch fehlen auch hier nicht die Szenen von lapidarer Wucht, ich nenne nur das Ecce homo.

Wir versuchen nun Einzelnes zu analysieren, unter Beiziehung der anderen Redaktionen, wie sie in der alten Holzschnittpassion und in den Zeichnungen der grünen Passion vorliegen.

Das Gebet am Ölberg. – Große HP., KP. 1508, kleine HP.[9]. Was die kleine Holzschnittpassion gibt, ist vielleicht das vollkommenste der ganzen Folge. Die alte Anordnung, wie wir sie von der großen Holzschnittpassion kennen. Christus in der

Christus am Ölberg (Kupferstichpassion), 1508

Mitte, der Fels als Hintergrund, vorn die Jünger, Petrus links, die zwei anderen zusammengenommen rechts. Aber alles ist jetzt klarer und stärker im Ausdruck. Das erste: wie Christus als Hauptperson vortritt. Die Figuren sind nicht mehr zerstreut im Raum, nicht mehr gleichwertige Potenzen, wo man den Helden erst suchen muß: es ist die entschiedene Über- und Unterordnung eingetreten. Christus als helle Masse vor schwarzem Grunde zieht gleich den Blick auf sich, und die Jünger wirken nur als Begleitung. Eigentlich sieht man nur zwei und von den zweien entzieht uns einer das Gesicht. Es ist Johannes, der die Stirn auf das Knie gelegt hat: als Jüngster genießt er das Recht des tiefen Schlafes. Petrus aber ist unvergleichlich im Ausdruck des kummervollen unruhigen Halbschlafes. Früher sind es nur Leute, die

die Augen zugemacht haben, jetzt sieht man, daß sie schlafen. Und so ist dann in Christus zunächst das Mechanische der Bewegung, das Knien, umgebildet zu derjenigen Deutlichkeit, daß die Vorstellung sofort die entscheidenden Punkte fassen kann, und der Ausdruck ist so gegeben, daß das Wesentliche der Stimmung schon für den Anblick aus aller Ferne fühlbar wird. Die Gebärde ist die der Ergebung, welche sagt: »nicht mein Wille geschehe, sondern der deinige«. Vom Gesicht sieht man fast nichts, aber es liegt etwas unendlich Rührendes in der Neigung des Hauptes und in den Linien des langfallenden schlichten Gewandes.

Der Kupferstich, der 1508, also etwas früher, entstanden ist, kann neben dem Holzschnitt nicht gut aufkommen, doch gilt die Stilcharakteristik im allgemeinen auch für ihn. Christus wirft vor dem Engel, der ihm das Kreuz zeigt, mit lautem Schrei die Arme in die Luft; weiß stehen sie vor dem dunkeln Nachthimmel, und ein großes breites Licht hebt die Figur aus der ganzen Umgebung heraus; die Jünger sind alle mit dem feinen Strich des Stichels durchgebildet, aber doch als Einzelwerte unschädlich gemacht. Petrus etwas mühsam als Sitzfigur mit ausgestreckten Beinen den Rand entlang entwickelt[10].

Das Problem von Gethsemane hat Dürer noch lange beschäftigt. Wiederholt erscheint es in Zeichnungen, von denen wenigstens eine zur Vervielfältigung kam; die große Eisenätzung von 1515 (B. 19, die Vorzeichnung in der Albertina, (L. 536). Mit aufgerichtetem Profilkopf sieht man Christus den Becher anstarren, die Hände geöffnet, nicht abwehrend, sondern bereit zu empfangen. Tiefe Erregung, aber der Kampf ist vorüber. Höchst feierlicher Faltenwurf. Die Jünger ganz im Hintergrunde[11].

Bei dem Typus des platt am Boden liegenden Christus, der in geringwertigem Ausschnitt in den Zusammenhang der kleinen Holzschnittpassion eingeschoben worden ist (B. 54), möchte man fragen, ob das nicht doch erst ein Gedanke der letzten Jahre gewesen sei. In gesicherter Zeichnung erscheint er erst 1521 (Frankfurt, L. 189)[12]. Es stimmt zu dem großen Ernst jener Zeit, daß die Schönheit der Erscheinung ganz beiseite gesetzt wird. »Er warf sein Angesicht auf die Erde.« Für das zweite Jahrzehnt hätte das Motiv zum mindesten etwas Auffälliges.

Die Gefangennehmung. – Grüne P. 1504[13], KP. 1508, große HP. 1510, kleine HP. Die Szene enthält als Hauptmotiv den Judaskuß; Judas und Christus, beides Stehfiguren, eingeklemmt in einen Haufen von Menschen, die gleichzeitig mit Stangen und Stricken, zerrend und stoßend, die Gefangennahme vollziehen. Außerdem muß die Episode zwischen Petrus und dem Knecht Malchus mit dargestellt werden. Die Gefahr liegt nahe, daß die Hauptfigur versinkt. Auch Dürer verfällt in der grünen Passion noch in den alten Fehler (vgl. Abb. oben S. 87). Es soll alles dargestellt werden: wie Christus umfaßt und geküßt wird und wie man ihm die Schlinge überwirft, ihn an den Haaren reißt, in den Rücken stößt und am Rocke zerrt. Erst allmählich löst sich seine Erscheinung heraus und gleichzeitig erwacht ein Gefühl, daß man ihn als Figur schonen müsse, wenn er groß wirken solle, daß er nicht so

Die Gefangennahme (Kleine Holzschnittpassion), um 1509

beliebig überschnitten und durch Zerren am Rock in eine lächerliche Lage gebracht werden dürfe.

Die große Holzschnittpassion gibt als Gesamtdarstellung die beste Lösung. Christus, im Kuß zurückgehalten und gleichzeitig vorwärtsgezerrt, erscheint als große weiße Figur, die als Diagonale das ganze Bild beherrscht; er behält seine Würde und doch wird der Beschauer sofort in die Situation eingeführt, daß es sich hier um eine Vergewaltigung handle. Die eine Schräglinie ist zudem durch gegensätzliche Richtung der begleitenden Linien zu schärfster Wirkung gebracht. In diesem Sinne arbeitet die Figur des jungen Axtträgers im Vordergrunde links. Die rechte Ecke ist dann mit der Petrusepisode gefüllt[14].

Die kleinen Formate der Kupferstichpassion und der zweiten Holzschnittpassion nehmen diese Episode fast als Hauptsache auf, die letztere noch mehr als die erstere. Und sie ist künstlerisch sehr dankbar, und für die Darstellungsentwicklung bei Dürer gibt es kaum eine lehrreichere Parallele als die Vergleichung dessen, was die

grüne Passion hier gibt (vgl. Abb. S. 87) und was in der kleinen Holzschnittpassion geleistet ist.
Dort die Szene ganz in einer Ebene gehalten, die Figuren weit auseinandergezogen, das Einhauen archaisch-deutlich wie in der Apokalypse, aber maßlos und uninteressant, weil der Widerstand fehlt, der Knecht am Boden ohne Kraft in seiner aktiven Bewegung und ohne Schwere im Aufliegen, die Zeichnung versagt an den entscheidenden Punkten – hier dagegen ein reicher und eng zusammengeschlossener Bewegungsknäuel, nicht mehr Profil- und Flächendarstellung, sondern Verkürzung und Drehung, der Knecht, auf dem Rücken liegend, sucht den Hieb mit der Laterne zu parieren und stößt dabei mit dem Fuß den Angreifer vor die Brust, indem er gleichzeitig am Mantel ihn näher heranzieht, damit der Stoß mehr Wucht bekomme. Petrus aber in seiner unsicheren Bewegung ist hier der alte Mann, der er sein soll, und nicht ein Engel vom Euphrat.
Die Vorführungen. – Grüne P. (2) 1504[15], kleine HP. (3)[16], KP. (2) 1512. Während man sich sonst begnügt, nur die Vorführung Christi vor den Hohenpriester und vor Pilatus darzustellen, gibt die kleine Holzschnittpassion mit ihren einfachen Mitteln auch noch die Begegnung mit Hannas und mit Herodes. Der psychologische Inhalt der verschiedenen Begegnungen ist nun zwar nicht derselbe, aber wenn die redende Kunst hier unterscheiden konnte, so reduzierte sich für die bildliche Darstellung der Inhalt doch wesentlich auf das eine Problem: der Gefangene vor der Autoritätsperson. Es sind Variationen über ein einfaches Thema, wesentlich formale Exerzitien, die Dürer hier macht.
Er versucht verschiedene Möglichkeiten der räumlichen Stellung. Neben der normalen Begegnung im Profil, die die grüne Passion allein kennt, gibt er die Begegnung unter einem Winkel, mit Höhendifferenzen an Stufen empor, ja mit Christus im tiefgelegten Mittelgrunde wie beim Pilatus der kleinen Holzschnittpassion, wo zudem eine Zickzackbewegung in die Komposition hineingebracht ist.
Die Behandlung des architektonischen Hintergrundes, bei der grünen Passion noch ausschließlich eine Bereicherung ohne Rücksicht auf die Figurenwirkung, wird mehr und mehr ökonomisch. Der Christus vor Herodes in der kleinen Holzschnittpassion würde nicht so groß aussehen ohne die Unterstützung des Schildbogens über seinem Haupte.
Im Kupferstich sind es dann die malerischen Motive, mit denen dem Thema neue Effekte abgewonnen werden: die Szene vor Kaiphas wirkt wie ein Nachtstück; die ganze Gruppe Christi und seiner Begleiter ist unter *einen* dunklen Ton gesetzt, Kaiphas hat allein ein großes Licht. In der andern Vorführung der Kupferstichpassion (Pilatus) hat Dürer sich selbst wiederholt und einen Gedanken der grünen Passion nicht nur zu malerisch toniger Wirkung gebracht, sondern zugleich jene Korrektur im Sinne des Klärens, Verstärkens, Zusammendrängens vorgenommen, wie sie in der Konsequenz seiner künstlerischen Entwicklung liegt.
Auch an eine andere Beobachtung, die früher gelegentlich schon gemacht wurde,

muß hier nochmals erinnert werden: daß die Gestalt des Helden geschont bleibt. Was die grüne Passion sich noch erlaubt, Christus am Rock zerren zu lassen, daß der Erscheinung alle Würde genommen ist, kommt nun nirgends mehr vor.

Verspottung und Dornenkrönung. – Grüne P. 1504[17], kleine HP., KP. 1512. Der Sitzende unter den umdrängenden Gesellen, ein Thema, das ganz besonders die reiche Bewegung der Einzelfigur im Knieen, Sich-Vorbeugen usw. begünstigt, den inhaltsvollen Figurenknäuel herausfordert, anderseits aber die größte künstlerische Besonnenheit verlangt, wenn Klarheit und Würde bewahrt werden sollen.

Die Verspottung ist nur in der kleinen Holzschnittpassion dargestellt: voll, ein bißchen kraus, aber das Gewirr doch siegreich durchtönt von dem höchst ausdrucksvollen Christus, der als zentrale Frontfigur hineingesetzt ist. Die Dornenkrönung dagegen, als Aufgabe ganz gleichartig, nimmt ihn im Profil und er kommt an den Rand zu sitzen. Die kleine Holzschnittpassion sucht nun die allerschlichtesten Ansichten, stellt Profil gegen Profil im ersten Gliede der Gruppe und gibt in paralleler Schichtung ein zweites Glied. Der Kupferstich behält das Profil für Christus, weicht aber im übrigen seiner Natur nach der einfachen Ansicht aus und bildet die Gruppe reicher und malerischer[18]. Das größte Licht liegt auf einer Nebenfigur, aber die bedeutend durchgebildete Profilgestalt Christi gibt doch den dominierenden Ton. Ein Vergleich mit dem unsichern Reichtum der grünen Passion wird die Monumentalität dieser Christusgestalten am deutlichsten beweisen.

Die Geißelung. – Große HP., grüne P. 1504[19], kleine HP., KP. 1512. Von dem Wohlgefälligen der Schaustellung eines schönen Körpers, wie er als Prinzip die beiden älteren Darstellungen bedingt, geht der männliche Dürer über zu Charakter und Ausdruck. Der kleine Holzschnitt ist allerdings lahm geraten, der feingezeichnete Kupferstich aber macht Eindruck mit dem vordringenden Profil und der zukkenden Bewegung des gequälten Körpers, den ein starker Wille in Schranken hält. Beidemal sind es jetzt Profilstellungen. Die Bewegung der Schlagenden gedämpft, damit sie die Hauptfigur nicht übertönen.

Ecce homo. – Große HP., grüne P. 1504, kleine HP., KP. 1512. Neben dem Kupferstich versinkt alles andere. Mit grandioser Ökonomie und Beschränkung sind hier die zwei Gegensätze sich gegenübergestellt: der Leidende und der Mitleidlose. Der Ausdruck des Leidens gehalten und doch sehr sprechend: der geschlossene Umriß des unbewegten Zuschauers ebenso charakteristisch an sich wie wirksam als Kontrast. Pilatus soll nicht mitsprechen. Klein in der Erscheinung entzieht er sich noch mehr dem Blick durch den aufgehobenen Mantel Christi. Von weiterm Publikum wenig mehr als eine Andeutung. Es ist nicht das »Kreuzige ihn« gegeben, kein Geschehn, sondern bloßes Sein. Der Versuch der kleinen Holzschnittpassion, einen Volksauflauf darzustellen, ist vollständig mißglückt.

Die Händewaschung. – Kleine HP., KP. 1512. Wenig Psychologie ist dieser interessanten Situation abgewonnen worden. Mag man den Holzschnitt preisgeben, so erwartet man doch wenigstens im Kupferstich etwas von dem Leben zu finden, das

Holbein gestaltet hat: wie Pilatus in hastiger Bewegung die Hände über das Becken hält, dem Drängen weichend, aber alle Verantwortung von sich weisend. Hier bei Dürer vollzieht sich die Händewaschung mit einer Bedächtigkeit, daß sie nicht mehr als symbolische Handlung wirkt: man glaubt einen Arzt zu sehen, der sich vor der Operation gelassen die Hände desinfiziert. Ja, die Aufmerksamkeit ist überhaupt viel mehr in Beschlag genommen durch die Figur des Jünglings mit der Kanne, der mit einer Mohrenphysiognomie[20] und in höchst merkwürdigem Kostüm das Knie beugt, in der Mitte des Bildes und allein hell.

Kreuztragung. – Große HP., grüne P. 1504, kleine HP. 1509, KP. 1512. Hier feiert der kleine Holzschnitt seinen Triumph: der »Fall« ist zu einer Ausdrucksstärke hinaufgesteigert, die nicht mehr zu überbieten ist. Der Stützarm, als der wichtigere, ist nun vorgenommen. In seiner Funktion als Träger ist er um so eindrücklicher, als der Körper eigentlich an ihm aufgehängt erscheint, der Kopf steht ganz tief. Und indem nun Christus sich nach Veronika hin umblickt, bedarf es für ihn einer großen Anstrengung, das Auge dahin zu heben, und die Wendung gewinnt für den Beschauer eine nachdrückliche und schmerzliche Bedeutung. Die Raffaelische Kreuztragung überbietet den Gehalt dieser Darstellung dann nur insofern, als das Auge Christi mit dem Auge der *Mutter* zusammentrifft.

Der Kupferstich macht keinen Versuch, mit dem Holzschnitt im Hauptmotiv zu konkurrieren: er gibt Christus stehend, schreitend, vorwärtsgezerrt, mit einer allgemeinen Wendung gegen die Frauen.

Die Kreuzanheftung. – Grüne P. 1504, kleine HP. Die Komposition der grünen Passion, die viel interessante Einzelbewegung enthält, bedurfte einer Neuredaktion namentlich im Sinne des Zusammennehmens, des Beruhigens, des Dämpfens aufdringlicher Nebenmotive. Es erscheint jetzt die Randfigur, stehend und vom Rükken gesehen, die schließend und sammelnd wirkt. Die Beine Christi kommen uns nicht mehr so strack entgegen. Der Blick und die Empfindung sammeln sich auf die oberen Partien und es ist ein schöner Gedanke gewesen, nicht den schon vollständig festgehefteten Körper zu geben, sondern die Erwartung der letzten Nägel; nur so konnte die rührende Gebärde der noch frei bewegten Hand gewonnen werden und nur so wird das stille Liegen auf dem Kreuzbalken zum Ausdrucksmotiv.

Die Kreuzigung. – Große HP., grüne P. 1504, KP. 1511, kleine HP. Wie dann die Holzschnitterzählung den Gekreuzigten im populären, ergreifenden Sinne recht jämmerlich am Stamm hängen läßt, während der Kupferstich auf diese Mittel verzichtet, ist schon erwähnt worden. Es handelt sich aber auch im Kupferstich nicht mehr um die bloße Schaustellung eines vollkommenen Körpers (so wenig wie in der Geißelung), sondern es ist die Absicht auf eine bestimmte seelische Situation gerichtet: die enge Beziehung, in die hier Christus und Johannes gebracht sind, läßt kaum daran zweifeln, daß der Moment gemeint sei, wo die Mutter dem Jünger empfohlen wird. Beide sind statuarisch ruhig durchgebildet, es ist keine passionierte Szene.

Aus dem Jahre 1508 aber gibt es einen anderen Kupferstich (B. 24), der voll ist von

Die Kreuztragung (Kleine Holzschnittpassion), um 1509

leidenschaftlich starkem Ausdruck. Johannes, stehend mit emporgerungenen Händen, Maria am Boden wie in Krämpfen und Christus, zwar straff in den Beinen, aber mit den hoch hinaufgenagelten Armen ein Martermotiv aufnehmend, das sehr stark wirkt. Die älteren Dürerischen Kreuzigungen geben die Arme einfach horizontal ausgebreitet, erst die gemalte Kreuzigung von 1506 bringt diese emporgerichteten Arme. Ebenda erscheint auch der dunkle Nachthimmel als Hintergrund zum erstenmal, später fehlt er nie mehr. Die Diagonalbewegung nach der Tiefe geht gut mit dem leidenschaftlichen Charakter dieses einzigartigen Blattes zusammen[21].

Kreuzabnahme. – Grüne P. 1504[22], kleine HP. Die Darstellung dieser Szene in der grünen Passion bedeutet wohl den stärksten Anlauf, den Dürer in jenem Werke genommen hat. Der schwebend gehaltene Leichnam mit der Drehung in den Hüften und in den frei fallenden Armen ist an sich ein bedeutendes Thema und gewinnt noch an Wert durch das reiche System von Bewegungen, die zusammengreifend das

Die Kreuzabnahme (Kleine Holzschnittpassion), um 1509

Zentralmotiv in jeder Richtung fortleiten[23]. Nichtsdestoweniger ist das Blatt noch mit empfindlichen Unklarheiten behaftet, und auch in der Christusfigur ist es eine peinliche Halbheit, daß der Kopf nicht hängt. Hier setzt die Umarbeitung ein. Der Holzschnitt gibt fast nichts als den mechanischen Prozeß des Abnehmens, aber eben die Logik der mechanischen Tatsachen ist klarer. Und die Empfindung kommt nicht zu kurz dabei: wie der Tote dem umfassenden Manne sich auf die Schulter legt, wie ein Kind, kann gar nicht ergreifender gedacht werden.

Die Beweinung. – Große HP., grüne P. 1504, KP. 1507, kleine HP. Die Entwicklung in den Beweinungsbildern ist inhaltlich ein Steigern des Ausdrucks vom Bilde des bloß Kranken und Müden zu dem des Toten, dem man ansieht, daß er unter Martern gestorben ist, formal ein Fortschreiten von der unverkürzten zur verkürzten Ansicht, wobei zugleich die Nebenpersonen immer konsequenter von der Hauptperson oder der Hauptgruppe abhängig gemacht werden.

Die Beweinung (Kupferstichpassion), 1507

Das Bedeutendste an Ausdruck gibt die kleine Holzschnittpassion in ihrer kurzen, schlagenden Art; hier spricht nicht nur der Schmerzenskopf, sondern Arme und Beine sind gleichmäßig zum Ausdruck herangezogen. Der frühere Kupferstich leidet noch unter der Absicht, die Glieder in plastisch-interessante Gegensätze zu bringen und auch im Licht zu differenzieren; er ist unmittelbar nach der italienischen Reise entstanden, die Beine sind denen des Christuskindes im Rosenkranzbild analog. Die älteren Darstellungen aber können gar nicht mit in Betracht kommen: der flach liegende Leichnam, der unter den Armen emporgenommen wird, wirkt, wie gesagt, kaum als toter Körper, und der Ausdruck des großen Schmerzes ist noch nicht gefunden, in der grünen Passion noch weniger als vorher. Beidemal hier ist der

Körper in ganzer Längsrichtung gegeben, parallel zum Bildrande und ganz vorn an der Bühne. Es ist die allgemeine Entwicklung, die sich hier sehr klar beobachten läßt, wie der Körper nun in den Raum hineingenommen wird und die verkürzten Ansichten eintreten. Im allgemeinen überläßt der Holzschnitt diese künstlerischen Probleme der Zeichnung dem Kupferstich, hier ist er der Verkürzung, in einer einfachen Anwendung wenigstens, nicht aus dem Wege gegangen, um das ganz Zerbrochene des Körpers vorzustellen. Mit der Schräglinie der emporgezogenen Beine und den zwei Winkeln der Arme beherrscht er denn auch die Gesamtheit des Bildes wie nie vorher[24].

Die Grablegung. – Große HP., kleine HP., KP. 1512. Hier treten Holzschnitt und Kupferstich in dem typischen Gegensatz ihrer Stile ganz klar auseinander. Zeitlich kaum unterschieden, haben die zwei Bilder ein vollkommen anderes Gepräge, indem dort die komplizierteste und hier die einfachste Ansicht gesucht ist. Wo mehr Empfindung dabei ist, kann kaum fraglich sein. Gerade nach dem zerbrochenen Christus der Beweinung wirkt der zum Frieden gelangte Christus der Grablegung im Holzschnitt sehr schön. Der Kupferstich arbeitet mit Überschneidungen, denen die Würde des Körpers zum Opfer gebracht ist. (Die alte, große Holzschnittdarstellung muß als unvergleichbar übergangen werden.)

Niederstieg zur Hölle. – Große HP. 1510, kleine HP., KP. 1512. Der gleiche Gegensatz wiederholt sich in den verwandten Bildern der Höllenfahrt, wo der sich niederbeugende Christus, einmal als Profil- und dann als Frontfigur gegeben, dem Beschauer entgegengeneigt. Der kleine Holzschnitt ist übrigens nur eine Wiederholung des gleichzeitig entstandenen großen. Er erreicht ihn natürlich nicht in der gerade hier sehr brillanten Wirkung von Hell und Dunkel, allein er korrigiert nicht nur einige häßliche Unklarheiten (linke Hand und rechtes Bein), sondern ist auch die einzige Darstellung, wo das Motiv des gebückten Herabsteigens schlicht und ausdrucksvoll gedacht ist.

Die Auferstehung. – Große HP. 1510, kleine HP., KP. 1512. Die drei Bilder sind in der Hauptfigur fast gleich: Christus als Triumphator mit dem idealen Schritt der Italiener, kontrastiert durch die zusammengeknäuelten Figuren der schlafenden Wächter. Der große Holzschnitt hebt dann den Vorgang noch mal um eine Stufe empor, indem er Christus auf Wolken wandeln läßt. Die nüchterne Gesinnung der Altvordern hatte sich mit dem bloßen Heraussteigen aus dem Sarkophag begnügt und dabei auf das Dekorum keinen besonderen Wert gelegt.

In diesem Augenblick versuchte Dürer aber einen noch höheren Schwung zu nehmen: es gibt eine sorgfältig durchgeführte Zeichnung in Weißhöhung von 1510, wo nicht mehr das Gehen, sondern das Fliegen dargestellt ist (Albertina, L. 520)[25], ein heftiges Abstoßen mit etwas Untensicht. Das Gegenstück dazu war ein Simson unter den Philistern mit dem Eselskinnbacken – die alttestamentliche Parallele zur Auferstehung – jetzt in Berlin (L. 24)[26]. Beide Darstellungen zusammen bildeten ein kleines Zweiflügelaltärchen.

Der Schmerzensmann. – KP. 1509, große HP., kleine HP. Die Empfindung der Christen befriedigte sich nicht bei der Gestalt des Ecce homo und den anderen Situationen der Passion, sie wollte noch eine Leidensfigur außerhalb der historischen Szenen haben, in der die Summe aller Schmerzen zusammengezogen und der Andacht vor Augen gestellt wäre: die drei gedruckten Passionen haben als Titelbild den »Schmerzensmann«.

Der Kupferstich von 1509, der die Reihe eröffnet, zeigt den entkleideten Christus stehend, mit zitternden Knieen und wie fröstelnd die Arme zusammennehmend; Geißel und Rute sind ihm in die Hände gegeben: die Seitenwunde blutet; im Rücken steht die Martersäule. Dürer hatte diesen Typus schon früher einmal in einem Stich behandelt (B. 20), der allem Anschein nach in die Zeit der grünen Passion gehört und eigentlich wenig mehr gibt als einen schönen Körper in einer schönen Bewegung der Beine. Jetzt erst ist es die Sache, die spricht. Und alsbald verschwindet auch das Stehen aus der Darstellung und Dürer überzeugt sich, daß im Sitzen die Situation zu einem vollkommeneren Ausdruck gebracht werden könne[27]. Sitzend, mit gerungenen Händen und flehentlich zur Seite gewandtem Antlitz erscheint der Schmerzensmann in der großen Passion, noch verbunden mit dem Knecht, der ihm das Rohr als Zepter reicht, aber doch überhistorisch gedacht, denn die Szene spielt in Wolken. Indessen ist gerade diese Komposition gar zu flott und zu schwungvoll geraten, um eigentlich tragisch zu wirken, und so wird die kleine Passion den Preis davontragen, mit der zusammengekauerten Figur des einsamen Dulders, dessen Gesicht man kaum sieht, wo aber das müde Stützen des Hauptes unendlich viel mehr sagt als der angelegentlichste Augenaufschlag.

3.

Man kann von einer neuen Christusidee sprechen, die Dürer gebracht hat, insofern er das Leiden und die Ergebung, worin die alte Zeit den wesentlichen Inhalt der Gestalt sah, mit Stärke und Männlichkeit durchsetzte. An der Folge der Passionsgeschichten läßt sich das im einzelnen – wenn auch nicht überall gleich deutlich – nachweisen, zusammengefaßt besitzen wir Dürers Auffassung vom Wesen des Heilands in seinem neuen Typus des Christuskopfes, und dieser erscheint nirgends reiner als in dem Schmerzensantlitz des *Schweißtuches der Veronika,* einem Stich aus dem Jahre 1513 (B. 25). Ob man es aus besonderen Lebenserfahrungen erklären muß, daß Dürer hier auf einmal eine neue Tiefe und Innerlichkeit verspüren läßt, weiß ich nicht; man sieht ja auch an andern Menschen, daß sie in den vierziger Jahren des Lebens anfangen, die Pflugschar tiefer zu führen: jedenfalls ist dieses Schweißtuch die Krönung aller Passionszeichnungen, und wenn Dürer irgendwo eine volkstümliche Wirkung ausgeübt hat, so ist es hier geschehen. Der Typus hat bis auf den heutigen Tag seine Geltung nicht verloren.

Seit Schongauers Christus der großen Kreuztragung hat die deutsche Graphik keine

Das Schweißtuch der Veronika, 1513

Augen mehr gezeichnet, die uns so ergreifend ansehen. Aber der Sinn des Blickes ist ein ganz anderer hier als dort. Schongauer will den Christuskopf so fein und mild, den Ausdruck so leidend und herzbewegend als möglich geben, Dürer gibt den Schmerz wohl auch, aber daneben noch etwas anderes: den Willen, Herr darüber zu bleiben. Und dieser Unterschied ist ein typischer. Schon dem Bau nach ist der Kopf anders, mehr ins Breite und Kräftige entwickelt. Was physiognomisch den Eindruck bestimmt, liegt wesentlich in den Partien über den Augen. Durch den Gegensatz der weiblichen Figur in den wehleidig-mitleidigen Engeln ist dann dafür gesorgt, daß der Charakter des Kopfes mit höchster Entschiedenheit spreche[28].

Auch technisch ist der Stich von einer neuen Art, die ihn mit den Meisterstichen auf eine Linie bringt. Die Zeichnung einfach und doch biegsam, ohne das spröd-metallische Aussehen. Wie weich das Gefieder sich anfühlt und wie vollkommen durchsichtig die Mittel andrerseits jetzt sind gegenüber dem Aufwand, den Dürer bei dem Frühstich des Großen Glückes noch für notwendig hielt. In den Kleidern der Engel schimmert und rauscht es wie von Seide. Die ganze Erscheinung auf nächtlich-dunklem Grunde.

Man hat gefunden, Dürer habe seine eigenen Züge in diesen Christuskopf hineingebildet, und sich dabei auf das Münchner Selbstporträt berufen. Allein da die Autorität dieses Selbstporträts als Zeugnis für das wirkliche Aussehen Dürers doch etwas erschüttert ist, wird man auch das Urteil über das Persönlich-Dürerische in seinem Christustypus nur ganz allgemein fassen dürfen: es sind beides Köpfe, die im Sinne einer neuen Vorstellung vom Menschen entwickelt sind, wobei es dann allerdings zu einem gewissen Gleichklang in der Stimmung des Porträts und der Idealbildung gekommen ist.

Kälter, fast gorgonenhaft schreckend, aber außerordentlich großartig wirkt der kolossale Holzschnitt des dornengekrönten Hauptes, der unter Dürers Namen geht und immer gehen wird, auch wenn man jetzt darüber einig ist, daß er dem jungen H. S. Beham nähersteht als Dürer. Bartsch nennt ihn nur im Anhang der unechten Holzschnitte (Appendix, 26); schon im 17. Jahrhundert gab es Kenner, die die Hand des Beham erkannten, und neuerdings hat ihn Pauli ohne Diskussion in seinen Katalog dieses Meisters eingereiht (Pauli, 829). Wenn Passavant in seinen Nachträgen zu Bartsch meinte, kein anderer als Dürer hätte dem Blatt diese Größe geben können[29], so wird man aber auch das gelten lassen müssen, wenigstens insofern, als Erfindung und Zeichnung durchaus von Dürer bedingt sind.

Es ist bezeichnend für die deutsche Kunst, daß sie in einem einzelnen Kopf ihr letztes Wort gesagt hat. Denkt man an die Passionskunst der großen Italiener, so sind es Figuren, Gruppen, die der Erinnerung sich darstellen, und erst mit Guido Reni wird der bloße Schmerzenskopf populär, im Norden ist er es längst gewesen. Im Grunde wollen wir ja doch nur die Züge des Antlitzes bei einem Menschen sehen.

Die Meisterstiche und Verwandtes

1.

Die drei Stiche: Ritter, Tod und Teufel (B. 98), Melancholie (B. 74) und Hieronymus (B. 60) sind von jeher gern als besondere Gruppe zusammengenommen worden. Sie haben in der Größe etwas Übereinstimmendes, sie sind unmittelbar nacheinander entstanden (1513 und 1514) und sind unter sich verwandt auch in der Vollkommenheit der Arbeit. Man meinte, sie müßten auch inhaltlich zusammengehören, und hat auf alle Weise versucht, das geistige Band zu finden. Und wenn es mit den drei Blättern nicht ging, so forderte man wohl auch ein viertes, das die Reihe zu einer Folge der vier Temperamente vervollständigt hätte[1].

Heutzutage aber will niemand mehr recht an solche Gruppenerklärungen glauben. Was soll man sich die Sache schwierig machen, wenn sie sich ganz einfach verstehen läßt? Ritter, Tod und Teufel ist als Bild des »christlichen Ritters« erkannt worden: ein alter Stoff, der gar keine Begleitung und Ergänzung verlangt. Die Melancholie stellt sich schon durch ihre Beischrift als etwas Besonderes beiseite: »Melencolia I«. Keines der anderen Blätter hat eine solche Bezeichnung. Vom Hieronymus endlich weiß man von vornherein, daß dieser Heilige als Einzelblatt so und so oft vorkommt und einer besonderen Interpretation am allerwenigsten bedarf. Als Stimmungskontraste kann man allerdings den Hieronymus und die Melancholie sich gegenüberstellen. Sie sind in bewußtem Gegensatz gearbeitet, aber doch nicht auf gleichzeitige Betrachtung berechnet: formal bilden sie keine Gegenstücke. Beides aber sind Stimmungsbilder, wo das Interesse nicht auf die plastische Form gesammelt ist, sondern in der malerischen Haltung des Ganzen liegt, und dadurch unterscheiden sie sich stark von dem Reiter, bei dem die klare Darstellung der Figur, vor allem des Pferdes, die Hauptsache ist. Nach seiner künstlerischen Fragestellung fällt er aus der Gruppe ganz heraus, und in der Tat reichen seine Wurzeln in andere Gründe hinunter.

Ritter, Tod und Teufel (1513)[2]. – Ich wiederhole: im Zusammenhang der Kunst von 1513/14 berührt das Pferd des Ritters wie ein Archaismus. So ganz unmalerisch ist es aufgenommen, in reiner Breitansicht, mit unverhohlener Absicht, die plastische Form in größter Deutlichkeit zu offenbaren. Das sind Tendenzen, die wir vom Adam- und Evastich her kennen, und unser Pferd ist in der Tat ein Proportionsstudium wie jene Gestalten von Mann und Weib. Schon damals hatte Dürer um die Maße des Pferdes sich bemüht[3], in Italien wurde weiter konstruiert, und um die Zeit von 1512 und 1513 nimmt das Proportionswesen einen neuen Aufschwung. Allein die ganze Bemühung hält sich jetzt mehr auf theoretischem Felde und wir erstaunen, noch einmal eine Konstruktionsfigur als Bild vorgesetzt zu bekommen. Dürer selbst scheint das Motiv eines Normaltiers zu bedeutungslos gefunden zu haben, um

für sich einen Stich zu füllen und so gab er ihm einen neuen Sinn, indem er auf den Typus des eques christianus zurückgriff, Tod und Teufel herbeiholte und damit die Figur zu einer Ausdrucksfigur umprägte. Nicht zum Vorteil der Erscheinung. Man wird sich keinen Augenblick darüber täuschen können, daß die Figurenbegleitung angeflickt und das Ganze ein Kompromiß ist.
Herman Grimm hat das Verdienst, zuerst die Schrift des Erasmus vom christlichen Ritter zur Erklärung des Dürerschen Stiches herangezogen zu haben. Der Name findet sich schon bei Sandrart. Dürer selbst nennt das Blatt im Tagebuch der niederländischen Reise einfach den »Reuter«. Jetzt ist es nicht schwer, auch an einer andern Stelle jenes Tagebuches die Anspielung zu verstehen, da nämlich, wo er bei der Kunde von Luthers Gefangennehmung dem Erasmus zuruft: »Reit hervor, du Ritter Christi«. Weber hat dann das Verständnis weiter gefördert, indem er die Figur des christlichen Reiters als eine alte, der Mystik geläufige Vorstellung nachwies, die auch schon in der volkstümlichen Holzschnittkunst ihren Niederschlag gefunden hatte. Allerdings, soweit bis jetzt bekannt, nur als Einzelfigur ohne Tod und Teufel, dagegen kommen diese zwei Gesellen auf Bilderbeispielen im Zusammenhang mit dem Pilgrim vor, der die Straße des Lebens dahinzieht, im Grunde dieselbe Sache. Dadurch ist es sehr zweifelhaft geworden, ob das Büchlein des Erasmus Dürer die Anregung gab. Gemeint ist eben der Christ, für den das Leben ein Kriegsdienst ist und der, gewappnet mit dem Glauben, sich nicht fürchtet vor Teufel und Tod. Und das verstand damals jedermann[4].
Für Dürer aber, wie gesagt, handelte es sich ursprünglich nur um das einfache Thema eines Pferdes mit einem Mann darauf. Wir haben aus dem Jahre 1498 eine solche Zeichnung, nach der Natur gemacht und mit der Beischrift versehen: »so ist die Rüstung zu der Zeit in Deutschland gewest« (s. oben S. 131). Die Figur des Mannes ist fast wörtlich im Stich wiederholt, sie genügte noch nach 15 Jahren. Ein Beispiel für das Haushälterische in Dürers Betrieb. Das Pferd dagegen ist neu gezeichnet, anders im Bau und anders in der Bewegung. Der Eindruck ist ein ausgesprochen italienischer. Was in diesem Sinne wirkt, sind nicht Einzelheiten wie der italienische Kopf, sondern vor allem die Artikulation der Gesamtform. Wie der Kopf am Hals sitzt und der Hals am Rumpf, wie die Schultern herauskommen und wie die Beine sich trennen von der horizontalen Masse des Leibes, das ist es. Zum erstenmal ist der Pferdekörper ganz begriffen nach seinen plastischen Gegensätzen. Weder im Eustachius noch in dem »kleinen Pferd« von 1505 ist das der Fall, obwohl das letztere auch schon italienische Elemente in sich aufgenommen hat. Und dazu kommt eine wunderbar geschlossen wirkende Liniengleichung im Ganzen. Es ist nicht das Zwingende der einheitlich wirkenden Linie, wie sie die Gotik suchte, sondern eine Notwendigkeit im Verhältnis kontrastierender Richtungen. Die Form geht hier in lebhafteren Gegensätzen auseinander als je vorher, und trotzdem besitzt das Ganze eine Geschlossenheit der Erscheinung wie nur wenige Figuren der klassischen Kunst. Das Gesetzmäßige, das den Hauptlinien und ihren Begegnungen zugrunde

Ritter, Tod und Teufel, 1513

König Tod, 1505. London

liegt, wird vom Auge sofort gefühlt, wenn der Intellekt auch nicht imstande ist, das Geheimnis zu durchschauen[5].

Seiner Bildung nach steht das Pferd zur Natur nur in einem abgeleiteten Verhältnis. Auffallend die schwachen Schultern, der kolossale Hals. Hier sprachen offenbar Proportionstheorien entscheidend mit. Neuerdings ist man dann auch dem Schema auf die Spur gekommen[6]. Aber woher soll nun der entscheidende Anstoß gekommen sein? Man hat früher auf Verrocchio hingewiesen und seinen Colleoni in Venedig: Dürer hat diese Figur sicher sehr genau angesehen, auch die antiken Rosse auf S. Marco, allein das sind Formationen, die vielleicht da und dort für eine Einzelheit anregend gewesen sein mögen, im ganzen aber schon wegen der verschiedenen Bewegung einen andern Anblick bieten. Hier ist ein Fuß gehoben, und die Beine derselben Seite sind vorwärts genommen. Und genau so ist es gehalten bei Donatellos Gattamelata in Padua. Bei Dürer dagegen stehen zwei Füße in der Luft, die diagonal entgegengesetzten. Von dieser Haltung gab es im damaligen Italien nur ein Pferd, das modernste von allen: Lionardos Modell zum Reiterdenkmal des Francesco Sforza. Es stand vermutlich, wenn auch im Verfall, noch aufrecht in Mailand. Dürer kann es leicht dort gesehen haben, doch liegt es vielleicht näher, an andere Vermittlungen zu denken.

Ich ziehe deshalb eine Originalzeichnung Lionardos zum Vergleich heran[7]. Aus der Zurüstung des Pferdes ersieht man, daß es sich wirklich um das zum Guß bestimmte

Modell handelt. Leider ist die Zeichnung zu flüchtig, um das Verhältnis Dürers zu Lionardo genauer bestimmen zu können, doch scheint mit soviel sicher, daß die Gesamterscheinung eine sehr verwandte gewesen ist. Lionardo seinerseits hat sich an eine Antike gehalten, den sog. Regisole in Pavia (zerstört 1796), der eben in der Weise bewegt war, daß die diagonal entgegengesetzten Beine gleichzeitig gehoben werden. Es sei ein Pferd, bemerkt Lionardo gelegentlich, das der Bewegung halber besonders gerühmt werde[8]. Daß Dürer aber überhaupt Pferdestudien Lionardos kopiert hat, ist schon längst bekannt[9]. Er wußte, daß er da vor die rechte Schmiede gekommen sei und hat den Augenblick ausgenutzt.

Der Hund, der neben dem Reiter herläuft, läßt sich wohl auch im geistlichen Sinne interpretieren[10], doch dürfte er mit zum alten profanen Bestande des Bildes gehören als der natürliche Begleiter des Mannes und formell neben den Pferdebeinen erwünscht. Es ist ein schöner, langzottiger Hühnerhund.

Und nun an diese Gestalten der Vollkommenheit und Kraft hinangerückt das Häßliche und Verfallende, die Bilder von Teufel und Tod. Ein Halbskelett in weißem Hemde, reitet der Tod dicht an den Mann heran und hält ihm das Stundenglas vor. Die Knochen sind stellenweise mit strähnigem Haar besetzt. Das Schreckgespenst hat lebendige Augen, aber keine Nase. Um Hals und Krone ringeln sich Schlangen. Das elende Rößlein läßt den Kopf hängen und schnuppert am Boden nach dem Totenkopf. So hatte Dürer schon früher einmal den König Tod gezeichnet, noch eindrucksvoller: das kronentragende Skelett mit der Sense, vorgebeugt auf dem Klepper, dem das Glöckchen am Halse bimmelt (London L. 91). Auch für den Teufel ist ein ansehnliches Vergleichsmaterial vorhanden. Dürer gibt hier die vollständigste Sammlung seiner Motive. Der Rüssel ist schweineartig. Die Augen sind stechend und kreisrund. Er kommt von hinten und streckt die Tatze aus nach dem Reiter. Der sieht es aber nicht, sondern reitet geradeaus, mit einem »Schmunzeln«, das wir vielleicht nicht mehr ganz richtig in seinem Ausdruckswert verstehen: es kommt in gleicher Weise vor bei der Eva des Kupferstiches und dem Großen Glück. Für den Gesamteindruck ist es wesentlich, daß der Reiter das Blatt nach seiner ganzen Breite füllt. Auch der Hintergrund ist, nach dem Massengeschmack dieser Jahre hoch hinauf geschlossen, eine dunkle Wand, vor der das Licht stark spricht[11]. Auf diese Weise war es möglich, den Tod in seinem weißen Hemde, der als bloßer Größenwert unbeträchtlich ist, mit starkem Akzent auszustatten. Das Unheil in der Verwirrung der Beine war dagegen nicht mehr gutzumachen; es hilft nichts über den Eindruck des Unzusammenhängenden hinweg. Gerade durch das Zerstückelte der Nebenfiguren gewinnt aber die planimetrisch-klare und vollständige Erscheinung der Hauptfigur eine siegreiche, sichere Erscheinung, die wohl mit dem Sinne des Blattes zusammengeht, wenn auch der Eindruck des Schauerlichen ausgeblieben ist[12].

Die Melancholie (1514). – Ein geflügeltes Weib, das auf einer Stufe an der Mauer sitzt, ganz tief am Boden, ganz schwer, wie jemand, der nicht bald wieder aufzuste-

Der Melancholiker. Kalenderillustration des 15. Jahrhunderts

hen gedenkt. Der Kopf ruht auf dem untergestützten Arm mit der Hand, die zur Faust geschlossen ist. In der andern Hand hält sie einen Zirkel, aber nur mechanisch: sie macht nichts damit. Die Kugel, die zum Zirkel gehört, rollt am Boden. Das Buch auf dem Schoß bleibt ungeöffnet. Die Haare fallen in wirren Strähnen, trotz dem zierlichen Kränzchen, und düster-starr blicken die Augen aus dem schattendunklen Antlitz. Wohin geht der Blick? Auf den großen Block? Nein, er geht darüber hinweg ins Leere. Nur die Augen wandern, der Kopf folgt nicht der Blickrichtung. Alles scheint Unmut, Dumpfheit, Erstarrung.

Aber ringsherum ist's lebendig. Ein Chaos von Dingen. Der geometrische Block steht da, groß, fast drohend; unheimlich, weil es aussieht, als ob er fallen wolle. Ein halbverhungerter Hund liegt am Boden. Die Kugel. Und daneben eine Menge Werkzeuge: Hobel, Säge, Lineal, Nägel, Zange, ein Tintenfaß mit Federrohr – alles ungenützt, unordentlich zerstreut.

Was soll das heißen? Als Erklärung steht oben, den Flügeln eines fledermausähnlichen Fabeltieres eingeschrieben, das Wort: MELENCOLIA I[13].

»Melancholie« hat einen doppelten Sinn. Wir kennen nur noch den einen, daß es eine Gemütserkrankung ist, die den Menschen lähmt und von allen Seiten mit Hindernissen umstellt, daneben aber bezeichnet Melancholie eines der vier Temperamente und der Melancholiker in diesem Sinne braucht kein Kranker zu sein: es sind nach Aristoteles die ernsten, zum geistigen Schaffen veranlagten Naturen.

Als eine Darstellung des tiefen spekulativen Denkens ist Dürers Stich denn auch oft verstanden worden. Daß er nichts anderes zu geben beabsichtigte als den forschenden Geist, der vom Experiment zur Synthese übergegangen ist und in intensivster Anspannung des Gedankens die Ahnungen der inneren Anschauung sich zur Deutlichkeit zu bringen versucht. Selbstvergessen, unberührt vom Gegenwärtigen säße die Frau da, nur ihrer Vision nachdrängend, ein Urbild wissenschaftlich-schöpferischer Arbeit.

Die Melancholie, 1514

Aber wie? Ist diese Lähmung wirklich nur die Maske der höchsten Produktivität? Daß etwas lebendig ist in dieser unbeweglichen Gestalt, sieht man wohl, der gespannte Blick, die festgeschlossene Faust sprechen von einem Wollen; aber hat man den Eindruck, daß diese Frau in einer Tätigkeit sich befindet, die ihr angemessen ist? Handelt es sich nicht vielmehr um einen Zustand von durchdringendem Unbehagen? Und das tiefbeschattete Gesicht, die wirren Haare – sie bedeuten doch etwas? Und wenn auch vielleicht ein Moderner findet, der Forscher müsse unwirsch sein in der Frisur, und das Ungeordnete im Raum habe etwas Prickelnd-Anregendes, so ist das eben modern empfunden. Die Studierstube des 16. Jahrhunderts ist von peinlicher Ordnung und Stille, und es ist kaum anders denkbar, als daß die Zeitgenossen von Dürers Melancholie zunächst aufs heftigste durch das Ungleichgewichtige im Bilde betroffen worden seien.

Eine weitere Überlegung bestätigt, daß wir mit dieser Deutung auf dem richtigen Wege sind. Auch die »Melancholie« hat ihre Vorgänger. Populär, wie die Lehre von den Temperamenten war, wird sie in den Kalendern traktiert mit Vers und Bild. Da ist dann der Melancholiker der Mann, der die Arme auf den Tisch und den Kopf auf die Arme gelegt hat, und seine Frau ist am Spinnrad eingeschlafen (s. Abb. S. 204). Die Unlust zu jeder Tätigkeit galt als der entscheidende Zug im Wesen des Melancholikers. Melancholie überhaupt aber war der »unedelste Komplex«. So lautete das volkstümliche Urteil, ganz im Gegensatz zu der Lehre des Aristoteles.

Durch Giehlow wissen wir nun, daß seit kurzem die antike Meinung wieder zu Ehren gebracht worden war. Marsilius Ficinus vertrat sie in seiner Schrift vom dreifachen Leben, die auch ins Deutsche übersetzt war: »Alle Männer, so in einer großen Kunst vortrefflich sind gewesen, die sind alle melancholici gewesen«. (Nach Cicero, Tuscul. I., 33: omnes ingeniosos melancholicos esse[15]). Dürer hat diese Schrift gekannt und mit seinem Stich im einzelnen und ganzen sich zu ihr bekannt. Er gibt nicht die beliebige tatenlose Schwerblütigkeit: um seine edlere Melancholie sind allerlei Zeichen der messenden Wissenschaft und der Technik gehäuft. Aber immerhin – nicht die Beschäftigung mit diesen Dingen ist dargestellt, sondern die völlige Apathie, und somit schließt sich Dürer doch wieder an die älteren Darstellungen an.

Unsere Interpretation setzt nun aber voraus, daß der Begriff Melancholie von Dürer bereits in der modernen Doppelbedeutung unterschieden worden sei: als normale Temperamentsbestimmung, wo die schwarze Galle sich verträgt mit den anderen Säften, und als jener Zustand des Ungleichgewichts, wo die Seele unlustig wird zu jeder Tätigkeit. Haben wir das Recht, diese Voraussetzung zu machen? Gewiß. Dürer gebraucht das Wort Melancholie in seinen Schriften zwar nur ein einziges Mal, aber in einem sehr aufschlußreichen Zusammenhang. Er spricht von der Erziehung junger Maler und erwähnt den Fall, daß der Lernende sich überanstrengte, daß er »zu viel sich übte«. Dann würde ihm davon die »Melancholie *überhandnehmen*« und man müßte mit kurzweiligem Saitenspiel versuchen, das »Geblüt zu ergötzen«[16]. Das ist gerade, was wir zur Erklärung des Stiches brauchen. Die Verdüsterung eines jungen Künstlers hat Dürer zwar nicht dargestellt, das geistige Bemühen ist ganz universal gefaßt und die nach damaliger Anschauung zentrale Tätigkeit, die mathematische, als Hauptmotiv herausgenommen, kein Zweifel aber, daß die Situation nicht mehr das Tun, sondern eine Hemmung im Tun gibt, d. h. eben jenen Zustand, dem der Melancholiker so leicht ausgesetzt ist, wo das Blut schwarz und

schwer geworden ist, d. h. die Melancholie »überhandgenommen« hat. Der Abend ist besonders gefährlich. Auf diese Stunde deutet die Fledermaus.
Die melancholische Depression ist bei Marsilius Ficinus eingehend beschrieben. In der überlangen Beschäftigung mit geistigen Dingen (bei der »*steten* Lehr«) hat sich das leichte Blut verzehrt, das Gehirn ist kalt und trocken geworden, die Vernunft ist verstopft. »Die Vernunft ist verstopft«: es läßt sich nicht treffender der Zustand der Frau auf Dürers Stich kennzeichnen. Der Blick geht ins Leere. Die Kugel ist dem Schoß entrollt, der Zirkel hat nichts mehr zu tun. Man spricht wohl auch von einem *grüblerischen* Vor-Sich-Hinbrüten. Das ist dann aber nicht als die Ursache, sondern als die Folge des melancholischen Anfalls zu verstehen[17].
Man tut sicher unrecht, aus Dürers Melancholie ein faustisches Geständnis herauslesen zu wollen: »– und sehe, daß wir nichts wissen können«. Zwar meint man immer wieder, es müsse in dem großen Block eine quälende unlösbare Frage stecken. Er steht so auffällig im Bilde, daß man ihm gar nicht ausweichen kann. Wenn er nur wirklich irgendein mathematisches Problem enthielte, etwas wie die Quadratur des Kreises – allein die Fachleute leugnen, daß der Körper irgendein besonderes geometrisches Interesse biete oder geboten haben könne[18]. Die bloße Unregelmäßigkeit tut es nicht, und daß es etwa ein Kristall sein sollte, der ja wohl als ein mächtiges Geheimnis der Natur erscheinen konnte, das anzunehmen verbietet die Größe und die unkristallinische Oberflächenzeichnung. Der Block liegt aber überhaupt nicht in der Blickrichtung der Frau. Man denke nur, wie hoch der Augenpunkt im Bilde genommen ist und daß der Block auf derselben Stufe steht, auf der sie sitzt, nicht höher.
Kurzum, ich kann nicht sehn, daß irgendwo auf besonders schwierige Aufgaben hingewiesen wäre. Noch weniger möchte der Sinn des Blattes getroffen sein mit dem Satze, daß das Forschen und Grübeln überhaupt niemanden glücklich mache, weil es zu keinem Ende führe. Das Preisgeben der weltlichen Forschung widerspräche der ganzen geistigen Tendenz Dürers, der eine Wissensfreudigkeit besaß wie Lionardo und der im unablässigen Suchen und Beobachten gerade das verehrte, was uns Gott näherbringe. Freilich war er sich auch der Schranken der menschlichen Natur bewußt und daß uns ein abschließend-klares Erkennen unmöglich sei, aber sollten wir deswegen überhaupt das Forschen aufgeben? »Den viehischen Gedanken nehm wir nit an«, antwortet Dürer auf einen solchen Einwurf[19].
Es ist das Verdienst Warburgs, die astrologische Seite des Problems aufgenommen und die Beziehung des Melancholikers zum Planetengott Saturn, dem er unterstellt ist, ins Licht gerückt zu haben[20]. Auf derselben Fährte sind dann Panofsky und Saxl weitergegangen[21]. Es ist nicht unwichtig zu erfahren, daß die Tätigkeit des Messens schon im spätern Mittelalter mit dem Bilde des Saturn sich verbindet, und an *einer* Stelle hat Dürer sicher astrologische Weisheit vorgetragen: in dem Zahlenquadrat in der Mauer, einer Zahlenzusammenstellung, wo je vier Felder immer dieselbe Summe ergeben, ob man sie horizontal, vertikal oder diagonal abliest. Man schrieb sol-

chen »magischen Quadraten« geheimnisvolle Kraft zu[22]. Hier ist es das Jupiterquadrat, das entsprechend der heiteren Natur des Gottes schützend gegen die verdüsternde Macht des Saturn wirkt. Die Erklärung im Sinne astrologischer Heilkunde wird sichergestellt durch die Tatsache, daß das Quadrat als Metallscheibe gegeben ist, so wie es Agrippa von Nettesheim gelegentlich fordert[23].

Im Gegensatz zu den Figuren des Kalenderbildes ist Dürers Melancholie geflügelt. Das will sagen, daß er nicht einen einzelnen melancholischen Menschen, sondern den Begriff der Melancholie darstellen wollte. Mit denselben Mitteln ist z. B. die Frau des Großen Glücks als allegorische Figur gekennzeichnet.

Was Zirkel und Kugel sagen wollten, verstand man ohne weiteres.

Die Mathematik ist die Grundlage aller Wissenschaft. Eben darum muß sie hier im Zentrum stehen. Der große Block, wenn er auch ein besonderes geometrisches Problem nicht einschließt, liegt offenbar im selben Interessenkreis. Schon Sandrart rühmte ihn als perspektivische Konstruktion. Die Vorzeichnung findet man im Dresdner Skizzenbuch[24]. Verständlich ist auch die Waage und die Sanduhr als Zeitmesser (– wenn die Nähe des Glöckleins nicht eher auf den Sinn deutet, daß die Zeit dem Ende entgegenrinnt?), auch der Alchimistentiegel gehört zum legitimen Hausrat, aber damit ist das Inventar ja noch lange nicht erschöpft. Man hat den Versuch gemacht, in den Gegenständen die Gesamtheit der mittelalterlichen artes liberales und artes mechanicae nachzuweisen: eine wohl begreifliche Bemühung, die aber zu keinem Resultat geführt hat. Es sind allerlei Werkzeuge der Kultur dargestellt, indessen, wie es scheint, ohne eine systematische Illustrierung alter Kategorien anzustreben. Das Wesentliche ist, daß alles zerstreut am Boden liegt: nicht zerbrochen (wie die irdischen Musikinstrumente zu Füßen von Raffaels Cäcilia, der sich die himmlischen Harmonien öffnen), aber ungenützt. Die Zange ist halbverdeckt vom Rock der Frau und auf die Säge setzt sie den Fuß.

Für zwei alltägliche Dinge gibt Dürer selbst eine Erklärung: für den Beutel und die Schlüssel am Gürtel der Frau. Sie bedeuten Reichtum und Gewalt[25]. Diese Güter sollen auch dem Saturniker zugänglich sein. Wie kann man aber glauben, daß irgend jemand den Gegenständen, die zu den Attributen jeder Hausfrau gehörten, hier plötzlich einen besondern Sinn untergelegt hätte!

Doch all das sind äußerliche Dinge, die mit dem Bildwert des Stiches nichts zu tun haben. Das Erstaunliche ist, wie Dürer alle Mittel der Form herangezogen hat, um die Stimmung der Melancholie eindrücklich zu machen. Für die Figur – da muß er einmal eine Natursituation gesehen haben, die ihn nicht mehr losließ, so eine Person in Weltuntergangsstimmung am Boden hockend; wie er aber nun die Stimmung durchführt, darin ist er vollkommen schöpferisch-original.

Das Dissolute der geistigen Verfassung spielt sich in dem Dissoluten der Komposition. »Du hast mir mein Gerät verstellt –«. Keine herrschende Linie, keine ausgesprochene Horizontale oder Vertikale. Die Dinge stehen hart und wirr nebeneinander. Als etwas ganz Unverdauliches liegt der große Block im Bilde. Widrig, als unreine Harmonie wird die Schräglinie der Leiter empfunden (wie der Eindruck sich gleich beruhigt, wenn man die Leiter zudeckt!). Unbehaglich ist das Rahmenlose, Ungefaßte des Ganzen.

Das Licht ist nicht gesammelt, sondern zerstreut, und die Haupthelligkeiten sitzen tief unten. Ohne entschiedene Gegensätze, in chromatischen Gängen geht die Tonbewegung über das Bild hin. Am Himmel zuckt eine flackernde Erscheinung, der saturnische Komet.

Einen psychologischen Kontrast aber hat Dürer in die Komposition hineingesetzt: das ist das kleine Engelknäbchen, das oben auf dem Mühlstein Platz genommen hat und, unbehelligt von trüben Gedanken, höchst angelegentlich sein Täfelchen beschreibt, was indessen nicht ernsthaft zu nehmen ist. Es ist kein »Denker im kleinen«, sondern ein Kind, das Kritze macht, den Griffel im Fäustchen haltend[26].

Begriff und Charakteristik der Dürerschen Melancholie sind auch bei überhandnehmendem Romanismus noch lebendig geblieben. Genau fünfundzwanzig Jahre später bringt Hans Sebald Beham das Motiv wieder im Kupferstich. Es ist noch immer die Frau, die mit aufgestütztem Arm müde dasitzt und ohne innere Teilnahme an der Kugel herumzirkelt, nur ist die Darstellung jetzt klassisch »gereinigt«, d. h. alles, was an eine individuelle Wirklichkeit erinnern könnte, ist getilgt.

Der Hieronymus im Gehäus (1514). – Der heilige Hieronymus ist der Stubenheilige. Er hat die Bibel aus dem Urtext ins Lateinische übersetzt, er ist der gelehrte, nachdenkliche Mann, der den geschlossenen Raum braucht und Stille um sich haben muß. Man weiß, daß er zu andern Zeiten auch die Einsamkeit der Wüste aufsuchte, um zu beten, und Buße tat, indem er mit Steinen sich vor die Brust schlug, und daß einmal ein Löwe zu ihm kam, dem er den Dorn aus der Tatze zog und der ihm dann folgte wie ein frommes Haustier.

Dürer hat den Hieronymus öfter behandelt als irgendeinen andern Heiligen. Am Anfange sind es im Sinne des 15. Jahrhunderts die äußern Vorgänge, die er darstellt: das Ausziehen des Löwendorns und die Askese mit dem Stein, später gibt er mehr das Innerliche, das Beten, das Betrachten; hier aber bei diesem schreibenden Hieronymus möchte man glauben, daß er überhaupt nur an den guten Geist eines häuslichen gepflegten Raumes gedacht habe.

Ein richtiges spätgotisches Zimmer, mit gruppierten Fenstern, Balkendecke und getäfelter Wand. Eine umlaufende Bank mit Kissen belegt. Ein schöner Tisch und das übliche Schreibpültchen darauf. Gegen das Fenster zu ein zweites. Dann allerlei Gerät an der Wand und von der Decke herunterhängend ein Kürbis, wie man das in Bauerhäusern noch heute sehen kann. Der Löwe liegt ruhig ausgestreckt am Boden. Ein kleiner Hund schläft neben ihm. Das Wichtigste ist nun freilich nicht die Ausstattung des Zimmers, sondern die Art der Linien- und Lichtführung, und hier ist mit großem Bedacht gerade auf den Eindruck hingearbeitet, den die Melancholie vermeidet: daß das Ganze heiter und ruhig erscheine, daß die Stimmung, um es mit einem Worte zu sagen, eine »aufgeräumte« sei.

Der Raum ist auf drei Seiten fest gerahmt: schon das wirkt beruhigend. Links ein einspringender Pfeiler, oben der dunkle Balkenzug, unten eine Stufe und der Wall der Tiere. Nur nach rechts ist das Zimmer unbegrenzt und der Augenpunkt liegt ganz gegen den Rand hin auf dieser Seite. Das bringt Weite in die Enge. Daß trotzdem das Bild nicht »verläuft« und dem Raum der Charakter des Sicher-Beschlossenen gewahrt bleibe, dafür sorgt Dürer mit den verschiedensten Mitteln: die Tiere helfen dazu ebenso mit wie der große Kürbis, der von der Decke herunterhängt, die Ecke füllend und das Ganze zusammenfassend. Er spielt für den Gesamteindruck die gleiche Rolle wie eine freundlich hereingrüßende Ranke am Fenster oder ein von oben einschneidender Zweig in einem Landschaftsbilde, wo man dann sagt, die Landschaft habe etwas Trauliches und kaum bemerkt, daß das Trauliche nicht von der Gegend kommt, sondern von der Art der Rahmung des Blickes.
Die Linie der Ruhe ist die Horizontale. Sie durchklingt das ganze Bild, ohne die Gegensätze auszuschließen. Die Dinge ordnen sich in horizontalen Schichten. Die großen rahmenden Formen oben und unten geben gewissermaßen das Thema an, das dann in den Tieren, an Wand und Decke und dem hell beschienenen Tisch ein mannigfaches Echo findet. Erst dadurch sind die Schräglinien und der kecke Fensterbogen möglich, und jetzt dürfen sich auch die fröhlichen Rundformen hervorwagen. Die verschobene zweisitzige Bank und die unordentlich hingeworfenen Schuhe sind ebenfalls ungefährliche Kapricen, die die Stille des Raumes nicht aufheben. Er soll ja nicht tot, sondern lebendig aussehen, erfüllt von jenem warmen Leben, das als Licht in den Kringeln der Fensterwand zittert und als Linie in den Maserzeichnungen der Balken arbeitet, leise murmelnd, wie das Wasser eines Bächleins, das über Steine hinfließt.
Die lebhaftesten Linienkontraste und die lebhaftesten Lichtkontraste liegen in der Mitte. Dort ist ein Herd von viel Bewegung, die sich nach außen zu immer mehr beruhigt. Obwohl das Licht in munterm Wechsel erscheint, wirkt es im ganzen doch still und gesammelt, eben weil ein dominierendes höchstes Licht da ist. Es liegt auf der Figur des Heiligen und auf dem Tische. Das reine Weiß (des Papiers) kommt zwar noch einmal am Kürbis vor, allein, es besitzt dort nicht mehr die gleiche Helligkeit, weil der Gegensatz des Dunkeln fehlt. Höchstes Licht und tiefster Schatten sind zentral zusammengenommen.
Daß aber im Kürbis oben noch eine bedeutende Helligkeit erscheint, wirkt ebenso heiter, wie das tiefsitzende Licht der Kugel das Bild der Melancholie schwer macht.
Bei der Melancholie sind es nur unentschiedene Tongegensätze, man möchte von einem Moll-Charakter der Lichtführung sprechen, hier schreitet die Bewegung in klaren und kräftigen Intervallen fort.
Wie der Lichteinfall durch die runden Fensterscheiben an sich ausgebildet worden ist, mit den Sonnenmustern an der Leibung, der Begegnung der verschiedenen

Blauracke, 1512. Wien, Albertina

1512

Lichtquellen, der Ausgleichung zwischen Schatten und reflektiertem Licht, das hat man von jeher bewundert. Der lichterfüllte Binnenraum ist hier zum erstenmal ein Problem der zeichnenden Kunst geworden, merkwürdigerweise nur der Schwarzweiß-Kunst. Es wäre Dürer nicht eingefallen, dergleichen zu malen. Und doch gab es in Deutschland damals schon einen, der diese Phänomene farbig sah: Grünewald in Colmar.
Sind wir fertig mit der Analyse? Aber wir haben noch gar nicht von dem Heiligen selber gesprochen. Das ist das Wunderbare, daß man den frommen Schreiber beinahe übersehen kann. Er ist ganz klein im Verhältnis zum Raum. Die Stimmung des Bildes ist nicht mehr allein bedingt durch den Inhalt der Figur, sondern liegt mit im Nicht-Persönlichen. Und so sollte man glauben, wir stünden am Anfang einer Interieurmalerei, wie sie die Holländer des 17. Jahrhunderts gepflegt haben. Allein, die Entwicklung geht nicht weiter auf dieser Linie und es dauert noch fast hundert Jahre, bis Rembrandt geboren werden konnte.

2.

Die sehr künstliche Linientechnik dieser Blätter läßt sich im allgemeinen so bestimmen, daß die einfache, tiefe und lange Stichelführung, die die Erscheinung kräftig und strahlend macht, eine Brechung erfährt zugunsten einer nuancenreichern, tonigen Wirkung mit mehr Stoffcharakteristik, ohne doch die Subtilitäten des ältern Feinstichs wieder aufkommen zu lassen. Es sollen Elemente sein, die ihrer Art nach immer erkennbar bleiben und namentlich im Druck standhalten. In ausgedehntem Maße sind Schwärme kleiner Linienkeile verwendet, die wie ein Sprühregen bald in dieser, bald in jener Richtung die Flächen überschauern. Übrigens ist die Behandlung der Stiche keine gleichartige. Ritter, Tod und Teufel hat noch etwas von jener ältern Manier, man kann sich einen guten Druck gar nicht energisch genug im Glanz der Tiefen und im metallischen Schimmern der Lichter denken, das liegt so im Thema. Die zwei andern Blätter sind mehr von graulich silberner Tönung. Was Thausing meinte, es sei die Wirkung einer zugrunde liegenden Radierung, ist nicht richtig. Es kommen merkwürdige Dinge jetzt vor, wie das Zusammenstreichen der großen Schattenpartie am Rock der Melancholie mit divergierenden engen Linienlagen in einer Formlosigkeit, die man bei Dürer, und gar im Stich, für unmöglich hält. Das gibt dann jenes flimmernde Helldunkel, aus dem ein vereinzelter weißer Faltengrat wie ein Blitz aufzuckt. Wer könnte alle die verschiedenen Oberflächencharaktere beschreiben? Ich will nur sagen, daß eine solche Technik unverständlich bliebe, wenn wir nicht wüßten, daß sie genährt wurde von einer neuen Sinnlichkeit. Über diese psychologischen Grundlagen geben die Zeichnungen den besten Aufschluß. Wie Dürer damals in den Miniaturmalereien der Albertina von 1512 (L. 526, 527) das Wesen des Gefieders in Vogelflügeln und Vogelbrüsten durchempfinden konnte, hat weder früher noch später bei ihm eine Analogie[27].

Hieronymus im Gehäus, 1514

Die Entführung, 1516

Etwas anderes, was diesen Stichen ein neues Aussehen gibt, ist ihr »farbiger« Charakter. Das will heißen: eine Dunkelheit bedeutet jetzt mehr als nur einen Schatten, sie bezeichnet den Lichtwert einer Farbe (valeur). Das Pferd des Eustachius ist nur schattiert, man weiß nicht, ob es braun oder schwarz oder weiß sein soll, das Pferd des Ritters mit Tod und Teufel erweckt dagegen die Vorstellung einer ganz bestimmten Farbe oder wenigstens Farbenstufe, es muß grau sein oder von einem nicht sehr dunklen Braun. Eine Helligkeit wie der Kittel des Todes erscheint als entschiedenes Weiß; er ist hell, nicht weil er im Licht steht, sondern weil das seine Lokalfarbe ist. Die Zahlentafel bei der Melancholie (mit dem magischen Quadrat) wirkt farbig anders als die Mauer, obwohl die Beleuchtung für beide die gleiche ist. Beim Hieronymus hat die Wand den dunklen Ton alten Holzes, und der Löwe ist im Wert eines falben Gelb durchaus überzeugend ins Bild hineingesetzt.
Das sind prinzipielle Neuerungen. Ganz ist man der Farbbezeichnung allerdings nie aus dem Wege gegangen, allein hier handelt es sich um ein klares System, neben dem auch einzelne Versuche aus Dürers malerischer Frühperiode – die Flügel im Großen Glück sind z. B. farbig behandelt – nur als zusammenhanglose Bemühungen erscheinen.
Und nun ist es interessant, daß er trotzdem auf eine konsequente Durchführung des Prinzips sich nicht einläßt. Die Lichtgrade der Wirklichkeit sind feiner beobachtet als früher, aber es fiel Dürer nicht ein, im Stich eine genaue Reduktion der farbigen Werte geben zu wollen, ein verkleinertes Abbild gewissermaßen der bunten Erscheinung: er übertreibt, wo es ihm paßt, die Lichter und übertreibt die Schatten, das ist das gute Recht, das er für die graphische Darstellung in Anspruch nimmt. Das Pferd von Ritter, Tod und Teufel hat große, weiße Stellen, die nicht als bloße Glanzlichter verstanden werden können. Die Kutte des Hieronymus ist auf der hellen Seite ganz weiß, während doch die Farbe selbst an der offenen Sonne sich nicht so weit auflichten würde, und entsprechend ist die dem Licht abgekehrte Seite zu schwarz nach natürlichen Verhältnissen.
Der Holzschnitt ist auf die farbigen Rechnungen gar nicht eingegangen. Nichts ist lehrreicher für die verschiedene Behandlung der Gattungen als eine Vergleichung des gestochenen Hieronymus von 1514 mit dem Holzschnitt von 1511 (B. 114). Auch hier ist es ein »Gehäus«, aber ohne Ausführlichkeit der Schilderung. Soviel Kleinkram herumsteht, der Holzschnitt arbeitet doch immer noch mit Abkürzungen. Die Stimmung liegt in der Verteilung der breit gedehnten, hellen und dunklen Massen und im Charakter der durchweg sichtbar gehaltenen Linien. Noch einmal kommt es mit aller Deutlichkeit zutage, wie die Linie hier prinzipiell anders geführt wird als im Stich, wie sie hier einen dekorativen Eigenwert hat und nicht bloß im Dienst der Modellierung und Tönung steht. Je oberflächlicher die Ausdrucksweise ist, um so mehr Bedeutung bekommt das Linienspiel als solches. Und ganz unentbehrlich ist dem Holzschnitt das Faltengekräusel: das reiche Formengeschiebe des Mantels auf der Bank macht den Raum überhaupt erst behaglich. Wo mit der Linie

nichts zu machen ist, setzt die Charakterisierung ganz aus. Die Zeichnung des Löwenfells beschränkt sich auf ein paar Andeutungen. Der Holzschnitt konkurriert prinzipiell nicht mit dem Kupferstich in der Bezeichnung des Stofflichen. In der verschiedenen Behandlung des Balkenwerkes haben wir das anschaulichste Beispiel dafür. Die Maserung ist eine Sache, die schon die Phantasie des 15. Jahrhunderts stark beschäftigt hat. Schongauer ließ sich's nicht nehmen, auf dem großen Stich der Kreuztragung die Linien des Holzes ausführlich zu zeichnen, trotzdem er dabei aus der Proportion der Darstellung herausfiel; denn jene Linien bedeuten in seinem Bilde nun viel mehr, als sie in Wirklichkeit bedeuten würden. Erst Dürer zwang in seinem Kupferstich des Hieronymus die Zeichnung des Holzes so weit zurück, daß sie sich dem Gesamtbilde verhältnismäßig eingliedert, und man wird nicht finden, daß er deswegen an Fülle der Detailbeobachtung etwas preisgegeben hätte. Er tat das im Kupferstich; im Holzschnitt aber, dessen Mittel eine naturalistische Darstellung überhaupt nicht zuzulassen schienen, verharrt er auf der Stufe des 15. Jahrhunderts und behandelt das Thema der Maserung lediglich nach dekorativen Gesichtspunkten (vgl. den Holzschnitt der Anbetung der Könige). Und was die Farbe anbetrifft, so ist der Holzschnitt auch da, wie gesagt, konservativ. Das Rot des Kardinalmantels beim Hieronymus ist ebensowenig angedeutet wie die Farbe des Kissens, des Vorhangs oder des Löwen.

Neben Holzschnitt und Kupferstich hatte Dürer in jenen Jahren das Bedürfnis, noch andere graphische Möglichkeiten zu versuchen. Er experimentierte auf der Metallplatte mit der Schneidenadel, d. h. mit bloß geritzten Linien, und daneben auch mit Ätzung, wo die Eintiefung der Zeichnung der metallfressenden Säure überlassen wird. Das letztere war ein für die höhere Kunst neues Verfahren, das Zeichnen mit der Schneidenadel dagegen war bereits eingeführt und mußte durch die Leistungen des Hausbuchmeisters sogar den Ruhm einer besonders delikaten künstlerischen Technik haben. Während sie dort aber mehr im Dienste einer impressionistisch-lebendigen Darstellung steht, sucht Dürer sie für Tonwirkungen auszunützen, und in dem Hieronymus am Weidenbaum von 1512 (B. 59) erreicht er auch bereits die merkwürdigsten Resultate. Das Blatt mit dem sitzenden Beter, der, weißbärtig, mit belichtetem Oberkörper vor dunklem Felsenhintergrund erscheint, während die untere Hälfte der Gestalt im Halblicht bleibt, ist malerisch so fein und weich, daß Lippmann den Eindruck haben konnte, als sei Dürer hier überhaupt im Begriff, die Schranken des 16. Jahrhunderts zu überwinden. Um so seltsamer ist es, daß die Versuche, sich ins Land des Malerischen durchzutasten, dann gleich abbrechen[28]. Man muß freilich sagen, daß Dürer in dieser Sphäre des unbestimmten Ausdrucks sich nie recht wohl habe fühlen können. Selbst die malerischen Interieurwirkungen des gestochenen Hieronymus haben ja keine Fortsetzung gefunden.

Die Ätzung löste die zarte Nadelarbeit ab. Dürer behandelte sie mit holzschnittmäßig-massiver Strichgebung. Es entstanden fünf Blätter, das letzte 1518. Bei der Dikke der (auf Stahl oder Eisen) geätzten Linien konnte es sich nur um derbe Wirkun-

gen handeln. Manchmal streift er fast ans Grelle. In der unheimlich flackernden Nachtszene des Ölbergs von 1515 (B. 19) hört man den Wind durch die Äste ziehen, und es klingt wie Sturmgeheul die Klage des Engels, der mit dem Schweißtuch in den Händen im dunklen Raume emporfliegt (B. 26, 1516). Dann gibt es eine leidenschaftliche Entführung aus demselben Jahre. Ein nackter Reiter, der mit einem Weibe davonrast. Es braucht nicht die Entführung der Proserpina zu sein, die Volksphantasie besaß ähnliche Vorstellungen[29]. Wie der Mann das Tier zwischen die Schenkel klemmt, sich zurücklehnt und mit einem Arm den ungebärdigen Frauenkörper in eiserner Umklammerung an sich drückt und dabei alle Mühe hat, an der Mähne des höllischen Rosses sich festzuhalten, das ist so gut erfunden, daß auch die etwas leere Behandlung des Weibes den Eindruck nicht verderben kann[30]. Das Tier dagegen ist als Bewegungsfigur nicht ganz geraten: die Hinterbeine stehen still.
Diese Entführung und ein gleichzeitig radiertes Blatt mit ein paar Akten von unverständlicher Gebarung (B. 70) sind die graphischen Hauptdokumente für Dürers Behandlung des Nackten in seiner mittleren Periode. Merkwürdig, daß er diese Stoffe jetzt nur in der allerderbsten Technik behandelt. Auch die Zeichnungen geben kaum mehr. Es bleibt bei einem Operieren mit bewegten Figuren, die mit sicherer Hand aufs Papier gebracht sind, aber wenig Naturstimmung haben und neben dem, was wir von den gleichzeitigen Schwaben und Schweizern kennen, kühl wirken[31].
Erst zuletzt, 1518, tritt die Ätzung auch in den Dienst der ruhigen Schilderung: in der Landschaft mit der Kanone (B. 99), wo Dürer in großem Format den Inhalt eines weitgedehnten Geländes auf den schlichtesten Ausdruck zu bringen versuchte. Es ist für uns der Anlaß, über die Landschaftszeichnungen dieser Epoche im allgemeinen etwas zu sagen, um dann zu den andern Stoffkreisen überzugehen.

3.

Dürer hat es uns leicht gemacht, seine Fortschritte in der Landschaft zu beurteilen, indem er in männlichen Jahren jene Gegend bei der Drahtziehmühle nochmals zeichnete (Bayonne, Museum Bonnat, L. 349, Silberstift), die wir aus einem Aquarell seiner Jugend kennen (s. Abb. S. 140): Die Ansicht ist fast dieselbe und im Sachlichen hat sich kaum etwas geändert; man sieht wohl, daß die Bäume größer geworden sind – das junge Pflänzchen am jenseitigen Ufer beim Törchen ist recht tüchtig in die Höhe geschossen –, und der Standpunkt ist etwas mehr rechts genommen, aber das erklärt nicht den Unterschied der Wirkung. Die bessere Perspektive allein tut es auch nicht. Entscheidend ist, wie der Blick nicht mehr angezogen wird von den einzelnen Gegenständen im Raum, sondern vom Raumganzen. Über ein paar Dächer hinweg kommen wir gleich in die Tiefe. Mit einer starken Überschneidung fängt es an: wir sehen nicht die tragende Mauer unter dem Dach, wir sollen uns nicht aufhalten im Vordergrunde, das »Bild« sitzt viel weiter hinten. Jenes

Häuschen mit Fachwerk und seitlich abgewalmten Dach, das Dürer früher so sehr interessierte, es ist noch immer da, aber es dient ganz anderen Funktionen innerhalb der Komposition. Dürer hat den reinlich präparierten Vordergrund nicht mehr für nötig gehalten. Dafür ist die Baumkulisse links, die anfänglich trocken und wie abgeschnitten, d. h. eben nicht als Kulisse wirkte, als breitere Masse ins Bild hineingezogen worden. Die Konsequenzen für die Behandlung der hinteren Gründe liegen auf der Hand. Das Prinzipielle in dieser Entwicklung ist etwas, das sich immer und überall, bis zu Rembrandt hinauf, wiederholt. Eigentümlicherweise bleibt Dürer mit seinen Entdeckungen im Gebiet der Zeichnung, gemalt hat er nie etwas Ähnliches.

Inschriftlich datiert auf 1510 ist die Federzeichnung von Heroldsberg bei Nürnberg (Bayonne, Museum Bonnat, L. 355), wo mit gleichen Mitteln gearbeitet ist. Wieder liegt das eigentliche Thema erst im Mittelgrunde. Um den Beschauer gleich in die Tiefe der Bühne hineinzuziehen, wird vorn ein Haus vom unteren Bildrand überschnitten bis zum Dach, und da das Dach in seiner Längsachse bildeinwärts läuft, so ist eine weitere Anregung gegeben, den Raum auszuschreiten, und die ungewöhnliche Differenz in der Größenerscheinung der gleichen Dinge vorn und im Mittelgrunde tut ein übriges, die Tiefenerstreckung eindrücklich zu machen. Dieses bedeutende Blatt ist in der Zeichnung so sorgfältig durchgeführt und so durchaus bildmäßig geschlossen, daß man glauben möchte, es sei für den Kupferstich bestimmt gewesen. Es wäre das dann der erste reine Landschaftsstich[32].

Ein zweites (verschollen, ehemals Bremen, L. 105) hat ebenfalls den Vorzug, eine bestimmbare Lokalität zu sein. Der beigesetzte Name weist auf das Dorf Kalckreuth, ein paar Stunden nördlich von Nürnberg. Sehr groß gesehen. Nicht das einzelne Haus spricht, sondern die Häusergruppe, das Dorf, und zwar im Zusammenhang mit der gesamten Situation. Man faßt sofort das charakteristische Raumverhältnis. Das Ganze ist farbig angetuscht.

Und dann gibt es eine noch interessantere farbige Landschaft aus dieser Periode (Berlin, L. 14), wo fast auf allen Einzelsachinhalt verzichtet ist. Ein flaches, sommerlich-gelbes Gelände, weithin verfolgbar, begleitet rechts von einer Berglehne, die in langsamen Stufen dem Ferneblau sich entgegenbewegt. Es ist eine herrliche Weite in dieser kleinen Zeichnung. Das Dörfchen in der Mitte läßt erkennen, daß wir es noch einmal mit der Gegend von Kalckreuth zu tun haben, das Ganze hat aber so viel typischen Gehalt, daß es wie eine Darstellung der fränkischen Landschaft überhaupt wirkt[33].

Neben solchen Dingen hat die genannte »Landschaft mit der Kanone«, trotz aller Trefflichkeit, einige Mühe, sich zu halten. Die groben Mittel von Dürers Radierung reichten nicht recht aus, die Gründe zu trennen. Aber es ist doch ein starker und typischer Eindruck, das Gelagerte dieser dörflichen Siedlung zwischen Bäumen. Es ist, wie neuerdings festgestellt worden ist, Kirchehrenbach bei Forchheim, mit dem Gebirgszug der Ehrenbürg im Rücken[34]. Im Volksgeschmack hat Dürer dann noch durch einen Seespiegel dem heimatlichen Dörfchen einen höheren Phantasiereiz geben zu müssen geglaubt. Im übrigen darf man nicht vergessen, daß die Kanone Hauptsache und die Landschaft nur Zugabe ist.

Zu den Dorfansichten gehören die Bauernbilder. Wir haben zwei Stiche aus dem Jahre 1514; das tanzende Paar und den Dudelsackpfeifer (B. 90, 91) und dann noch einen Nachzügler von 1519: der Eierverkäufer mit seiner Frau (B. 89). In der Literatur machte man sich lustig über die Bauern, und Dürer hatte selbst mitgelacht und seine älteren Bauernstücke sind Spottbilder. Jetzt hat sich der Ton merklich geändert. Der Witz ist nicht mehr das Wesentliche, sondern die Gestalt, in der ganzen Kraft ihrer charakteristischen Erscheinung. Ich will nicht sagen, daß Dürer ernst geblieben sei bei dem Tänzerpaar, das mit Elefantensohlen den Boden stampft, aber was für eine prachtvolle Stärke hat er doch in diese Leiber hineingebildet. Das ist nicht mehr das dünne Bäuerlein, wie es der Hausbuchmeister zeichnete und Dürer selbst früher, sondern das erdgebundene Geschlecht, das die harte Scholle bearbeitet.

Aber auch jetzt ist Dürer nicht weitergegangen über die Figur hinaus zur Darstellung der Szene. Er gibt die Tänzergruppe, aber nicht die Kirmeß; den Dudelsackpfeifer, aber nicht das Fest; den Bauern mit dem Eierkorb, aber nicht den Markt. Und doch sind die Themen der Zeit nicht unbekannt. Es ist die ausgesprochene Richtung seiner Natur, die ihn auf die Durchbildung der Einzelfigur wies und zur Darstellung der Umwelt schwer kommen ließ. Was er mit seinem Hieronymus im Gehäus gewagt hatte, versuchte er nicht ein zweites Mal, nicht einmal zu einer heiligen Familie in der Werkstatt oder zu einer gemütlichen Zimmermaria hat er es gebracht[35].

Und warum sind es denn nur Bauern und Spielleute, die er uns zu sehen gibt? Steckte denn Nürnberg nicht voll von charakteristischem Leben? Auch da muß man sagen, daß die vorausgehende Generation eine reichere Ernte in Aussicht gestellt hatte, ja, daß nicht einmal alle Keime aus Dürers Jugend aufgegangen sind. Es war nicht anders möglich. Das sittenbildliche Element verlor immer mehr an Bedeutung für ihn.

Man mißversteht Dürer völlig, wenn man verlangt, daß er ein möglichst umfassendes Bild des Lebens im Haus und auf der Straße hätte aufnehmen sollen, oder wenn man ihn gar zu dem sentimentalen Schilderer bürgerlichen Kleinlebens machen möchte, der Ludwig Richter gewesen ist. Er war viel zu sehr erfüllt von der Misere der kleinen Gasse, als daß er ihre verborgenen Freuden hätte erzählen wollen, und sein Sinn ging viel zu sehr auf das Typische und Bleibende, als daß er mit hurtigem Umblick die wechselnden Erscheinungen des Lebens hätte abspiegeln können. In seinen Gedanken wird er immer ernster und tiefer. Er denkt Dinge wie das Bildnis der alten Mutter und die gewaltigen Florentiner Apostelköpfe, und solche Stimmungen bereiten langsam den Boden für die hohe Idealität seiner letzten Schaffensjahre.

4.

Die Zeichnung der Mutter (Kohlezeichnung, Berlin, L. 40)[36] stammt aus dem Jahre 1514, dem Jahre der Melancholie. Es ist zugleich das Todesjahr der Frau gewesen, und man hat schon gemeint, den Stich in einen bestimmten sachlichen Zusammenhang damit bringen zu müssen. Das geht nicht an, wohl aber besteht in der einzigartigen Innerlichkeit ein Zusammenhang zwischen Zeichnung und Stich. Es gibt kein früheres Bildnis, wo Dürer so sehr von der Vorstellung eines bestimmten Ausdrucks ausgegangen wäre, und eben das unterscheidet generell die Porträtkunst des 16. Jahrhunderts von der vorausgehenden. Alles Menschenbildnis bisher ist bloße Außenbeschreibung, bloße Formenstatistik im Vergleich zu der Energie, mit der die Kunst jetzt Geistiges aus der Form heraussprechen läßt. Das psychische Nacherleben muß von einer neuen stärkeren Art gewesen sein, sonst hätte man die zwingenden Zeichen des Ausdrucks nicht finden können. Was Dürer als Ausdruck vorschwebte, als er die Mutter zeichnete, ist dem Inhalt nach der Melancholie nicht unähnlich, und er hat denn auch – in der Überschneidung des emporgerichteten Auges – auf dieselben Darstellungsmittel gegriffen. Der Kopf ist lebensgroß. Keine Reproduktion kommt dem Eindruck des Originals nahe. Es überrieselt einen förmlich beim Anblick dieser mächtigen Kohlestriche, die Dürer vor der Natur ohne einen Augenblick des Zögerns, mit nachtwandlerischer Sicherheit auf das Papier hingesetzt zu haben scheint. Baldung reflektiert den Eindruck dieser neuen Art von Menschendarstellung in dem bedeutenden Kopf eines alten Mannes in London.
Eine Zeichnung von ähnlicher Vollkommenheit ist das Mädchen von 1515, das man nach einigen Ähnlichkeiten mit Dürers Frau (vgl. namentlich die früher sog. Schwester, L. 5) als eine junge Nichte Dürers betrachtet (Berlin, L. 46; Kohlezeichnung). Sie wird keine Schönheit werden und sieht auch nicht gerade intelligent aus, aber wie ist das Stumpfe und Eingehüllte dieses Kindes bei aller Frische der Jugend zur Anschauung gebracht! Es sind neue psychologische Distinktionen, die die deutsche Kunst hier zu machen lernt. Man denkt an Donatello und seine jugendbefangenen Knabenfiguren.
Alles aus dieser Zeit hat ein besonders starkes seelisches Aroma, das auch in verdorbenen Zeichnungen, wie dem schönen jungen Mann von 1515 (Berlin L. 45; Kohle) immer noch deutlich wahrnehmbar bleibt. Es sind gefühltere Linien, in denen ein Mund jetzt sich zeichnet, und man hat den Eindruck, daß auch die komplizierteren perspektivischen Verschiebungen der Form im Dienste des Ausdruckes stehen.
Wenn man dann zur gleichen Zeit ein Eindringen der Horizontale bemerkt, insofern jetzt gern die Breitlinie als Inschriftzeichen oben oder unten ans Bild sich ansetzt, so wird man eine solche Neuerung selbstverständlich auch in der Formauffassung wirksam sehen und die horizontalen Elemente des Kopfes neben den vertikalen zu größerer Bedeutung gebracht finden. Und das gibt wieder der Erscheinung ein neues Interesse[37].

Die Mutter Dürers, 1514. Berlin

Am Ende dieser kostbaren Reihe stehen die Bildnisse, die Dürer 1518 in Augsburg während des Reichstages gezeichnet hat, obenan das Kaiserbildnis der Albertina (L. 546): Kaiser Max, der vornehme Herr, voll Liebenswürdigkeit, voll Phantasie und Temperament, geistreich, beweglich – alles wird man in der Zeichnung wiederfinden. Und wie sind die charakteristischen Anomalien des habsburgischen Profils vermenschlicht und in einer höheren Ausdrucksrechnung aufgelöst! Man sagt nicht, wie etwa bei einem Maxporträt des Bernhard Strigel: »Aha, eine Hakennase und vorgeschobener Unterkiefer!« Die Formen sind da, aber sie bestimmen nicht den ersten Eindruck. Was zunächst spricht, sind die geistigen Eigenschaften des Darge-

stellten. Ein Imperatorenschema gab es damals im Norden noch nicht und die Unzulänglichkeit hätte sich nicht hinter einer großen Gebärde verstecken können[38].
Ist es Vorurteil, wenn man in dem gemalten Max der Wiener Galerie (und neuerdings konkurriert auch die Nürnberger) die belebte Linie der Zeichnung nicht mehr findet? Ich glaube kaum. Aber auch die Ausschnitte in Holz wirken wie eine Entseelung der Zeichnung, und das kann einen um so nachdenklicher stimmen, als man erwarten muß, daß Dürer gerade hier gewiß alles getan hat, das Bild der ihm so werten Persönlichkeit in möglichster Reinheit weiterzugeben[39].
Es gibt überhaupt aus der ganzen Periode keine Porträtmalerei, die mit den Zeichnungen auf gleichem Range stünde. Der kleine männliche Kopf aus der Galerie Czernin von 1516 in Washington wirkt flach, und das Bildnis von Dürers Lehrer Wolgemut im Germanischen Museum macht wohl auf den ersten Blick eine starke Wirkung, aber sein Zustand ist so, daß man es, wenn nicht billigen, so doch begreifen kann, wie Thausing u. a. nur eine Kopie darin erkennen wollten. Die Jahreszahl 1516 beim Monogramm enthält an dritter Stelle eine Korrektur, ursprünglich stand dort eine Null. Das ist sonderbar; daß das Bild aber wirklich 1516, und nicht etwa 1506 entstanden ist, erscheint mir – abgesehen von dem Wortlaut der oberen langen Inschrift[40] – durch den bedeutenden geistigen Ausdruck des Kopfes unbedingt gefordert. Das Augenrollen des Oswold Krel (1499) ist denn doch etwas ganz anderes, und selbst ein Kopf wie der Baumeister Hieronymus (s. oben S. 157) hat noch nicht den großen Stil wie hier, wo die Augen machtvoll und ruhig im Kopfe sitzen und die Schatten bedeutsam füllend sich in die Höhlen legen. Das Bild im ursprünglichen Zustand muß von sehr hoher Qualität gewesen sein[41]. Ob Wolgemut nicht zu günstig dabei eingeschätzt worden ist, ist eine andere Frage.
Dürer hat am Anfang und am Ende seines Lebens mehr Bildnisse gemacht als gerade in der Mitte, sie sind sogar auffallend spärlich hier, fast nur Nebenarbeiten, aber sie besitzen eine Innerlichkeit, neben der die späteren leicht kühl und die früheren in der psychologischen Analyse etwas oberflächlich erscheinen. Seine Seelenkunst drängte aber über das Gegebene weiter zu Ausdrucksfiguren idealer Art. Die Apostel haben ihm im Sinn gelegen: Typen einer erhöhten Menschlichkeit, gewaltige Seelengefäße, wo die stärkste Erregung die Ränder der Schale nicht überflutet. Obenan stehen die zwei Köpfe des *Jakobus* und *Philippus* von 1516 (Florenz, Uffizien).
Es werden viele an den Eindruck sich erinnern, den diese Bilder an Ort und Stelle auf den mit italienischer Kunst gesättigten Sinn machen: als ob plötzlich der furchtbare Ernst der deutschen Reformation seine Stimme laut werden ließe. Weder bei Raffael noch bei Fra Bartolommeo, selbst bei Lionardo nicht ist die große Empfindung jemals mit so viel Bitternis gemischt. Es blieb den Deutschen vorbehalten, die Apostel nicht als die selbstherrlichen, vollendeten Existenzen darzustellen, sondern als Menschen, die sich verzehren in schmerzlichem Ungenügen. Der Mund des Pilgers Jakobus ist ein weniges geöffnet, die Augen unter den zusammengezogenen

Brauen blicken starr, er neigt sich zur Seite, aber es bleibt immer ein heroischer Kopf ohne eine Spur von empfindsamer Schwäche. Dürer wollte nicht die Persönlichkeit des Jakobus als solche charakterisieren, das sieht man daran, daß er denselben Typus auch für den Apostel Paulus braucht (in dem Kupferstich von 1514): es ist eine Stimmung, die da und dort in Deutschland auftritt damals. Der grandiose Hieronymus am Isenheimer Altar in Kolmar ist von gleichem Ausdruck.

Merkwürdig berührt uns die Zierlichkeit der Haare. Was wollen die Künstlichkeiten da, wo es sich um das Höchste im Menschenleben handelt? Es ist ein Archaismus, den wir z. B. auch auf Giovanni Bellinis so ernst gemeintem Beweinungsbilde der Brera finden, wo Johannes mit fein geringelten Locken wehklagt. Und sollte es so schwer sein, sich in die alte Empfindung hineinzufinden? Ist es nicht dieselbe Feierlichkeit, wie sie die Leute im Volk empfinden, wenn sie am Sonntag mit gewichstem Haar und blank gestärkter Wäsche zur Kirche gehen?

Der zweite Kopf, Phillipus, ist kaum von geringerer Bedeutung. Er ist nur gedämpfter, und graulich in Haar und Mantel, während der weiße Bart des Jakobus in seinem Pilgerrock einen roten Grund bekommen hat. Die Technik beiderseits ist jenes zeichnende Malen mit stumpfer Temperafarbe auf ganz feiner Leinwand, wie im Dresdner Altar[42].

Die zwei Bilder haben ihre Vorstufe in zwei Kupferstichen von 1514. Der eine *Paulus* (B. 50) wurde eben genannt. Er ist dem Jakobus verwandt in Typus und Wendung. Die Gebärde ist ohne allen Zwang des Attributs nur von innen heraus entwickelt (das Schwert liegt am Boden): ein Prediger, der einem im Traum vorkommen kann, mit heftiger Lichtbewegung. Auf der einen Seite gibt eine hochgeführte dunkle Mauer der Figur Folie und Halt[43].

Zornig flammend, wie von Wettern umzuckt, der begleitende *Thomas* (B. 48). Er ist schreitend gegeben, mit hochgefaßtem Spieß. Das Anlitz beschattet. Man muß sich solche Figuren vergegenwärtigen, um zu verstehen, wie spielerisch das vorausgehende halbe Jahrhundert gewesen ist (vgl. die Abbildung des Schongauerschen Apostels auf S. 37).

Einige Zeichnungen beweisen, daß Dürer damals sich auch mit sitzenden männlichen Idealfiguren getragen hat. Zwei Blätter der Albertina sind 1517 datiert. Eine Prophetenfigur (Albertina, L. 534) mit eigentümlich versteckten Händen und ein Apostel Paulus (Albertina, L. 540). Die Architektur ist auf dieser holzschnittmäßig gedachten Zeichnung weggeblieben. Nur die wogenden Faltenmassen tragen den großen Ausdruck des Kopfes weiter. »Numine afflatur« möchte man von dem Menschen sagen.

Der kleine *Antonius* im Kupferstich von 1519 (B. 58) ist bloß ein lesender Mann, der unter freiem Himmel am Boden hockt, aber er liest doch wirklich. Wer liest denn im 15. Jahrhundert? Wer liest so gierig mit vorgebeugtem Leib, das Buch fest gefaßt, als ob den alten Augen die Buchstabenreihen davonlaufen wollten? Im Hintergrunde steht eine Stadt, unendlich sorgfältig durchgezeichnet bis ins Detail des einzelnen Hauses. Es berührt wie ein Rückfall in alte schlechte Gewohnheiten, dergleichen Dinge ohne innere Notwendigkeit, als unabhängige Augenvergnügungen ins Bild hineingesetzt zu finden, um so mehr als wir die Vedute als alten Besitz der Dürerschen Werkstatt schon kennen[44]. Allein mit diesem Hintergrunde hat es doch noch eine andere Bewandtnis. Die Stadt begleitet die Silhouette des Mönches und darin liegt ihre formale Legitimation (wie andrerseits das Rechteck des Schrifttäfelchens eine Konsequenz – oder Vorbereitung – der in behaglicher Horizontale ausklingenden Landschaft ist), vielleicht gibt es aber auch einen Stimmungszusammenhang zwischen dem angespannten Lesen des Alten und diesem Architekturstück, das vom Beschauer so viel »Andacht zum Kleinen« verlangt: ich gestehe, ich würde das minutiöse Stadtbild überall sonst unpassend finden, hier scheint es mir unentbehrlich. Das aufgepflanzte Kreuz endlich mit seiner Überschneidung der gesamten Bühne ist ein bekanntes raumbildendes Mittel des neuen Jahrhunderts.

5.

Es ist kein Zufall, daß auch auf dem Felde der Mariendarstellung das Jahr 1514 etwas Besonderes bedeutet, ein Zurückgreifen auf das Seelisch-Wertvolle, eine Abwendung von dem Formalismus einer plastisch-reichen Kompositionsweise und eine höchste Ausbildung der malerischen Werte. Der Kupferstich dominiert durchaus. Auf die in guter Stimmung rasch geformten Sippenbilder in Holzschnitt von 1511 folgt erst 1518 wieder ein Holzschnitt: die Maria von Engeln umgeben, währenddem mehr als ein halbes Dutzend der sorgfältigsten Marienstiche in jener Zeit entstanden sind.

Die *Maria mit der Birne* (1511, B. 41) bezeichnet den Ausgangspunkt. Es ist eine frisch entworfene Komposition. Die Figur nicht mehr zentral, sondern an den Rand geschoben; ein großer Baumstamm im Rücken; Schwung der Bewegung. Doch hat es etwas Gesuchtes, wie die Mutter dem segnenden Kinde die Frucht reichen will. Offenbar sind formale Wünschbarkeiten in erster Linie berücksichtigt worden, Wünschbarkeiten einer Phantasie, die nach der reichen Konfiguration verlangte. Gerade dieser Zug verschwindet jetzt mehr und mehr, die Bewegungsmotive werden einfacher und wirken unmittelbarer als Ausdruck, und an Stelle des plastischen Reichtums tritt die Fülle der malerischen Erscheinung.

Ein Übergang ist die schlichte Maria, die das Kind an die Wange drückt, im Motiv so sprechend und einfach wie ein alter Florentiner (1513, B. 35)[45], und die *Maria an der Stadtmauer* von 1514 (B. 40) bringt dann die Vollendung. Hier ist niemand mehr versucht, die Figuren auf ihren plastischen Inhalt zu analysieren. Die Konstruktion der Gruppe ist ganz unscheinbar und alles hat sich wie von selbst ergeben. Mit heiterem Gesicht ist die Mutter eben im Begriffe, das verdrossene Kind vom

Maria an der Stadtmauer, 1514

1514

Schoße aufzunehmen. Das geschieht, ohne die Silhouette in Mitleidenschaft zu ziehen. Der Umriß ist völlig zusammengehalten und aller Ausdruck liegt in den inneren Formen. Große Mannigfaltigkeit der Flächen. Feinfältelndes Seidenzeug ist in Kontrast gebracht zu der mächtigeren Draperie des Rockes. Stumpfe Steinflächen als Einrahmung. Die Stütze im Rücken nicht mehr ein runder Baumstamm, sondern ein schweres Stück Mauer. Und dann, hochhinaufschließend, ein kleinteiliger Stadthintergrund als Folie für die Köpfe. Das Ganze als Tonharmonie von unvergleichlicher Klangfülle[46]. Aus demselben Jahre eine zweite Maria mit der Birne (Zeichnung des Berliner Museums, L. 30), die in ihrer stürmischen Herzlichkeit wie eine Korrektur des älteren Stiches wirkt. Das Runde und Heitere ist Dürer wohl auch vorher hie und da gelungen, aber in allem, was jetzt entsteht, kommt die Empfindung aus tieferen Schächten. Wie feierlich und innig zugleich – um nur noch etwas zu nennen – gestaltet sich jetzt die Szene der Anbetung des Kindes im Stalle. Die wundervolle Zeichnung der Albertina von 1514 (L. 531) läßt alles beiseite, was den Sinn zerstreuen könnte, der Stall ist nicht mehr die malerische Ruine, sondern ein stilles Bauwerk; keine perspektivischen Komplikationen, sogar die Engel sind weggelassen, dafür schließt sich die Bewegung der Hauptfiguren zu einem großen Strom der Anbetung zusammen. Auch Joseph betet nämlich; der alte Laternenträger, der mit der Hand die Flamme gegen die Zugluft schützt, paßt nicht hierher.

Gegen Ausgang des Jahrzehnts gewinnt die Stimmung noch mal eine neue Nuance. Man sieht einen Stil sich vorbereiten, der noch entschiedener auf monumentale Wirkung ausgeht und mit elementaren Motiven arbeitet. Die Ansichten vereinfachen sich. Maria rückt wieder in zentrale Frontstellung. Hauptlinien werden herausgearbeitet und durch Kontraste wirkungsvoll gemacht. Licht und Schatten treten in größeren Flächen und einfacheren Intervallen einander entgegen. Das Bild*ganze* wird wichtiger und der Raum immer massiger gefüllt. Und dabei geht die Ansicht unmittelbarer als bisher auf das ausgesprochen Feierliche: große krönende Engel stellen sich ein und ungewöhnliche Lichterscheinungen sollen den Eindruck des Sakralen unterstützen.

Für dieses Wachsen des Stils ist die *Maria mit zwei krönenden Engeln* von 1518 (B. 39) schon ein bedeutendes Beispiel in der Art, wie die Falten sich zu größeren Formen vereinfachen und das Thema der Draperie mit der Bewegung der Figur zusammengebracht ist. Ein durchgehender Zug in der Figur, eine aufsteigende Bewegung, die sich oben in den krönenden Engeln auseinanderlegt. In momentaner Entrückung, als ob sie das Wunder der Krönung ahnte, blickt Maria ins Leere. Das Kind ist unruhig und will sich bemerkbar machen, allein sie achtet es nicht und hält selbstvergessen einen Apfel in der Hand wie ein heiliges Symbol. Stimmungen dieser Art sind eine Ausnahme bei Dürer, und es ist kein Zweifel: ein Hans Baldung hat das verlorene Staunen der jungen Mutter unmittelbarer zu geben gewußt (Holz-

Engelkrönung, 1518

1518

schnitt der Anna selbdritt an der Mauer). Aber auch sonst, bei aller Bewunderung für die Größe des Stils, wird man den Eindruck nicht überwinden können, daß die Zeichnung gegen früher an Wärme etwas verloren hat. Ein Holzzaun schließt die Bühne nach hinten ab. Nicht mehr ein malerisch zierlicher Gartenwinkel wie ehemals, keine ringelnden Ranken und keine zwitschernden Vögel: eine gerade durchlaufende Reihe von Pfählen in gleichmäßigen Abständen. Die Zweige bringen die gewollte Horizontale als stark angesprochene Gegenlinie ins Bild, und das ganze Gefüge als kleinteilige Form ist offenbar nur des Kontrastes wegen da. An sich ist es eine harte trockene Wirklichkeit und die Kleinempfindung, mit der das gespaltene Holz gezeichnet ist, will nicht recht passen zu der Konzeption der Figur[47].

In anderer Wendung gibt ein gleichzeitiger Holzschnitt das Thema der *Engelkrönung* (B. 101, 1518) volkstümlich vereinfacht, aber mit großem Pomp. Langgewandete Engel treten von den Seiten mit Früchten und Musik heran, vorn tummelt sich eine Schar von kleinen kindlichen Spielgesellen und beherrschend, zusammenfassend schwebt zu Häupten der Maria das Engelpaar mit der Krone, prachtvoll im Rauschen des Fluges. Das wesentlich Neue der Wirkung liegt weniger im Schwarzweiß-Effekt oder der Fülle von Figuren als in der Ökonomie, die den Hauptrichtungen zugrunde liegt. Wie die Gegensätze der Vertikale und der Horizontale zusammengebracht sind (die letztere in den Flugengeln), dafür gibt es ältere Beispiele nicht. Das Gefühl aber ist recht holzschnittmäßig bunt, ohne die große plastische Form der Stiche.

In dieser andern Technik steigert Dürer jetzt von Jahr zu Jahr seine Forderung nach großer und einfacher Erscheinung. *Die säugende Maria* von 1519 (B. 36)[48] übertrifft schon merklich ihre Vorgängerin von 1518 in der Großflächigkeit und in einer Vereinfachung der Motive, die fast ans Starre geht. Vergleicht man aber gar die säugende Maria von 1503 (s. Abb. S. 108), so ist der Unterschied ungeheuer. Das Geradlinige schlägt durch. Statt des malerischen Geflimmers große schlichte Flächen. Die Form überall zur höchsten Deutlichkeit durchgebildet. Auch die Tränkoperation muß bis auf den letzten Punkt aufgeklärt sein. Was wunders, wenn dabei die Wärme des Jugendwerkes nicht ganz erhalten geblieben ist.

Das Jahr 1520 endlich bringt noch einmal zwei Marienstiche. Eine *Maria mit dem schlafenden Kind,* das, ganz in Windeln gehüllt, fast nur noch als geometrische Form wirkt (B. 38), und dann die andere *mit dem krönenden Engel,* die weniger entschieden im neuen Stil durchgeführt ist, aber in der reinen Frontalität ihres hochgehaltenen jugendlichen Idealkopfes doch auch einen neuen Akzent besitzt. Und es macht einen sonderbaren Eindruck, der weiße Kopf und das große Licht unten am Rocke: als ob sie in einer Gewitternacht draußen säße und vom Blitz plötzlich erhellt würde. Flatternde Haare, kriechende Wolken, ein Engel mit hochemporgeblähtem Gewand – und in dieser Umgebung ganz still und hoch das lächelnde, allerdings leere Gesicht der Jungfrau, eine Idealbildung im Sinne der alten milden Schönheit. Eine Vorbildung dieses idealen Frontkopfes haben wir in einem Gemälde der Augsburger Galerie von 1516; sehr unangenehm, aber doch interessant als Absicht. Es ist ein konstruierter Kopf[49], aber das wissenschaftlich-ästhetische Interesse ist nicht das einzige dabei. Es muß zeitweise ein Bedürfnis lebendig gewesen sein, für die Maria feierlichere Formen der Erscheinung zu gewinnen[50].

Neben der sitzenden Maria war die stehende, als *Immaculata* auf der Mondsichel, zu allen Zeiten ein begehrter Artikel. Dürer hat das Thema viermal behandelt. Auf den scheuen und innigen Frühstich (B. 30), der sich eng an Schongauer hält, folgt die heitere, aber etwas gleichgültige Gruppe von 1508 (B. 31), der gegenüber dann in der Maria von 1514 die typische Wandlung ins Empfundenere hervortritt. Und auch in der Redaktion von 1516 ist dieser Ton noch festgehalten: es ist allerliebst, wie sich das Kind im Schatten der Wange an die Mutter schmiegt. Die Immaculata ist undenkbar ohne Glorie. Es war ein entscheidender Moment in der Darstellung dieser Lichterscheinung, als man anfing, die alten, gleichmäßig stachelförmigen Strahlen, die direkt am Leib ansetzten, bewegter, zuckender zu gestalten und von der Figur abzurücken. Beides ist 1508 schon da, das zuckende Licht sogar schon früher, wie die Apollozeichnung in London (L. 233) beweist. Später kam dann noch die Dunkelheit des Grundes dazu, den Eindruck zu steigern.

Spätgotik und Renaissance. Die Arbeiten für Kaiser Max

1.

Dürer ist ein Kind der Spätgotik. Die spätgotischen Formsympathien dauern bei ihm, solange er lebt; er hat die welschen Formen bewundert und sich bemüht, sie nachzuahmen, allein dabei ist so viel Unempfundenes und bloß auf Hörensagen Übernommenes mitgelaufen, daß man sich fragt, wo denn die Notwendigkeit lag, mit italienischer Renaissance sich einzulassen. Die Antwort liegt in der parallelen Geschichte der Figurenzeichnung. Und wie hier die natürliche Empfindung im Banne des fremden Vorbildes sich zunächst trübt, aber in jener Schule der Klarheit, Gesetzlichkeit und Größe doch eine bleibend wertvolle Erziehung durchmacht, so ist es auf dem Felde der dekorativen Formen gegangen. An eine Ersetzung der heimischen Überlieferung durch das Fremde hat Dürer noch nicht gedacht. Beides geht bis zuletzt nebeneinander her. Zu der Konstruktion römischer Buchstaben in der Meßkunst (1525) gibt er auch die Konstruktionen gotischer Buchstaben, er fügt nur eine moderne, »freiere« Variante bei. Man könnte es so halten oder anders, beides sei schön. Er spricht von antiken Säulen, aber auch von gotischen Pfeilern, und durchaus nicht im Sinne einer überwundenen Sache. Trotzdem aber hat in den Grundlagen der Formanschauung eine Veränderung stattgefunden, die mit der Zeit einen vollständigen Stilwandel bringen mußte, und selbst Dinge wie die Randzeichnungen zum Gebetbuch Kaiser Maximilians, die scheinbar ganz frei gewachsen sind, blieben unerklärlich ohne die italienische Vorbildung.

Dekorative Aufgaben sind in allen Perioden von Dürer behandelt worden, und in den Formen von Bechern, Rahmungen, architektonischen Gründen hat man Gelegenheit genug, die Psychologie seiner Tektonik kennenzulernen und zu sehen, wie sein Formgefühl auf die ausländischen Anregungen reagiert hat. Das Schauspiel seiner allgemeinen stilistischen Entwicklung wiederholt sich hier im einzelnen. Jetzt, wo die großen dekorativen Aufträge des Kaisers zu betrachten sind, möchte zunächst etwas Zusammenfassendes über Dürers Geschmack am Platze sein.

Was ihm in der Natur gefällt, ist im wesentlichen das, was die Grundlage der gesamten zeitgenössischen Spätgotik ausmacht. Er liebt knorpeliges Geäste, Hirschgeweihe, großgezackte Weinreben- und Hopfenblätter, ringelnde Ranken, verschlungenes Wurzelwerk, kleinteilige trauben- und doldenartige Formen. Er sucht im Ornament weniger das Geometrisch-Festgelegte als den Schein der ganz freien Bewegung, weniger das übersichtlich Auseinandergebreitete als das malerisch Verworrene, das Unerschöpfliche, Unbegrenzte. Er geht nicht einer Abstraktion der Naturform nach, sondern tummelt sich in einem kecken Naturalismus. Die »reine« Linie der Italiener behält für ihn etwas Fremdes, er braucht den Schnörkel. Seine Phantasie nährt sich an den Zeichnungen der Holzmaser, an den Formen der züngelnden Flamme, des strudelnden Wassers und dergleichen Erscheinungen. Freilich bleibt die Folie aller Ausgelassenheit immer das Tektonisch-Gebundene. An Naturbrükken und kunstlos aus Ästen gebaute Gartenhäuschen ist nicht zu denken. Der Naturalismus eines wurzelgeflochtenen Becherfußes hat stets in der Kelchform irgendwie seinen Gegensatz, so gut wie die Astgehäuse spätgotischer Kirchenportale nur im strengen Mauerzusammenhang möglich gewesen sind.

»Spätgotisch« ist ein ungeschickter Name, als ob es sich um einen Stil in seiner Entartung oder Erschlaffung bei diesem Geschmack handelte. Es sind uralte Eigentümlichkeiten des germanischen Formgefühls, die hier genannt wurden. In gewissem Sinn ist dieser spätgotische Stil der deutsche Stil überhaupt.

Von der Spätgotik herkommend, muß dem Deutschen die italienisch-antike Form wie nackt erschienen sein. Von einer fast unerträglichen Stille und von einer erkältenden Einfachheit und malerischen Reizlosigkeit. Eine Empfindung für die Schönheit der ruhigen Linie war ja noch nicht vorhanden, das Interesse erwachte erst bei der bewegten Linie. Eine Empfindung für die Schönheit einer bestimmten tektonischen Fläche gab es ebensowenig: sie mußte irgendwie überwuchert, angefressen, ausgefranst sein, um das malerisch-gewöhnte Auge zu reizen. Italienische Schönheit ist untrennbar von klarer, offener Erscheinung, die germanische Kunst suchte umgekehrt die Verdeckungen und Überschneidungen, den Reiz des erst allmählich Sich-Enthüllenden, ja, sie greift bis zum Überraschenden, zum Versteckenspielen, so daß der Nahblick oft noch unzähliges kleines Einzelleben findet. Italienische Säulen, Bogen, Portale – man konnte sie zur Not verstehen, aber wie wenig boten diese Formen einem Geschmack, der am Geheimnis dunkler Schattenhöhlen, am krausen Geflecht natürlicher Zweige, am Gewundenen, Verknoteten, Sich-Durchdringenden groß geworden war. Der nordische Naturalismus des Ornaments war in Italien kaum bekannt.

Freilich, es gab Verständigungspunkte zwischen Spätgotik und Renaissance. Die Macht des Vertikalismus war ja auch im Norden gebrochen, die Horizontale hatte Raum gewonnen in der großen und kleinen Architektur. Die Formen verlieren das Aktiv-Gespannte. Der spitze Bogen senkt sich zum stumpfen Rund, und statt der Hohlkehlen am Portal gibt man gern eine bandartige Umrahmung. Man rechnet nicht mehr bloß mit Kräften, sondern mit Flächen, und komponiert in malerischem Sinne mit Flächenkontrasten. Der Charakter des Bleibenden und Beharrenden tritt mehr und mehr anstelle des Ungestillt-Drängenden.

Aber das hätte alles noch nicht das Italienische nötig gemacht. In der Tat, es kommt nicht wie eine Notwendigkeit, sondern wie eine Mode. Der Becher in der Hand des großen Glücks sieht vollkommen überzeugend aus, während Proben des neuen Stils im Marienleben und in der grünen Passion widrig, unempfunden und entlehnt wirken. Ich glaube nicht, daß irgend jemand ehrlicherweise diese kahlen Interieurs damals angenehm gefunden hat, aber man sagte sich: das mag nun noch so häßlich aussehen, wir wissen schon, daß es schön ist, es ist ja die Kunst der Griechen und Römer.

Durch die große italienische Reise hat der welsche Stil dann eine neue und bedeutendere Physiognomie bekommen. Der erste Entwurf zum Rahmen des Allerheiligenbildes geht über das bloße Wiederholen auf Hörensagen hinaus. Aber es ist lehrreich, wie die italienische Empfindung nicht lange standhält, wie der ausgeführte Rahmen paktiert mit dem heimischen Geschmack, und eine oft abgebildete farbige Zeichnung in Basel aus dem Jahre 1509 (L. 755) bietet dasselbe Schauspiel. Es ist eine Maria in offener Säulenhalle. Offenbar liegen ganz bestimmte Eindrücke von venezianischen Bildern zugrunde, aber Dürer entfernt sich so weit von seinem Ausgangspunkt, daß man von Venedig kaum mehr etwas spürt. Alle Veränderungen in dieser Übersetzung eines italienischen Originals sind typisch für die deutsche Empfindung der damaligen Zeit. Die Asymmetrie der Gesamtanlage und die Umbildung der Form im einzelnen: das Übereckstellen des »korinthischen« Kapitells, die Vernichtung des Gebälkes, die Ersetzung der Deckenkassetten durch ein Rippennetz usw. Die Säule ist sehr elegant, aber das Hallenmotiv ist nicht architektonisch durchempfunden im italienischen Sinne, der Raum als solcher bedeutet nichts für die Figur. Durch Überschneidung der tektonischen Hauptlinien durch Behänge, durch zufällig wirkende Verschiebungen der Möbel und malerisch ausgebildeten Hintergrund sucht Dürer der Architektur überhaupt das Strenge zu nehmen und jenen Schein flimmernden Reichtums zu gewinnen, mit dem die Spätgotik das Auge verwöhnt hatte.

Wie gerne möchte man wissen, wie Dürer sich solch einen idealen Raum gedacht hätte ohne importierte Bauglieder.

Aus der Zeit der Melancholie und des Hieronymus gibt es dann ein paar Stücke dekorativer Kunst, denen man eine besondere Ehrfurcht entgegenbringt. Hat doch Dürer damals, als er Einkehr bei sich selbst hielt, seine tiefsten Blicke getan. Schon die Prachtuhr auf der Melancholie ist ein wertvolles Dokument, und wenn der saftige Stich des Löwenwappens mit dem Hahn (B. 100) nicht hierher gehört, so liefern die Zeichnungen u. a. die schönsten Becher, die Dürer überhaupt gezeichnet hat, mit jener blumenhaft freien Kelchlinie, die alsbald nachher vor der strenger-tektonischen Renaissance mit dem gesamten Naturalismus verschwindet[1]. Aus dem Jahre 1513 stammt auch jenes Leuchterweibchen des Wiener kunsthistorischen Museums (L. 413), das für Pirkheimer bestimmt war. Während sonst wohl das Geweih flach schwebend aufgehängt und als Träger der Kerzen benützt wird, behandelt es Dürer nach Art emporgestellter Flügel, die zackig in die Luft gehen und in den Schwanzflossen eine analoge Begleitung bekommen. Die Kerze wird von der Frau auf einem freien Rosenzweig gehalten.

Das Geschick hat es gewollt, daß in derselben Zeit die ersten großen dekorativen Aufgaben an Dürer herankamen. Der Kaiser Max zog ihn zu einigen Unternehmungen heran, die dem Ruhm seines Hauses und seiner Person dienen sollten: es ist interessant genug, in diesem Augenblicke Dürers Meinung über Dekorationen zu hören, leider tritt sie nur teilweis deutlich hervor. Der Künstler hatte wenig freie Hand.

Der Kaiser wollte einen Triumphbogen. Die monumentale Absicht erschöpfte sich aber darin, diesen Bogen auf dem Papier als Riesenholzschnitt zu bauen, und die Konzeption entbehrte des eigentlich künstlerischen Charakters. Ein Kompositum von beinahe hundert einzelnen Stöcken, wo der sinnreiche Zusammenhang alles, die Anschauung nichts oder doch nur wenig bedeutete. Ein Vergnügen mehr für den Verstand als für das Auge. Dürer hat erst nachträglich und mit anderen zusammen in die Arbeit eingegriffen. Beschränkt und gebunden, wie sie war, ist eine rechte warme Wirkung, trotz allem Phantasieaufwand, nicht erreicht worden.

In ideellem Zusammenhang mit dem Bogen wurde ein Triumphzug und ein besonderer kaiserlicher Triumphwagen bestellt, auch dies in Holzschnitt. Das war schon besser gedacht, und Burgkmair und Altdorfer mit ihrer geschmeidigen Phantasie haben die Aufgabe vorzüglich gelöst. Dürer wirkt etwas stockend daneben. Der Marschrhythmus lag ihm nicht. Sein Anteil beschränkt sich übrigens auf weniges.

Eine Produktion der besten Laune sind dagegen die Randzeichnungen zum Gebetbuch des Kaisers, die populärste Arbeit und nun wirklich ein freies Kunstwerk, eine unerwartete Nebenblüte von Dürers Linienkunst aus der Zeit seiner Vollendung[2].

2.

Das Gebetbuch des Kaisers Max (1515). Die Aufgabe lautete, den Prachtdruck eines Gebetbuches auf Pergament mit Randverzierungen zu schmücken. Dürer war nicht der einzige Künstler, der dazu befohlen wurde, Cranach, Baldung u. a. arbeiteten mit, doch er war die Hauptperson dabei und er hat jedenfalls den Stil bestimmt. Es sollten nicht Miniaturen sein, sondern Federzeichnungen, Zieraten also, die gewissermaßen aus dem gleichen Element wie der Text entwickelt waren. In den Lettern, wenn sie auch gedruckt waren, klang immer noch der Zug der Feder nach, der Satz war Linienwerk so gut wie die Zeichnungen, die ihn in farbiger (jetzt sehr verblaßter) Tinte bald rötlich, bald violett oder grüngelb umspielten[3].

Zum Genuß dieser Zeichnungen gehört nun vor allem, daß man ihnen das Mühelose ihrer Entstehung anmerke, das gleichmäßig Flüssige, das Behagen des Strichs. Jede Nachbildung, die das nicht gibt, ist verfehlt, und verkleinerte Kopien, wie unsre Illustrationen, sind ganz außerstande, das Temperament der Zeichnungen spüren zu lassen. Es sind Federspiele. Der Zeichner läßt sein Instrument in allen Arten auf dem schönen Pergament sich tummeln. Bald gibt er die Linien als leichtes Geriesel, bald breit strömend, da ist es der schnörkelhaft ausfahrende und dort der kraus sich verschlingende Federstrich. Dieses Schwelgen in der Freiheit wäre sehr merkwürdig, wenn die Behauptung Giehlows zu Recht bestünde, die Zeichnungen seien zur Übertragung auf den Holzstock bestimmt gewesen, Leidinger hat aber dagegen gewichtige Einwendungen machen können[4].

Dazu kommt eine zweite Forderung: man muß den Text mit den Zeichnungen zusammen sehen. Nicht wegen der inhaltlichen Beziehung – das ist etwas Selbstverständliches –, sondern weil die Randdekorationen ihren künstlerischen Sinn erst durch den Kontrast zu dem Letternfelde der Mitte erhalten, wo eng zusammengerückt die starken gotischen Typen stehen in glänzender Schwärze. Diesen starren stacheligen Satz umfassen und umgaukeln die leicht beschwingten farbigen Zeichnungen, dem Gebundenen den Gegensatz des Gelösten und dem Gedrängten den Gegensatz des Gelockerten an die Seite setzend. Man durchschneidet den Nerv der Wirkung, wenn man den Text herausnimmt und die Ranken sich selbst überläßt; eine gewisse Wirkung werden sie immer noch machen, aber es ist nicht die ursprüngliche, fast so als wollte man eine musikalische Begleitung für sich allein zu Gehör bringen ohne das Thema. Ganz unerträglich aber ist es, wenn Text und Randdekoration mit durchgezogenen Linien voneinander getrennt werden. Sie bilden einen Gegensatz, aber die spielende Welle muß frei an den Rand des Schriftfeldes anschlagen können, und von den Buchstaben ist denn auch der eine oder andere zum übergreifenden Schnörkel ausgefranst worden.

Auch in der Auffassung besteht ein gewisser Gegensatz zwischen Zeichnung und Text. So edel die Darstellung gewisser Dinge ist, so schlägt doch das Fromme jeden Augenblick ins Burleske über. Man muß lachen, wenn die Worte: »Führe uns nicht in Versuchung« durch einen Fuchs illustriert werden, der mit Flötenspiel die Hühner lockt (ein altes Thema), aber auch die ornamentalen Motive sind von einer ausgelassenen Munterkeit, und selbst da, wo der erste Anblick ernsthaft scheint, kann man plötzlich ein verhaltenes Kichern aus irgendeinem Winkel ertönen hören.

Es liegt im Charakter der Aufgabe, daß die Zeichnungen nicht stark aus dem Flächenhaften herausdrängen. Dürer weiß wohl, warum er keine ausgebildeten Geschichten hinsetzt und die räumlichen Situationen nie ernsthaft durchführt. Er gibt nicht illustrierte Randnoten wie Holbein in den Zeichnungen zum »Lob der Narrheit«, sondern will den Rand als Ganzes dekorieren und darum hält er den Eindruck im wesentlichen streifen- und bandförmig. Beständig wird man von einer Wirklichkeit in eine andere übergeführt: das Bäumchen, das, im Zusammenhang mit einer Figurengruppe, am Fuß der Seite aus dem Boden aufwächst, holt plötzlich zu wunderbaren Sprüngen aus und klettert als Ranke am Rand empor. Es gibt keinen einheitlichen Größenmaßstab. Alle Gesetze der Wirklichkeit sind aufgehoben. In buntestem Wechsel drängen sich die Formen, phantastisch entwickelt sich eins aus dem andern und man kann nicht sagen, wo der Zweig aufhört und wo der Schnörkel anfängt. Und obwohl ja das Körperlich-Dichte nicht fehlt, sind die stofflichen Elemente doch alle mehr oder weniger nur als Anlaß zu Linienspielen benützt, oder richtiger gesagt, Körperhaftes und Linear-Flächenhaftes ist in der wunderlichsten Weise durcheinander geflochten. Schon die besten Mitarbeiter Dürers lassen diesen

Aus dem Gebetbuch Kaiser Maximilians I., 1515. München

cuntur diebus dominicis lu-
ne et iouis. Antiphona. Be-
nedicta. Psalmus.
Domine dominus no-
ster: quam admirabile
est nomen tuum in vniuersa
terra. Quoniã eleuata ẽ: ma-
gnificẽtia tua super celos. Ex
ore infantium: et lactentium
perfecisti laudem propter ini-
micos tuos: vt destruas ini-
micum ⁊ vltorem. Quoniam
videbo celos tuos opera digi-
torum tuorum: lunam et stel-

Reiz entbehren; Cranach und Baldung sind auch Virtuosen der Linie, aber neben Dürer wirken sie schwer. Sie sind zu ernsthaft, zu sachlich.

Es gäbe eine lange Ausführung, wenn man das Stoffliche beschreiben wollte, das alles verarbeitet worden ist bei Dürer. Von der Menschenfigur durch das Tier- und Pflanzenreich geht es bis zu den bloß geometrischen Formen, Schalen, Säulen u. dgl.

Das Prinzip der Flächenbesetzung wechselt. Manchmal ist es ein rein malerisches: das Rankenwerk schlägt seine Purzelbäume und wirft sich herum scheinbar ganz ohne Regel und Gesetz, manchmal ist es auch ein mehr tektonisches und es wird ein Vertikalmotiv mit festgehaltener Mittelachse symmetrisch entwickelt. Das sind indessen die Ausnahmen und die Symmetrie scheint beinahe nur da zu sein, um gleich wieder durchbrochen zu werden. Der Hauptakzent verschiebt sich beständig.

Darin liegt der Unterschied gegen italienische Füllungen, die immer gleichmäßig entwickelt sind, sei es daß ein Mittelstamm sichtbar durchgeführt ist, oder daß die Motive nur an einem idealen Faden aufgereiht sind. Jedenfalls herrscht die geometrische Achse. Eine Randdekoration wird in Italien nach demselben Prinzip behandelt wie eine Pilasterfüllung. Gerade hier hatte nun die italienische Kunst eine eigenartige Schönheit gefunden, indem sie ungleichartige, mehr oder weniger in sich geschlossene Teile sich folgen ließ und der Folge eine bestimmte rhythmische Notwendigkeit mitzuteilen wußte. Die Gotik kannte etwas Ähnliches nicht. Auf den Norden hat dies System von Vertikaldekoration aber bald einen großen Eindruck gemacht, und Dürer, wie gesagt, hat wenigstens in einigen Blättern auch sein Glück damit versucht. Allein selbst da, wo er ganz untektonisch verfährt, wird man merken, daß er durch italienische Kunst durchgegangen ist. Wenigstens sind gerade die Eigenschaften, die ihn am meisten vom Herkömmlichen unterscheiden, italienische Eigenschaften: das Komponieren nämlich mit formal kontrastierenden und relativ selbständigen Elementen und die rhythmische Ordnung, die auch in den ganz freien Zeichnungen so stark wirkt, daß die tektonisch disponierten gar nicht als etwas Besonderes daneben auffallen.

Man wolle mich nicht mißverstehen: die Randzeichnungen Dürers sind deswegen um kein Haar weniger deutsch, weil er diese Dinge in Italien gelernt hat. Früher oder später müßte man in Deutschland von selber darauf gekommen sein. Das Deutsche ist in diesen Zeichnungen sogar so ausgeprägt, daß sie wie ein Linienextrakt deutscher Natur wirken, nicht weil es wesentliche heimische Flora ist, die Dürer verwendet, darin liegt es nicht: das Kleinteilige aber der Formen, das Maß der Linienbewegung und Flächenfüllung auf diesen Blättern ist derart, daß wir überall in deutscher Landschaft daran erinnert werden; es ist das Leben einer Sommerwiese und ist das Leben des Waldes.

Die Ehrenpforte (B. 135; 1515)[5]. Das holzgeschnittene Ungetüm der Ehrenpforte ist immer ein schwerverdaulicher Brocken für die Bewunderer Dürers gewesen. Das

Aus dem Gebetbuch Kaiser Maximilians I.: Der hl. Maximilian, 1515. München

Oremus. Maiestatem tuam
domi̅e suppliciter exoramus:
vt sicut ecclesie tue beatus An
dreas apostolus extitit: predi=
cator et rector. Ita apud te sit
ipse p̱ nobis perpetuus inter=
cessor. Per christum dominu̅
nostrum Amen.

De sancto Maximiliano.

GEme confessor domini
presul reg⁹ eterni Maxi=
miliane: consors sanctoꝝ: con
ciuis celestium: exaudi preces
tuoru̅: sume vota supplicu̅: et

Unglück lag nicht nur daran, daß es eine einheitliche Anschauung nicht zuläßt, weil beim Anblick des Ganzen das Einzelne verschwindet und das Einzelne doch wieder das Ganze voraussetzt: die Komposition an sich ist eine ungefüge und die Behandlung teilweise doch sehr spröde. In verschiedenen öffentlichen Kupferstichsammlungen ist der Holzschnitt zusammengeklebt, den meisten Lesern wird das Exemplar im Dürerhaus zu Nürnberg bekannt sein, wo die Ehrenpforte in einem Gelaß des Erdgeschosses ein unfestliches und unbehagliches Dasein fristet[6].

Der Bau hat wenig Ähnlichkeit mit einem antiken Triumphbogen, obwohl sich der beigefügte Text ausdrücklich auf solche Monumente beruft. Es ist ein Körper von wesentlich vertikaler Tendenz mit Dreieckabschluß, im Umriß ungefähr einer Fassade wie der der Nürnberger Frauenkirche vergleichbar. Eine Horizontalgliederung fehlt ganz. Die vier großen Säulen haben kein Gebälk, sie sind in gotischem Sinne als Vertikalkräfte gedacht, die sich in der Luft auflösen sollen. Von diesen vier Säulen werden drei schmale Durchgänge eingerahmt. So schmal sind sie, daß der Eindruck des Geöffneten bei dieser Pforte überhaupt hinter dem Eindruck des Geschlossenen zurücktritt; das Auge gewahrt eigentlich nur drei zusammengefügte, verschieden hohe, turmähnliche Bauten, die mit ihren Kuppelkrönungen einem Giebelumriß sich einordnen und an den Ecken von wirklichen kleinen Rundtürmen flankiert sind. Die Abschlußlinie oben ist phantastisch bewegt, der Grundriß ebenfalls mit vielen Einsprüngen und Aussprüngen versehen, ja sieht man näher zu, so bemerkt man, daß die Tore nicht nur eine Mauer durchsetzen, sondern den Eingang zu einem Innenraum bilden. Doch bleibt das Nebensache. Das Wichtige war, große Felder für den Stammbaum des Kaisers und die Historien seines Lebens zu gewinnen. Alle Flächen sind damit überzogen.

Daß die Gelehrten (Stabius) bei dem Unternehmen das Hauptwort hatten, wußte man schon lange; Dürer dachte man sich als die gestaltende Hand, und da einen das Werk nicht eben erwärmt, so klagte man über seine künstlerische Gebundenheit. Neuere Forschungen haben nun ergeben, daß Dürer durchaus nicht im ganzen Umfang der verantwortliche Mann gewesen ist. Der Entwurf stammte wahrscheinlich von Jörg Kölderer, dem Hofmaler und Baumeister von Innsbruck. Sein Wappen ist neben dem des Stabius in gleicher Größe angebracht, während Dürer nur klein an dritter Stelle figuriert. Dürer hat allerdings Änderungen gemacht, aber doch keine durchgreifenden. Wenn die Aufmerksamkeit einmal geweckt ist, so möchte es nicht schwer sein, seine Hand zu finden. Die Mittelpforte mit der Kronenträgerin gehört ihm, die großen Säulen, die Greifen und die Bekrönungen der Seitenteile. Die Mittelkuppel mutet schon fremdartig dünn an, während die üppig wuchernde Ornamentik der Ecktürme einen Gegensatz anderer Art bedeutet und unverkennbar die Phantasie Albrecht Altdorfers verrät[7].

Ich gebe in Abbildung das obere Stück der mittleren Pforte, mehr als Gattungsbeispiel deutscher Dekoration denn als Probe Dürerischer Verzierungskunst, insofern Dürer viel zu schlecht wegkäme, wenn man ihn für das Starre in der Verbindung der

Ehrenpforte Kaiser Maximilians I., 1515 (Ausschnitt)

Motive haftbar machen wollte. Auch die Perspektive ist sicher undürerisch. Je zwei Säulen, hintereinanderstehend, mit Nischenaufsatz über den Kapitellen, umschließen das Tor, eine Girlande hängt auf den Boden herunter und ist in der Mitte ausgesetzt mit einer weiblichen Halbfigur, die die Kaiserkrone in den Händen hält. Ein reiches Schmuckstück; aber wie sonderbar, daß der hängende Kranz den Bogen gerade da vernichten muß, wo er seine eigentliche Kraft bekommt, wo er zur Wölbung sich schließt. Das Motiv der hängenden Frucht- oder Blumenschnur ist italienisch, aber diese Begegnung der Linien ist es ganz und gar nicht. Der Norden sucht den Reiz der Verdeckung und Überschneidung, dahinter tritt der Sinn der Form zurück. Bei der Basler Marienzeichnung von 1509 kommt ähnliches vor.
Aber man sehe nur weiter, es kommt viel Erstaunlicheres: der Kranz wird gehalten von menschlichen Figuren, die halb versteckt hinter den Lünetten sitzen. Man entdeckt sie erst allmählich. Der Beschauer soll überrascht werden, hier und anderwärts. Das sind die deutschen Gefährten von Michelangelos Sklaven an der Sixtinischen Decke!

Die Kombination des Nischengesimses mit der Lünette darüber ist ein Motiv aus Venedig, und auch für die Kapitelle ist wenigstens die Anregung durch eine Säule in S. Marco wahrscheinlich[8], ungeheuerlich für italienisches Gefühl ist aber das nackte Aufsitzen des Gesimses auf dem Kapitell. So etwas läßt sich nur gotisch verstehen, nach der Analogie, wie aus einem Strebepfeiler ein Tabernakel sich entwickelt.
Es sind lebendige Vögel mit zusammengebundenen Flügeln, die in dem Nest der Kapitelle drin sitzen; mit wirklichen Zweigen sind die Zwischenräume ausgestopft, ebenso wie die Girlande oben aus wirklichen Maiglöckchen gebunden ist; was Wunder, wenn in diesem Zusammhang auch Reiher und Hunde frei herumlaufen? Alles bewegt sich, wie auf einem Ameisenhaufen.
Ein solches Schauspiel wird der moderne Mensch natürlich sich daraus erklären, daß der Bogen eben nur als ein Phantasiebild existiere und nicht in Wirklichkeit. Und gewiß, so pedantisch waren die Leute nicht, daß sie sich auf dem Papier nicht ganz andere Freiheiten genommen hätten als beim ausgeführten Bau. Allein ein Gebilde wie das auf Schnecken stehende Sebaldusgrab mit seinem unendlichen und niemals in einheitliche Anschauung aufzulösenden Reichtum an geformten Wesen ist doch nicht allzu verschieden, und man bedauert bloß, daß dieser malerisch-phantastische Drang nie ganz rein und stark seine Schößlinge hat treiben können. Er stürzte sich auf die italienischen Motive, um noch reicher und lustiger bauen zu können, aber diese Fremdkörper scheinen doch eher erkältend und hemmend auf die Erfindung gewirkt zu haben. Hätte Dürer ganz aus Eigenem einmal solch einen Phantasiebau machen müssen, wer weiß, wir hätten ein Wunderwerk bekommen, aus dem mit hundert Augen die Geister von Feld und Wald heraussähen.
Triumphzug und Triumphwagen (1518). Dürer als Festredner – das kann man sich eigentlich nicht vorstellen. Es fehlt ihm das leicht ins Rollen geratende Pathos, der Festrausch, das unbedenkliche Drauflosgehen. Vielleicht war es wirklich ein Fehler, ihn bei einer solchen Aufgabe mit der zeichnerischen Eloquenz eines Burgkmair zusammenzuspannen. Dieser Augsburger war da in seinem Element. Ohne eine Spur von Ermüdung läßt er seine Gruppen in langer Folge aufmarschieren, und man hört den Festjubel, wenn seine breiten Spruchbänder in der Luft rauschen und die schönen Pferdedecken mit lautem Schwall die Schenkel der Rosse umflattern. Was im Triumphzug auf Dürer zurückgehen soll, wie die »mechanisch bewegten« Wagen, wirkt trocken daneben. Allein man darf sein Festtalent nicht danach beurteilen: er hat Besseres gemacht, so viel Besseres, daß man das Recht jener Zuschreibungen überhaupt bezweifeln muß, und für unsere Interessen empfiehlt es sich von vornherein, die ganze Frage von Dürers Anteil am Triumphzug beiseite zu lassen und uns auf die sicheren Zeichnungen zu beschränken.
Um 1515 nimmt der Geschmack in Deutschland eine entschiedene Wendung nach dem Breiten und Gewichtigen. Schon bei Anlaß der Porträtentwicklung wurde darauf hingewiesen. Das Bildnis läßt sich nicht ungern einen durchgehenden Horizontalstreifen gefallen, der Kopf füllt massiger den Rahmen, die Hüte greifen mit mäch-

tigen Krempen um sich, man trägt wieder Vollbärte, breitgeschnitten und kurz. Im Sinn dieser neuen Formenstimmung hat Dürer 1517 ein paar Kostüme entworfen, Hoftrachten, wie es scheint, deren Träger sich in der Fülle einer sehr umfangreichen Existenz wiegen konnten. Die Stoffe mit breiten Säumen sind auf den Eindruck des Schweren hin behandelt, die Arme bekommen gewaltige Faltenmassen zu tragen und was auf den Achseln aufliegt, ist seitlich möglichst weit hinausgezogen, so daß sich die natürlichen Proportionen des Menschen sehr zugunsten der Horizontale verschieben. In der Farbe wird die Kombination von Grün und Schwarz mit etwas Gold als ein besonders feierlicher Dreiklang empfunden (vgl. die Zeichnungen der Albertina L. 541–543).

Ganz ebenso sind sechs Reiterfiguren behandelt, die unmittelbar für den Triumphzug gedacht waren, aber schließlich doch nicht auf den Holzstock gekommen sind (die einfachen Zeichnungen in der Albertina, L. 549 ff., die farbigen, aber etwas handwerksmäßigen Ausführungen in der Plastikensammlung des Wiener Kunsthistorischen Museums, L. 416 ff.). Sie übertreffen an Leichtigkeit der Erfindung und Reiz der Erscheinung bei weitem all das, was im geschnittenen Triumphzuge mit Dürers Namen in Verbindung gebracht worden ist. Es sind festlich-voll gekleidete Reiter, die Trophäen und Standarten tragen, die Pferde schwer und mit breitem Geschirr aufgezäumt. Dürer scheint sich in dem neuen Stil mit größter Bequemlichkeit zu bewegen, ja man erlebt wirkliche Überraschungen, wie er Tier und Reiter und Schaustücke in der Üppigkeit ihrer Formen als Ganzes zusammen empfindet. Wer würde dem Maler des Hellerschen Altars mit seiner stockenden Komposition jemals diese saftigen Rhythmen zugetraut haben? Die Pferde sind nicht alle gleich gut gezeichnet, einzelne aber besitzen eine ganz vollkommene Bewegung. Das beste möchte der Reiter mit der französischen Trophäe bieten. Da haben wir nun, was der Stich von Ritter, Tod und Teufel noch nicht gibt, die unmittelbar überzeugende Bewegungsdarstellung. Es ist ein zierlich tänzelnder Trab. Das Thema des zusammenhängenden Zuges ist freilich in diesen Zeichnungen nicht aufgenommen, und man hat Grund zu vermuten, daß wir dabei nichts verloren haben. Schon der Triumphwagen will nicht mehr recht schmecken.

Die Arbeit am Triumphwagen, auf dem der Kaiser mit seiner Sippe einherfahren sollte, ist älter als die am Triumphzug. Die Zeichnung der Albertina (L. 528), wo die Rosse eilig laufen und der Wagen noch zierlich und fein ist, stammt aller Wahrscheinlichkeit nach schon aus den Jahren 1512/13. In endgültiger Redaktion und vollgepackt mit all den Allegorien, die dem Bild erst seine Würze geben, kam die Geschichte aber erst 1518 zu Papier: in der farbigen, von etwas schwerer Hand ausgeführten Kolossalzeichnung, die die Albertina in besonderem Schaukasten aufbewahrt (L. 555 ff.). Vier Jahre später, 1522, ist dann danach, unter Weglassung der Familienbegleitung des Kaisers, ein Holzschnitt in acht Blättern hergestellt worden (B. 139).

Es ist alles modern bei diesem Aufzug: der dicke Wagen, die dicken Pferde, die dicken Weiber. Solche kurzgeschürzten, rundgliedrigen Gestalten mit reinlich im Gewand markierten Brustwarzen und Nabeln, wie sie hier ihren Einzug in die deutsche Kunst halten, trifft man nun die Generationen entlang überall, wo etwas gefeiert wird, und es ist durchaus noch nicht sicher, ob wir im 20. Jahrhundert ihren Abgang erleben werden. Die Kranzhalterinnen auf dem Wagen möchten übrigens den tanzenden Musen Mantegnas nachgebildet sein. Die Rosse sind sehr derb in Form und Bewegung, und die breiten Gurten des Zaumzeugs passen dazu. Wenn die Bänder der Schabracken in rechten Winkeln sich kreuzen, so daß ein Gitterwerk von festen Quadraten entsteht, so ist auch das ein Motiv des neuen Stils, der alte musterte seine Flächen mit Rauten. Im Wagen steigert sich dann die Fülle zu einem höchsten Ausdruck und Dürer sättigt das Auge einmal gründlich mit der Pracht verschieden geschwellter Kurven. Es bezeichnet die Renaissance, daß jeder Schwung begleitet ist von einem Gegenschwung, und es ist ganz ungotisch, wie die Tiere auf den Raddecken des Kaiserwagens die Wölbung im doppelten Sinne ausdeuten: als Aufwärtsbewegung und als Abwärtsbewegung. Und überall endlich ist die neue Tendenz wirksam, die Teile zu verselbständigen und die Form mit Gelenkwerk zu gliedern.

Die Bedeutung des Triumphwagens im allgemeinen liegt mehr auf der stilgeschichtlichen Seite als auf der künstlerischen. Zu einer ganz reinen Lösung der Aufgabe ist es noch nicht gekommen. Man merkt sehr deutlich die Gebundenheit Dürers durch ein Programm, das ohne alle Rücksicht auf das Optisch-Wünschbare seine Forderungen stellte. Die großen Dekoratoren des Nordens aber, die über jeden Stoff Herr wurden, Holbein und Rubens, sind von Hause aus ganz anders geartete Künstlerpersönlichkeiten gewesen.

Die Komposition des Holzschnittes von 1522 ist im gleichen Jahre in großem Maßstab auf die Mauer des Rathaussaales zu Nürnberg übertragen worden, wobei Dürer noch eine Verleumdung des Apelles zur Vervollständigung des Wandschmucks lieferte[9]. Die Malereien machen in ihrem jetzigen Zustand[10] keinen großen Eindruck und man wird sich um so weniger dafür interessieren, als Dürer persönlich die Hand nicht im Spiel gehabt hat, allein unter einem Gesichtspunkt ist die Betrachtung doch immer noch lehrreich: wie die Bilder im Raum gedacht sind; denn für die Disposition im ganzen ist er doch wohl mit verantwortlich gewesen. Und da konstatiert man denn (was niemanden überraschen wird), daß auf eine Wirkung der Figur im Gesamtraum nicht gerechnet war. Der Saal ist ein Prachtstück gotischer Architektur, aber die zusammenfassende Empfindung der hohen Kunst des Mittelalters war längst in die Brüche gegangen.

Es scheint, daß Dürer damals noch in weiterem Umfang für die Dekoration des Rathaussaales in Anspruch genommen wurde. Auch zu der Fensterwand des großen Saales existiert eine Zeichnung, eine der allerreizvollsten des Meisters, datiert 1521 (New York, Morgan Library, L. 407). Hohe Spitzbogenfenster durchsetzten die Wand fast bis zur Decke und zwar in so kurzen Abständen, daß die Mauerintervalle schmäler sind als die Lichtöffnungen. Für einen Mann der neuen Zeit waren es widerwärtige Formate. Dürer, um den Anblick einigermaßen erträglich zu machen, sucht nun in dieses Vertikalsystem vor allem eine stark sprechende horizontale Gegenrichtung hineinzubringen und im weiteren den Sinn der gotischen Flächen eigentlich in sein Gegenteil umzudeuten, indem er die aufwärts laufenden Wandstreifen mit lauter Hängewerk dekoriert und auf den ungastlichen Flächen überall ein in sich geschlossenes und befriedigtes Leben weckt. Er füllt die Zwickelflächen zwischen den Fensterbogen mit großen runden figurierten Medaillons. Daran hängen – im wörtlichen Sinne – die Zieraten der Fensterintervalle, die wieder in der Rundform eines leichten Kranzgeflechtes endigen. Durch die Wiederholung der gleichen auffallenden Motive in gleicher Höhe über die ganze Wand hin zwingt er das Auge zu einer horizontalen Bewegung und überwindet so, so gut es geht, die Ungunst der Situation. Den Spitzbogen dämpft er mit Laubgehängen, die ihm gerade auf den Scheitel drücken, kurzum, es ist die drolligste Auseinandersetzung zwischen Altem und Neuem, die man sehen kann. Was dem Neuen den Sieg sichert, ist aber wesentlich die Art der Flächenfüllung. Im Sinne der italienischen Renaissance folgen sich lauter Motive, die eine Existenz für sich besitzen, klar abgegrenzt und mit eigener Atmosphäre um sich, und mit keinem dieser Motive wird die Fläche vergewaltigt, sondern Raum und Füllung scheinen beide just füreinander da zu sein. Es waltet hier eine so heitere Wohlräumigkeit, und die meist der heimatlichen Welt entnommenen Formen sind so graziös behandelt, daß man für einen Augenblick ins 18. Jahrhundert sich versetzt fühlen kann. Schöpfungen von ähnlicher Originalität brachte die Zukunft leider nicht mehr.

3.

Im Lehrbuch der Proportionen sagt Dürer gelegentlich, wie die Natur so meisterlich den Mann gemacht, als wäre der von zweien Stücken. Das ist ein bezeichnendes Geschmacksurteil im Sinne der neuen Zeit. Gemeint ist jene Halbierung des Körpers, die mit einer Horizontalteilung nach antikem Schema den Torso von den untern Extremitäten trennt[11]. Aber so wenig ein Künstler gotischer Observanz jene Linie jemals in die Natur hineingesehen hätte, so wenig würde er das meisterlich gefunden haben, daß der Körper in eine obere und eine untere Hälfte zerfällt, man löschte vielmehr den vorhandenen Horizontalismus noch vollends aus zugunsten eines einheitlich durchgeführten Vertikalzusammenhanges. Die moderne Generation will die Gegenrichtung mit ihrer Breitenlinie nicht vernichten: beide Elemente müssen zu freier Erscheinung kommen, wenn es ihr wohl werden soll.

Ich schicke das voraus, um daran zu erinnern, wie alle Wandlungen im tektonischen Stil mit Wandlungen in der Auffassung der menschlichen Gestalt parallel gehen, gewissermaßen hier ihren gemeinsamen Nenner finden. Die Renaissance bringt die Horizontalgliederungen, die die Gotik vermieden hatte. Es fängt damit an, daß die

Horizontale in das Vertikalsystem verflochten wird (wie etwa bei dem spätgotischen Bau des Chores von S. Lorenz in Nürnberg, wo die umgeführte Emporenlinie in halber Höhe die Pfeiler schneidet) und die Entwicklung führt dann zu einem vollständigen Auseinandertreten der zwei Richtungen, in der Weise wie es in der Gliederung eines Baukörpers mit den italienischen Ordnungen von Trägern und Gebälk geschieht. Ein Renaissancepokal ist ein Gebilde, das sich mit Horizontalabschnitten in so und so viel selbständige Teile zerlegen läßt, während im gotischen ein Horizontalschnitt den Nerv zerstören würde.

Dabei ist wesentlich, nicht daß Horizontalen überhaupt da sind, sondern daß sie als Gliederungen funktionieren. Die Renaissance zieht ihren Charakter in erster Linie aus dieser Eigenschaft der durchgebildeten Gelenke. Der gotische Becher hat auch einen Knauf am Stamm, aber es ist nur ein umschließender Ring, kein durchgreifender Gelenkknoten.

Der neue Stil trennt und individualisiert die Teile, im alten sind sie unlösbar ineinander verwachsen und gewinnen ihren Wert und ihre Schönheit erst in der Gesamtmasse. Das gilt von der einzelnen Linie – wenn man eine Arabeske der Renaissance mit einem spätgotischen Füllungsmuster vergleicht –, wie von der einzelnen Fläche: erst die Renaissance hat den Wert einer bestimmten, in sich ruhenden Flächengröße anerkannt und die Dekoration angewiesen, die Lebensstimmung einer solchen Fläche auszudeuten. Es gilt aber ebenso von der Säule im Verhältnis zum gotischen Pfeiler oder von dem Unterschied der Raumbehandlung in den beiden Stilen: immer wird das Eingebundene, Verflochtene, an anderes Angelehnte auf eigene Füße gestellt und zu einem Individuum gemacht, das seine Daseinskraft in sich selbst trägt.

Um deutlich zu sein, exemplifiziere ich mit zwei Bechern, einem »gotischen« von 1512/15 (Dresdner Skizzenbuch, ed. Bruck, Taf. 156) und einem »modernen«, den Dürer in seinen letzten Lebensjahren (1526) als großes Prunkstück gezeichnet hat (L. 588)[12]. Die einzelnen Buckel stehen hier reinlich als selbständige Größen nebeneinander, während der gotische Becher seine (runden) Buckel enggedrängt aus der Fläche hervortreibt, daß sie sich stoßen wie die Blasen des kochenden Wassers. Das Blattwerk, ehemals wirr und kraus, ist in ähnlicher Weise ins Klare und Geordnete vereinfacht worden. Der Naturalismus des Stammes reduziert sich auf einige Astmotive, die sich in geometrischer Figuration um den tektonischen Körper legen, und die Drehung des Bechers um seine eigene Achse bleibt grundsätzlich ausgeschlossen: die Orientierung, die der Fuß schon bestimmt angibt, wird festgehalten im ganzen Aufbau. In Summa: man bietet die einzelne Form dem Auge als etwas Faßbares an, nicht das Geflimmer eines unauflösbaren Formenensembles, man zielt auf die Schönheit des Gewächses, nicht auf die Schönheit des malerischen Scheins. Und dazu tritt dann noch die neue Bedeutung der Profile: das Gefäß spricht sich im Umriß vollständig aus. Bei dem malerischen Buckelbecher ist das nicht der Fall, die Silhouette ist kaum faßbar und ist mehr das zufällige Resultat der ihr zugrunde liegenden Formen.

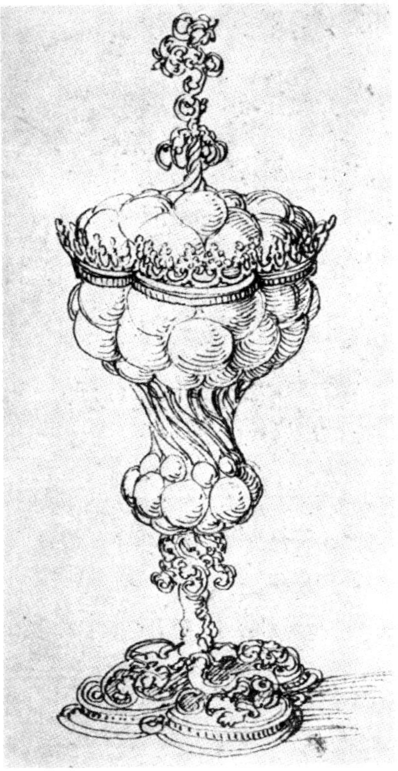

Gotischer Becher, 1512/15. Dresden

Doppelbecher, 1526. Wien, Albertina

Diese Dinge sind für die gesamte darstellende Kunst von größter Bedeutung. Es sind Wandlungen der Anschauung und Auffassung, die sich gleichlautend in der Malerei und Plastik vollziehen.

Die Spätgotik ist ein berauschender Stil, der Begriff »malerisch« genügt nicht. Kompositionen wie das spätgotische Nebenschiff des Doms von Braunschweig mit seinen in wechselndem Sinne gewundenen Pfeilern erfüllen den Beschauer mit einer Art von Taumel. Die Renaissance ist dagegen die besonnene und klärende Macht. Den Lebensinhalt, als dessen Ausdruck sie in Italien erstand, konnten die Deutschen nicht ganz verstehen und insofern war jede Nachahmung aussichtslos, aber sie repräsentierte eine Kunst der klaren Anschauung, und als solche allein schon mußte sie, abgesehen von allem, was sonst zu ihren Gunsten sprach, jener rationellen Generation willkommen sein.

Die niederländische Reise und die letzten Werke

1.

Mit der niederländischen Reise beginnt die letzte und in gewissem Sinne die größte Periode Dürers. Als Fünfziger erlebte er damals eine Erfrischung des Auges, wie man sie eigentlich nur noch einmal so in einem Malerleben kennt, bei Rubens nämlich. Was für den alternden Rubens die Verbindung mit einer zweiten, jungen, geliebten Frau bedeutete, daß ihm mit einem Male neue Quellen sprangen und tiefere als vordem, das wurde für Dürer diese Reise.

Er reist als der Mann, der bereits über einen Weltruhm verfügt. Nicht mehr wie seinerzeit in Italien ringt er mit einer fremden Kunst. Was er sah, war stammverwandte Kultur, und auch in den romanistischen Tendenzen der damaligen »Modernen« in Belgien erkannte er nur die eigene Vergangenheit. Und so verschieden auch das Gebaren dieser Leute war, er läßt sich nicht mehr aus dem Kurs bringen. Aber als ob ein Tauwind über den winterharten Boden gegangen wäre, regt sich's plötzlich bei ihm von vielerlei Keimen; alte Eindrücke werden lebendig; was erwächst, braucht gar keinen unmittelbaren Zusammenhang zu haben mit niederländischer Art, aber trotzdem hat es für Dürer des fremden Landes bedurft, um die Kraft zu gewinnen, wieder Großes zu wollen. Daß es nur die Augen gewesen sind, die ihn zum neuen Menschen machten, sage ich nicht. In der einleitend vorausgeschickten Lebensskizze ist angedeutet worden, was für Erfahrungen innerlichster Art in den reformatorischen Kreisen Antwerpens Dürer damals machen durfte.

Immerhin, er war Maler und darum auf die sinnliche Erscheinung der Welt zuerst hingewiesen. Die Niederlande konnten noch immer den Vorrang verfeinerter Sinnenkultur im Abendland beanspruchen. Seit den Van Eycks war die intensive künstlerische Produktion nicht unterbrochen worden. Es fehlten weder die großen Talente noch die großen Aufgaben. In der Pracht niederländischen Städtelebens mochte selbst ein Nürnberger Bürger sich leicht etwas provinzlerisch vorkommen. Was Dürer mitbrachte, war eine ungeheure Sehlust. Alles sieht er sich ganz genau an, Kunst und Leben, Bilder und Festzüge, er porträtiert hoch und niedrig, auch ohne Bestellung, nur für sich, er kauft schöne Geweihe und Kuriositäten, interessiert sich für einen Walfisch, den die Flut ans Land geschwemmt, so stark, daß er mitten im Winter einen Ausflug von einigen Tagen unternimmt, und ist überglücklich, die ersten wunderbaren Dinge zu Gesicht zu bekommen, die der neuentdeckte Kontinent herübersandte. Er ist gesprächig in seinem Tagebuch. In allem spürt man das Wohlbefinden eines Mannes, den jeder Tag etwas Neues lehrt.

Künstlerisch war Massys durchaus noch der erste Name. Er war älter als Dürer und seine Hauptwerke, den Marienaltar (in Brüssel) und den Johannisaltar mit der Beweinung (in Antwerpen), hatte er vor zehn Jahren gemacht. Es sind Bilder von

großer feierlicher Stimmung, wunderbar reich und zart in Farbe und Ton, und die Köpfe von ergreifender Wahrheit und geistiger Durchleuchtung. Was die Durchbildung des plastischen Motivs betrifft, so machte Dürer größere Ansprüche und die Konfiguration der »Beweinung« mag ihm geradezu langweilig vorgekommen sein – in den Niederlanden selbst fing man an, so zu urteilen –, allein es war ein Erlebnis für ihn, wieder einmal wirkliche Malerei zu sehen, koloristische Feinfühligkeit und eine Modellierung, die noch für einen bloßen Hauch von Schatten empfindlich ist. Er mußte sich sagen, daß seine Lucretia (von 1518) in ihrer Härte und farbigen Kälte ganz unerträglich wirken würde neben solchen Bildern, und wirklich, sein Farbgefühl erholte sich noch einmal auf eine Weile zu größerer Wärme und Feinheit, und jedes Porträt, jede Porträtzeichnung nach 1520 spricht von einer neuen Subtilität der Tonbehandlung. Ja, ob nicht die ganze Präzision der Anschauung, wie sie gleichfalls im Bildnis am überraschendsten zutage tritt, durch den Eindruck der Menschenzeichnung des Massys mitbedingt ist?
Massys ist von italienischer Kunst nicht unberührt geblieben, es ruht ein Abglanz ihrer Größe auf seinen Bildern, aber ein italienisch-geschulter Künstler im damaligen Sinne, d. h. ein Darsteller des Nackten, der Bewegung und der Verkürzung ist er nicht gewesen. Hier konnte sich eher Mabuse mit Dürer vergleichen. Er war sein Altersgenosse, war fast gleichzeitig (1508) in Italien gewesen und als entschlossener Romanist zurückgekommen. Ein Bild im Berliner Museum, Neptun und Amphitrite, kennzeichnet am besten sein künstlerisches Verhältnis zu Dürer. Es ist ein nackter Mann und eine nackte Frau, aufgebaut auf der Basis des Adam- und Evastichs, nicht ungefällig im Zusammengehen der Linien, aber ohne den Ernst des Dürerschen Formgefühls. In dem »Sündenfall« derselben Galerie zeigt der Manierismus dann schon unverhüllt sein Gesicht. Dürer hat im Tagebuch eine Notiz über Mabuse, gelegentlich seiner Kreuzabnahme in Middelburg: er sei nicht so gut »im Hauptstreichen, als im Gemäl«, was wohl sagen will, die Behandlung der Malerei sei besser als die Zeichnung.
Der andere Romanist war Barend van Orley. Dieser, ein junger Mann noch – wir kennen seine Züge aus einem Kupferstich Philipp Galles nach einer verschollenen Bildniszeichnung Dürers –, der früh sein Glück gemacht. Seit 1518 Hofmaler der Statthalterin: der Italianismus war jetzt die Mode der guten Gesellschaft. Ein Hauptbild gerade aus der Zeit von Dürers Reise sind seine Prüfungen Hiobs (im Brüsseler Museum), die mit aller wünschbaren Deutlichkeit zeigen, was Trumpf war. Viel Verkürzung, viel neue Bewegung, überraschende Führung des Lichtes, komplizierte Verschlingungen – ein Bild für Kenner, vor dem man lange stehen und fachmännisch gelehrt reden kann. Es ist auch noch gut gemalt, aber es fehlt das innere Leben, die Kunst ist auf dem Wege zum Virtuosentum. Dürer mochte, wie gesagt, ein Stück seiner eigenen Vergangenheit in solchen Werken erkennen, sie ließen ihn Gefahren sehen, an denen er selbst einmal beinahe gescheitert wäre.
Auch von den alten Meistern erscheint im Tagebuch hie und da eine flüchtige Spur.

Hugo van der Goes, Memling, Roger van der Weyden, Jan van Eyck werden genannt und der Name etwa mit einem Beiwort der Bewunderung begleitet. Es ist wenig, und das gespannteste Aufhorchen macht den Klang dieser knappen ästhetischen Interjektionen nicht inhaltreicher. Gleichwohl muß man glauben, daß Dürer ein gewissenhafter Betrachter gewesen ist. Viel mehr als seinerzeit in Italien will er alles gesehen haben. Antwerpen blieb Hauptquartier, aber von da kam er weit im Land herum, abgesehen davon, daß schon das Interesse seiner Pensionsangelegenheit ihn mitten drin einmal bis nach Aachen und Köln zurückführte. Sein Skizzenbuch (»das Büchlein«, das in den Tagebuchnotizen erwähnt wird) ist voll von niederländischen Typen, Trachten und Architekturbildern. Was wir kennen, ist jedenfalls nur ein Bruchteil, aber aus den einzelnen Blättern spricht doch deutlich genug die Stimmung des gleichmäßig interessierten Beobachters von Land und Leuten. In Italien hat er nur einzelne Eindrücke aufgenommen und groß werden lassen – wie wenig spiegeln sich in den Zeichnungen die Dinge seiner damaligen Umgebung! Jetzt ist er der objektive Reisende, der für alles ein Auge hat. Der Mensch bleibt freilich die Hauptsache. Er saugt sich an das Individuelle mit frisch belebtem Interesse an, offenbar hat der Einzelfall prinzipiell einen neuen Wert für ihn gewonnen. Ob es nur Zufall ist, daß auf dem Querformat des Skizzenbuches so oft zwei Köpfe nebeneinander erscheinen? Oder ist es nicht vielmehr jetzt überall auf physiognomische Parallelen abgesehen? Zu anderen Malen ist das Format der Anlaß zu sehr originellen Raumkombinationen geworden. Was würde man sagen, wenn Dürer so etwas *gemalt* hätte? Ein Kopf in Querformat, seitlich verschoben und gegen einen tiefer liegenden Architekturgrund gesehen[1]!

Dürer war nicht nach den Niederlanden gekommen, um als Maler Geld zu verdienen, er nahm an Arbeit, was ihm die Gelegenheit des Tages brachte, in der Hauptmasse sind es Porträtzeichnungen in Kohle oder Kreide auf großen Bogen; gemalte Bildnisse sind schon selten und ganz vereinzelt nur hört man von anderen Malereien[2]. Jedenfalls war er gar nicht für größere Arbeiten eingerichtet, das Tagebuch spricht von »Veronica-Angesichten«, die er gemalt habe (d. h. Christus als Schmerzenskopf) und einmal auch von einem Hieronymus, auf den er viel Fleiß verwendet haben will und den er einem Portugiesen geschenkt hat. Vor einigen Jahren ist das Bild in Lissabon wieder aufgefunden worden[3]. Es ist eine lebensgroße Halbfigur, der alte heilige Mann mit aufgestütztem Kopf am Studiertisch sitzend, den Finger auf einem Totenschädel. Die Zeichnungen zu dem Bilde sind in merkwürdiger Vollständigkeit erhalten[4]. Ganz überwältigend wirkt die große Pinselzeichnung der Albertina (L. 568), die den gleichen Kopf in einer etwas abweichenden Stellung gibt. In diesem Blatte liegt so viel Größe und so viel Schlichtheit, so viel Hingabe an das Kleinwerk der bildenden Natur und so viel Kraft des zusammenfassenden Sehens, daß man wohl von dem Beginn eines neuen Stiles bei Dürer sprechen darf[5].

Man meint, mit fünfzig Jahren müßte er notwendig seine Formeln sich ausgebildet haben, die Abkürzungen, die das enthielten, was ihm in der Natur interessant war;

andere haben es so gemacht, allein für Dürers Auge wurde die Erscheinung immer reicher, und er mußte immer mehr in die Zeichnung aufnehmen, wenn er ehrlich bleiben wollte. Mit völlig ungeschwächten Sinnen, als ob er frisch anfinge, macht er seine neuen Entdeckungen im Reiche der Form. Die Linie der Mundspalte, die Fältelungen der Lippe – nie ist er diesen Dingen mit ähnlicher Sorgfalt nachgegangen wie jetzt. Das lineare Sehen erweicht sich wieder zu einem mehr malerischen, tonigen Sehen. Die Hand des Hieronymus ist wesentlich anders gezeichnet als die Apostelhände vom Heller-Altar, mehr in hellen und dunklen Flächen gesehen. Und gleichzeitig erwacht eine neue Empfindlichkeit für die Tonwerte in der Zeichnung. Die Schatten, deren Dunkelmaß der Kohle- oder Kreidestift bisher ziemlich willkürlich bestimmt hatte, werden auf einer feineren Waage abgewogen, und es ist unverkennbar, daß die Tendenz im allgemeinen auf eine hellere Haltung hingeht. Das Auflichten der Schatten hat auch in der Malerei der Zeit seine Parallele, und nicht nur bei Dürer[6].

Neben solcher Verfeinerung des Stils im naturalistischen Sinne wirkt es um so auffälliger, Dürer stellenweise wieder auf rein dekorativem Linienausdruck zu betreffen. Es macht ihm nichts, bei einem Kopfe das Gesicht naturalistisch durchzubilden und das Haar in ganz stilisierten Locken dazuzugeben. Das Verfahren ist kein neues und es hätte schon früher davon gesprochen werden können, aber hier im Zusammenhang der ganz vollendeten Zeichnung tritt das Prinzip am klarsten zutage. In der Tat, es war ein Prinzip, für Dinge zweiten Wertes wie Haare, Kopfbedeckung, Gewand, eine bloß dekorative Behandlung eintreten zu lassen, und wenn es auch vielleicht nicht die feinsten Zeichnungen sind, wo er es so hielt, so läßt sich doch nicht leugnen, daß er gerade durch solche Gegensätze der Faktur eine sehr bedeutende Wirkung erreicht.

Zu alledem kommt nun die entschiedene Richtung aufs Große. Sie drückt sich aus in den Formaten, deutlicher noch in dem großen Stile der Zeichnung. Wir haben das Wort schon früher gebraucht, selbstverständlich handelt es sich immer nur um relative Bestimmungen. Man kann nicht sagen: jetzt ist er groß, sondern nur: er ist größer im Vergleich zu ehedem. Das Wesen der Größe ist aber auf allen Stufen dasselbe: daß man aus dem Vielfältigen der Sichtbarkeit das Eine heraussieht, in dem die entscheidende Bedeutung steckt. Das andere braucht man nicht fallen zu lassen, aber es soll sich soweit unterordnen, daß die führende Stimme klar heraustönt. Es ist gleichgültig, was es ist, ein bloßer Kopf oder eine Historie: immer müssen diese Verhältnisse der Über- und Unterordnung gewahrt bleiben und das Auge fähig gemacht sein, unmittelbar und leicht das Wesentliche zu fassen. Ich habe schon gesagt, Dürers Köpfe sind jetzt reicher an Einzelformen als je, trotzdem wirken sie ruhig und einfach.

Und nun ist das nicht nur artistische Entwicklung gewesen: mit der größeren Anschauung ist auch die Empfindung größer geworden. Dürer fing jetzt an, das Große im ganz Einfachen zu fühlen.

Man weiß, daß schon vor der niederländischen Reise Dürers Stil eine Wendung zum Einfachen genommen hat und daß das Marienbild der Kupferstiche von 1518 und 1520 durchaus im Sinne des Großartigen umgebildet worden ist, aber die Produktion jener Periode hat doch etwas Unreines. Die monumentale Absicht versteckt sich in kleinen Formaten, und der große Zug der Darstellung erlahmt leicht an archaistischen Gelüsten, die nach umständlichem Detail verlangten. Aus der Empfindung, die dem Antonius mit der Stadtansicht zugrunde liegt, konnte die neue Monumentalität nicht hervorgehen, da ist noch zu viel Stubenluft drin. Es bedurfte der weiten Horizonte fremder Länder, durchgreifender Erlebnisse, um das glimmende Feuer zur Flamme zu entfachen, in der dann alle Halbheit verbrannte[7].

2.

Die Niederlande haben Dürer wieder die Lust zu großen Gemälden geweckt. Wir wissen nicht, wie er zu dem Stoffe kam: genug, in den Jahren 1521/22 formt er an einem *vielfigurigen Heiligenbilde* mit Maria in der Mitte, das sein bedeutendstes malerisches Werk geworden wäre, wenn er nicht – wieder wissen wir nicht warum –, als die Komposition schon fertig dastand und die Einzelstudien alle gemacht waren, die Arbeit liegengelassen hätte.
Die bildende Kunst hat keine Aufgabe, bei der sie ihre eigentümlichen Wirkungen vollkommener und sachgemäßer entfalten kann, als solch feierlich schweigendes Zusammensein bedeutsamer Gestalten, wo die Würde jeder Einzelfigur von der nächsten aufgenommen und fortgeleitet wird und die Harmonie des Ganzen verklärend auf alle Teile zurückwirkt. In Italien hatte Dürer Kunstwerke höchsten Ranges mit solchem Inhalt gesehen, allein er war damals noch nicht reif, ihre Schönheit zu fassen. Jetzt erst nach so vielen Jahren kommt es über ihn – der berauschende Wohllaut der Kunst der Lagunen; als ob er jetzt Tanzen gelernt hätte, wird er geschmeidig in der Bewegung und auch für leise Rhythmen empfindlich. Die niederländischen Maler haben es ihn nicht gelehrt, aber vielleicht sind es doch die Eindrücke von Antwerpen gewesen mit seiner Vornehmheit und großen Lebensführung, die die venezianischen Erinnerungen ganz frei gemacht haben[8].
Es braucht Augen, die schon etwas gebildet sind, um in der hier mitgeteilten Zeichnung (Bayonne, Museum Bonnat, L. 364) das Kunstwerk der Form zu sehen, das es ist. In bequemem Nebeneinander zwölf große Figuren, so verteilt, daß die Welle lebendig sich hebt und wieder senkt und Maria als erhöhte Zentralfigur, tragend und getragen, das Ganze beherrscht. Keine geometrische Symmetrie, nur ein Gleichgewicht der Massen: die Figurenzahl und die Linie der Bewegung ist eine andere auf beiden Seiten. Links eine Kniefigur, weit gegen die Mitte vorgezogen, und hinter ihr die Reihe der Stehenden, mit zunehmender Verdichtung zur Mitte emporsteigend; rechts ein gleichmäßig ruhiges Abwärtsgleiten, mit einem Einschnitt auf halbem Wege, da wo eine der Figuren an den Stufen des Thrones niedergesunken ist. Zur

Entwurf zu einer Maria mit Heiligen, um 1521/22.
Bayonne, Museum Bonnat

Ausgleichung der Asymmetrie dienen die Musikantengrüppchen in den vorderen Ecken: wo die große Kniefigur die Schale der Waage belastet, sind es zwei Kinder knapp am Rande, drüben dagegen drei größere Engel, die sich recht breitmachen sollen im Raume.

Man kann die Figuren der Mehrzahl nach benennen. Die Knieende ist mit Schwert und Rad als Katharina gekennzeichnet; die hinter ihr stehen mit holdseligem Neigen des Kopfes, wie zwei Blumen auf schwankem Stiel, sind Dorothea und Barbara; drüben die ernsten Typen der Agnes mit dem Schäfchen (in Profilstellung) und der Apollonia, die einen der Zähne in der Zange hält, die ihr ausgerissen worden sind. Die Beterin daneben als Stifterin zu deuten, liegt kaum ein genügender Grund vor. Sie trägt allerdings kein Attribut, aber ihre Nachbarin auch nicht, und das Herabsehen der letzteren ist schon formal legitimiert. Der mit der Harfe ist König David, die andern Männer – wie wir aus einer vorausgehenden Zeichnung entnehmen können – Joachim, Joseph und der Pilgerapostel Jakobus, mit dem Hut im Nacken.

Was man früher entbehrt, ist jetzt vorhanden: Zeichnungen, die sich auf das Ganze beziehen und wo man sieht, daß das Gruppieren und das rhythmische Gliedern der Figuren im Zentrum des künstlerischen Interesses stand. Die Zeichnung im Louvre

(L. 324) gibt einen früheren Zustand der Komposition. In der Absicht, pompös zu wirken, arbeitet Dürer noch mit viel zahlreicherem Personal: es sind hier sechzehn Heilige neben der Maria, die er zu Vierergruppen zusammennimmt und in strenger Symmetrie staffelförmig in die Höhe führt. Der Thron kommt mit großen Stufen gegen den Rand vor. In der Mitte sitzt ein Lautenengel daran.

Die Hauptfiguren sind die gleichen hier und dort. Es ist Dürer aber klar geworden, daß weniger mehr sei, und daß er bei einer Reduktion der Figurenzahl sprechendere Kontraste gewinne. Von sechzehn Heiligen blieben nur elf, diese elf aber sind – ohne daß die Hauptmotive sich änderten – in eine neue und bedeutendere Verbindung getreten. Statt der doppelten Staffel gibt er einen einheitlichen Bewegungszug und statt der Gleichheit der Seiten eine Asymmetrie, die in viel stärkerem Maße das Ganze als etwas einheitlich Belebtes erscheinen läßt. Der Engel zu Füßen der Maria ist auch verschwunden mit dem ganzen etwas aufdringlichen Stufenwerk: es wirkt langweilig, wenn die Mittelachse, die durch Maria repräsentiert wird, unten noch einmal mit einer Figur bezeichnet ist, und die Horizontale, die im Zusammenhang von so vielen wesentlich vertikalen Figuren erwünscht sein muß, wird ganz gut durch den schleichenden Fuchs vertreten (man kennt ihn von der Maria mit den vielen Tieren her), auch die Einzelgruppen in den Ecken begegnen sehr wirksam der Linieneinförmigkeit. Eine natürliche Konsequenz war die Differenzierung des begleitenden Landschaftsgrundes[9].

Auch unsere Zeichnung gibt aber noch nicht das letzte. Es findet eine nochmalige Reduktion der Figurenzahl statt und an Stelle des Breitformats tritt das Hochformat. Mit vier Männern und vier Frauen baut Dürer ein Bild, wo Maria mit hoher Thronlehne, flankiert von zwei Paladinen und gestützt durch ein musizierendes Engelpaar am Boden so sehr zum Hauptthema wird, daß die übrigen Figuren nur noch als eine Ausstrahlung von ihr erscheinen. Ich spreche von dem kapitalen Blatte in Bayonne, Museum Bonnat (L. 363), das wie zum Zeichen des Abschlusses die Jahresbezeichnung (1522) enthält[10].

Die Entwicklung ist eine ganz folgerichtige: es sollen immer größere Massen einheitlich zusammengenommen und immer höhere Grade von Bindung gegensätzlicher Elemente geschaffen werden. Zugleich wird die Komposition aus der Fläche ins Räumlich-Tiefe umgedeutet. Es müßte einen prachtvollen Anblick gewährt haben: der umschließende Chor von Heiligen, eingeleitet durch Frauen, die am Boden sitzen[11], und in der Mitte die Mariengruppe, wo zunächst mit breitem Gefält und weit ausbuchtenden Armlehnen die Horizontale zur Geltung gebracht ist und dann durch den Schemel der zwei Engel und die ragenden Gestalten von Joseph und Johannes dem Täufer die Throngruppe eine nie erlebte Fülle erhält. Sie sind ganz losgelöst aus dem Zusammenhang der andern, diese zwei Männer, beide sollten laut Beischrift »rot« werden, d. h. als symmetrische Akzente die Maria begleiten[12].

Eine Anzahl großer Naturzeichnungen von Köpfen, wie sie zu dem Heiligenbild in Breitformat dienen sollten, sind noch erhalten. Die uns bekannten Bildskizzen nehmen deutlich Bezug darauf, doch wird man nicht glauben, die Komposition sei einem zufälligen Material von guten Modellstudien gemäß redigiert worden. Eine mehr oder weniger klare Bildidee ist natürlich schon vorhanden gewesen. Der ersten Fixierung des Ganzen, die wir kennen, mögen so und so viele andere vorausgegangen sein, und die Haltungen der Köpfe weisen ja auch unverkennbar auf einen Zusammenhang, der noch kommen soll. Offenbar aber war es auf ein Herübernehmen der Physiognomien in ungebrochener Individualität abgesehen. Dürer fürchtete sich nicht vor der erdigen Wirkung dieser Köpfe. Das Dumpfe und Gebundene sollte untergehen in der zu feierlichem Geläute zusammenklingenden Harmonie der Bewegungen. Die deutsche Kunst ist hier so weit, daß man wie bei Raffaels Disputa oder der Schule von Athen Gestalt um Gestalt auf ihre Neigungs- und Wendungsverhältnisse hin betrachten muß und auf die Art der Begegnung mit den Nachbarn, wenn man dem eigentlichen Bildinhalt beikommen will. Es ist eine neue, leise und schlichte Schönheit, die Dürer in der Haltung und Kleidung seiner Figuren vorträgt, keine fertig übernommene Schablone, wie ehemals, keine Schönheit für sich, sondern lauter Ausdrucksschönheit.

Der Kopf zur Barbara, die Zeichnung befindet sich im Louvre (L. 326), hat sein besonderes Interesse, weil er sehr nah an den Idealtypus Dürers heranreicht[13]. Die wie zum Kuß zusammengeschobenen runden Lippen sind ein Motiv, das auch der allerreinsten Jungfrau Maria für nicht unwürdig erachtet worden ist[14].

Neben den Köpfen sind es Draperiestudien, die in dieser Zeit in größter Fülle vorkommen, lauter höchst sorgfältige Naturzeichnungen. Je älter Dürer wird, desto mehr sucht er mit der Wirklichkeit Fühlung zu nehmen.

Am Anfang da zeichnet er seine Faltenkatarakte aus dem Kopf. Man sieht es an dem Präludieren in einzelnen Bildentwürfen, wie es ihm in den Fingern prickelt und wie er's kaum erwarten kann, bis er loslegen darf. Dann kommt mehr und mehr das modellmäßige Zeichnen, in den Gewändern des Helleraltars schlägt das Wirkliche schon durch, doch erst zuletzt hat man den Eindruck, daß das, was Dürer gibt, Natur sein könnte. Die Stimmung der Formen dabei ist von gehaltenem Ernst. Das lustige Kräuselwerk der Jugend ist verbannt ebenso wie die etwas gewaltsamen Motive der Hellerdraperien. Einfache Umrisse, große Flächen, schlichte langzügige Faltenthemen, womöglich ins Geradlinige ausgerichtet, und das Kleinwerk an die toten Punkte geschoben, wo es der Hauptbewegung nicht hinderlich ist. In Ermanglung einer Zeichnung, die direkt das Prachtgefält der thronenden Maria unsres Heiligenbildes vergegenwärtigen könnte, möge man mit dem Entwurf zu einer lesenden Maria oder Anna von 1521 (Albertina, L. 575) vorliebnehmen, aus der der große Stil dieser Zeit immerhin vernehmlich genug spricht: es ist sehr groß gedacht, wie die Frau im Schatten des über den Kopf genommenen Manteltuches erscheint, wie in einer Nische, und die Formen des Ganzen ordnen sich zu einer fast architektonisch einfachen Wirkung zusammen. Die Geste der rechten Hand ist der der thronenden Maria nicht unähnlich: beidemal ist es das unauffällige Aufsetzen der Finger

auf die Fläche des offenen Buches[15]. Wie grob war Dürers Empfindung noch, als er in Venedig der Maria mit dem Zeisig (Berlin) das Buch in die Hand gab, und wie unbegreiflich klingt es, daß er damals der Nachbar Giorgiones gewesen sei.
Eine zweite Gruppe von Zeichnungen weist auf ein *Kreuzigungsbild,* das ebensowenig seine malerische Durchführung erlebt hat und in seiner Gesamtgestalt uns nur durch einen Kupferstich von fremder Hand bekannt ist. Es ist ein bloßer Umrißstich (P. 109), über dessen Unzugehörigkeit zum Werke Dürers jetzt kein Zweifel mehr besteht[16], der aber doch wohl eine originale Skizze zur Grundlage hat. Viel Spielraum ist der rekonstruierenden Phantasie sowieso nicht gelassen: der Gekreuzigte ist aus der Zeichnung bekannt, Johannes und die Gruppe der Frauen. Für Magdalena am Fuße des Kreuzes und für weinende Cherubs sind ebenfalls Naturstudien da[17]. Die umständliche Sorgfalt dieser Vorbereitungen wie die Art der Zeichnungen lassen vermuten, daß Dürer nicht einen bloßen Stich, sondern ein Bild im Sinne hatte. Ungewöhnlich ist nur, daß Johannes dann links stehen bleibt und die Frauen von rechts kommen. Daß dagegen die Hauptfiguren mit reichlichem Begleitpersonal sich trafen, wie es der Stich will, ist wohl möglich, wenn auch seine Darstellung im einzelnen nicht zuverlässig sein kann.
Der älteste Bestandteil ist die Frauengruppe mit der Jahreszahl 1521 (Louvre, Depositum, L. 381). Sie hat schon ganz das große gehaltene Pathos, wie es diesem Kreuzigungsbild eben seinen unterscheidenden Charakter gibt. Man muß die ähnlich bewegte Maria der Kupferstichpassion vergleichen, um die grandiose Einfalt zu spüren, mit der hier die Linie des Mantels lang und schlicht von den Schultern der nonnenhaft eingehüllten Frau herabfällt. Auf gotischen Grabplatten kommt dergleichen vor. Die Begleitfiguren wiederholen das Thema gerade so weit, um es mit einer Sphäre des Erhabenen zu umgeben, ohne seiner Einzigkeit Abbruch zu tun[18]. Aus einer verwandten Gesinnung ist das berühmteste Stück zeitgenössischer Plastik, die sogenannte Nürnberger Madonna im Germanischen Museum, hervorgegangen.
Johannes (Albertina, L. 582) ist 1523 datiert. Die Gebärde still, aber voll Nachdruck, weil in der Figur alles, Gewand und Bewegung, wie aus einem Gusse ist. Das Spielbein schleppend nachgezogen. Es ist, als höre man ein klagendes Andante. Hier kommt niemand mehr, wie beim Helleraltar, auf den Gedanken, daß die Köpfe von der Figur sich abschrauben ließen, und die Bewegung nach ihrem formalen Gehalt nimmt nicht mehr ein vom Ausdruck unabhängiges Interesse in Anspruch. Das Zurücklehnen des Kopfes ist durchaus im Zusammenhang der Gesamtbewegung empfunden, und ohne das Gesicht zu sehen, wüßte man, daß diese hängenden Falten zu einer Klagefigur gehören.
Und nun ist das Merkwürdige dies, daß die große Anschauung sich mit einer Intimität der Zeichnung vertragen hat, die in ihrer Art ebensosehr als etwas Neues berührt. Der Christus (Louvre, L. 382; 1523) ist eine Aktzeichnung, die man mit dem »großen Glück« auf eine Linie stellen könnte, wenn sie nicht den größeren Stil vor diesem voraus hätte[19]. Das Einfache der Ansicht liegt hier nicht nur in der voll-

Entwurf zu einer Beweinung Christi, 1522. Verschollen (ehemals Bremen)

kommenen Frontalität, sondern auch in einer schlichteren Anordnung der Füße, bei denen auf den uralten Typus der zwei Nägel zurückgegriffen ist. Ich glaube nicht, daß kirchlich-altertümelnde Überlegungen dazu geführt haben, man kann es als eine Konsequenz des neuen Geschmacks für das Einfache und Gerade begreifen, aber es bleibt wunderbar, daß die Neuerung, wie auf gegebene Parole, dann so rasch um sich greift. Das Lendentuch nun auch nicht mehr flatternd, sondern schlicht fallend[20].

An die Kreuzigung möchte ich noch eine *Beweinung* anschließen, die ehemals in Bremen bewahrte Zeichnung von 1522 (L. 129, verschollen), die man zwar nicht so bestimmt als Bildentwurf in Anspruch nehmen kann, die aber ihrer monumentalen Anlage nach doch der großen Kunst angehört. Es ist ein Breitbild: der liegende Leichnam gibt das Maß für das Format. Die Zeit lag weit zurück, wo Dürer seine Beweinungspyramiden baute. Was sollten diese Formen für eine Totenklage? Hier muß die Horizontale herrschen, das Niedrige und Gedämpfte. Aber es ist schwer, mit dem Breitformat auszukommen, weil doch nicht alle Figuren am Boden hocken können. Die Frauen – meinetwegen, aber die Männer müssen doch stehen. Fra

Bartolommeo hat in seiner klassischen Pietà, die fast zur selben Zeit entstand, die Schwierigkeit durch gebückte Figuren überwunden, Dürer durchschneidet den Knoten, indem er die männlichen Begleiter ebenfalls als Halbfiguren ins Bild nahm: sie stehen auf einem tieferen Niveau. Das Bildmotiv im großen ging ihm über alle Bedenklichkeiten derer, die nur das Wahrscheinliche gelten lassen wollen.

Christus lehnt gegen die knieende Magdalena, die Mutter hockt seitlich ihm zu Häupten, sein einer Arm liegt schon auf ihrem Schoß: sie hält ihn auf der flachen Hand. Und nun beugt sie sich tiefer und drückt das Leidensangesicht zum Kusse sich entgegen, dem es schmerzverzerrt und sinnlos fallend mit einer furchtbaren Gleichgültigkeit begegnet. An dem toten Körper ist nur *ein* Ausdruck: Schmerz. Durchweg und wie selbstverständlich sind alle Linien zu Ausdrucksorganen geworden. Der plastische Erscheinungsreichtum ist sehr groß, aber nirgends ein Formmotiv um seiner selbst willen. Die Biegung des einen Beines wirkt mit derselben Unmittelbarkeit wie die bildnerisch sehr überraschenden Schiebungen von Haupt und Schultern. Die Hand liegt flach am Boden, mit der Innenseite nach unten, was selten der Fall ist, ganz still; aber wie zuckend scheinen die Finger die Erde zu betasten.

Bei der ungleichartigen Raumfüllung, wo der ganze Akzent auf eine Seite fällt, mag es verwunderlich sein, daß das notwendige Gleichgewicht doch noch zustande gekommen ist. Die zwei Männer an sich tun es nicht. Dadurch aber, daß Johannes vom Hauptvorgang sich abwendet und einen Spiegel des Mitleidens in seinem Nachbarn, Joseph von Arimathia, sucht, entsteht ein zweites Interessenzentrum im Bilde, mit dem sich der Betrachter sehr rasch identifizieren wird, und so ist die Balance gewonnen.

Es will mir scheinen, als ob die Gedanken, die Dürer in dieser Zeichnung niedergelegt hat, für die große Kunst doch nicht ganz verlorengegangen seien, auch wenn er selbst als Maler nicht darauf zurückgekommen ist. Die schöne stille Holzgruppe einer Pietà in der Jakobskirche zu Nürnberg hat soviel Verwandtes, daß man sie jedenfalls in dieselbe Zeit und vielleicht in eine direkte Beziehung zu Dürer setzen muß. Es sind ganz dieselben Mittel, mit denen Christus bedeutend gemacht ist. Auch das seltene Motiv der mit der Innenfläche am Boden liegenden Hand wiederholt sich. Nur die Stimmung der Maria ist anders, sie betet ohne Gemütserregung und mit der Kühle eines abgeleiteten Klassizismus.

3.

Im Vorbeigehen ist früher schon einmal eine Verkündigung von 1526 (Chantilly, L. 344) erwähnt worden, wo Dürer im Sinne seines letzten Stils die große Gebärde für den Vorgang suchte: der Engel kommt hochaufgerichtet mit emporgestrecktem Arm auf Maria zu; das Wesentliche der neuen Erzählung ist aber mit diesem Zuge noch nicht bezeichnet, es liegt in dem Ernst, mit dem die Geschichten auf ihren sachlichen Inhalt hin durchempfunden und frei von allen formalistischen Effekten zur Darstellung gebracht sind. Eine ganz bestimmte Berechnung der Formwerte hat

Verkündigung, 1526. Chantilly

natürlich stattgefunden, aber die Konstruktion ist aufgegangen in den Forderungen des unmittelbaren Ausdrucks. Man sieht sie nicht, wenn man sie nicht sucht. Noch in den schlichten Kompositionen der kleinen Holzschnittpassion – wieviel Schablone steckt doch darin! Im Zeitalter der »Melancholie« ändert sich das, aber aus jenen Jahren ist sehr wenig Erzählendes vorhanden. Jetzt erst, in einer Folge großer Zeichnungen in Querformat, die für einen dritten Holzschnittzyklus der Passion bestimmt waren, kann man den neuen Geist der Historie kennenlernen. Es hängt mit der Stimmung der letzten Lebensjahre Dürers zusammen, daß es »ernste Gesänge« sind.

Wahrscheinlich war die *Anbetung der Könige* von 1524 (Albertina, L. 584) für dieselbe Folge gedacht, als ein einleitender starker Stimmungskontrast, und jedenfalls ist sie am geeignetsten, das Charakteristische dieser letzten Periode deutlich zu machen, weil wir in dem Holzschnitt von 1511 und dem Holzschnitt des Marienlebens das vollkommenste Vergleichsmaterial aus der zurückliegenden Zeit besitzen[21].

Nicht mehr in mütterlicher Sättigung wiegt sich Maria und nicht mehr greift der Knabe mit spielenden Händen in den Goldkasten: gemessen und feierlich sitzt sie da, das wunderbare Kind vor sich hinhaltend, das ganz eingehüllt mit großen Augen den knieenden König ansieht. Dieser alte König, der zuerst das Knie beugt, ist von jeher würdig empfunden worden, man wird aber finden, daß die ferne Anbetung hier einen besonderen Grad von Ehrfurcht und Dringlichkeit erhalten hat, und ganz deutlich kommt die vertiefte Auffassung in dem Verhältnis des zweiten Königs zum Mohren zum Vorschein, wo die Kunst sich sonst so gern einen Scherz erlaubte: es liegt wirkliche Güte in der Art, wie der vornehme Mann den Schwarzen heranführt, dem man die Befangenheit in allen Gliedern anmerkt. Und was für eine grandiose Strömung entwickelt sich durch das Ausholen dieser königlichen Gebärde! Als breite Welle kommt die Bewegung an die Mariengruppe heran und findet dort dann ihren Gegensatz der vollkommenen Ruhe. Joseph, fest eingebunden in die Gruppe, gibt ihr Bedeutung und Kraft, und der Architekturgrund hilft mit durch Unterschneidungen und enge Rahmung. Die vertikalen Linien sind für diesen Anlaß reserviert worden. Alles ist jetzt einfach, Gebärden und Lokalität, und höchst überzeugend. Nicht zu übersehen der Realismus des großen Giebelhauses im Mittelgrunde.

Von den eigentlichen Passionsszenen kennen wir vier, und davon ist nur die erste, das Abendmahl, wirklich geschnitten worden.

Auch beim *Abendmahl*[22] haben wir den Vergleich mit der Komposition von 1510 (s. Abb. S. 179). Der tektonische Aufbau ist jetzt weggelassen. Es wirkt zu äußerlich, zu formalistisch bei einer Geschichte, mit einer Zentralfigur und symmetrischen Seiten zu komponieren. In frei rhythmischer Folge gruppieren sich die zwölf Figuren – Judas ist schon fort –, wobei Christus durch einen starken Einschnitt einerseits und durch zwei vorgelagerte, den Blick ihm zuleitende Gestalten andererseits zu gebührender Geltung gebracht ist. Bewegung und Gebärde durchweg vereinfacht. Was ist es doch für eine komplizierte Gruppe, der Christus von 1510 mit hochgenommenem Knie und vorgeschobenem Arm, in dessen Buchtung Johannes sich birgt, ohne daß auch bei ihm das Motiv naiv wirkte oder auch nur vollkommen deutlich geworden wäre: es dauert eine Weile, bis man die Hände gefunden hat. Die spätere Redaktion mag nach Seite des Edlen ein italienisch kultiviertes Gefühl vielleicht unbefriedigt lassen, jedenfalls spricht sich die Situation sehr schlicht und eindrücklich aus. Und dann im Fortgang der Apostelköpfe – welche Summe von neuem und unmittelbar wirksamem Ausdruck! Petrus neben dem Herrn – wie er starr dasitzt mit zusammengepreßten Händen und jener Wendung des Kopfes, als ob es ihn mit einem Ruck herumgerissen hätte! Der Nachbar, der ihm die Hand auf die Schulter gelegt hat und ganz versunken dem Verlauf der Rede lauscht, ohne das Auge zu erheben, und dann an der Ecke des Tisches der Alte, aufrecht wie ein Baum, mit der flachen Hand auf der Tischplatte, und am andern Ende jener Jünger, der, den Kopf aufgestützt, mit dem Messer in das Tuch sticht, bei völlig abwesenden Gedanken. Der Tisch ist nicht gedeckt, um die Stille der Linie nicht zu stören. Nur der Kelch steht darauf; Schüssel, Kanne und Brot am Boden. Die einzige dekorative Form ist ein großes rundes Loch in der Wand, ganz weiß. Dürer hatte das Bedürfnis, die Rückwand zu verkleinern, etwas Bedeutendes, Zusammenfassendes hineinzusetzen: es brauchte seine Überzeugung und seinen Mut dazu, diesen kolossalen Akzent asymmetrisch in die Szene zu werfen.

Das *Gebet am Ölberg* (Zeichnung in Frankfurt, 1521; L. 199)[23] gibt diese letzte Passion in der herbsten Form, wo Christus sich platt auf die Erde wirft. Man weiß, daß das gleiche Motiv im Format der kleinen Holzschnittpassion auch vorkommt, ich bin geneigt zu glauben, daß diese Variante erst jetzt entstanden sei. Gesehen hat Dürer die Situation aber zuerst bei Mantegna, auf der Predella des Triptychons von St. Zeno in Verona. Sie enthielt neben anderen Geschichten die Szene von Gethsemane (jetzt im Museum von Tours), und dort ist es – nicht Christus – wohl aber einer der Jünger, der so am Boden liegt. Das Schönlinige bleibt bei dieser Fassung des Themas von selber aus dem Spiel. Es zeigt aber die reife Kunst Dürers, wie er die Ungunst des Motivs überwindet und der Erscheinung dadurch etwas Notwendiges verleiht, daß er das flache Liegen durch abgestufte flache Erdschichten vorbereitet. Im gleichen Sinne sind die Wolken als lange Nebelstreifen entwickelt, die tief über die Figur hinziehen. Die Jünger sind nichts als ein kleines Grüppchen, ganz abseits.

Die *Kreuztragung* von 1520 (Florenz, Uffizien, L. 842) ist dann ein Beispiel für die Art, wie Dürer die Erzählung mit vielen Figuren behandelt, wie er das »Komponierte« überwindet und trotz der Menge für das Hauptmotiv die klare Anschaulichkeit rettet. Das Querformat war der Entwicklung eines Zuges besonders günstig, um so mehr aber lag die Gefahr nahe, daß Christus in der reichen Begleitung unterging. Er ist nicht auf den Boden gefallen, sondern bleibt als aufrechte, schreitende Figur im allgemeinen Zusammenhang, und es bedeutet nur einen augenblicklichen

Christus am Ölberg, 1521. Frankfurt a. M.

Aufenthalt, wenn Veronika ihm ihr Tuch hinstreckt. Darin liegt nun eben die Meisterschaft dieses Blattes, wie die hemmenden Motive in das große Geschiebe der Masse, deren Bewegung weitergeht, eingeflochten sind, sofort bemerkbar, vollkommen faßlich, geistig den Hauptakzent tragend, ohne daß doch in der Gesamtfiguration eine besondere Rücksicht auf sie genommen scheint. Die Kunst bleibt ganz versteckt. Natürlich würde die Wendung Christi gegen Veronika unbemerkt verhallen, wenn nicht der Hintermann (mit hohem Hut) den Beschauer gleichfalls auf die Knieende führte; vorwärts schiebend sorgt er andrerseits dafür, daß die Stockung gleich wieder ausgeglichen wird, und die vorangehende, vom Rücken gesehene Mantelfigur, die sich flüchtig umblickt, bewerkstelligt die Verbindung nach vorn, ohne selbst das Interesse auf sich zu ziehen. Das Kreuz kommt nur in diskreter Verkürzung zur Ansicht, dafür sind Leiter und Lanze als Helfer benutzt, das Auge auf die Zentralfigur zu leiten und der Umgebung das Zerstreuende zu nehmen. An solchen Bildern erfuhr der Norden zum erstenmal, was es heiße: gut erzählen. Die Fabel in vollkommener Klarheit entwickelt und doch reich wie die Wirklichkeit und umsponnen von dem Zauber des scheinbar Zufälligen. Eine künstlerische Stilistik könnte hier die ganze Theorie der Erzählung finden. Im Sinne des reichen Eindrucks ist die Hauptrichtung des Bildes von einer gegensätzlichen Richtung begleitet: der Zug macht eine Wendung; allein erst durch die Enge der Gasse und den Blick durchs Tor wird diese Tiefenerstreckung zu einem wirklichen Wert im Bilde

Die Kreuztragung, 1520. Florenz

neben der Breitenerstreckung. Eine zweite Zeichnung der Kreuztragung (L. 843, ebenfalls in Florenz), mit dem gestürzten Christus als Hauptmotiv, besitzt nicht die gleichen Vorzüge[24].

Bei der *Grablegung* (1521; Nürnberg, Germanisches Nationalmuseum L. 86)[25] greift Dürer wieder auf das Motiv des Leichenzuges zurück, wie er es ganz früh für die große Holzschnittpassion einmal aufgenommen hatte. Das Querformat mußte ihn förmlich dazu drängen. Wenn man damals nur von einer stofflichen Beziehung zu Mantegnas berühmtem Kupferstich sprechen konnte, so ist jetzt die Anlehnung offenbar. Christus als geschlossene Masse in einem Tuch liegend, das oben und unten von einem vorwärts- und einem rückwärtsschreitenden Manne gehalten wird, während ein dritter in der Mitte anfaßt und (entsprechend der Magdalena bei Mantegna) mit einem Arm übergreift. Als Raffael seine Grablegung komponierte, hatte er das Bedürfnis, die Bewegung der Träger stärker zu differenzieren und dem Rückwärtsschreitenden die Grabstufen hinter die Füße zu setzen, die er mit den Fersen ertasten muß: Dürer kam auf dieselbe Idee, nur daß die Stufen bei ihm abwärts führen.

Ob die Grablegung in dieser letzten Passionsfolge die Szene der *Beweinung* ersetzen sollte, kann man nicht wissen. In der Albertina liegt eine Komposition von 1519 in Hochformat (L. 559), die also jedenfalls nicht in den Zusammenhang gehört, die uns aber doch wertvoll sein kann, als Beweis, daß der neue Stil schon vor der niederlän-

dischen Reise da ist. Was ich neu nenne, ist die Behandlung des Publikums als Masse, wo keine Figur für sich den Blick anzieht und nur da und dort die Linie einer ausfahrenden Geste die Stimmung angibt. Ein Ausdruck der neuen Ökonomie liegt darin, daß die verkürzte Ansicht des Kopfes für die zwei Hauptfiguren reserviert ist. Nur so ist es möglich gewesen, ihrer Erscheinung den nötigen Wert zu geben.
Eine zweite, spätere Beweinung in Hochformat (1521, L. 379, Cambridge, [Mass.], Fogg Art Museum) ist ebenfalls als Massenszene behandelt. Maria sitzt neben Christus, dessen Kopf so geschoben ist, als ob er die Mutter ansehen wollte.

4.

Was von jedem Bilde gilt, daß es um so besser ist, je klarer der Künstler die Sache in seiner Vorstellung besessen hat, je weiter er sie nach den Forderungen der inneren Anschauung zur Deutlichkeit hat gedeihen lassen, weil eben darin die Garantie liegt, daß es nun auch vom Betrachter mühelos und vollständig begriffen werden kann, das gilt vom Porträt im besonderen, trotzdem das Modell hier ja alles zu sein scheint und der Laie nicht begreift, was die eigene bildende Vorstellung des Malers dabei zu tun haben solle. Ein gutes Porträt muß den, der es sieht, sofort in die Atmosphäre einer bestimmten Gestalt und Persönlichkeit hineinziehen, daß er mit einem Male weiß und ganz genau weiß, wen er vor sich hat; diese Klarheit und Bestimmtheit der Wirkung wird aber nur dann sich einstellen, wenn beim Maler eine ebenso klare und bestimmte Vorstellung vorangegangen ist. Dürers Bildnisse haben alle mehr oder weniger diese Eigenschaft, nie aber ist die Anschauung eine so vollständige gewesen wie in dieser Spätzeit. Ich meine: der starke Eindruck der individuellen Natur ist immer da, aber die erschöpfende Aufklärung, daß jede Form sich offenbart, enthalten doch erst die letzten Bilder.
Dürer verzichtet jetzt auf alle äußeren Mittel der Verlebendigung und läßt nur die ruhige Gestalt sprechen. Nichts Momentanes, kein ungleiches Blicken, keine Öffnung des Mundes. Es ist eine Ausnahme, wenn er die Hände dazu nimmt, und wo er es tut, da geht er kaum über eine konventionelle Gebärde hinaus[26]. Gewöhnlich gibt er nur den Kopf in engumschließendem Rahmen. Wenn diese Bildnisse dennoch so stark sprechen, so liegt das daran, daß die Form gründlich auf ihren wesentlichen Inhalt hin durchgesehn ist. Es ist nichts ausgelassen, aber die bestimmenden Formen sind den gleichgültigeren gegenüber in ein entschiedenes Verhältnis der Überordnung gebracht, und der Beschauer genießt das eigentümliche Glück, als ob er plötzlich hellsichtig geworden wäre.
Das Bildnis eines energischen und geistvollen Mannes in Madrid aus dem Jahre 1521 gilt mit Recht als das malerisch vollkommenste Beispiel der späteren Porträts. Glück vermutet darin den Rentmeister Sterk. Man spürt den unmittelbaren Eindruck niederländischer Malerei. Durch fremde Muster mußte Dürer immer von Zeit zu Zeit daran erinnert werden, was eigentlich ein malerisch durchgeführtes Bild sei; aber

Bildnis eines jungen Mannes. Dresden

Hieronymus Holzschuher, 1526. Berlin

der Eindruck hält nie lange vor. Den Köpfen, die er in Venedig malte, entfremdet er sich in Nürnberg sehr schnell wieder, und so hat auch dieses Madrider Bild keine Folge gefunden. Die Bildnisse von 1526 in Berlin, der Holzschuher und der Muffel, sind schon wieder viel linearer behandelt.

Beides sind vornehme Nürnberger, sehr respektable Vertreter der Gesellschaft, in die Dürer aufgenommen war. Man kann sich die deutsche Stadt im Zeitalter der Reformation kaum denken, ohne daß die Erinnerung an diese Köpfe aufstiege, voran in blühender Gesundheit der weißbärtige Ratsherr *Hieronymus Holzschuher.* Vollblütig, leidenschaftlich, ein hitziger Sanguiniker, muß er ein Mann gewesen sein, der Dürer im Temperament fernstand. Um ihn zu charakterisieren, hat er zu ungewöhnlichen Mitteln gegriffen. Es ist ganz untypisch, wie er ihn die Augen rollen läßt und wie die weißen Locken mit blitzartigem Geschlängel über die Stirne

Bildnis eines Gelehrten. Madrid

EFFICIES IACOBI·MVFFEL·
AETATIS·SVAE·ANNO·LV·
SALVTIS·VERO·MD·XXVI

fahren. Ich brauche nicht ausdrücklich zu sagen, daß in Wirklichkeit die Haare diese Rolle natürlich nicht gespielt haben. Dürer arbeitet mit Mitteln des apokalyptischen Linienstils. Es soll über die Qualität des Bildes damit nichts ausgesagt sein, aber um die besondere Art des Spätstils zu veranschaulichen, scheint es mir weniger dienlich als das andere Ratsherrnbild, *Jakob Muffel.*

Ein merkwürdiger Gegensatz der Naturen. Neben dem Manne des Temperaments, wo die Wallung des Blutes das rasche Wort bestimmt, der Mann des Verstandes und der hinhaltenden Überlegung, mit knappem Fleisch, engen Lippen und punktartig spitzen Lichtern im Auge. Die kleinliche Bildung der Nase könnte den Eindruck leicht ins Unangenehme hinüberdrängen, wenn nicht die große Wölbung der freigelegten Stirn dieser Wirkung begegnete. Und für ein gebildetes Auge ist es nun ein Genuß ohnegleichen, der modellierten Form zu folgen, so klar und vollständig, wie sie zur Erscheinung gebracht ist, daß man das Ganze und die Teile sofort zu fassen bekommt. Der Augensinn wird gleich lebendig und munter. Wie viel gibt schon die Silhouette von Stirn und Augenhöhle, wie ist das Feste des Knochenbaues herausgeholt und wie ist die Form geschichtet: man glaubt einen ganz einfachen Kopf vor sich zu haben, und doch kann jede Vergleichung zeigen, daß das Einzelwerk genauer durchgearbeitet ist als je vorher![27]

Es kann verwunderlich erscheinen, daß die völlige Frontansicht gerade jetzt bei Dürer fehlt. Schon in den Bildnissen von 1503/5, wo er noch viel mehr auf momentanen Ausdruck losgeht, kommt sie vor, und das Münchner Selbstporträt kombiniert gar die reine Vertikale als Hauptachse damit, allein dieses feierliche Schema hat er nicht wiederholen wollen und im allgemeinen scheint er eine Wendung zwischen Face und Profil für die inhaltreichste Ansicht gehalten zu haben. Die reine Profilfigur ist wie bei allen Porträtisten auch bei ihm nur Ausnahme, obwohl er recht wohl wußte, daß ihr eine Art von Monumentalität eigen sein kann.

Die interessanteste Verwendung des Profils enthält der Kupferstich des Kardinals *Albrecht von Brandenburg* (1524; B. 103), den man den »großen Kardinal« nennt im Gegensatz zu dem fünf Jahre früher entstandenen Porträtstich derselben Persönlichkeit (B. 102; 1519). Diese ältere Aufnahme[28] gibt die Dreiviertelansicht, der Kopf sitzt etwas klein im Raum, Wappen und Inschrift bedrücken ihn mehr als das sie ihn schmückten, und die in halber Kopfhöhe schneidende Horizontale eines dunklen Teppichhintergrundes wirkt fast gewalttätig. Offenbar wollte der hohe Würdenträger etwas Machtvolleres haben, als er zum zweiten Mal kam, und aus einer ganz kleinen Modellzeichnung in Silberstift (Louvre, L. 329) ist dann der große und wirksame Profilstich auf einheitlich dunklem Grunde hervorgegangen. Deutlicher als im ersten Fall erfährt man hier, wie Dürer ein Bildnis über die Natur hinaushob. Der Kardinal hatte wüste, vorquellende Augen, einen gemein-sinnlichen, schwulstigen Mund und wuchernde Fettmassen um Kiefern und Kinn. Es war Dürer zu-

Jakob Muffel, 1526. Berlin

nächst darum zu tun, das fatale Dominieren des Untergesichts zu beseitigen, darum stülpte er die Mütze über den Kopf, hinter der man unwillkürlich einen bedeutenderen Schädel ergänzt, als er in Wirklichkeit vorhanden war. Die monströsen Formen sind, ohne ihren eigentlichen Charakter zu verleugnen, mit Diskretion behandelt. Die Hauptrechnung aber war, daß in der Profilansicht das am wirksamsten sich behaupten würde, was in dem Kopf wirklich groß war. Die Kraft der Formbildung, die freilich etwas brutaler Art ist, kommt in dieser Ansicht so energisch heraus, daß man die bloße Anschwemmungsmasse darüber vergessen kann. Das kleinformige Wappen ist ein vorteilhafter Kontrast dazu.

Ein zweites Porträt aus dem Jahre 1524 ist mit mehr innerem Anteil gemacht, der Kurfürst *Friedrich von Sachsen*, Dürers alter Gönner. In ein fast quadratisches Feld eng eingepackt gibt er uns den Kopf des (offenbar sitzenden) Modells, schwer und unbehilflich, aber doch ausgestattet mit der ganzen Kraft des Wollens und Beharrens. Die Vorzeichnung bestand in einer Silberstiftstudie nach der Natur (Paris, Ecole des Beaux-Arts, L. 387), nicht größer als der Stich. Dürer muß über ein eminentes Gedächtnis verfügt haben, denn der Stich, zu dem der hohe Herr gewiß nicht noch einmal tagelang gesessen ist, gibt überall, wo man nachprüft, viel mehr Form als die Zeichnung. Neben der Präzision der Modellierung von Augenfältchen, Lippen usw. auf der Kupferplatte wirken die Angaben des Silberstiftes nur als skizzenhaft ungefährer Ausdruck. Erst im Stich sind dann aber auch die Details alle in die großen Einheiten zusammengenommen, die die Erscheinung ruhig gestalten: man vergleiche die Behandlung der zugewendeten Wange. Und dann steigert Dürer prinzipiell die Linienbewegung, um den Eindruck lebendiger zu machen; nicht gleichmäßig, nicht überall, aber hier z. B. sehr deutlich in den Brauen und den Rändern der Lidspalte. Die Vorzeichnung legitimiert nicht den großen Schwung, mit der die Braue über dem rechten Auge (des Stiches) in die Höhe geht, und der Verlauf der Linie ebendort vom Tränenwinkel aufwärts ist ein ganz anderer. Endlich wird man den Anlaß gern benutzen, um einmal in concreto zu kontrollieren, welche Anordnung der freien Formen die künstlerische Regie über die Modellzeichnung hinaus vorzunehmen für gut fand: wie die Linie der hochgeknöpften Mützenklappe in die Stirn herunterdrückt, wie die Mütze am Gesichtsrande tiefer herabkommt (bis in Augenhöhe), wie der Bart breiter an die Locken sich anschließt, der Pelzrock höher hinaufgenommen ist usf. Das köstliche Rauchwerk findet in dem starr und spröd behandelten Inschriftfeld einen wirksamen Gegensatz.

Als Probe des Porträtstichs erster Qualität könnte dieser Kurfürst genügen, allein der Freund *Pirkheimer* soll doch nicht fehlen und nicht nur, weil er Dürers bester Freund war: hier ist das Lehrreiche der Vergleich mit der Zeichnung von 1503 (Berlin, L. 376, siehe oben S. 143, Anm. 12). Wie gewaltig die Summe von Ausdruck in die Höhe gegangen ist! Selbstverständlich, das eine ist eine rasche Zeichnung und der Stich eine ganz durchgeführte Arbeit und der Kopf selbst ist in den zwanzig Jahren besser geworden – davon spreche ich nicht; aber es gibt Unterschiede, die aus

Kurfürst Friedrich von Sachsen, 1524

der vollkommneren Art von Dürers Kunst sich herleiten. Die eingeschlagene Nase, die das Frühporträt so recht deutlich heraushebt, dient dem trivialen Begriff von Kenntlichkeit, im Stich tritt sie hinter den höheren Ausdrucksfaktoren ganz zurück. Dafür spricht der Mund mit den Lippen der reifsten Dürerschen Zeichnung, in denen alle Geister lebendig geworden sind, und die bedeutungsvollen Augen spielen eine so große Rolle im Gesicht, daß man annehmen muß, auch hier habe Dürer eine ideale Rechnung walten lassen und sie mehr nach Maßgabe ihres Wertes als ihrer wirklichen Größe charakterisiert.

Es sind lauter gute persönliche Bekannte, denen Dürer seine Stechkunst zur Verfügung stellt. Auch *Melanchthon* (1526, B. 105) darf wohl noch diesem Kreis zugezählt werden. Er hatte zwar den Ruf als Rektor des Gymnasiums in Nürnberg abgelehnt, war aber im November 1525 und ebenso im Frühjahr 1526 in Nürnberg, wo er am 23. Mai das Gymnasium mit einer Festrede einweihte. Dürer hat den etwas ungepflegten Philologen mit der schönen Stirn und dem seelenguten, leuchtenden Auge gewiß mit herzlicher Sympathie gezeichnet. Immerhin ist es eine flüchtigere Arbeit, und der merkwürdige Hintergrund mit unruhig-ungleichen Horizontallinien ist vielleicht eben deswegen beliebt worden, um gewisse Unebenheiten zu übertönen.

Der einzige Mensch, bei dem Dürer notorisch als Porträtist Schiffbruch litt, war *Erasmus*. Er hat ihn in Antwerpen zweimal zu zeichnen versucht und es ging nicht[29], und nun hatte er die unglückliche Schwäche, der Eitelkeit des Modells nachzugeben und nach soundsoviel Jahren den Mann noch in Kupfer stechen zu wollen. Es ist der größte Poträtstich Dürers (1526, B. 107). Er gibt den berühmten Gelehrten in halber Figur, stehend und schreibend. Wahrscheinlich bediente er sich eines Schemas von Quinten Massys[30]. Auf das Akzessorische ist viel Kunst verwendet und die Schwarzweißverteilung von einer bedeutenden Originalität, aber die Darstellung behält etwas Unlebendiges, selbst wenn sie nicht durch die Erinnerung an Hans Holbeins Meisterwerk verdunkelt würde. Es bedurfte der kühlern Menschenbeobachtung Holbeins, um die wahre Natur dieses stillen Gesichtes zu verstehen.

Neben dem Stich ist auch der Holzschnitt zur Porträtaufgabe herangezogen worden. Als eine nur mittelbare Wiedergabe der originalen Zeichnung wird er nie so rein wirken wie jener, aber er hat den Vorzug, die größeren Dimensionen zu gestatten, und dieser Vorzug ist denn auch in dem lebensgroßen Bildnis des *Ulrich Varnbühler* ausgenützt worden (1522; B. 155)[31]. Die Vorlage liegt in Wien (Albertina, L. 578) und ist in den Gesichtsteilen mit harter brauner, im Kostümlichen mit weicher schwarzer Kohle gezeichnet. Man sieht den angelegentlichen Willen, den Originalstrich im Schnitt zu bewahren, der Holzstock hält sich im engsten Kontakt mit der Zeichnung. Und wenn es auch ohne beträchtliche Vergröberungen nicht abgegangen ist, so bleibt es doch ein prachtvolles Schauspiel, wie sich die Technik des Holzschnittes in der Atmosphäre der Handzeichnung als ihrem natürlichen Lebenselement noch einmal zu dieser neuen Wirkung erfrischt hat.

5.

Wer die Kunst den Künstlern vorbehalten will, könnte eine Reihe von Äußerungen Dürers anführen, die wenigstens so viel bezeugen, daß er ein Urteil in Sachen der Kunst nur denen zugestehen wollte, die selbst das Handwerk betreiben – den andern bleibe sie eine fremde Sprache –, und in seinem frühern Kupferstichwerk wird man auch manche Dinge finden, die nur aus dem Grundsatz l'art pour l'art zu verstehen sind, allein je älter er wurde, desto häufiger stellte er seine Kunst in den

Die vier Apostel, 1526. München

Dienst einer bestimmten Mission, und sein größtes Alterswerk, die vier Apostel, sollte wirken wie eine Predigt.

Die männlichen Idealfiguren bilden eine besondere Gruppe in dieser späten Zeit. Es wäre undenkbar, daß Dürer noch einmal auf die Heiligen seiner Jugend zurückgekommen wäre; ein Sebastian, ein junger Georg – sie erschienen ihm jetzt viel zu ausdruckslos; es mußten Männer sein von einer großen ethischen Bedeutung. Höchstens der heilige *Christoph*, der 1521 zweimal als Kupferstich vorkommt, mag als Ausnahme wirken, und doch liegt in dem Verhältnis des riesenmäßig starken Mannes zu dem Kinde, das er über den Fluß trägt und das ihm so unerklärlich schwer vorkommt, weil er nicht weiß, daß er das Christuskind und mit ihm die Welt trägt, auch ein sittlicher Gedanke, und noch Luther hatte die Geschichte gern, wie man aus seinen Tischreden erfährt. Dürer hat den Christoph ungefähr alle zehn Jahre einmal gezeichnet, früher zweimal als Holzschnitt, jetzt wie gesagt, als Kupferstich (B. 51, 52). Die größerfigurige Zeichnung ist dabei zweifellos die zweite Redaktion. Sie enthält auch erst die Motive der Situation völlig ausgeprägt. Es muß ein schwer und mühsam schreitender Mann sein, nicht ein hastiger Springinsfeld wie auf dem jugendlichen Holzschnitt (B. 104), er muß mit beiden Händen sich fest am Stocke halten und offenbar wird der Inhalt bedeutender, wenn er, statt vor sich hinzublicken, den Kopf nach dem Kinde zurückwendet. Man erstaunt immer wieder, wie gedankenlos das Zeitalter Schongauers solche Typen behandelt hat. Indem Dürer aber der Gestalt ihre wahre Bedeutung zurückgibt, kommt er nur auf diejenige Bildung zurück, die schon das Mittelalter gekannt hatte.

Bei den Aposteln, die als Fortsetzung der zwei Stiche von 1514 gedacht waren, kommt man zu ähnlichen Beobachtungen. Sie sind nun ganz ruhig gehalten, ohne leidenschaftlichen Ausdruck, selbst auf das Feuerwerk der Glorien ist verzichtet, aber sie haben etwas von der Größe alter repräsentativer Kunst. *Bartholomäus* (B. 47, 1523) hat als Attribut ein Messer, weil er mit einem Messer geschunden worden ist; als unmittelbares Ausdrucksmotiv kann man es nicht verwenden, denn es dient ihm selbst zu keinerlei Hantierung, es wird aber trotzdem nicht versteckt, er hält es aufrecht, festgefaßt, mit vorgestrecktem Arm, und diese Gebärde hat soviel Kraft, daß man durch sie allein schon aufgefordert ist, im Kopf den Charakter des Großen zu suchen[32]. Das weichmütige, spielerisch-zierliche Halten der Attribute, wie es die volkstümliche Andachtskunst gab, hat hier einer ganz andern Stimmung weichen müssen. *Simon* mit der Säge, gleichfalls aus dem Jahre 1523 (B. 49), geht äußerlich mehr mit populären Typen zusammen, aber die Ähnlichkeit ist nur eine scheinbare[33], und der großartig stille *Philippus* (B. 46; 1526, korrigiert aus 1523) läßt vollends keinen Zweifel über den Geist der letzten Kunst Dürers. Die Gewänder sind alle von der gleichen feierlich vereinfachten, etwas kalten, geradzügigen Art. Dasjenige des Philippus schien ihm bedeutend genug, um, ins Kolossale übertragen, den Paulus im Vierapostelbild zu bekleiden[34].

Die graphische Technik bei diesen Kuperstichen ist stark und einfach. Die Tonintervalle sehr klar. Während früher der Hintergrund mit Vorliebe den tiefsten Ton angibt, ist jetzt die größte Dunkelheit (und damit auch der Eindruck des höchsten Lichtes) der Figur vorbehalten und der Grund, wo er ausgebildet ist, steht in einem Mittelton.

Das Thema der Apostel war Dürer zu wichtig, als daß er sich bei kleinen Kupferstichen hätte beruhigen können. Nachdem alle anderen großen Bildunternehmungen ins Stocken geraten waren, wollte er wenigstens hier einmal in monumentaler Form sich aussprechen. Er sammelte sich zu den überlebensgroßen Figuren der *vier Apostel* (1526). Niemand hat die Bilder bestellt, niemand hat sie gekauft, sie sollten auch nicht in eine Kirche kommen: Dürer schenkte sie dem Rat seiner Vaterstadt mit jenen bedeutungsvollen Unterschriften versehen, die das Werk nicht nur zu einem künstlerischen, sondern zu einem religiösen Vermächtnis stempeln. In Zeiten, wo alles wankt, will er die Bilder der Lehrer aufstellen, die der Menschheit als einzige Weiser zum Rechten dienen können[35]. Mit merkwürdiger Auswahl sind es nicht die Apostelfürsten Petrus und Paulus, denen das erste Wort gegeben ist, sondern Johannes und Paulus, und dann erst folgen, ihnen bei- und untergeordnet, Petrus und Markus. Man kennt von italienischen Bildern her dieses Gruppieren mit perspektivischer Senkung des Rückwärtsstehenden, die Unterordnung hier aber ist derart, daß schon die Vermutung laut geworden ist, das zweite Paar sei überhaupt erst nachträglich ins Bild aufgenommen worden[36].

Es sind hohe schmale Tafeln mit dunklem Grund, gerade ausreichend, einen Mann zu fassen. Jede Raumschönheit im italienischen Sinne bleibt ausgeschlossen. Die Pose, die einen selbständigen Wert beansprucht, spielt hier gar keine Rolle mehr. Alles ist Ausdruck. Das breite Stehen auf beiden Sohlen bei Paulus und ein gelenkigerer Tritt mit etwas entlastetem Spielbein bei Johannes. Die Bewegung wird aber mehr gefühlt als gesehen, denn die Figuren sind in große Mäntel gehüllt. Hier setzt die Charakteristik eigentlich erst ein. Mit der ganzen ungeheuren Energie plastischer Empfindung, die Dürer in sich trug, sind die wuchtigen Massen der weißen, langen, starrfaltenden Hülle bei Paulus modelliert, noch mehr ins Geradlinige ausgerichtet als im Kupferstich des Philippus und von noch größerer Schlichtheit im Umriß, und dann im ausgesprochenen Gegensatz dazu der weichere Stoff bei Johannes. Seine Farbe ist ein ziemlich warmes Rot, das Weiß des Paulus, kühl an sich, ist mit grün-grauen Schatten noch mehr abgekühlt. Dürer wußte, wieviel Ausdruck in der Farbe liegt. Man findet in seinen Schriften ein gelegentliches Wort darüber[37].

Das Motiv bei Johannes ist eine lässige Neigung des Kopfes mit dem Blick in ein offenes Buch, bei Paulus nichts als das gerüstete Dastehen mit aufgesetztem Schwert und einer gewaltigen Bibel, das Auge nach außen. Er trägt den Band auf dem vorgestreckten Unterarm, weil das Hochformat des Bildes dringend nach einer horizontalen Gegenrichtung verlangt. Im gleichen Sinn ist der Mantel des Johannes unter dem Ellenbogen eingeklemmt, und da die Horizontalen beiderseits in gleicher Höhe liegen, verstärken sie sich gegenseitig.

Im Blick liegt ein Kontrast, der selbst für die Nebenfiguren festgehalten ist. Es scheint, daß alle Kraft der Wirkung dem Auge des Paulus vorbehalten bleiben und Johannes, der mit gesenkten Lidern niedersieht, ihm keine Konkurrenz machen sollte. Und als das zweite Paar dazukam, ist die naheliegende Ausgleichung vermieden worden: auch Petrus zeigt das Auge nicht, während Markus mit aufgerissener Lidspalte fast furchtbar blickt.

Eine alte Tradition will in den vier Figuren die vier Temperamente dargestellt sehen, und da es sich wirklich um stark differenzierte Menschentypen handelt, ist es begreiflich, daß eine solche Meinung entstehen konnte. Allein ich kann sie nicht für berechtigt halten. Schon die Rollenverteilung hat ihre Schwierigkeiten – Petrus müßte der Phlegmatiker sein –, vor allem aber verträgt sich die Vermischung von Theorie und Geschichte nicht mit dem Geist, der in Dürers Alterswerk wirksam ist. Er nahm die Apostel viel zu ernst, als daß er sie als bloßen Anlaß zur Darstellung der Temperamente hätte benützen können. Sie waren ihm die historischen Personen, welche die Worte gesprochen haben, die die Unterschrift meldet. Aber das ist wahr: die Figuren geben mehr als den bloßen Einzelfall, es sind zu typischer Form gesteigerte Gestalten. Johannes ist ein Jünglingskopf, vielleicht ohne das Saturierte der jetzigen Erscheinung[38], aber mit blühenden Lippen und einer unleugbaren Ähnlichkeit mit Melanchthon in der offenen Stirn[39]. Petrus ist der gute alte Mann, wirkt aber fast gleichgültig neben dem vulkanischen Markus, in dessen gelbem, von schwarzem Kraushaar umstandenen Kopf die dunklen Augen rollen wie ein Gewitter, während zwischen den Lippen die Zähne sichtbar werden. Er ist die Folie und der psychologische Kontrast zu der ruhigen Gewalt des Paulus. Dieser Hauptkopf unter den Vieren hat Dürer wohl zwanzig Jahre lang im Sinne gelegen. Der mächtige Schädel, das tiefgebettete Auge, die weit hinabgreifende Nase und dann der lange Bart, der die Bewegung weiterführt – es ist eine Vorstellung, die schon in Venedig auftaucht; dann erscheint sie wieder beim Helleraltar; jetzt aber erreicht sie erst ihre Ausbildung ins Großartige[40]. Damals bei den Aposteln am Grabe der Maria suchte er noch seine Idealität in der Übertreibung des Individuell-Besonderen, jetzt faßt er das Große im Einfachen. Angesichts dieses Apostels wird es verständlich, was Dürer mit seiner Klage an Melanchthon meinte, daß er nun erst die Natur in ihrer schlichten Größe begreife[41].

Wer aber einmal unter der Macht dieses Apostelauges gestanden hat, der weiß, daß hier nicht nur ein neuer Begriff von heiligen Männern in die Erscheinung getreten ist, sondern ein neuer Begriff von menschlicher Größe überhaupt. Von solchen Männern ist das Werk der Reformation getan worden. Das Zeitalter ist ein männisches Zeitalter gewesen und nur in männlichen Typen hat Dürer sein Höchstes geben können.

Goethe fand im Gegenteil, die Frauen seien das einzige Gefäß, in das wir unsre Idealität ausgießen können.

Allgemeines zur Stilbestimmung

1.

Jeder Künstler sieht die Welt in vorempfundenen Formen und Farben. Für Dürer war die Linie die Form, in der er vorzustellen gezwungen war. Wenn man sagt, er sei Zeichner gewesen, so heißt das nicht, daß er mehr gezeichnet als gemalt habe, sondern daß alle Phänomene der Natur sich ihm in Linienschauspiele umgesetzt haben. Die Plastik der Körper, die er lebhaft bis zum Übertriebenen empfindet, wird ihm zu auf- und abschießenden Linienströmen, und wenn sich die Bewegung beruhigt und ins Flachere mündet, so sind es, tröpfelnd und leise, noch immer Linienelemente, die den Vorgang widerspiegeln. Das blitzende Licht wie die stoffliche Qualität von Holz und Stein und tierischem Fell faßt er linear. Darum gibt es keinen gemalten »Hieronymus im Gehäus«. Das alte blanke Holz und der Zauber der ins Zimmer fallenden Sonne schien ihm mit den Mitteln der Zeichnung am vollkommensten charakterisiert. Und sein Werk bestätigt, daß bei analogen Aufgaben die Malerei hinter der Graphik zurückbleibt: der Bart des Holzschuher, den er gemalt hat, ist schlechter als ein gestochener Bart wie der des Kurfürsten von Sachsen.
Nun hat aber diese Dürersche Linie ihre besondere Art, an der man den Meister unter allen seinen Zeitgenossen erkennt. Wenn der zeichnerische Stil im allgemeinen geneigt sein wird, die Linienbewegung zu steigern, so sind die Kurven Dürers noch einmal mit einem besonderen Saft getränkt und es wäre vielleicht nicht unmöglich, das Gesetz ihrer Bildung zu bestimmen und auch die Modifikationen anzugeben, die es zu verschiedenen Zeiten der Entwicklung erfahren hat. Ich möchte es aber bei den Andeutungen bewenden lassen, die früher da und dort gemacht worden sind, und nur daran erinnern, daß man von einer Linie in abstracto eigentlich nicht sprechen kann, sondern nur von materiellen Linien, Federstrichlinien, Kreidestrichlinien, in Kupfer gegrabenen Linien usw. und daß das Material der Zeichnung von Anfang an in der Vorstellung eines Künstlers mitarbeitet. Die künstlerische Sinnlichkeit beginnt bei der Technik. Das Material, das er sich wählt, ist schon ein Ausdruck seiner Formempfindung, wie es andererseits dann bestimmend auf sie zurückwirken wird und den Spezialisten zum Sklaven seiner Technik macht. Dürer ist sehr universal gewesen und hat mit gleicher Freiheit, ohne dem Material seinen Charakter zu nehmen, im Holzschnitt und Kupferstich, in Feder- und Kohle- und Kreidezeichnung sich ausgedrückt, am nächsten aber stand ihm doch wohl die Kupfersticharbeit, wo mit langsam vordringendem, zäh und gleichmäßig geführtem Stichel die Furche in das blanke Metall gestoßen wird, die nachher im Druck als Linie erscheint, wo die Vorstellung zu höchster Bestimmtheit aufgerufen wird und nach dem Maß des geforderten Krafteinsatzes jede Wendung der formgebenden Linie doppelt und dreifach stark empfunden wird. Es scheint keine mühseligere Art des Zeichnens zu geben, und doch fand Dürer das Stechen eine lustige Arbeit gegenüber

dem »kläubelnden« Malen. Die Erscheinung behält etwas Metallisches. »Der Reiz seiner Stiche besteht zum guten Teil darin, daß man das technische Instrument und sein Material, beide im dichten Kontakt ihrer Eigenschaften unbewußt durchfühlt«, sagt Robert Vischer, der gerade diese Seite von Dürers Kunst ungemein kräftig und sinnlich erfaßt hat[1]. »Das in ihnen enthaltene Künstlertum gemahnt selber so gedrang und schneidig wie Erz und Eisen, schlägt an die Erscheinung wie das Schwert auf den Schild, wühlt sich in ihr Wesen ein wie der Stichel in die Platte. Stoff und Mittel, Ich und Welt werden gleich scharf und prall. Dabei ist es bezeichnend, wie er in den Kupferstichen dieser Technik wahlverwandte Dinge, Harnische, Waffen, Helme, Zinnkrüge, metallisch glänzende Seide, seidenes Haar, Feldsteine, Wasserspiegel, Strahlenglorien, magere muskulöse sehnige Glieder mit sichtlicher Vorliebe darstellt und wie er zuweilen den milden Glanz jugendlicher Haut übertreibt, so daß ein atlasähnlicher Anschein entsteht.«

Der Holzschnitt dagegen hat etwas Stumpferes, Mürbes, er fühlt sich an, wie Holzgerät sich anfühlt im Gegensatz zu Metallgerät und gibt sich in seinem Ausdruck mit behaglicher Breite. Er steht unmittelbar auf dem Boden der Handzeichnung, während der Kupferstich mit dem Raffinement seiner Mittel weit darüber hinausgeht. Früher war es umgekehrt. Was im 15. Jahrhundert der Handzeichnung entspricht, ist der Kupferstich, und der Holzschnitt dachte nicht daran, jemals konkurrieren zu wollen. Erst Dürer bringt dann die große Verschiebung der Möglichkeiten: er erobert dem Holzstock den ganzen Reiz einer freien Zeichnung und weiß andererseits der Kupferplatte metallische Schönheiten abzugewinnen, die der gewandtesten Feder auf dem Papier nie erreichbar wären.

Aber auch über den Begriff der Zeichnung dachte das sechzehnte Jahrhundert anders als das fünfzehnte.

Die Zeichnung der neueren Zeit hat sich in drei Stufen entwickelt. Sie fängt an mit geschlossenem Umriß und einer strichelnden Modellierung, wobei durch viele kurze übereinandergelegte Linien ein Schatten und damit die Illusion der Rundung erzeugt wird. Dann lösen sich diese undurchsichtigen Schattenmassen in wenige und einzeln sichtbare Elemente auf, der Strich wird größer, und man sucht in der Führung und Haltung der klaren gleichmäßigen Strichlagen eine Schönheit für sich, um endlich auch dieses System über Bord zu werfen und malerisch-impressionistisch mit Umrißlinien zu arbeiten, wo dicke und dünne Striche unvermittelt aufeinanderstoßen, wo der Zusammenhang stellenweise ganz fehlt und die Binnenzeichnung in einem Durcheinander von Linienzügen besteht, die an sich weder dekorativ noch formbezeichnend sind, aber auch nicht einzeln zum Bewußtsein kommen sollen: erst wenn sie untergegangen sind im Gesamteindruck, können sie wirksam werden. Die erste Stufe entspricht ungefähr dem 15. Jahrhundert, die zweite dem 16. und die dritte dem 17. Wie diese letzte durch Rembrandt am vollkommensten vertreten ist, hat Dürer die mittlere Manier – man kann sie die dekorative nennen – zur Vollendung gebracht. Als Cinquecentist reicht er aber auch einem Raffael die Hand

über die Alpen hinüber. Es handelt sich hier um allgemein abendländische Prozesse. Es müßte sich eine Formel finden lassen für die Schönheit des Linienzugs und der Linienintervalle im 16. Jahrhundert, die gleichmäßige Geltung für den Norden und den Süden hätte.
Ich wiederhole: der Holzschnitt nimmt unmittelbar teil an der Handzeichnung. Innerhalb des Gebietes der Handzeichnungen aber hat Dürer wieder nach dem Material unterschieden und ihr eigentümlicher Zauber ist wesentlich bedingt durch die lebendige Empfindung für die Natur des farbgebenden Werkzeugs, d. h. daß die Entstehung des Striches in ganzer sinnlicher Fülle dem Gefühl sich vernehmlich macht. Die Kohle, die breit angibt, will mit saftigem Zug geführt sein wie der Bogen auf einem volltönenden Saiteninstrument, die markige Kreide verlangt mehr Zurückhaltung im Strich, bei der Feder soll man das leichte Rinnen der Linien spüren. Den Federzeichnungen hat Dürer durchweg einen eignen Geist der Leichtigkeit bewahrt: nur aus dem Anfang gibt es umständlicher durchgeführte Zeichnungen in dieser Technik. Entschieden ablehnend ist der traditionelle Silberstift behandelt. Wenn man von einer Lieblingstechnik sprechen soll, so wäre es am ehesten die Feder, nur gehört zum vollständigen Eindruck noch das alte »währschafte« Papier: moderne Reproduktionen, auch wenn sie noch so vollkommen sind, verfälschen mit dem glatten Kunstdruckpapier die Stimmung.

2.

Daß Dürer für die deutsche Kunst der Mann des Schicksals werden konnte, lag zu allererst an seiner plastischen Begabung. Es war notwendig, wenn die Idee einer geometrisch-klaren Raumanschauung Fuß fassen sollte, daß ein Künstler kam, dessen Sinne mit der Kraft der Einseitigkeit auf das körperlich Greifbare und Tastbare gerichtet waren, der die Dinge im Raum wirklich als luftverdrängend empfand und dem ihre Schwellungen und Wölbungen zum starken sinnlichen Erlebnis wurden. Das ist bei Dürer der Fall. Mit einer Art von Leidenschaft hat er die körperliche Form umfaßt und das Auf und Ab, das Auswärts und Einwärts der Flächen als wirkliche Bewegung erlebt. Diese Sinnlichkeit der Anschauung ist es, die ihn die neuen Linien finden ließ und seine Darstellung unmittelbar ansteckend macht. Was immer es sei: wenn man von Dürer herkommt, empfindet man lebendiger, wie sich die Form im Raume regt und reckt. Es mag ein bloßes Blumengewächs sein, so wird man den wunderbaren Willen in der Gestalt stärker wirksam fühlen, wie der Stengel sich in die Höhe drängt, wie die Blätter abgehen und ihre eigene Richtung haben wollen, wie sie sich gebärden in ihren Endigungen, zackig oder lappig, mit starr ausgestreckten Rändern oder weich und saftig gerollt, und man ist vollends in Dürerischer Stimmung, wenn man nun so ein Wäldchen von Stielen als eine Welt für sich begriffen hat, voll der merkwürdigsten räumlichen Verhältnisse und heimlichen Beziehungen. Dürer ist reicher als irgendein anderer Künstler seiner Zeit an verschiedenartiger körperlicher Form und an Mannigfaltigkeit der räumlichen Lagerungsverhältnisse. Ein Hauptttummelplatz seiner plastischen Laune ist das Gefält, wo man sich ja hüten muß, die Fülle als ein malerisches Geflimmer aufzufassen: Form für Form will klar gesehen und in ihrer Beziehung zur Umgebung aufgefaßt sein und das nicht nacheinander, sondern mit einem Male. Vielleicht gibt es überhaupt kein Auge heutzutage, das der Forderung ganz gewachsen ist.

Die ganzen Studien zum Proportionswerk wären unverständlich ohne diese plastische Grundlage seines künstlerischen Temperaments. Und wenn man dann sieht, wie er bei seinen Köpfen die Flächen abtastet, ausgeprägte alte Typen mit besonderer Vorliebe heranholt und in der Modellierung von Lippenschwellungen oder Ohrmuschelwindungen sich nicht genug tun kann, so mag man sich wundern, daß er nicht wirklich im Runden geformt hat. Es muß ihn doch in allen Fingern danach gezogen haben. In der Tat gibt es ein paar Skulpturen, die auf seinen Namen gehen, aber es ist fraglich, ob mit Recht, und selbst wenn Originale dabei wären, so ist es nicht das, was man erwartet: es sind nur kleine Reliefs, und nichts Freiplastisches[2]. Dagegen war die Werkstatt gewiß voll von plastischen Modellen, wie solche ja auch im Dresdner Skizzenbuch vorkommen[3].

Dürers Sinnlichkeit erschöpfte sich aber doch nicht in dem plastischen Gehalt der Welt. Es kommen Oberflächengefühle hinzu, nicht sehr viele und nicht gleichmäßig in allen Perioden, aber in ihrer Hauptgruppe von einer großen Kraft. Was am stärksten zu ihm gesprochen hat, ist das Metallisch-Blanke. Ich meine nicht nur wirkliches Metall, auch Seide und Federn und weiches Haar haben ja etwas Metallisches. Es sind lauter Dinge, wo das widerstrahlende Licht zum Glanzblick sich sammelt. Mag sein, daß bei diesem Urteil die Erinnerung an den Kupferstich den Ausschlag gibt, doch schadet das nichts: der Kupferstich ist ja der Ort, wo Dürer eben aus Wahlverwandtschaft mit dem Material am meisten sich angeregt fühlte, seiner Stoffempfindung nachzugehen. Die Malerei bleibt weit zurück. Neben Grünewald oder auch nur neben Altdorfer erscheint er furchtbar trocken und arm. Es kommt hier zutage, daß sein Verhältnis zur Farbe doch der natürlichen Wärme entbehrte.

In ganz anderer Weise reagiert seine Empfindung auf Licht und Dunkelheit. Lichtphänomene haben immer einen starken Gefühlston für ihn gehabt. Das Schauspiel des Hieronymusstiches, wo die Sonne, durch runde Scheiben gebrochen, den Zimmerraum in vielfacher Bewegung durchströmt und heimlich macht, ist vorbereitet durch eine frühe, höchst feine Sensibilität für den Gang von Lichtern, und strahlende Glorien auf dunklem Grunde können füglich ein Urerlebnis seiner Phantasie genannt werden. Bei alledem bleibt er freilich immer Plastiker, insofern er die Deutlichkeit der Gegenstände nicht preisgibt. Das Halbklare, das Verschwimmende, Atmosphärisch-Weiche liegt ganz außerhalb seiner Kunst. Er wäre nie imstande gewesen, die Konsequenzen aus seiner Lichtdarstellung zu ziehen, die Altdorfer gezogen hat. Dieser bringt den ganzen zitternden Glanz eines Abendhimmels in seinem Kunstwerk, und es bezeichnet vollständig den Unterschied, wenn er die sinkende

Sonne dann nicht mehr als Kreis, sondern als unregelmäßig verschobene Form zeichnet, wie ja in der Tat das geblendete Auge eine reine Kreisform in der Sonne nicht mehr sieht. Das aber ist bereits Impressionismus und Impressionismus ist der Gegenpol von Dürerscher Kunst. Dürer sucht die Dinge so zu geben, wie sie sind, nach ihrem ganzen plastischen Inhalt, und nicht wie sie erscheinen. Durch Holbein ist dann diese Richtung zu Ende geführt worden.

3.

Zolas Definition vom Kunstwerk, daß es ein Stück Natur sei, gesehen durch ein Temperament, ist eine schlechte Definition selbst im Sinne seines Naturalismus, weil sie das Sehen als das Selbstverständliche voraussetzt, während doch gerade hier die künstlerische Gewalt sich zu bewähren hat. Das Temperament macht noch keinen Künstler, sondern erst die Kraft und die Klarheit seines Sehens. Man kann darüber disputieren, ob ein temperament*loses* Kunstwerk jemals gut sein könne, aber es steht außer Frage, daß es eine Menge temperament*voller* Kunstwerke gibt, die wertloser Dilettantismus sind.

Dürer gehört zu den wenigen ganz großen Sehbegabungen, die mit einem Mal ihre Zeit in ein neues Verhältnis zur Welt bringen und einen neuen Begriff bildnerischer Klarheit aufstellen. Der Ruhm seiner Augen ist sprichwörtlich geworden. Wer von Dürer sonst nichts kennt, weiß, daß er die Dinge mit mikroskopischer Schärfe gesehen hat und das Wunderbare leistete in der Wiedergabe der kleinsten Einzelheiten der Form. Er selbst spricht mit Nachdruck darüber, daß man gar nichts auslassen dürfe und den kleinsten Rünzelchen und Äderchen noch folgen müsse. »Denn es gilt nit, daß man obenhin lauf und überrumpel ein Ding.« Allein diese Sorgfalt im einzelnen, die dem Laien am meisten imponiert, ist noch nicht das, was ihn zum großen Künstler macht. Zur Kunst wird diese Kleinbeobachtung erst, wenn das Detail dem Gesamteindruck unterstellt wird, so daß das Ganze bei allem Reichtum doch einfach aussieht und in die dominierenden Linien gesammelt ist, was den wesentlichen Charakter enthält. Dazu gehört die klare Vorstellung der Sache, die man mitbringen muß, bevor man zu zeichnen anfängt. Hans von Marées hat das drastisch einmal so ausgesprochen: wer nicht wisse, daß der Baum aus Wurzel, Stamm und Krone bestehe, werde niemals nach der Natur einen Baum ordentlich zeichnen können. Wie Dürers Kunst immer mehr auf das Wesentliche und Entscheidende sich richtet, braucht hier nicht noch einmal an Beispielen erörtert zu werden. Die Erziehung seiner Vorstellung lag in dem früh einsetzenden Trieb, der Dinge nach ihrer vollständigen Gestalt sich zu bemächtigen. Das ist es, was ihn zum Reformator macht: daß er auf die einfachsten Ansichten zurückgriff, reine Profilstellung, reine Frontstellung, damit die Sache sich offenbare in vollständiger Deutlichkeit. Kein Mensch im Norden wußte, was ein Pferd sei, bevor er einmal in seinem Stich des Ritters mit Tod und Teufel die Gestalt in ihren typischen Formkontrasten entwik-

kelt hatte. Die Pferde der älteren Maler haben auch Rumpf, Kopf und Beine, aber hier erst sind diese Elemente in derjenigen Klarheit gesehen und einander entgegengesetzt, wie Marées sie bei den Bäumen verlangte, daß in der Darstellung als erster Eindruck das primitive Verhältnis durchschlage, das Gebilde aus Wurzel, Stamm und Krone. Jetzt erst weiß man, was ein Gesicht ist und ein Arm und ein Fuß. Gewiß, es mischt sich in Dürer ein doktrinärer Zug mit dem künstlerischen, aber die unscheinbarste Umrißzeichnung des Proportionswerks wäre doch durch den vollkommensten Akt eines Jan van Eyck nicht zu ersetzen. Sie ist bedingt durch ein Bedürfnis nach vollständiger Begreifung der Figur, das als ein neuer Erwerb Dürers und des 16. Jahrhunderts überhaupt anerkannt werden muß[4].
Ich nenne Dürers Kunst eine Darstellungskunst und denke dabei als Gegensatz an Grünewald, dessen Kunst in erster Linie Ausdruckskunst war. Dürer ist immer sachlich gestimmt gewesen. Er hat sich nie vergessen, nie zu hinreißender Äußerung erhitzt, der Rausch der Empfindung fehlt völlig. Es müßte eine merkwürdige Auseinandersetzung gegeben haben, wenn er mit dem Meister des Isenheimer Altars sich einmal getroffen hätte, der alle Mittel in den Dienst des Ausdrucks stellte und der sich nie ein Gewissen daraus gemacht hat, das Richtige zugunsten der stärkeren Gefühlswirkung umzubiegen. So bescheiden Dürer von sich dachte und so sehr er überall bereit war, fremdes Verdienst anzuerkennen, so ist doch zu glauben, daß Grünewald ihm ein innerliches Grauen verursacht hätte, gerade weil ihm die Macht dieses »gewaltsamen« Künstlers wohl zum Bewußtsein gekommen wäre. Er hätte ein ähnliches Wort brauchen können, wie es einmal der alte Cornelius gegen Riedel fallen ließ: »Sie haben vollkommen erreicht, was ich zeitlebens zu vermeiden bemüht war.« Nur würde er es ohne den Aplomb von Cornelius gesagt haben.

4.

Jede Einzelfigur bei Dürer ist so reich an detaillierter Form, so vollgewichtig, daß man begreifen kann, wie sie in der Phantasie des Künstlers ein Eigenrecht behauptete und sich nicht leicht mit anderen zusammenschloß. Es war für ihn nicht selbstverständlich, von der Vorstellung des Ganzen auszugehen und daraus das Einzelne zu entwickeln; wenn eine Gesamtidee vorausgeht, so verselbständigt sich im Laufe der Arbeit das Einzelne meist so sehr, daß das Ganze doch brüchig und mühsam zusammengesetzt erscheint. Es ist das sonderbarste Kapitel in Dürers Kunstpsychologie. Man darf nicht sagen, daß ihm seine Phantasie zusammenhängende Bilder nicht geliefert habe. Die Federskizzen zum Marienleben zeigen, wie deutlich ihm so ein Ensemble vor dem Auge stand, und in der Holzschnittausführung ist die Skizze nicht verlorengegangen. Auch frühe Bilder wie der Paumgärtneraltar und die Anbetung der Könige besitzen dieselbe Selbstverständlichkeit in dem Zusammengehen des Einzelnen mit dem Ganzen. Sobald aber die Form strenger durchmodelliert wird, verliert Dürer den Zusammenhang. Eine höhere Einheit ist zwar immer da, aber sie kann nicht recht wirksam werden. So ist es bei dem dreieckigen Verhältnis der Personen der »Eifersucht« und so später bei dem Rosenkranzbild und dem Helleraltar. Ja, die einzelne Figur fällt auseinander in Kopf und Hände und Füße, wie das bei eben diesem Hellerbild deutlich wird, wo alle Meisterschaft nicht ausreichen konnte, das Einzelglied mit der Figur zu vollem Leben zusammenzuschmelzen. Darum bleibt es doppelt zu bedauern, daß das vielfigurige späte Heiligenbild nicht gemalt worden ist: es wäre ein Bild geworden, das in seinem großen rhythmischen Zusammenhange unter allen Bildern Dürers allein jene belebende Schönheit besessen hätte, die aus dem Zusammenatmen von reichem und frei entwickeltem Einzelleben notwendig hervorgeht. Die späten Erzählungen können bei ähnlichen Vorzügen wegen ihrer Kleinheit nicht in Betracht kommen. Die Entwicklung aber ist offenbar. Erst in den letzten Jahren kann man sagen, daß das Befangene der kleinen Werkstatt ganz überwunden sei und Dürers Anschauung so ausgebildet, daß er im einzelnen alles geben kann, ohne doch den Beschauer in die Enge zu ziehen.

5.

Man hat es aus einer übermäßigen Abhängigkeit vom Modell erklären wollen, daß Dürer so oft mehr beengend als befreiend wirkt. Er habe kein Gewandendchen machen können ohne Vorlage. Er sei auf ein mühsames Zusammensetzen von zufälligem Studienmaterial angewiesen gewesen. Was Wunder, wenn im ganzen der große Blick fehle und die Betrachtung etwas Peinigendes behalte?

So ausgedrückt muß die Behauptung Mißverständnisse erzeugen. Dürer, der Zeichner des Gebetbuches, hätte sich nicht auf seine innere Vorstellung verlassen können? Es ist wahr, das Verhältnis zwischen Modell und Erfindung wirkt manchmal unausgeglichen; man weiß nicht, ist es Mangel an Selbstvertrauen oder Ehrfurcht vor der Natur, daß er selbst bei Nebendingen – man denke z. B. an das Gesträuch im Stich von »Ritter, Tod und Teufel« – lieber auf eine alte Naturzeichnung greift als aus der Situation heraus etwas erfindet, und es ist offenbar, daß die Frische des Phantasiebildes bei solchem Verfahren leidet. Aber die innere Anschauung war da, der »heimliche Schatz« war gefüllt. So sehr er sich an die Natur klammert, so weiß er doch auch ohne sie vollkommen auszukommen. Ich glaube nicht, daß ein ähnlicher Fall in der Kunstgeschichte bekannt ist. Gewiß, Dürer hat mit peinlichstem Bemühen Draperien nach dem Modell gezeichnet, aber dann überläßt er sich wieder der bloßen Führung seiner Phantasie, und man merkt keinen Unterschied. In allem flatternden Gefält hat er ja sowieso aus der eignen Vorstellung arbeiten müssen. Derselbe Mann, der scheinbar mit ganz unbehilflicher Vorstellungskraft seine Bilder zusammensetzt, Figur um Figur, entwirft mit fliegender Feder die kompliziertesten Szenen. Es ist sicher nicht ohne Bedeutung, daß wir so wenig Kompositionsskizzen haben, ich meine so wenig Vorstufen zu einer Bildidee. Dürer hat nicht lange gebraucht, bis er sich zu dem Bilde hinauftastete, das er wollte: es stand gleich bis in alle Winkel deutlich vor seinem Auge. Und schließlich ist es auch die Klarheit der innern Vorstellung gewesen, die ihn befähigte, vor der Natur mit jener wunderbaren Sicherheit ohne Korrekturen zu zeichnen und gegebenenfalls auf der Kupferplatte noch über seine Vorzeichnung hinauszugehen.

6.

Dürerscher Stil bedeutet für uns immer etwas Krauses. Die Frage ist, hat er die Dinge so gesehen oder hat er sie absichtlich ins Krause umgebildet? Es gibt kein objektives Sehen, und wenn zwei dasselbe zeichnen, sind es zwei verschiedene Bilder: jeder sieht mit seinem Blute. Das sind bekannte Tatsachen. Sie reichen aber nicht aus, das Phänomen bei Dürer zu erklären. Man muß sich an eine Auffassung vom Wesen des Bildes bei ihm gewöhnen, die uns ganz fremd geworden ist: sein Stil ist nicht ein Nicht-anders-sehen-können, sondern eine ganz bewußte Steigerung, Verbrämung, Umbildung der Naturformen. Es gibt Zeichnungen von ihm, die unwidersprechlich beweisen, daß er mit einer erstaunlichen stilistischen Vorurteilslosigkeit die Natur zu sehen imstande war; sie wirken vollkommen naturalistisch; aber der Naturalismus hörte auf, für ihn verbindlich zu sein, sobald es sich um ein Bild und nicht um eine Studie handelte. Am weitesten weicht er aus im Holzschnitt, dessen verhältnismäßige Armut eine vollere dekorative Behandlung der Linie notwendig zu machen schien. Da wendet er die Form am meisten ins Krause und flicht am unbedenklichsten seine Triller und Passagen in das Thema ein. Im Kupferstich ist er zurückhaltender, aber doch sagt er sich auch da, daß man die Linie steigern müsse, wenn man einigermaßen mit dem Eindruck der Natur Schritt halten wolle. Und die Handzeichnungen enthalten die weiteren Belege, wie er nach Material und Maß der Durchführung die Linie jedesmal verschieden behandelt. Jene objektiv wirkenden Naturstudien sind die ganz ausführlichen Aquarell- und Deckfarbenzeichnungen. Und nun sollte man meinen, daß wenigstens für das Gemälde eine Verpflichtung zum Naturalismus anerkannt worden sei, allein man täuscht sich. Dürer hat es auch da je nach der Aufgabe verschieden gehalten. Manchmal gibt er mehr, manchmal weniger, vielleicht hat er nirgends den farbigen Gehalt seiner besten Zeichnungen erreicht, jedenfalls schnellt er unerwartet immer wieder einmal auf einen ganz unmalerischen Ausdruck zurück, als ob er überhaupt nie etwas von dem Verhalten der Farbe in der Natur gewußt hätte.

Dies also will überlegt sein, wenn man von Dürers Stil spricht, und erst auf dieser Grundlage ließe sich dann die weitere Frage erörtern, ob und inwieweit bei ihm auch Gesichtsausdruck und Gebärde eine Stilisierung erfahren haben.

Das Problem der Schönheit

Wir sehen geren schöne Ding, dann es gibt uns Freud.
Dürer

Observat exacte symmetrias et harmonias[1].
Erasmus über Dürer

1.

Als Dürer starb, wußte man, daß nicht nur ein großer Künstler dahingegangen war – es sollte seit dem Altertum keinen größeren gegeben haben –, sondern daß der Begriff des Künstlers überhaupt durch ihn einen neuen Inhalt gewonnen hatte. Als einen Verwalter der gesamten Sichtbarkeit hatte Dürer sich betrachtet, hatte ganz unabhängig von handwerklicher Gebundenheit und von der Tradition der Besteller seine Aufgaben sich selber gegeben und in Betreff der Darstellungsmöglichkeit der Welt ungeahnte Perspektiven eröffnet. Was den Zeitgenossen aber am meisten Eindruck machte, war die theoretische Fundamentierung der Malerei. In allen Elogien klingt das als der Hauptton durch. Camerarius, von dem die lateinische Ausgabe des Proportionswerkes von 1532 eine schöne und sachliche Würdigung des Meisters enthält, gibt als letzte Steigerung der künstlerischen Charakteristik dies, daß er »die bloße Praxis (usus) wieder zum wissenschaftlichen System erhoben habe« (quod ad artem et rationem usum revocarat)[2]. Das sei für den Norden etwas Neues gewesen; denn niemand hätte bisher den Grund angeben können, warum ein Werk gut sei. Die Vortrefflichkeit soll aber aus wissenschaftlicher Einsicht und nicht durch einen glücklichen Zufall gewonnen werden (magis scientia quam casu).

Gemeint ist damit gewiß in erster Linie die wissenschaftliche Handhabung der Perspektive. Für uns ist die perspektivische Konstruktion nichts Aufregendes mehr. Wir wissen ihre Sätze längst in Lehrbüchern geborgen. Wir sind im perspektivischen Sehen aufgewachsen und der Künstler, wenn er zur Konstruktion greift, benutzt sie nur zur Kontrolle der natürlichen Empfindung. Damals aber handelte es sich um eine Existenzfrage. Mit der Entdeckung der Sehpyramide rückte das Zeichnen plötzlich in einen anderen Rang: es wurde Mathematik. Dürer ist für die perspektivische Wissenschaft mit Begeisterung erfüllt. Man spürt in seinen Worten noch den ganzen Entdeckerjubel einer Generation, die die Malerei als eine exakt zu lösende Aufgabe der darstellenden Geometrie zu begreifen lernt.

Man sprach auch bereits von den gesetzlichen Verhältnissen zwischen Licht und Schatten, ja die Möglichkeit einer Farbentheorie dämmerte auf.

Im Vordergrunde steht indessen, was sich mit Messung fassen läßt. Die Geometrie beherrscht den Geist der Zeit. Die Dinge messen können heißt die Dinge begreifen. Die Malerei bedarf der Messung nicht nur der Perspektive wegen, um das Gesetz des »Augenbetrugs« zu verstehen, sie muß auch die Maße der dargestellten Dinge kennen. »Alles Geschaffene ist bestimmt nach Zahl, Gewicht und Maß[3].« Dürer ist ein geometrischer Kopf von Hause aus gewesen. In keiner Geschichte der Mathematik wird er übergangen werden können[4]. Auch dem komplizierten Gewächs des menschlichen Körpers nähert er sich als Geometer. Es wird ihm erst wohl, wenn er die Form zwischen die Linien eingespannt hat, die eine mathematisch präzise Bestimmung erlauben. Man wundert sich nicht, daß er schließlich wie ein Architekt verfährt, und z. B nach italienischem Muster alle Querschnitte eines Körpers übereinander zeichnet, wie man einen Turm architektonisch aufnimmt. Dieses Messen, meint er, behalte seinen hohen pädagogischen Wert, auch wenn man in der malerischen Praxis keine Anwendung davon mache. Das Wichtige war ihm offenbar, im Vorstellen des Körpers zu vollständig klarer Rechenschaft gezwungen zu sein. Er würde sich aber kaum so angelegentlich damit befaßt haben, hätte er nicht noch ein zweites Ziel im Auge gehabt: die Proportionen des *schönen* Menschen zu finden. Das ist die andere Seite der theoretischen Forschungen, die wichtigere für Dürer. Ihr war das literarische Hauptwerk gewidmet.

Daß die Malerei eine Wissenschaft sei, sagte zuerst Lionardo, und er besaß allerdings eine Kenntnis des Wesens der Form und ihrer Erscheinung wie kein zweiter zu seiner Zeit, nicht einmal unter den Gelehrten. Allein es ist für die ganze italienische Renaissance bezeichnend, daß die Kunst vom Anfang an von einer Theorie begleitet wurde, die, mit der Lehre von den geometrischen Körpern und der Perspektive beginnend, vor allem die optischen Grundsätze theoretisch festlegen wollte, dann zu einer tabellarisch-erschöpfenden Übersicht der formalen Möglichkeiten in Bildung und Bewegung der Figur fortschritt und bis zum Problem des schönen Menschen empordrang, d. h. die menschlichen Normalproportionen (zunächst die männlichen) zahlenmäßig festzustellen versuchte. Leon Battista Alberti und Lionardo sind dafür die bekannten Namen.

Dürer muß in Italien von diesen Bemühungen Kenntnis gewonnen haben, obwohl von Alberti gerade der Traktat von der Malerei und die Abhandlung de statua, die die Proportionen enthält, nur handschriftlich existierte und von Lionardo überhaupt nichts gedruckt war. Man nimmt an, daß Lionardos Freund Pacioli zum Vermittler wurde. Jedenfalls, als Dürer von der großen Reise zurückkehrt, ist es ein Lieblingsgedanke von ihm, etwas Ähnliches wie die Italiener zu machen und unter dem Titel: »Ein Unterricht in der Malerei« oder »Die Speis des Malerknaben« eine umfassende Darlegung dessen zu geben, was zur Malerei gehört. Es sind Aufzeichnungen vorhanden, die wenigstens die Kapitel andeuten: Von dem Maß der Menschen – Von dem Maß der Pferde – Von dem Maß der Gebäude – Von der Perspektive – Von Licht und Schatten – Von den Farben. An anderer Stelle kommt etwa noch ein Kapitel über Komposition (Von der Ordnung im Gemälde) dazu, und ein ganz großer Entwurf wollte die gesamte Naturgeschichte des Künstlers mit einschließen, wie er geboren und erzogen wird, wie und wo er am besten arbeitet[5], was die Kunst für ihn und für die Welt bedeutet.

Ernsthaft ist der Plan in diesem Umfang aber nicht lange festgehalten worden, das

Interesse konzentrierte sich bald auf die Proportionsfragen, und nach 1513 ist es deutlich, daß zunächst nur ein Werk über Proportion veröffentlicht werden sollte. Es dauert aber bis 1523, bis wir von einem druckfertigen Manuskript hören, und selbst jetzt, wo alles in Ordnung zu sein scheint, wird die Publikation hintangehalten, und Dürer gibt zuerst sein Buch über Messung heraus (1525). »Unterweisung der Messung mit dem Zirkel und Richtscheit« nannte er es. Es sollte methodisch auf das Hauptwerk vorbereiten. Wer den Euclid kenne, für den sei es überflüssig. Neben ausgewählten Aufgaben aus der darstellenden Geometrie enthält es die Theorie der schönen Buchstaben, Entwürfe zu Denkmälern u. dgl. Noch einmal dauerte es aber jetzt drei Jahre, bis das angekündigte Hauptwerk kam: 1527 wurde die Abhandlung über die Befestigungskunst voraus erledigt, und als man endlich zu drukken anfing, starb Dürer über der Arbeit dahin. Am Ende des dritten Buches findet man die allgemeinen ästhetischen Gedanken Dürers eingerückt, wie er sie sich einst als Einleitung zu dem allgemeinen Lehrbuch der Malerei zurechtgelegt hatte.

Daß dieses nicht ganz aufgegeben war, erfahren wir aus den Schlußworten des Werkes und die Nachschrift bestätigt, daß Dürer noch viel zu schreiben vorgehabt habe, was »für die Kunst des Malens, der Landschaft, der Farbe u. dgl. dienlich« gewesen wäre; vor allem habe eine ausführliche Perspektive in seinem Plan gelegen.

Neben dem gedruckten steht uns noch das ziemlich umfängliche handschriftliche Material der Vorarbeiten zur Verfügung. Man sieht, wie Dürer mit dem Wort ringt, wie furchtbar schwer es ihm geworden ist, seine Gedanken zu gliedern. Er nennt sich selbst einen Ungelernten. Aber in aller Unbehilflichkeit wirkt er doch wieder höchst überraschend durch die Kraft des Einzelwortes. Leider ist die Frische der ersten Niederschriften im Buchtext nicht überall erhalten geblieben[6].

2.

»So wir aber fragen, wie wir ein schön Bild sollen machen, werden etliche sprechen: nach der Menschen Urteil. So werdens dann die andern nicht nachgeben und ich auch nicht. Ohn ein rechtes Wissen, wer will uns denn deß gewiß machen?«[7]. In diesen Worten der Proportionslehre ist gesagt, was Dürer quälte. Er suchte nach einer Schönheit, die unabhängig wäre von der »Meinung« der Menschen. Das bloße Wohlgefallen entscheidet nichts, Schönheit ist etwas, was sich »beweisen« lassen muß. Der Menschen Urteil schwankt, dem einen gefällt das, dem andern jenes, die wahre Schönheit aber ist zwingend, wie ein mathematischer Lehrsatz, vor dem man »gefangen« steht.

Diese platonisierende Idee von der Schönheit hat Dürer wie in einen Zauberbann geschlagen. Als ihm Jacobo de' Barbari zum erstenmal Andeutungen machte, daß es eine Formel gäbe, nach der man den vollkommenen Menschen konstruieren könne, ist ihm beglückend ein großes Licht aufgegangen, und es entstand ein so leidenschaftliches Verlangen, dieser Schönheit sich zu bemächtigen, daß man glauben

darf, die Sehnsucht darnach habe schon lange in ihm gelegen und nur jetzt erst die Augen aufgetan. Barbari aber sagte ihm nur Unvollständiges; er suchte Rat bei Vitruv, er kombinierte auf eigene Hand, zeitenweise mag er geglaubt haben, das Geheimnis zu besitzen, aber die Idee der Schönheit wandelte sich ihm unter den Händen. Das Menschenpaar von 1507 ist anders als das von 1504, es kommt der Zweifel, die Unsicherheit und schließlich die Resignation: es ist nicht möglich, die ganze Wahrheit zu erlangen, das Höchste, was uns erreichbar bleibt, ist, die Formenharmonie einzelner Gestalten der unendlich reichen Natur zu erkennen. Unsere Schönheit liegt im Umkreis des Wirklichen und die Spekulation über die Idealform verführt ins Bodenlose. Schon aus dem Jahre 1508 gibt es im Dresdener Skizzenbuch (Ausgabe von Bruck, Taf. 79) eine schwere, dicke Frau, deren Bau auf arithmetische Verhältnisse abgezogen ist. Offenbar konnte Dürer gerade solchen Typen ein ästhetisches Recht abzusprechen sich nicht entschließen.
Die Art der Proportionsbestimmung wechselt. Anfänglich sind es geometrische Konstruktionen mit Kreisen und Rechtecken, die sogar teilweise den Umriß der Figur ergeben, dann – nach der großen Reise – fängt er an, mehr und mehr nur noch Distanzen am Körper zu messen, im horizontalen und im vertikalen Sinn, wobei die formgebende Linie zwischen den festgelegten Punkten dem freien Belieben überlassen bleibt. Das Überzeugende, was einfache Zahlenverhältnisse haben können, verliert sich aber in gleichem Maße, wie Dürer genauer wird und mit dem Wirklichen mehr Fühlung sucht. Im Proportionswerk operiert er mit einer doppelten Methode, einmal mit verschiedenen Bruchteilen der Gesamtlänge, und dann mit dem Einheitsmaß von ⅙ dieser Größe, gemäß dem Verfahren, das L. B. Alberti anwendete. Auf Grund dieser zwei Methoden werden im ersten Buch fünf verschiedene Typen aufgestellt, die, weit auseinanderliegend, auch die Extreme des ganz Dicken und des ganz Dünnen umfassen, und im zweiten Buch (nach der anderen Messung) noch mal acht Männer und zehn Frauen, die nur teilweise mit denen der ersten Reihe identisch sind. Jeder möge nun wählen nach seinem Geschmack. Auch die Extreme gibt Dürer nicht als Karikaturen, sondern nimmt an, daß sich auch dafür Liebhaber finden könnten, obwohl ihm persönlich das dicke Ende der Reihe jedenfalls eher noch sympathisch war als das dünne. Auch sollen die hier ausgehobenen Typen nicht die Summe der Möglichkeiten erschöpfen, es sind natürlich ebensogut noch Zwischenstufen ästhetisch denkbar, abgesehen von jenen »Verkehrungen«, die zu dem bloß Charakteristischen hinüberführen.
Das Prinzip bei allen Konstruktionen aber ist die Harmonie der Teile. Bei Dürer heißt sie »Vergleichung«. Darauf kommt es an, daß die Glieder in ihrer ganzen Versammlung sich »wohl zusammen vergleichen« oder, mit anderem Ausdruck, »sich vergleichlich reimen«, und damit nimmt Dürer das große Renaissancethema von der Einheitlichkeit der organischen Bildungen auf, wie es schon L. B. Alberti ins Auge gefaßt hatte. Wenn man sagt, Dürer habe in seinem Proportionswerk nicht eine Schönheitslehre, sondern eine Naturlehre geben wollen, eine Morphologie der

natürlichen Gewächse, so ist das kein Gegensatz: Kunst und Natur fallen zusammen. Und der Satz: »Denn wahrhaftig steckt die Kunst in der Natur – wer sie heraus kann reißen, der hat sie«, ist letzten Endes nichts anderes als das allgemeine Bekenntnis der Renaissance: die Natur sei die vorbildliche Künstlerin. »Kunst« kann in diesem Zusammenhang als gesetzmäßige Schönheit verstanden werden. Dem Italiener ist es leicht gewesen, sie in der Natur zu sehen und im Kunstwerk zu gestalten, für den Nordländer war es ein schweres Ringen.

»Es ist eine große Vergleichung zu finden in ungleichen Dingen.« Auch weit auseinanderliegende Gestalten innerhalb einer Gattung werden durch das gemeinsame Bildungsgesetz zusammengehalten, Dürer braucht gelegentlich das Beispiel vom Hund: es gibt eine Unzahl verschiedener Hunde, aber alle bleiben im Gattungstypus beschlossen und unterscheiden sich dauernd von einem Fuchs oder Wolf. Auch Mann und Weib unterscheiden sich grundsätzlich und haben doch ein gemeinsames der Art. Die Unterschiede glaubte Dürer durch methodische »Verkehrung« der Form gewinnen zu können, die »Vergleichlichkeit« aber, d. h. die durchgehende Gesetzmäßigkeit in allen Bildungen sichtbar zu machen, war für ihn eine Hauptaufgabe des modernen, auf Wissenschaft sich stützenden Künstlers.

Aber so weit ist er nicht gegangen, daß er die Schönheit nun überhaupt nur in der Vergleichlichkeit der Figuren hätte befaßt wissen wollen, wobei keine vor der andern ein ästhetisches Vorrecht besäße und das Wesentliche überhaupt nur in einer Gruppe von Figuren, nicht in der Einzelfigur zur Erscheinung gelangen könnte. Weder Wort noch Werk erlauben eine solche Deutung.

Es ist wahr, daß Dürer auf die Erfassung der absoluten Schönheit Verzicht getan und sich beschieden hat, den Nachweis der durchgehenden Proportionalität in den verschiedenen Formcharakteren zu erbringen, aber deswegen ist die Idee einer letzten Schönheit als bleibende Forderung doch nicht abgestorben. Sie wirkt als unsichtbares Gravitationszentrum dauernd weiter. »Welcher mir mit Wahrheit kann anzeigen, wie das hübscheste Bild (= die schönste Figur) zu machen sei, den will ich für den größten Meister halten« (R. III, S. 275). Was wir wissen möchten, ist »wie die recht Maß wär und kein andere« (R. III, S. 293), aber solches »steigt nicht in der Menschen Gemüt, die Finsterniß steckt hart in uns, das weiß Gott allein –.«

Wenn er die Verkehrungsmöglichkeiten zeichnerisch am Körper zeigt, so geht er aus von einem *Norm*fall und bestätigt auch schriftlich, daß ein spitziger oder ein flacher Kopf nicht schön sei, sondern allein ein runder. Und so kann ein »bäurischer« Kopf zwar ganz konsequent gebildet sein, aber es ist selbstverständlich, daß ein »adeliger« Körper ihm ästhetisch überlegen ist. Das Problem der Schönheit bleibt das zentrale Problem, wenn es auch für den Menschen nur annäherungsweise lösbar ist.

Er hat unsäglich darunter gelitten, daß die Menschen ästhetisch so verschieden urteilen. Was ihm gefiel, gefiel andern nicht. Warum gibt es keine Übereinstimmung der Urteile? Er tröstet sich als Psychologe: nicht alle Menschen sehen gleich klar, der Künstler muß das Recht haben, zu bestimmen, was schön ist. Dann aber warnt er gleich selbst wieder vor eigner Überschätzung und Willkür: »viele sehen mehr als einer«, und es gibt Momente, wo er, sich direkt widersprechend, erklärt: »Das, was von den meisten als schön gehalten wird, das wollen wir machen[8].«

Die Beschränktheit des Urteils ist eine allgemeine menschliche Eigenschaft. Er hatte es ja an sich selbst erfahren: nicht einmal seines eigenen Urteils war er sicher. Sein Schönheitsgefühl hatte in verschiedenen Epochen seines Lebens sich ganz verschieden ausgesprochen. Gott allein besitzt die klare Vorstellung. Dürer übernahm dies platonische Wort wohl von Pacioli. »Und wem er es wollte offenbaren, der wüßte es auch«, fügt er mit biblischer Wendung hinzu. Unser Urteil aber ist so unklar, daß wir nicht einmal zwischen schön und schöner immer zu unterscheiden verstehen, geschweige denn, daß wir uns die letzte Stufe der Schönheit vorstellen könnten. Es gibt keine menschliche Figur, von der man sagen dürfte, eine höhere Vollkommenheit sei undenkbar[9]. Nicht einmal bei niedrigen Geschöpfen läßt sich die Linie zu Ende denken, geschweige denn beim Menschen.

»Die Schönheit, was das ist, das weiß ich nicht«, ist darum Dürers Schlußgeständnis[10]. Wir bleiben auf ein bloß annäherndes Wissen angewiesen. Aber weil wir zum allerbesten nicht zu gelangen vermögen, sollen wir darum ganz »von unserer Lernung lassen«? Nein. Die Menschen haben Gutes und Arges vor sich, der vernünftige Mensch hält sich ans Bestmögliche.

Soviel aber ist ihm jetzt gewiß, daß das Schöne nur aus der gegebenen Natur entwikkelt werden kann. Alle aus der Luft gegriffenen Konstruktionen sind wertlos. Niemand kann aus eigenen Sinnen eine schöne Gestalt machen. Darum ruft er mit eindringlicher Stimme: »Geh nicht (ab) von der Natur in deinem Gutdünken, daß du wollest meinen, das Bessre aus dir selbst zu finden; denn du würdest verführt.« Und dann im weiteren Verlauf noch mal: »Nimm dir nimmermehr vor, daß du etwas besser möchtest oder wolltest machen, denn es Gott seiner erschaffnen Natur zu wirken Kraft gegeben hat. Denn dein Vermögen ist kraftlos gegen Gottes Schöpfung.«

Die Schönheit, wie sie Gott gewollt, ist zerstreut in der Natur, aber sie ist drin. Man muß das Gute zusammensuchen, selten oder nie gibt es einen Menschen, der an allen Gliedmaßen gut wäre. Aus vielen wohlgestalteten Menschen nehme man, was bei jedem hübsch ist: das gibt ein löbliches Werk. Nur muß die Art durch den ganzen Körper gleichförmig sein. Dieses wählerische Vorgehen nennt Dürer: die Schönheit aus der Natur »herausziehen«, er sagt wohl auch »herausreißen«, und rührt damit wieder an den fundamentalen Satz: »Denn wahrhaftig steckt die Kunst in der Natur – wer sie heraus kann reißen, der hat sie.« Jedenfalls, um Dürer ganz zu verstehn, muß man dauernd scheiden zwischen dem, was von der Schönheit geometrisch faßbar ist und dem, was »nicht durch Geometrie bewiesen werden kann« (R. III, S. 295). Die schematischen Proportionsfiguren sind noch lange keine schönen Figuren. Sie enthalten nur das Gerüste, das nun ausgefüllt werden muß durch »schöne Natur«. »Es gibt beim menschlichen Körper eine Menge Linien, die nach keiner Regel gezogen werden können« (R. III, S. 294). »Was für seltsame Rundungen hat allein das Haupt. Das muß mit dem größten Fleiße beobachtet werden.« Hier ist man auf das bloße Gefühl angewiesen. Praxis tut viel. Man muß viel gesehn und viel gezeichnet haben, um die schöneren Formen herausholen zu können. Bei dieser geometrisch-unfaßbaren Schönheit gilt es ganz besonders, sich an die Wirklichkeit zu halten, aber eben mit Urteil, »da, wo sie hübsch ist geacht«, d. h. an die schöne Natur.

Die höchste Schönheit ist uns unerreichbar, aber die sinnlich-gegenwärtige ist schon so groß, daß der Mensch kaum sie zu fassen vermag. »Obgleich wohl wir nicht sagen können von der größten Schönheit einer leiblichen Kreatur, so finden wir doch in den sichtbaren Kreaturen eine solch übermäßige Schönheit unserm Verstand, also daß solche unser keiner kann vollkommen in sein Werk bringen.«

Daß die Figuren seines Proportionswerkes in der Natur wirklich genau so vorkämen, will Dürer nicht behaupten. Es mögen auch noch Fehler in der Konstruktion sein, daß sie von der Wahrheit und Schönheit des Möglichen abweichen: mag ein anderer es besser machen. Den Ruhm aber glaubt er in Anspruch nehmen zu dürfen, daß er der erste sei, der in deutschen Landen solche Dinge behandelt und daß er es ohne Meister und Vorbild zustande gebracht habe.

3.

Moderne Künstler werden von der ganzen Proportionsgeschichte nicht viel wissen wollen. Sie werden einwenden, daß es feststehende Maße für schöne Gestalten überhaupt nicht geben könne, weil diese Maße je nach der Umgebung ihre Wirkung änderten, geschweige denn, daß sie in den verschiedenen Bewegungen des Modells sich behaupteten. Sie werden weiter sagen, Dürers Naturgefühl müsse doch irgendwo eine Lücke gehabt haben, unmöglich hätte er sonst Jahre darauf verwenden können, solche Schemen auf dem Papier zu erzirkeln; wäre er wirklich von der Schönheit des lebendigen Körpers ergriffen gewesen, so würde er statt dieser Gesellschaft von Gliederpuppen uns ein paar richtige Bilder hinterlassen haben. Und der Uneingeweihte wird überhaupt geneigt sein, in all den theoretischen Bemühungen nur den Ausdruck seniler Impotenz zu finden.

Der letzte Vorwurf ist mit den Tatsachen leicht zu widerlegen. Es sind gerade die Perioden höchster Produktivität, wo Dürer mit dem Problem der Proportion ringt, abgesehen von dem Hochgang schöpferischer Stimmung, der nach der niederländischen Reise das Buch flott machte, gravitiert das eine Maximum der Proportionsstudien um das Jahr 1503/4 und das andere um das Jahr 1512/13. Der große Unterschied zwischen Anfang und Fortführung ist aber der, daß die Konstruktionen anfänglich unmittelbar in künstlerische Gestalt sich umsetzen, während nach den (Madrider) Tafeln von Adam und Eva, 1507, Theorie und Bildwerk definitiv getrennt bleiben.

Es hieße Dürer völlig verkennen, wenn man glaubte, die Frage habe später wirklich nur noch einen theoretischen, oder sagen wir anthropologischen Wert für ihn gehabt. Das Problem der Schönheit ist nach wie vor das Zentralproblem der Kunst für ihn. Wir bewundern ausschließlich seine Begabung für das Individuelle, die Kraft der Charakteristik, mit der er dem Wirklichen zu Leibe ging, und man hat uns daran gewöhnt, andere Forderungen an die Kunst überhaupt nicht mehr zu machen, für Dürer war dies aber nur die eine Seite der Kunst, eigentlich nur die Vorbereitung für die andere höhere Aufgabe: das Vollkommene zu gestalten. Dieses Vollkommene ist für ihn in erster Linie der schöne Mensch, aber er hat auch über die Proportionen des schönen Pferdes gearbeitet, und prinzipiell gibt es gar keine Schranke: er müßte auch eine Proportionalität der Pflanzen anerkannt haben. Die Sehnsucht nach dem idealen Typus von Mann und Weib füllt seine Jugend, und als nachher der Begriff seine Ausschließlichkeit verliert, glimmt das Feuer doch unter der Asche weiter und läßt ihn nicht ruhen, bis er seine Untersuchungen über die Schönheit in den »vier Büchern menschlicher Proportion« unter Dach gebracht hatte. Diese Theorie aber hat er nie anders denn als ein Hilfsbuch für Künstler angesehen. Er selber konnte keinen Gebrauch mehr davon machen, aber er wollte seine Resultate an die Öffentlichkeit bringen, damit der Größere, der nach ihm kommen würde, die Wege bereitet fände.
Gewiß, es liegt hier ein Widerspruch vor zwischen Kunst und gelehrtem Geist. Zwar wird kein Kenner der Kunstgeschichte zugestehen, daß das Suchen nach bestimmten Proportionen an sich ein unkünstlerisches Unterfangen wäre, wie moderne Antipathie uns glauben machen will, ein lebendigeres Körpergefühl würde sich aber doch nicht bei den starren Buchfiguren beruhigt haben. Sie sind wohl im Umgang mit der Natur entstanden, Dürer spricht von Messungen am lebendigen Körper und sogar in beträchtlichem Umfang, hie und da glaubt man auch das Modell in der Zeichnung zu sehen[11] und eine Randskizze deutet etwa auf eine »Modellpause«, aber er hat den Körper nie so genossen wie ein Mantegna oder Signorelli, in der Pracht voller und starker Bewegung. Die Versuche seiner Jugend blieben ohne Folge. Warum hat er keinen bewegten Herkules mehr gemalt, sondern nur noch einen Adam mit Schamzweig und Spielbein? Die Bewegung tritt ganz zurück hinter dem Interesse an dem Bau der Gestalt. Seine Kenntnis der Form war groß genug, daß er ohne Schwierigkeit beliebige Akte aufs Papier phantasieren konnte, und wenn man an die Federzeichnungen von 1514/16 denkt, so sind auch bewegte Figuren darunter, allein von all den Gliedern ist doch keines so gezeichnet, daß der Funke aus dem Gelenk zündend auf den Beschauer überspränge. Man stößt hier fühlbar an Grenzen seiner Begabung. Zu einem rechten tiefen, freien Atemholen ist es nicht gekommen[12].
Allein mit einer bloßen Atelierkritik kann man Dürers Proportionswerk niemals fassen. Sein geschichtlicher Wert liegt darin, daß die Frage nach den gesetzmäßigen Verhältnissen im natürlichen Gewächs getan und daß in dieser Gesetzmäßigkeit die

Schönheit gesucht wird. Das Mittelalter hatte eine Schönheit der Natur nicht anerkannt. Alle natürlichen Bildungen sind sinnlos oder unvollkommen. Erst die Renaissance brachte den Begriff der ratio naturae und wendet ihn gleich ins Ästhetische, indem sie alle Schönheit in der Natur vorgebildet sieht. Man muß formen, wie sie formt, wenn man das Wohllautende gewinnen will. Die natürliche Vollkommenheit der Geschöpfe ist der tiefste Gedanke dieses Zeitalters gewesen. Und indem man den Zusammenhang der Teile als einen notwendigen empfinden lernte, kam man zu dem Begriff jener Harmonie, in der L. B. Alberti die letzte Stufe der Schönheit verehrte, wo nichts einzelnes mehr verändert werden könnte, ohne das Ganze zu zerstören. Wir würden heute von der Notwendigkeit organischer Fügung sprechen. Auf diesem Boden hat Italien seine wunderbare Kunst entwickelt: es ist derselbe Gedanke, der in Dürers Geist lebendig geworden ist.
Ein neues Auge und ein neues Herz hat er der deutschen Kunst gegeben, aber wenn man ihn um sein eigentliches Vermächtnis befragt hätte, ich glaube, er würde es darin gesehen haben, daß ihm die Idee einer schöpferischen Kunst aufgegangen ist, die der Natur ihre verborgenen Harmonien »entreißt« und ohne den Grund des Wirklichen zu verlieren, aber doch über das Wirkliche hinaus das Bild der Schönheit an den Tag bringt.

Nachwort zur 9. Auflage

Heinrich Wölfflin hat seinem Buch ein Wort Albrecht Dürers aus den Entwürfen zur Einleitung in ein umfassendes theoretisches Werk, das der Künstler plante, vorangestellt: »Dann der alleredelst Sinn der Menschen ist Sehen«. Antike Denker hatten die Sentenz formuliert und auf den Weg gebracht, die für Dürer so wichtigen italienischen Kunsttheoretiker Luca Pacioli und Leonardo da Vinci hatten sie weitergereicht. Der Satz beschreibt in vollkommener Weise den Weg, auf dem sich Wölfflin dem Werk seines Helden zu nähern beabsichtigt, läßt erkennen, was der Leser von der Lektüre des Buches erwarten kann, zugleich aber auch, was das Buch vom Leser erwartet: das Eindringen in die Kunst Dürers mit einem aufmerksamen, durch »Sehen« geschärften Auge. Es geht dem Autor um die Form, in der Dürer das sinnlich Wahrnehmbare erfahren und zur Veranschaulichung von Bildinhalten in Linien und Farben festgelegt hat. Es geht ferner um die Entwicklung dieser Form im Werk des Künstlers, die von einem Wandel im Sehen, das ist von der intellektuellen Aufnahme und Verarbeitung des Geschauten, abhängig gedacht wird. Eine solche, auf Anerkennung einer Autonomie des Kunstwerks beruhende Betrachtungsweise war für das Vorgehen der akademischen Kunstbetrachtung neu. Die Werke der bildenden Kunst wurden nicht nach den ihnen immanenten Form- und Ausdruckswerten befragt, sondern in erster Linie als Quelle zur Erfassung geschichtlicher und kultureller Zusammenhänge gesehen. Eine außerordentliche »Augenbegabung« ermöglichte es Wölfflin, ein Verfahren der Beschreibung und Systematisierung stilistischer Erscheinungen zu entwickeln. Anregungen kamen von dem Bildhauer Adolf Hildebrand und dem diesem nahestehenden Theoretiker Conrad Fiedler, auch von dem in München lehrenden Archäologen Heinrich Brunn.

Der Titel, den Wölfflin seinem Buch gegeben hat, ist ein Programm, wohl nicht ohne Spitze gegen Hermann Grimms kulturhistorisches Gemälde »Das Leben Michelangelos« gewählt. Von Basel nach Berlin berufen, war Wölfflin 1901 Grimms unerwünschter Nachfolger an der Berliner Universität geworden. 1946 nennt Erwin Panofsky sein in amerikanischer Emigration geschriebenes Buch »Das Leben und die Kunst Albrecht Dürers« (The Life and Art of Albrecht Dürer). Auch dieser Titel ist ein methodisches Programm, das Grimm wie Wölfflin voraussetzt und über beide hinausgeht, indem es durch die Einbeziehung der ikonographischen und ikonologischen Aussagen der Bildwelt Dürers die Stellung des Künstlers in der geistigen Welt seiner Zeit klärt und beschreibt.

In seinem 1915 erschienenen Werk, »Kunstgeschichtliche Grundbegriffe. Das Problem der Stilentwicklung in der neueren Kunst«, hat Wölfflin seine Methode der Betrachtung des Kunstwerks nach ausschließlich stilistischen Kriterien durch die Einführung von gegensätzlichen Begriffspaaren für klassische und barocke Kunst in eine endgültige Form gebracht. Der Einfluß des Buches, das immer wieder aufgelegt

werden konnte (16. Auflage 1979), auf die Kunstgeschichte als wissenschaftliche Disziplin ist kaum zu überschätzen, auch wenn es in seinem programmatischen Verzicht auf die Einbindung der künstlerischen Manifestation in Zeit und Umwelt und die weitgehende Ausschaltung des Künstlers als individuelle Persönlichkeit Kritik erfuhr: »Wölfflins monumentale Einseitigkeit läßt alles Geschichtliche beiseite. Die Genesis, das Werden einer Kunst ergibt ihm nichts für ihr Wesen. Der Wandel der Form im Laufe der Zeiten wird mit einer mysteriösen ›immanenten Entwicklung‹ erklärt. Was dargestellt wird, als welches und mit welchem Sinn – alle inhaltliche Bedeutung tritt zurück, wird allenfalls im Hinblick auf die Form beachtet« (Kurt Bauch). Solche Kritik ist zumindest für Wölfflins Dürerbuch überspitzt. Dem Leser bleibt immer gegenwärtig, daß er sich im Nürnberg der Wende vom 15. zum 16. Jahrhundert befindet zwischen Stilformen der Spätgotik und einer sehr verschiedenartig ausgeprägten »Klassik«. Die Namen der großen Bildhauer Veit Stoß, Adam Krafft, Peter Vischer d.J. tauchen auf. Auch weniger bekannte Kunstwerke werden genannt, verraten eine genaue Ortskenntnis des Autors.
Aus der Verfolgung der stilistischen Phänomene in ihren Wandlungen im Lebenswerk Dürers erwächst dem Leser das höchst lebendige Bild eines Menschen mit seinen ganz persönlichen wie zeitumgreifenden Problemen, seinem Wollen und seinen Wegen zu den gesteckten Zielen, seinen Erfolgen und seinen Niederlagen. Wie der Meister in den Zeilen Wölfflins lebt, sagen die letzten Worte des ersten Kapitels seines Buches, in dem der Autor in stets bewunderter Form knappe Angaben zur äußeren Lebensgeschichte mit ihrer Deutung für das Wesen der Kunst des Nürnbergers verbunden hat. »Kein Altersporträt antwortet den mannigfachen Selbstporträts der Jugend. Die Gestalt, in der er bei uns lebt, ist der hochideale Kopf der Münchner Pinakothek: gewiß nicht ein ›ähnliches‹ Bildnis, aber ein Selbstbekenntnis, in dem die wesentlichen Züge der Natur alle enthalten sind. Ein hohes Antlitz mit denkermäßig entwickelter Stirn, die Lippen von sinnlicher Fülle, aber bedeutend und geistreich in der Bewegung, die Augen mehr schauend als beschaulich. Glühend und streng – so sagt Peter Cornelius von Dürers Art.«
Wölfflin hat bei mehreren Gelegenheiten die wissenschaftlichen Ziele dargelegt, die er über die Beschreibung der Kunst Dürers hinaus mit seinem Eindringen in die Form- und Bildwelt des Meisters verfolgte. In seiner Antrittsrede vor der Preußischen Akademie der Wissenschaften, in die er im Dezember 1910 als erster Vertreter seines Faches berufen wurde, legte er dar, daß »der formal-analytische Gesichtspunkt das Wesentliche« für ihn gewesen sei. Er habe »die Arbeit daraufhin angelegt, das Phänomen der Dürerschen Kunst auf möglichst bestimmte Begriffe zu bringen«. Bei der gleichen Gelegenheit führte der Gelehrte weiter aus, daß ihm in der wechselweisen Beschäftigung mit »germanischer und romanischer Kunst« der Wunsch erwacht sei, »die typischen Gegensätze dieser zwei Welten allgemein zu fassen und jenen oft sich wiederholenden, merkwürdigen Prozeß, der sich bei Dürer in besonderer Reinheit beobachten läßt, im großen darzulegen«, er meine: »wie die

nordische Phantasie von der italienischen Gestaltungsart in Bann geschlagen wird«. Ein solches Buch schreiben zu können, seien die Begriffe der Kunstgeschichte noch zu wenig ausgebildet. Es müßten zunächst gründlichere Anschauungen über Wesen und Entwicklung künstlerischer Darstellungsformen erarbeitet werden. Die »Kunsthistorischen Grundbegriffe« kündigen sich hier bereits an. In größerem Abstand und unter veränderten Zeitumständen hat sich Wölfflin 1942 anläßlich seiner Aufnahme in die Österreichische Akademie der Wissenschaften in einer kurzen Selbstbiographie erneut zu seinem Buch geäußert. Bei der Behandlung eines so umfassenden Themas wie das der italienischen Klassik habe die Gefahr bestanden, der er nicht ganz entgangen sei, »in Allgemeinheiten stecken zu bleiben«. Es habe ihn deshalb gedrängt, »durch Beschränkung auf eine einzelne, sehr ausgeprägte Persönlichkeit das Wesen der künstlerischen Arbeit bestimmt zu fassen.« Dann folgt das Bekenntnis, das in beider Italienerfahrung die eigene Entwicklung Wölfflins eng mit dem Werdegang Dürers verbindet. »Daß es aber gerade Dürer war, den ich wählte, war kein Zufall, sondern eine Besinnung auf das volksmäßig-Eigene. Die Ablösung vom italienischen Ideal geschah freilich nur langsam und zunächst noch unvollständig. Erst in der Nürnberger Festrede zum 400. Todestag Dürers habe ich später, 1928, die letzten, mir zugänglichen Formulierungen gegeben. Von damals ab beschäftigte mich dauernd die Frage nach den nationalen Charakteren.«
Das Verhältnis zu Italien ist der Ansatz, von dem aus Wölfflin Wert und Werden von Dürers Formgebung zu bestimmen sucht. In allen Phasen ihrer Entwicklung hat sie die Frage zu bestehen nach den Folgen der Verbindung des nordischen, germanischen oder deutschen Erbes, die Bezeichnungen werden von Wölfflin nahezu synonym gebraucht, mit einer »wesensfremden« Kunst und Geistesart.
Die Person Dürers tritt in Wölfflins wissenschaftlichem Werk zuerst in der Sicht Wilhelm Heinrich Wackenroders auf. Mit einer Studie zu den »Herzensergießungen eines kunstliebenden Klosterbruders« beteiligte sich Wölfflin an der Festschrift, die 1893 Michael Bernays von Schülern und Freunden gewidmet wurde. Er hatte während seiner Münchner Studienjahre bei dem Literarhistoriker gehört und 1886 auch im Nebenfach promoviert. Wie aus dem erhaltenen Briefwechsel hervorgeht, schätzte der Lehrer bereits den Studenten außerordentlich und hätte ihn gern in das eigene Fach hinübergezogen.
Schon bei Wackenroder wird dem Deutschen Dürer der Italiener Raffael gegenübergestellt, der allein die himmlische Schönheit geschaut habe. Mit einer Ablehnung des von Wackenroder und den Romantikern geschaffenen Dürerbildes, in dem man den Meister immer noch gern erkennen wolle, beginnt Wölfflin im Vorwort zur ersten Auflage seines Buches. Die Vorstellung vom Meister Albrecht, der zu Nürnberg in seiner getäfelten, durch Butzenscheiben hindurch erhellten Stube sitzt, »dem Kunst nur herzlich und wahr sein müsse, die äußere Schönheit aber gleichgültig sei«, wird mit einem »sie ist falsch« kurz abgetan. »Wenn irgendeiner«, fährt der Autor fort, »sehnsüchtig über die Grenzen des Landes hinaussah nach einer frem-

den großen Schönheit, so ist es Dürer gewesen. Durch ihn ist die große Unsicherheit in die deutsche Kunst gekommen, der Bruch mit der Tradition, die Orientierung nach italienischen Mustern.« Die Frage wird gestellt, ob man unter diesen Umständen mit Recht in Dürer »den deutschesten der deutschen Künstler« erkennen dürfe.

Der heutige Leser wird in dieser Sicht auf das Problem den immer noch lebendigen Strom einer nationalen Romantik spüren. Wölfflin arbeitete 1903 in Rom an dem Buch, während sich sein eigenes Verhältnis zu Italien in einer Krise befand. Briefe und Tagebucheintragungen sprechen eine deutliche Sprache. Die Eltern erfahren bereits kurz nach der Ankunft in Rom, »daß das Resultat dieser italienischen Reise eine starke Entfremdung von Italien sein wird.« Wenige Tage später wird dem Tagebuch anvertraut: »Es kam mir alles so glatt vor da unten, süß und nichtssagend. Was sollten mir alle diese Spielbeine und weichen Linienfügungen, der deutsche Sinn verlangt nach dem Knorrigen, Gewundenen und Verschlungenen und den Linien im Geäst nordischer Bäume, die Silhouette eines Apfelbaums sollte mir mehr geben als ein Lorbeerbäumchen, das vor der hellen Luft steht.« Elisabeth Wackernagel, die Gattin des befreundeten Historikers Rudolf Wackernagel, erhält auf einer Karte vom 24. November 1903 die Mitteilung: »Ich bin sehr kühl und bereite ein Buch vor über das Gift der italienischen Verführung.« Diese Versuchung ist Wölfflin Bild geworden in der nackten Frauenfigur auf Dürers Stich »Traum des Doktors«. Er spricht es in seinem Buch bei der Beschreibung des Stichs durch die nahezu wörtliche Übernahme der Briefstelle deutlich genug aus. »Es ist eine italienische Musterfigur, wie sie im Buche steht, und es könnte einer auf den Gedanken kommen, die Komposition zu einem durchaus anderen Zweck zu benützen: nicht die Verführung des Fleisches zu zeigen, sondern das Gift der italienischen Schönheit.« Der innere Zwiespalt läßt gegen Ende des Jahres den Entschluß reifen, »den Dürer beiseite zu stellen«. Italien bleibt auch in der wiederaufgenommenen Arbeit der Maßstab, an dem Wölfflin die Kunst Dürers im Gange ihrer Entwicklung mißt. Immer aber schwingt die Frage mit, war die Begegnung mit dem Süden notwendig, um zur Reife zu bringen, was in dem Manne angelegt war, hat es dem Werk und dem Menschen genützt, oder hat »im Schoß der italienischen Verführerin... Simson seine Locken verloren«?

1921 war Wölfflin aufgefordert worden, die Festrede bei der Eröffnung der allgemeinen deutschen Studententagung in Erlangen zu halten. Wenn er Dürer zum Thema wählte, dann war gegeben, daß unter den obwaltenden Zeitumständen vor solchem Auditorium die Frage nach dem nationalen Charakter der Kunst des Meisters im Mittelpunkt der Ausführungen zu stehen hatte. Die Vorstellungen von der Form, in der sich das Wesen deutscher Kunst manifestiere, hatten sich seit 1905 gewandelt. Künstler wie Grünewald, der junge Lukas Cranach, Albrecht Altdorfer, Hans Baldung – Wölfflin zählt sie alle auf – waren deutlicher in das Gesichtsfeld der Nation getreten. Der Isenheimer Altar, während des ersten Weltkriegs in der Alten

Pinakothek ausgestellt, löste vor seiner Rückgabe in das Elsaß und damit an Frankreich eine wahre nationale Wallfahrt aus. Trotzdem scheint Wölfflin der alte Meister »eine heimliche Königsgewalt noch immer auszuüben, so oft und so überzeugend auch der Nachweis geführt worden ist, daß die Macht eigentlich bei den Anderen liege.« Das unerwartete und überaus große Interesse, das in Ost und West der Kunst des Meisters aus Anlaß seines 500. Geburtstages entgegengebracht wurde, hat diesen Satz bestätigt.

Will man in Dürer auch nicht mehr den »deutschesten der deutschen Künstler« sehen, so ist er doch der einzige, der kräftig über alle Grenzen hinaus gewirkt hat und noch wirkt. Ein Leben lang mit der Frage nach einem nationalen Charakter der Kunst beschäftigt, hat Wölfflin 1936 eine Erklärung dieses Phänomens gegeben und 1941, mitten im zweiten Weltkrieg, in seinen »Gedanken zur Kunstgeschichte« wiederholt. Er sieht die Wirkung gerade der »eigenartigsten und schwerst zugänglichen« Werke Dürers darin beruhen, daß »von deutschen Augen gesehen, von deutscher Seele empfunden, das Menschliche, das allen gemeinsam und bekannt ist, in unerwarteter, fremder und doch irgendwie vertrauter Weise sich offenbarte.« Wölfflins Vortrag von 1921 ist ein Plädoyer nicht gegen die gleichzeitigen deutschen Künstler, aber für den Deutschen Dürer, für die Sachlichkeit seines Sehens, seinen Drang nach Gesetzlichkeit und Ordnung, seine Sehnsucht, »aus dem Willkürlichen, Zufälligen, Schwankenden herauszukommen«, für sein Erwachsen zu menschlicher Größe im Ringen um die große Form des Menschen. Noch einmal hat Wölfflin vor großer Versammlung über Dürer gesprochen: 1928 im Nürnberger Rathaussaal in der Feier zum Gedächtnis des 400. Todestages des Meisters. Der Vortrag wurde als Ganzes nicht gedruckt. Erhalten hat sich ein vom Redner selbst verfaßtes Resümee, das in der Presse erschien und später in den »Gedanken zur Kunstgeschichte« einen Platz fand. Wiederum geht Wölfflin von dem Verhältnis Dürers zur Kunst Italiens aus und beschwichtigt sich selbst und das Auditorium, die in dieser Fühlungnahme »eher etwas Ungehöriges, was hätte vermieden werden sollen«, erspüren könnten, mit dem Hinweis, daß ein so starker Eindruck nicht möglich gewesen wäre, wenn er nicht auf etwas Wesensverwandtes gestoßen sei. Es gelingt dem Redner nicht, die eigenen Bedenken auf die Dauer zu unterdrücken. 1931 in seiner Schrift »Italien und das deutsche Formgefühl« verwundert er sich aufs neue, »daß der größte deutsche Meister in entscheidenden Jahren die italienische Lehre aufgesucht hat.« Wie ein Schatten habe der notwendig entstandene »gefährliche Gegensatz zur heimatlichen Tradition« auf den Gedächtnisfeiern des Jahres 1928 gelegen.

Wir haben nur noch ein historisch geprägtes Verständnis für dieses Ringen um das in Dürer personifizierte Problem der Bedeutung eines national geprägten Charakters künstlerischer Hervorbringungen. Zu sehr scheint hier der politische Nationalismus des 19. und 20. Jahrhunderts wirksam zu sein, so daß der Hinweis nützlich sein dürfte, daß der 1864 in Winterthur geborene, aber in Erlangen und München aufgewachsene Heinrich Wölfflin, mit 18 Jahren vor die Wahl gestellt, zugunsten der schweizer auf die deutsche, genauer gesagt auf die bayerische Staatsbürgerschaft verzichtete. Die Betonung liegt heute eher auf der von Wölfflin wohl etwas unterschätzten, wenn auch keineswegs ganz außer acht gelassenen Bedeutung der Heimatstadt des Künstlers, der weltoffenen Handelsstadt, deren Söhne, schon längst ehe Dürer ihnen folgte, ihr Wissen und Können auf breiter Basis in Venedig und Padua vermehrten. Wöfflin sieht das entscheidende Ereignis im zweiten Aufenthalt Dürers in Venedig im Herbst 1505 bis zum Frühjahr 1507, in der »großen Italienreise«, wie er sie nennt. Wie wäre es aber ohne Venedig nach der Wanderschaft und den Basler Holzschnitten weitergegangen? Wie hätten die Blätter der Apokalypse, deren Linienstil Wölfflin so unübertroffen charakterisiert, ausgesehen? Sie sind doch, wenn solche Begriffe überhaupt noch einen Sinn besitzen, im tiefsten deutsch.

Wölfflin gliedert seinen Stoff chronologisch, wobei sich aus der Ökonomie von Dürers Arbeitsweise ohne Zwang Werkgruppen ergeben. In seiner Einleitung zur Betrachtung der Blätter der Apokalypse gibt er eine breit ausgeführte Beschreibung des Holzschnittstils, in dessen »Linienausdruck« alles Wesentliche der Formempfindung gesagt sei. Die besondere Zuneigung des Autors gilt dem Kupferstich, den Dürer auch als die »vornehmste Kunst« angesehen habe, da er ihm das Problem des nackten Körpers vorbehielt. Hier findet Wölfflin auch die Empfindsamkeit für den differenzierten Charakter der Oberfläche der Dinge, die er in den Gemälden des Meisters vermißt. In seiner Analyse stets auf das Original gestützt, hat er die Kabinette nach den besten Drucken abgesucht. Am schwersten hat es der Maler Dürer. »Italien und die großen Gemälde« heißt das Kapitel, in dem Dürer neben Giovanni Bellini nicht bestehen kann. Ein Bild wie die »Disputation Christi mit den Schriftgelehrten«, das Dürer sorgsam vorbereitet hat und von dem Giorgione beeindruckt wurde, gilt Wölfflin als »bloßes Kuriosum«. Er wundert sich, daß Dürers strahlende Farbigkeit, die sich heute allerdings rein nur noch im etwas späteren Landauer-Altar erfahren läßt, »der Jubel einer lauten Farbe«, »so wenig ansteckend wirkt.« Eine in der Ruhe und Größe der Komposition den Venezianern ebenbürtiges Bild erwartet Wölfflin von dem unter den Eindrücken der niederländischen Reise entworfenen, aber nicht ausgeführten »großen Marienbild«. Mit überzeugender Genauigkeit werden die vom äußeren Eindruck zunächst wenig attraktiven Entwurfszeichnungen in ihrer Reihenfolge und Bedeutung dem Leser nahegebracht. Einen Höhepunkt eindringlicher formaler Analyse bildet der zusammenfassende Abschnitt zur allgemeinen Stilbestimmung.

In einem letzten Kapitel, überschrieben »Das Problem der Schönheit«, wird über Dürers theoretische Studien gehandelt, die außerordentliche Bedeutung, die für Dürer die Suche nach einem inneren Gesetz der Schönheit gehabt hat, hervorgehoben. Man spürt, daß es Wölfflin nicht etwa nur um Verteidigung der Messungen und Überlegungen Dürers geht, sondern daß er in ihnen etwas für den Künstler ganz Wesentliches sieht. In hohen Worten kommt er auch in seinem Vortrag von 1921 auf diesen Bereich von Dürers Werk und Menschlichkeit zu sprechen: »Wer dieses Verlangen nach einem Letzten, Sicheren, Vollendeten als undeutsch ablehnt, der verkennt einen immer wiederkehrenden Zug der deutschen Geistesgeschichte. Es sind nicht die Schlechtesten gewesen, die sich an diesem Idealismus verblutet haben.«

Die Kraft und Klarheit von Wölfflins an Jacob Burckhardt geschulter Sprache ist der Bedeutung des behandelten Gegenstandes angemessen. Sie scheut, wenn es angebracht erscheint, vor einem leichten Pathos nicht zurück, sie lockert sich aber auch zu einer kleinen Trivialität, zu einem Witzwort, wenn es der Erklärung der Sache dienlich ist. Das Buch erweist sich als didaktisch mit hohem Geschick angelegt, häufig dialektisch vorgehend. Der Literatur entnommene oder auch fiktive Gegenpositionen werden aufgezeigt und relativiert. Hier bewährt sich der Forscher als der Lehrer, der nicht nur für einen kleinen Kreis von Fachleuten sprach und schrieb, sondern es als Aufgabe betrachtete, sich an ein größeres Publikum zu wenden. Die Beschränkung auf das optisch Erfahrbare, der Verzicht auf ikonographische und ikonologische Spekulationen vermitteln dem Leser das angenehme Gefühl, auf gesichertem, in seiner Tragfähigkeit mit dem Auge nachprüfbarem Boden zu stehen. Fragen der Datierung und der Eigenhändigkeit spielen eine untergeordnete Rolle. Die Auflagen vermehren vor allem in Anmerkungen das herangezogene Material, erwähnen auch neu Entdecktes. Revidiert ist jeweils auch der Anhang, in den die z.T. sehr eingehende Behandlung in der Forschung umstrittener Fragenkomplexe verlegt ist. Der vorliegende Neudruck übernimmt den Text der letzten vom Autor selbst betreuten Auflage. Berichtigt wurden lediglich die Angaben zu den Aufbewahrungsorten von Bildern und Zeichnungen, die Schriften Dürers werden nach dem Werk von Hans Rupprich zitiert. Eine Konkordanz zwischen den von Wölfflin zitierten Nummern des von Friedrich Lippmann und seinen Nachfolgern herausgegebenen Korpus der Zeichnungen Albrecht Dürers und den heute besser zugänglichen Werken von Friedrich Winkler und Walther L. Strauss soll die intensive Benutzung des Buches erleichtern.

Peter Strieder

Ausführungen und Nachträge der 5. Auflage

Zu S. 24. *Dürer und Schongauer.* Die Nachricht, daß der 13jährige Dürer gleich zu Schongauer in die Lehre hätte kommen sollen, ist von Scheurl überliefert (vita A. Kressii, 1515; vgl. Höpfner »Dürers Denkzettel« in Internationale Wochenschrift für Wissenschaft, Kunst und Technik, 1910, S. 1 ff.). Wenn Scheurl aber sagt, der Plan sei nicht zustande gekommen, weil man erfahren habe, daß Schongauer »hinausgegangen« d. h. gestorben sei (excesserit), so sieht man, daß er doch nicht gut unterrichtet war, d. h. also nicht von Dürer selbst instruiert sein konnte, wodurch die Nachricht um vieles an Wert verliert. Eine andere Übersetzung des Wortes excedere ohne Lokalangabe, als ob Schongauer nur von Kolmar *verreist* gewesen sei, ist nach fachmännischem Urteil unmöglich.

Zu S. 35. *Bildnisse der spätern Zeit.* Das feierlich stille Bildnis der Münchner Pinakothek, das in den Kreis der venezianischen Arbeiten gehört und mit »1500« sicher zu früh datiert ist, beherrscht unsere Vorstellung wohl mehr als billig. Es ist so sehr ein Sonntagsbildnis, daß es uns Mühe macht, den Menschen des Werktags und der Werkstatt darin wiederzuerkennen, geschweige denn den Feuergeist der Apokalypse oder den ausgelassenen Schreiber der Briefe aus Italien. Unter diesem Gesichtspunkt bedeutet es eine wesentliche Bereicherung unserer Anschauung, wenn man sich entschließt, den nackten, südländisch-leidenschaftlich aussehenden Mann von Weimar (Kniestück, L. 156) in die Reihe der Selbstbildnisse aufzunehmen, wie F. Roh das tut (vgl. Repertorium 1917: Ein neues Selbstbildnis D. s.). Entscheidende Schwierigkeiten scheinen mir nicht vorzuliegen, wenn auch namentlich die Augenbildung dem doch gewiß sorgfältigen Madrider Bild nicht ganz entspricht[1].
Ganz eigentümlich ist die Medaille des Hans Schwarz, die, zusammen mit dem Buchsmodell in Braunschweig, von G. Habich im Jahrbuch der preuß. Kunstsammlungen XXVII, 1906, publiziert worden ist. »Dem christushaften Idealbild«, sagt Habich, »das der Meister mit so liebenswürdiger Naivität in sich selbst bewunderte, setzt Schwarz einen Rassemenschen entgegen, dessen Typus ohne einen guten Schuß magyarischen Blutes schlechterdings unerklärt bliebe« (a. a. O., S. 58). Die Medaille muß um 1519 entstanden sein.
Im selben Jahre scheint Dürer selbst eine Porträtmedaille von sich entworfen zu haben, wenigstens deutet darauf die Zeichnung zur Schriftseite im Britischen Museum mit den Worten: imago Alberti Durer Alemani quam suismet ipse effinxit manibus anno aetatis suae XLVIII salutis vero MDXIX.
Den Eindruck von Tüchtigkeit und Zuverlässigkeit macht die Dürermedaille von 1527 (Luton Hov, Wernher Collection), nach der das Berliner Münzkabinett eine etwas trockene Holzkopie besitzt, datiert 1529. Vgl. Habich, Der Meister der Beltzinger (Jahrbuch der preuß. Kunsts. XXXVI [1917], 155). Der grobe Holzschnitt B. 156 scheint auf eine ähnliche Vorlage zurückzugehen.

Zu S. 43 f. *Die Basler Gruppe.*
Vor mehr als 30 Jahren hat *D. Burckhardt*[2] die Frage aufgerollt, die noch immer verschieden beantwortet wird. Er publizierte den Hieronymusholzschnitt und die gezeichneten Illustrationen zu zwei Komödien des Terenz (Andria und Eunuch), für die er allein die unbedingte Autorschaft Dürers annahm. In dem der Masse nach bedeutenderen Rest sah er nur eine minderwertige Gehilfenarbeit. Dagegen erklärte er Dürer wieder als Autor der sämtlichen Bilder zum »Ritter vom Turn« (1493) und von einer Anzahl damit verwandter Blätter im »Narrenschiff« (1494).
Von diesen Aufstellungen akzeptierte *Weisbach*[3] so viel, daß es sich in der Tat hier um eine zusammenhängende Gruppe, die Arbeit *eines* Meisters handle, er präzisierte den Umfang des Werkes und suchte seine Art näher zu bestimmen; die Hauptsache aber war der Widerspruch gegen Burckhardt: Dürer ist nicht der Autor. Für die unbekannte Persönlichkeit wurde der Name »Meister der Bergmannschen Offizin« vorgeschlagen. Neben stilistischen Argumenten führte Weisbach als entscheidendes Moment ins Feld, daß die Tätigkeit dieses Basler Illustrators noch in Büchern nachzuweisen sei, die erst erschienen, als Dürer lange wieder in Nürnberg saß.

Friedländer[4] opponierte sofort gegen die Bedeutung dieser Tatsache, da das Publikationsjahr über die Entstehung einer Zeichnung nichts Sicheres aussage. Der Charakter der Basler Arbeiten aber schien ihm so verwandt mit Dürers Frühzeichnungen, die er zum erstenmal in größerem Maße zur Vergleichung beizog, daß er Burckhardts Zuschreibungen in ganzem Umfang guthieß. Wollte man einen zweiten Künstler annehmen, so müßte es ein merkwürdiger Doppelgänger gewesen sein, der sich wie ein Schatten an Dürers Füße hing, denn um 1500 treffe man in Nürnberg wieder auf seine Spuren. Freilich bezog sich Friedländer dabei auf Dinge, die niemals zum fest anerkannten Bestand der Dürerschen Werke gehört hatten (Opera Rosvithae, Revelationes S. Brigittae und andere).
Mit diesen Bedenken trug sich auch *Kautzsch*[5]. Er fand, daß Durchschlagendes zugunsten der Dürer-These noch nicht gesagt worden wäre, daß Dürers Kunst in ihren Grundzügen doch wesentlich anders geartet sei und daß, wenn etwa eine Zeichnung dem widerspräche – wie das im ganzen Verlauf der Debatte oft angeführte, aber auch immer wieder beanstandete Liebespaar zu Pferde (L. 3, Berlin) –, man daraus eben Anlaß nehmen sollte, das Blatt zu streichen.
Wie aber – wenn man eine Zeichnung vorweisen konnte, die Dürers Kunst von ihrer entschiedenen und starken Seite zeigte und die mit den Basler Zeichnungen die engste Verwandtschaft besaß? *Montague Peartree*[6] publizierte aus dem Besitz der Hamburger Kunsthalle ein von Lippmann übergangenes Blatt, ein schreitendes Liebespaar, das zweifellos echt und früh ist und wirklich auffallende Ähnlichkeit mit den Basler Bildern aufweist, im Kostümlichen sowohl wie im zeichnerischen System. Es schien für Peartree hier die Brücke gefunden, um von dem anerkannten Dürer zu dem erst anzuerkennenden zu gelangen.
Und doch hat er wohl niemanden gewonnen, der nicht schon vorher auf seiner Seite stand. Gewisse Analogien der Formbildung sind vorhanden, aber der Gesamteindruck ist doch ein anderer (und wird nicht erklärt durch den Unterschied der freien Zeichnung und der Holzschnittzeichnung) und daß Dürer, wenn er das Liebespaar in Basel gezeichnet hat, auch baslerische Kostüme verwendete, ist durchaus natürlich. *Weisbach*[7] hat darum in seinem »Jungen Dürer« seinen alten Standpunkt nicht aufgegeben.
Mit gleicher Konsequenz verharrte *D. Burckhardt*[8] auf seiner These von 1892. Was er neuerdings zur Sache vorbrachte, bezieht sich wesentlich auf den Nachweis, daß der Zeichner mit Nürnberg zusammenhänge und daß zeitliche Schwierigkeiten nicht vorlägen, das heißt: daß alles, was dem sogenannten Meister der Bergmannschen Offizin zugeschrieben worden ist, in die Dauer von Dürers Basler Aufenthalt eingespannt werden könne.
Indessen hatte sich weder *Kristeller*[9] der Dürer-These angeschlossen noch *v. Seidlitz*[10] seine ursprünglich damit übereinstimmende Meinung aufrechterhalten, und *Dörnhöffer*[11], der ebenfalls den »Meister der Bergmannschen Offizin« als selbständige Persönlichkeit neben Dürer anerkannte, war bereits dazu übergegangen, in der Nürnberger Kunst Vorstufen und Fortsetzungen der Basler Arbeiten nachzuweisen. Im gleichen Sinne, aber noch viel weiter ausgreifend, konstruierte dann *Röttinger*[12] einen Künstler, dessen Anfänge in Ulm liegen (Lirer, Terenz 1486), der von dort nach Nürnberg wandert (das Passional, 1488), gleichzeitig mit Dürer am Oberrhein und besonders in Basel tätig ist, nachher wieder in Nürnberg auftaucht, um sich endlich zu demaskieren als der uns längst vertraute Straßburger Meister Hans Wechtlin. Wenn diese Verknüpfung des bekannten Werks Wechtlins mit einem vielgestaltigen anonymen Frühwerk niemandem recht einleuchten wollte, so ist doch die Erkenntnis der Zusammengehörigkeit gewisser Gruppen von Zeichnungen und Schnitten innerhalb des anonymen Werkes von bleibendem Wert.
Stadler[13] ging die Fährte noch einmal ab und kam ebenfalls auf der Linie Ulm-Nürnberg-Basel zu einem Meister, der mit Dürer nicht identisch ist, wobei er außerdem der Mutmaßung Ausdruck gab, ob nicht der Verfasser der Basler Terenzzeichnungen noch einmal als eigene Persönlichkeit von dem Zeichner des Narrenschiffes und des Ritters vom Turm abgesondert werden müßte.
Genug, die Partei der Dürerleugner war so stark geworden, daß man hätte meinen können, sie hätte endgültig das Feld besetzt, allein ganz neuerdings haben sich wieder gewichtige Stimmen wie Friedländer, Pauli, Waldmann, Weixlgärtner im alten Sinne vernehmen lassen. Man ist also in 30 Jahren nicht weiter gekommen. Behauptung steht gegen Behauptung. Freilich ist mit der bloßen entschlossenen Parteinahme wenig gewonnen. Der Fall ist kompliziert und hat sein

Für und Wider. Wer für Dürer eintreten will, muß auf die Gründe der Gegner eingehen und erklären, warum die Zuschreibung Schwierigkeiten macht, und umgekehrt. Das Problem hat sich aber so weit verzweigt, daß es hier im Rahmen einer bloßen Anmerkung nur andeutend behandelt werden kann.

Die *Terenzzeichnungen* sind eine einheitliche Arbeit. Was Burckhardt publiziert hat, die Stökke zur Andria und zum Eunuchen, trennt sich von der andern größern Masse nicht so, daß man sie allein einer (Meister-)Hand zuweisen könnte und Weisbach hat gewiß recht, ein Stück wie die von ihm abgebildete Szene aus dem Heauton timorumenos als zum Besten gehörig zu erklären. Andererseits möchte ich doch das Vorhandensein von Gehilfen annehmen, denen zum Teil die Übertragung der Zeichnungen auf die Stöcke anvertraut war. Ob es einer oder mehrere waren, kann uns ziemlich gleichgültig sein, der Stilcharakter im ganzen ist jedenfalls ein gleichmäßiger.

Was einem zunächst auffällt: wie lebhaft gestikuliert wird. Die Personen haben alle etwas intensiv Sprechendes. Hand gegen Hand, Körper gegen Körper. Die aufgerufene Hebamme erscheint rasch wie eine Maus unter der Tür ihres Hauses: »Dorthin? Gleich bin ich da!« (Andria I, 4); der mißtrauische Alte (ibid. II, 6), der den Sklaven aushorchen möchte, spricht mit beiden Händen und windet sich förmlich beim Fragen, die beruhigende Geste des Angeredeten wirkt ganz unmißverständlich. Auch wenn drei zusammenstehen (ibid. II, 1), wird das Durcheinander der Rede noch deutlich.

Viel Beweglichkeit im kleinen, das modische Knicken der Knie und Überquerstellen der Füße, Beugen des Oberkörpers, wippendes Daherkommen, daneben oft eine ganz italienisch anmutende Eleganz in den lässigen Stellungen. Die Sympathie des Zeichners scheint den schlanken, jungen Kavalieren zu gehören. Starke Bewegungen sind eher vermieden und es ist auffällig, wie wenig aus Szenen gemacht ist, die dazu aufgefordert hätten wie z. B. die Belagerung eines Hauses (Eunuch IV, 8. Vergleiche dazu die entsprechende, mehr bewegte Darstellung in dem Ulmer Terenz von 1486, Abbildung bei Muther, Buchillustration, Tafel 91)[14].

Die Figuren stehen locker nebeneinander. Kein Zusammenfassen, keine Überschneidungen. Bei elegantem Abstand wird die Silhouettenwirkung durchaus gewahrt. Auch in Innenräumen bleibt es licht und räumig. Bei den Szenen im Freien streift der Eindruck oft ans Leere.

Die Strichführung auffallend abgeklärt und ausgeglichen. Die einzelnen Linien leichtflüssig in egalen Intervallen hingesetzt. Linien ohne besondere Schlagkraft, aber von sehr angenehmer Wirkung. Kreuzlagen kommen kaum vor, doch ist schon ein deutliches Gefühl vorhanden für das Kontrastieren von Horizontal- und Vertikalschraffen und für das harmonische Zusammengehen der Binnenzeichnung mit der Umrißlinie. Alles in allem eine wählerische Linienführung, die ruhig wirken will. In diesem Sinne sind auch die Schlagschattenlinien nicht mit wüstem Durcheinander der Richtungen gezeichnet wie sonst, sondern meist gleichlaufend.

Solchen dekorativen Vorzügen steht gegenüber, daß, wie schon angedeutet, die Zeichnung nicht eben gehaltvoll ist. Für die Form an sich ist wenig Interesse dagewesen. Formelhafte Hände. Schematische Köpfe. Die Gesträuchzeichnung mit einem Mindestmaß von gestaltgebender Linie erledigt. Und schließlich im ganzen eine Monotonie der Erfindung, die den Betrachter auf die Länge notwendig ermüdet. Wenn es erlaubt ist, hier gleich schon eine kritische Parallele einzuschalten: Wieviel anregender ist der landschaftliche Hintergrund der Berliner Marienzeichnung (Abb. S. 50) oder der Wiener Europa als irgend etwas im Terenz!

Wir wollen aber nicht mit allgemeinen Qualitätsurteilen operieren. Lasse man Stil gegen Stil sprechen. Was kann man von Dürer zur Vergleichung anziehen? Eine Anzahl Zeichnungen, von denen aber keine Holzschnittvorzeichnung ist, und einen Holzschnitt (Hieronymus), der aber eben nicht mehr Zeichnung, sondern schon geschnitten ist. Das scheint wenig, aber es erlaubt doch ein Urteil nach zwei Seiten: erstens, daß auch die freien Zeichnungen von dem Holzschnitt nicht so weit abliegen, daß man nicht unmittelbar den gemeinsamen Charakter fühlte, und zweitens, daß der Holzschnitt von 1492 doch schon in derselben Richtung sich bewegt wie die Holzschnitte der Apokalypse fünf Jahre später. Die Terenzfolge fällt aus dem Zusammenhang heraus.

Mit vollem Rechte hat man auf die wesentlich andere Strichführung beim Hieronymus hingewiesen: wie die kraftvoll modellierende Linie mit immer neuer Wendung der Form gerecht zu werden versucht, so daß von dem Blatte ein eigentümlich starkes plastisches Leben ausgeht.

Der Sündenfall. Holzschnittillustration aus dem »Ritter vom Turn«, 1493

Das ist ein Unterschied, der von der absoluten Größe unabhängig ist. Wenn irgend etwas bezeichnend heißen kann für dürerische Art, so ist es die überall hervorscheinende leidenschaftliche Bemühung um das Plastische, das er um jeden Preis wirksam zu machen versucht. Der schönlinige Terenzzeichner, der mit dem Linienmaterial sonst meisterlich zu schalten weiß, zeigt gerade nach dieser Seite eine gewisse Gleichgültigkeit. Die Zeichnung bleibt oberflächlich, und so wenig auf das Organische des Baues eingegangen ist, so wenig findet man irgendwo ein festeres Fassen, eine intensiver fühlbare Spannung. »Aber, wirft man ein, warum sollte Dürer nicht auch einmal oberflächlich gezeichnet haben, warum sollte er in der Funktionsempfindung nicht auch einmal laxer geworden sein?« Gewiß! aber hier handelt es sich um eine ganz gleichmäßig gezeichnete Folge von vielen Blättern: hie und da *müßte* sich sein Naturell verraten haben!

Und was alle sichern Arbeiten besitzen, der gedrängte Reichtum, er fehlt hier mit gleicher Konsequenz. Das leichte, lockere Nebeneinander ist eine undürerische Erscheinung. Schon die drei Soldaten von 1489 (L. 2) oder gar der Reiterzug aus demselben Jahre (L. 100) zeigen das Bedürfnis nach reicher Konfiguration, im Hieronymus ist es ebenso da wie in dem Hamburger Liebespaar oder gar dem etwas späteren Bremer Frauenbad (1496, L. 101).

Fragt man nach inhaltlichen Analogien, so bleibt man ebenso ratlos. Jenes äußerlich lebhafte Gestikulieren mit Körper und Händen – wo soll es sonst noch vorkommen bei Dürer? Er ist groß im Ausdruck und man vergißt nicht leicht eine seiner Gebärden selbst bei Nebenpersonen – hier dagegen handelt es sich um ein System von Ausdrucksarten, die zwar deutlich sind, aber doch etwas recht Allgemeines haben und mechanisch immer wieder verwendet werden.

Was bedeuten solchen grundsätzlichen Abweichungen gegenüber ein paar ungefähre Übereinstimmungen im Motivischen? Daß es Köpfe gibt beim Terenzmeister, die bei Dürer auch vorkommen, braucht noch lange nicht mit der Identität des Autors erklärt zu werden.

Es mag scheinen, daß mit der Ablehnung der Terenzzeichnungen auch die Frage nach Dürers Anteil an den Schnittwerken des Ritters vom Turn und des Narrenschiffs entschieden sei. Allein die behauptete Ähnlichkeit zwischen diesen Werken ist doch keine so vollständige und die Charakteristik des einen läßt sich nicht unmittelbar verwenden für die anderen. Die Holzschnitte des *Ritters vom Turn* wirken schwerer und sind schwerfälliger gezeichnet. Die Raumfüllung ist eine andere. Die Körper sind dichter zusammengeschoben und der Kopf sitzt unbeweglicher auf dem Hals. Die Komposition ist nicht so auf Silhouettenwirkung eingerichtet.

David und Bathseba. Holzschnittillustration aus dem »Ritter vom Turn«, 1493

Dafür sind Figur und Raum lebhafter zusammen empfunden. Viel Schrägansichten (Schrägführung von Betten, Mauern, Wänden). Das Feld weithin durch tonige Strichlagen gedeckt, namentlich bei Binnenräumen mit etwas lauter Wirkung. Wo ähnliches im Terenz vorkommt, wirkt es feiner, weniger aufdringlich (Eunuch IV, 7). Durchgehend eine flachere Linienführung. Sehr auffällig in den Gewändern, aber auch im Nackten. Beides ist undürerisch. Bezeichnend ist dabei das unabgegrenzte Nebeneinandersitzen verschieden gerichteter Linienlagen ohne eigentlich plastische Wirkung, ja ohne plastischen Sinn. In der Figur des Adam (Abb. S. 302) ist die Binnenzeichnung so matt und zerstreut, daß wohl niemand an Dürer zu denken sich versucht sähe; nichtsdestoweniger steht der Mann besser auf dem Boden (Verkürzung des linken Fußes), als wir es von Dürer damals erwarten dürfen: vgl. die weibliche Aktfigur aus demselben Jahre (Bayonne, Museum Bonnat, L. 345, Abb. S. 51)[15]. Die himmlische Flammenerscheinung über Sodom und Gomorra, die so viel dürerischen Charakter zu haben scheint, wird bei näherer Vergleichung doch auch das eigentümliche Leben der Linie vermissen lassen.
An nerviger Zeichnung finde ich am meisten im *Narrenschiff*. Es besteht bekanntlich aus heterogenen Teilen und die Formschneider arbeiteten sehr ungleich, in einigen Stücken aber finden sich Figuren, die an Muskelkraft ihresgleichen sonst nicht haben: die durchgedrückten Knie und die gespannten Wadenmuskeln des jungen Mannes im Hamburger Liebespaar oder des weiblichen Aktes von 1493 – hier treffen sie sich mit einer analogen Empfindung. Vgl. die »Geldheirat«. Möge man sich die Art von Dürers Eingreifen denken wie man will: wenn irgendwo, so spürt man hier seine Weise.
Bei der Generalentscheidung über den Autor wird man sich natürlich mehr an Eigentümlichkeiten der Bildfaktur im Ganzen als an die Zeichnung im Einzelnen halten müssen: wie die Figuren im Bilde stehen (Aufstoßen auf die untere Bildlinie, Überschneidungen durch den Seitenrand), wie Schrägflächen mit greller Wirkung geltend gemacht sind usw. Die Tendenz auf das Gleichgewichtige, auf das Geordnete und Abgewogene bei Dürer darf man wohl als eine Grundtendenz bezeichnen, zu der er nicht erst allmählich gekommen ist, sondern die ihm im Blute steckte, weshalb denn so stark dissonierende Kompositionen wie das »Nächtliche Hofieren« im Narrenschiff befremdend wirken müssen, und es geht nicht an, solche Kompositionen etwa auszuscheiden, denn sie finden sich ebenso im Ritter vom Turn, der immer als einheitliches Ganzes genommen worden ist: was ist das für eine wüste Form, das aufgerissene Loch mit der jähen Diagonale, durch das Bathseba dem König David sichtbar wird (vgl.

Abb. S. 303), und wie unbehaglich-unklar stehen die zwei Gebäulichkeiten nebeneinander! Terenz, Ritter vom Turn und Narrenschiff stammen sicher aus einer Werkstatt, allein innerhalb dieser Gruppe machen sich doch recht beträchtliche Unterschiede bemerkbar. Sind es verschiedene Hände gewesen oder sind es verschiedene Stufen einer Entwicklung? Bestimmte Daten haben wir nur für die beiden Bücher (1493, 1494). Eine zeitliche Gleichsetzung des Terenz läßt sich aus dem Stil schwerlich rechtfertigen, solange man an dem einen Autor festhält. Rückt man den Terenz aber von den Büchern ab, so hört die Kongruenz dieser Produktion mit den Jahren von Dürers Aufenhalt in Basel bald auf, namentlich wenn man ihn ans untere Ende setzen würde. In jedem Fall wird man ihn unter andern Umständen entstanden denken müssen als die Bücher. Bei diesen Büchern aber, speziell bei dem Narrenschiff, läßt sich die Frage nach Dürers Urheberschaft wohl überhaupt nicht mit einem bloßen Ja oder Nein beantworten. Die Zeichnung nimmt, wie gesagt, stellenweise einen Dürerschen Charakter an, dann aber entfremdet sie sich wieder völlig seiner Art und als Ganzes lassen sich die drei Folgen in Dürers Werk niemals glatt einstellen. Da hilft keine Berufung auf den Eindruck Mantegnas: der Zeichner der Apokalypse ist aus dem Terenz-Illustrator schwer zu entwickeln. Die Existenz eines »Doppelgängers« aber tritt uns am Anfang des 16. Jahrhunderts in Nürnberg aufs neue als Problem entgegen. Es seien hier nur die zwei Serien kleiner, aber z.T. vortrefflicher Schnitte genannt, zu Andachtsbüchern, die seit der Veröffentlichung Dodgsons (Graphische Gesellschaft 1909) bequem zur Einsicht offenstehen. Die eine gehört zu einer Salus animae, die 1503 erschien, die andere, stilistisch etwas reifere, zu einer Postille. Abwechselnd wurden sie als Dürer oder Dürer-Nachahmung erklärt. Gesättigt mit Dürerschem Kunstgut, bekunden sie doch in Perspektive, Figurenanordnung, Schattenzeichnung usw. eine besondere Art. Das bestätigt sich auch in Äußerlichkeiten wie in dem durchlaufenden Scheibennimbus, den Dürer nicht anwendet[16].

Verwandt damit sind die Dedikationsbilder in der Ausgabe der Roswitha 1501 (P.277a und 227b), aus denen zudem erhellt, wie man über das Zusammenarbeiten in einer Werkstatt zu denken hat. Zum zweiten Blatt nämlich findet sich auf der Rückseite der Zeichnung zu den drei Königen des Marienlebens (L.348) eine Skizze, die Dürer offenbar für einen Genossen gemacht hat (Abb. Dürer Society 1900). Dieser hat sie in seinem Stil ausgeführt, so daß das Blatt aus dem Zusammenhang gleichzeitiger Dürerscher Schnitte sehr herausfällt. In anderen Fällen – Celtes, libri amorum, 1502: Die Philosophie B.130 – ist durch das beigesetzte Monogramm die Erfindung als Eigentum Dürers bezeichnet, trotzdem ist die Formgebung nur teilweise die Dürersche und gewiß nicht bloß aus Gründen des ungeschickten Schnittes. Man wird zu unterscheiden haben zwischen vollständiger Aufzeichnung auf dem Holzstock und einem bloßen Papierentwurf.

Sobald man aber die moderne Auffassung von Originalarbeit fallen läßt und an die Vorstellung sich gewöhnt, daß an ein und demselben Stück verschiedene Personen der Werkstatt Anteil haben können, wird es verständlich erscheinen, daß die Frage nach *dem* Autor unter Umständen überhaupt nicht zu beantworten ist[17]. Der Namenstreit kann dann also in saecula saeculorum weitergehn.

Zu S.73 Anm. 9. *Ob Dürer selbst in Holz schnitt?*

Wenn man es als wahrscheinlich gelten lassen muß, daß ein so großer handwerklicher Könner wie Dürer auch die Technik des Holzschneidens sich angeeignet hat und namentlich am Anfang, bei den entscheidenden Schritten gegen das neue Ziel, den technischen Spezialisten mit eigenem Beispiel voranging, so läßt sich doch jene berühmte Stelle aus dem »ästhetischen Excurs« im 3. Buch des Proportionswerks, die Friedländer anzieht (Dürer als Kupferstecher und Holzschnittzeichner S.142), nicht als Beweis hierfür verwerten. Dürer sagt dort, das Maß der aufgewendeten Zeit bedeute nichts für den eigentlichen Wert eines Kunstwerks, es könne auch in kurzer Frist etwas Vortreffliches entstehen, und nennt dafür als Beispiel, daß »was mancher mit der Feder in einem Tag auf einen halben Bogen Papier zeichne oder *mit seinem Eiselein in ein klein Hölzlein versteche«*, künstlicher und besser sein könne als das Werk eines andern, der ein Jahr lang daran gearbeitet habe. Damit kann unmöglich die mechanische Arbeit des Holzschneiders gemeint sein, die ja überhaupt nur eine Übertragung ist, sondern Dürer muß an etwas denken, was auf den ersten Griff hin ein Ganzes und Fertiges ist, in diesem Fall offenbar eine Holzplastik, ein Holzrelief, klein im Format wie etwa ein Porträtmedaillon. Das Wort »verstechen« mit dem Sinn des plastischen Arbeitens läßt sich auch sonst belegen.

Zu S. 131. *Dürer und Barbari.*
Daß die Bekanntschaft mit Jacopo de' Barbari ein bedeutendes Erlebnis für Dürer gewesen ist, steht außer Zweifel. Und wenn er auch in den venezianischen Briefen die Überschätzung des Welschen in Nürnberg bespottet, so versagt er ihm doch zu anderer Zeit nicht den Ruhm eines »guten, lieblichen Malers«. Die Anregung zum Konstruieren der Figur erfolgte, nach Ausweis unseres Bildmaterials, wohl nicht vor 1500, dem Moment, wo Barbari nach Nürnberg kam. Natürlich wird man an eine sonstige Wechselwirkung ebenfalls erst von diesem Zeitpunkt an zu suchen geneigt sein, falls sich nicht in den Stichen vor 1500 entscheidende Hinweise auf Barbari finden. Beziehungen sind da, aber bis in die allerletzte Zeit hinein ist das Zwingende dieser Hinweise verschieden beurteilt worden und in der Hauptfrage: Wer ist der Gebende? hat L. Justi, da Barbaris Arbeiten nicht datiert sind, versuchen können, das natürliche Verhältnis ins Gegenteil umzukehren (Repert. XXI, 346 ff. und 439 ff.).
Der erste Hinweis auf Barbari liegt in den vier Hexen vor (1497): Die äußeren Figuren haben Ähnlichkeit mit Barbaris »Ruhm und Sieg« (Kristeller 26), worüber schon Händke gesprochen hat[18]. Justi zweifelt, ob das Zusammenklingen mehr als ein zufälliges sei. Wenn es sich nur um die eine Rückenfigur oder die eine Frontfigur handelte, würde ich auch unentschlossen bleiben, allein das gemeinsame Vorkommen zweier seltener Motive (die Kopfstellungen!) an der gleichen Stelle im Bild fordert die Abhängigkeit des einen vom andern ganz notwendig. Das natürliche Verhältnis dann aber umzukehren (daß der Italiener das italienische Thema, das bei ihm mühelos und rein durchgeführt ist, erst auf Anregung der holprigen Lösung des deutschen Künstlers gemacht habe), hätte doch nur einen Sinn, wenn die chronologischen Verhältnisse eine andere Annahme nicht zuließen. Wir sind darin aber vollkommen frei. Ist das Vorbild einmal festgestellt, so hat es sein besonderes Interesse, der Arbeit Dürers nachzugehn, wie er seine Körper mit naturalistischem Detail durchsetzt, die modellierenden Linien ausdrucksvoller zu führen versucht, wie er die Festigkeit des Muskelfleisches betont und namentlich in der Gelenkbildung über Barbari hinausdrängt (die durchgedrückten Knie). Daß er die Bewegungsmotive nicht rein übernommen hat, kann nicht als Gegenbeweis gegen die Abhängigkeit geltend gemacht werden: sie sagten ihm nichts. Er läßt beide Füße mit ganzer Sohle am Boden haften und in weitem Winkel divergieren. Erst um 1503/04 fühlt er jenes feinere Stehen mit der Hebung des einen Fußes und nur leise auseinandergehenden Achsen.
Eigentümlich bei Barbari ist der flache Rippenbogen bei der einen Frontfigur, der fast einen rechten Winkel ergibt: eine ganz unmögliche Bildung. Dürer ist besser, weil er für die Figur Modell nahm, aber gleich darauf, im »Traum des Doktors«, kommt die falsche Form auch bei ihm, ein Fehler, der den Abschreibenden verrät. Ob die Frau dieses Stiches mit der dem Barbari zugeschriebenen Galatea in Dresden zusammengebracht werden kann, wie Weisbach will (Der junge Dürer, S. 45), ist mir sehr zweifelhaft. Die Venus aus Barbaris Stich »Mars und Venus« (K. 12) muß sicher außer Betracht bleiben, denn sie zeigt einen viel entwickelteren Stil und jene schematische Zeichnung des Torso ist hier schon ganz ausgeschaltet.
Die Eigentümlichkeit Barbaris liegt in seiner fließenden, bis zur Schlaffheit weichen Linie. Wie er den Umriß der Figur in flacher Wölbung führt, die Arme eng am Körper hält, um den Schwung nicht zu unterbrechen, wie er bei enggeschlossenen Knien das Stehen weich macht, den Körper schlank und schwank proportioniert und mit derselben schwanken Linie die Modellierung ausführt, das kommt alles bei ihm einheitlich aus dem Temperament und bedeutet einen grundsätzlichen Gegensatz zu Dürers Art. Er steigert diesen Stil bis ins Übertriebene, und um 1503/04 ist es ganz deutlich, daß Dürer sich von seiner Sphäre angezogen fühlte. Die Linie der (grünen) Passion ist getränkt von dieser welschen Süßigkeit, und unter den Stichen hat die kleine Diana neben dem bogenschießenden Apoll – um anderes zu übergehen – ganz das »Languissante« der Barbarischen Frauen. Dieser Stich hat von jeher im Mittelpunkt der Erörterungen gestanden, wo von dem Verhältnis Dürers zu Barbari die Rede war.
Wir müssen weiter ausholen. Von Dürer haben wir die ausführliche Zeichnung des Apoll mit der Sonne (L. 233), im Hintergrund eine sitzende Frau, Diana, die mit der Hand gegen die

Strahlen sich schützt, vom Rücken gesehen. Dieser Apoll ist ein Vorstudium zum Adam des Stiches von 1504 und damit zeitlich bestimmt. Es liegt im Charakter jener Jahre, daß die Lichterscheinung besonders ausgebildet ist. Auf der Kupferplatte ausgeführt, wäre es das glänzendste Beleuchtungsstück geworden. Zum erstenmal bei Dürer tritt hier das Zuckende in der Sonnenglorie hervor (Abwechslung heller und dunkler Ringe, gebildet aus Linien von nicht ganz gleicher Länge).
Dieses selbe Motiv findet man bei Barbari: der bogenschießende Apoll (K.14) wandelt in einem gleichen Schein. Nun hat aber Panofsky nachgewiesen[19], daß das Dürersche Blatt ursprünglich nur den Apoll enthielt und daß das Weib und die reichere Ausbildung der Lichtglorie erst nachträglich dazu kam (die Figur hätte zunächst den Sonnengott Sol dargestellt und wäre erst nachträglich zum Apoll geworden, daher denn auch die Inkongruenz zwischen Raum und Inschrift beim jetzigen Namen APOLO). Dadurch wird es sehr wahrscheinlich, daß Dürer seine Zeichnung erst auf den Eindruck von Barbaris Stich hin so gestaltet hat und auch für die zuckende Lichtbewegung in der Glorie bliebe Barbari die Priorität. Der Bogenschütze Barbaris steht mit weit zurückgesetztem Bein da, zu dem der Kopf in eine gut wirkende Gegenrichtung gebracht ist. Wenn sich nun bei Dürer aus jenem Sonnengott der Adam entwickelt mit derselben kontrapostischen Bewegung (weitausgreifendes Bein mit Kopfwendung, die die Bewegung nach der entgegengesetzten Seite fortführt), so darf man annehmen, daß Barbari ihn auch dazu veranlaßt habe.
Das Motiv des Bogenschützen aber griff Dürer alsbald auch auf und es entstand der wundervolle Stich (B. 68), von dem im Text S. 130f. ausführlich die Rede war. Er kombinierte auch seinerseits mit der Stehfigur des Schützen eine sitzende Frau (Diana), nur fand er es sinnlos, sie als Rückfigur zu geben. Ohne diese Vorgeschichte würde man aber gar nicht verstehen, wie er überhaupt auf das Motiv kommen konnte.
Wie das Verhältnis von Nehmen und Geben bei der Satyrfamilie liegt (Dürer B. 69 und Barbari K. 19), ist nicht gleich klar. Die Wahrscheinlichkeit spricht für Barbaris Priorität. Für die Volksfiguren (Dürer B. 85 und Barbari K. 16, 17) könnte der Meister des Hausbuchs als gemeinsame Quelle in Betracht kommen. Verwandt sind auch Barbaris »Kleopatra« (K.28) und Dürers (sicher frühere) Frau des Chrysostomus (B.63) und die vergleichende Analyse des verschieden behandelten Motivs möchte hier sogar reizvoller sein als irgendwo sonst.

Zu S.135. *Der Dresdner Altar.*
Beweisend für Dürers Autorschaft scheint mir das zu sein, daß der Typus des Marienkopfes in dem Stich der sog. Eifersucht wieder vorkommt (der Kopf der stehenden Frau mit der hohen Stirn, dem Bügel auf der Nase und den scharf geschnittnen Augenpartien), daß ebendort die preziösen Motive des Kopftuches ihre nächsten Analogien haben und daß der Stich gerade der Zeit angehört, auf den die artistische Fragestellung im allgemeinen hinweist, nämlich der Zeit gegen 1500.
Nun aber die Engelchen oben um die Krone – dafür ist es schon schwerer, Entsprechendes nachzuweisen. Vor allem fühlt man sich von der Ärmlichkeit ihrer Erscheinung enttäuscht. Vielleicht darf man annehmen, daß der Schwarm in ursprünglicher Vollzähligkeit (der jetzige Bildrand durchschneidet ein paar Leiber) und ohne die Konkurrenz der großen Pfeilerformen und mit einem Gott weiß wie gehaltenen Abschluß reich und füllend gewirkt habe. Vorbildlich mögen italienische Engelsymmetrien gewesen sein, wie die in der Chorapsis der Eremitani zu Padua, wo es auch solch kleine Burschen sind, zu Füßen der himmelfahrenden Maria, und zum Teil in ähnlicher Schwimmbewegung mit geschlossenen Fersen (vgl. Kristeller, Mantegna, S. 90).
Die Krone ist alt, doch ist die ursprüngliche zackige Silhouette durch Zwischenfüllung stumpf gemacht.
Wenn die Pfeiler in ihrer jetzigen Form sicher falsch sind, so muß doch etwas Pfeilerähnliches, des Kindes wegen, wenigstens auf der einen Seite immer dagewesen sein. Das etwas Starrkonstruierte des Gesamtraumes geht zusammen mit Zeichnungen wie der kolorierten Verkündigung (Berlin, L.442), die nicht sehr viel später anzusetzen ist. Was dagegen so langweilig wirkt: die gotischen Stilexerzitien an Fensterbrüstung, Betpult, Werkstattür, fällt auf Rechnung eines Restaurators des 19. Jahrhunderts, und in dem Hinterzimmer mit dem vielen un-

wirksamen Kleinkram ist ebenfalls kaum mehr als das Thema an sich alt. Die Wand ist großenteils überstrichen, der Fensterladen unausgebildet.
Für die Datierung der Flügel bleibe ich bei der Zeit vor 1505: nach der großen italienischen Reise würde Dürer vom geistigen Ausdruck der Heiligen mehr verlangt haben[20].

Zu S. 147ff. *Zur Chronologie der Landschaften.*
Die Hauptschwierigkeit haben immer die »Brennerlandschaften« gemacht. Sind sie 1495 entstanden oder erst zehn Jahre später? Sind sie alle auf einmal entstanden oder verteilen sie sich auf die zwei Reisen? Notorisch bilden sie eine wenig homogene Masse. Warum also nicht den Versuch machen, die Ungleichartigkeit des Stils durch zwei verschiedene Termine zu erklären[21]. »Trient« und »Innsbruck« sind anders empfunden als das »Schloß am Wasser« oder die »Fenediger Klausen« (Arco)[22], hier liegt ein Feinstil vor, der unmittelbar die Erinnerung an die analogen Phänomene des Kupferstichs von 1503/5 weckt[23]. Das »Schloß« ist kaum zu trennen von dem Burgberg des »Eustachius«, und jene Wäldchen von Ölbäumen mit hellen Rändern auf dem Bilde der »Fenediger Klausen« sind malerische Massendarstellungen, wie sie ebenfalls erst beim »Eustachius« oder auf verwandten Blättern des Marienlebens vorkommen. Die reiche Terrainbildung weist nach demselben Zeitpunkt: mit soviel Gründlichkeit ist das Gelände durchmodelliert, daß man von der »Klause« eine genaue Kurvenkarte entwerfen könnte. Und auch das kompositionelle Motiv ist bezeichnend: wie man über einen Sattel auf den befestigten Hügel hinübersieht und wie auf den großen Maßstab des Vordergrundes gleich der kleine Maßstab des Mittelgrundes folgt. Was sich an ähnlichen Motiven schon in der Apokalypse findet (namentlich B. 63), ist dort nicht wirksam im Sinne der Raumillusion. Auch im großen »Glück« noch nicht, so sehr andrerseits die Feinlandschaft dieses Stiches verwandt erscheinen muß.
Es scheint also ganz passend, für solche Blätter, soweit man sie vom Brenner ableiten muß, den zweiten Alpenübergang als Termin anzunehmen. Indem ich aber das große »Glück« genannt habe, ergibt sich eine Schwierigkeit: Hier liegt eine Naturaufnahme (Klausen) zugrunde, die doch nicht erst 1505, sondern – da wir von einer mittleren Reise nichts wissen – schon 1495 entstanden zu denken ist. Also hätte es doch damals schon diese reichen, feinformigen Aufnahmen gegeben? Ich gestehe, daß ich zu verschiedenen Zeiten darüber verschieden gedacht habe. Wir würden aber wahrscheinlich sehr erstaunt sein, wenn wir das alte Aquarell sähen, ebenso erstaunt wie wir jetzt sind, daß Dürer aus dem Trientiner Aquarell (vgl. S. 57) die Landschaft des Antoniusstiches (vgl. S. 223f.) hat herausziehen können. Wer weiß? Die Aufnahme, die den Blick auf den Ort zwischen den zwei Wasserläufen und den Bergen enthielt, hat vielleicht auch wesentlich anders ausgesehn als der Stich. Jedenfalls wird sich von hier aus die Frage nicht entscheiden lassen und solange keine sicheren Parallelen in frühen Zeichnungen nachgewiesen sind, wird man die tirolischen Feinlandschaften immer wieder der zweiten Reise zuzuschreiben geneigt sein.
Eine besondere Rolle in der Datierungsfrage der Dürerschen Landschaften hat die rätselhafte Zeichnung von Windsor (L. 389) mit der Jahreszahl »1516« gespielt[24]. Sie enthält, wie man längst bemerkt hat, die Vedute des Antoniusstiches von 1519. Händke zeigte, daß das Stadtbild aus Elementen der Trientiner (und Innsbrucker) Zeichnung sich zusammensetzt und schloß nun, da das Datum 1516 sicher falsch ist und schon von Lippmann durch 1500 ersetzt wurde: Die Naturaufnahmen müssen auf der ersten italienischen Tour entstanden sein, sonst könnte man ja nicht um 1500 schon ihre Spuren finden. Aber muß man wirklich an einer Datierung der Windsorzeichnung von Herbst 1505, d.h. vor der großen Reise festhalten? Ich glaube, man wird das tun müssen, obwohl ich die vorgeschlagene Zahl 1500 für unannehmbar früh halte. Strichführung, Flächenfüllung, der Reichtum der Bewegung, die Verwendung der Überschneidung – ich sehe darin lauter Hinweise auf ein Datum, das gegen Ausgang des ersten Lustrums liegt. Und man hat um so weniger Ursache, diesem Datum auszuweichen, als die Vedute in ihren wesentlichen Punkten im Rosenkranzbild wiederholt ist und zwar an durchaus intakten Stellen. Es läge ja nun freilich nahe, anzunehmen, daß Dürer diese Hintergrundszenerie damals aus frischen Zeichnungen zusammengestellt habe, allein das Wahrscheinliche scheint auch diesmal nicht das Wirkliche gewesen zu sein.
Noch eins. Die Windsor-Zeichnung enthält scheinbar Korrekturen. Es handelt sich aber nur

um eine einfältige Überzeichnung der Vedute im Sinne des Antoniusstiches. Nach dieser Vorlage sind die Formen der Häuser, die vom rechten Baum überschnitten werden, ergänzt und ist das Dach des turmförmigen Gebäudes links erniedrigt. Von derselben Hand stammt die irreführende Jahreszahl 1516 und jene rätselhafte Inschrift »Pupila Augusta«, die schon so viel Kopfzerbrechen verursacht hat, und auch daran schuld ist, daß man die Zeichnung als Kupferstichvorlage nahm. Das ist sie aber wohl nie gewesen, denn die Figuren agieren alle mit der rechten Hand. Daß das (echte) Monogramm umgekehrt gegeben ist, kommt auch sonst vor, wo keine Druckumkehrung mitspielt wie auf Leinwandmalereien (Knabenkopf in der Pariser Nationalbibliothek).

Zu S. 159, Anm. 13. *Dürer und Cima da Conegliano.* Eine direkte Beziehung Dürers zu Cima erkenne ich in der Zeichnung eines lockigen Knaben- (oder Mädchen-)Kopfes, von dem die graphische Sammlung in München ein Exemplar besitzt (nicht bei Lippmann), das, ohne Original zu sein, jedenfalls mit sehr viel mehr Recht Anspruch erheben kann, dem Original nahezustehen als das von der Dürer-Society 1907 veröffentlichte Blatt aus englischem Privatbesitz. Dieser Kopf ist deutlich inspiriert durch das ideale Frauenbildnis Cimas in der Galerie Poldi-Pezzoli in Mailand, das der Zeit von Dürers venezianischem Aufenthalt angehört. Vgl. Wölfflin, Dürer und Cima da Conegliano (Kunstwanderer, 1920, S. 137.)

Zu S. 161. *Der Dresdner Kruzifixus – Zur Literatur:* Kehrer, Über die Echtheit von Dürers Dresdner Kruzifixus, Zeitschr. für bild. Kunst, 1916, 163. – E. H. Zimmermann, ebenda 1916, 228. – Kehrer, ebenda 1917, 207.
Das Bild ist schon mehrfach als verdächtig beurteilt worden, aber erst Kehrer hat den Beweis gegen Dürer systematisch zu führen unternommen. Als nächst vergleichbare Gestalt hat Zimmermann einstweilen einen Kruzifixus in Dublin ermittelt (den Kehrer im letztgenannten Aufsatz abzubilden in der Lage ist), ein Cranachbild von 1540. Es bleibt noch immer eine offene Frage, wieviel Dürersches Gut trotzdem in der Dresdner Nachahmung steckt. Die Popularität des Stückes gründet sich gewiß nicht nur auf das Sentimentale im üblen Sinne, es sind im Lendentuch, in der Landschaft, und dem Gesamtaufbau hochwirksame Motive verarbeitet, wenn auch mit betonterer Empfindsamkeit, als es sich mit Dürerscher Art verträgt. Das schlaffere Formgefühl kommt sehr deutlich im Ansatz der wehenden Lendentücher zum Vorschein.

Zu S. 163. *Das Münchner Selbstporträt.* Die Meinung, daß das Münchner Selbstporträt in Italien entstanden oder doch jedenfalls durch Italien bedingt sei, wird nicht allgemein geteilt. Es sind auch Versuche gemacht worden, die Jahreszahl »1500« zu retten (nicht in der jetzigen Schriftform, aber als ursprünglichen Tatbestand). Damit würde die Tafel in die Nähe des Madrider Selbstporträts von 1498 rücken, aber die Formen hier und dort sind doch so verschieden, daß notwendig ein größerer Zwischenraum angenommen werden muß als zwei Jahre. Andrerseits ist die Ähnlichkeit mit dem Selbstporträt auf dem Rosenkranzbild ja offenbar und von dem braunen Rock ist sogar in den venezianischen Briefen an Pirkheimer die Rede. Die Bildanlage im Ganzen hat ebenfalls nur Analogien in den gleichzeitigen venezianischen Arbeiten. Und dann die großen Augen – wo fände man dafür eine natürlichere Erklärung als in Italien?
Die Frage der Datierung ist wichtig, weil sie sich mit dem Problem »Italien« schneidet. Auf der Linie des frontalen nordischen Christustyps können die Voraussetzungen für Dürers Bild nicht gefunden werden, denn gerade das Entscheidende, die bestimmte Entgegensetzung der Horizontalen und Vertikalen oder, mit andern Worten, die tektonische Fassung des Kopfes, ist italienisch.
Wenn für den nordischen Ursprung geltend gemacht wird, daß das Bild auf Lindenholz gemalt sei und es wirklich unmöglich gewesen sein sollte, daß Dürer sich in Venedig ein Brettchen Lindenholz verschaffen konnte (der Beweis möchte schwer zu führen sein), so bleibt ja die Annahme einer spätern Entstehung offen.

Zu S. 204. *Zur Melancholie.* Im Gallschen Jahrbuch für Kunstwissenschaft I (1923) habe ich eine kurze Geschichte der Erklärungen der Dürerschen Melancholie gegeben. Die Antwort auf

die Grundfrage: in welcher Gemütsverfassung befindet sich die Frau und wie erklärt sich ihr schweres starres Dasitzen? Ist im wesentlichen auf drei Arten gegeben worden. Die einen sagen: Alle Tätigkeit ist abgestellt, weil eben die Frau melancholisch gedrückt ist. Die andern sagen: Die Tätigkeit ist abgestellt, weil die Frau an dem Erfolg ihrer Arbeit verzweifelt. Die dritten sagen: Die Frau ist gar nicht trübsinnig und ihre Tätigkeit hat auch nicht aufgehört: es ist der Zustand innerer Konzentration dargestellt, das divinatorische Schauen, wobei dann der Begriff von Melancholie ganz zurücktritt und die Gestalt als der spekulierende Geist überhaupt, ja als Geometrie oder Architektur gedeutet wird.
Mir scheint es methodisch unmöglich, in der Frau etwas anderes zu sehn als was die Beischrift angibt, nämlich die Melancholie, und daß nicht ein Tun dargestellt ist, sondern umgekehrt das Aussetzen der Tätigkeit, steht für mich außer Frage. Wenn man nun aber sagen soll, warum das Tun aussetzt, so ist die natürlichste Antwort die: Die melancholische Depression unterbindet den Fortgang der Arbeit. Es heißt über das Anschaulich-Vorhandene hinausgehn, wenn man von der Unlösbarkeit der gestellten Aufgabe und daraus folgender Verzweiflung spricht: in dem Worte Melancholie allein ist alles gegeben und diese einfachste Interpretation deckt sich glatt mit der literarischen Aussage, die als Quelle zu gelten hat: daß die Vernunft sich verstopft, wenn die »schwarze Galle« dick wird. Selbstverständlich ist die Melancholie für Dürer ein Temperamentsbegriff und nicht bloß eine Stimmung, die jeden überkommen kann: der hier dargestellte Zustand ist für den Melancholiker typisch, wenn es auch nicht sein bleibender Zustand ist. Die Frau ist stark und der Anfall wird vorübergehn.
Seither haben Panofsky und Saxl ein Buch über Dürers Melancholie veröffentlicht, wo zur Geschichte des Melancholiebegriffs noch weiteres Material, z.T. aus sehr abgelegenen Quellen, zusammengetragen ist. Sie bekennen sich aber ebenfalls zu der Überzeugung, daß Giehlow mit dem Hinweis auf Marsilius Ficinus den Schlüssel zum Verständnis des Dürerschen Stichs gegeben habe. Und wenn Warburg (Heidnisch-antike Weissagung zu Luthers Zeit, 1920) in Dürers Melancholie »die Verkörperung des denkenden Arbeitsmenschen« sah, bei dem die Errettung durch den Gegenschein Jupiters bereits sich vollzogen hätte, so ist diese Meinung hier aufgegeben, und es bleibt nur die persönliche Bedeutung, die das Blatt für den Künstler offenbar besaß, indem, wie Warburg durch das Zeugnis Melanchthons nachweisen konnte, er selbst Melancholiker gewesen ist.
In der weitern Ausdeutung des Stichs gehen Panofsky und Saxl dann freilich Wege, auf denen ich ihnen nicht folgen kann. Ich nehme die Dinge einfacher und vor allem scheint mir die Giehlowsche Behauptung, es sei ein Doppeltes dargestellt: geistige Düsterkeit einerseits und die Kraft des Seherischen andrerseits – »divinatorische Geistestätigkeit in den saturnischen Zügen des Gesichtes« – ein gefährliches Irrlicht zu sein. Ich zweifle, ob damit überhaupt noch etwas Darstellerisch-Mögliches gemeint sein kann, jedenfalls aber hat die Zeit Dürers das Problem eines solchen Doppelausdrucks noch nicht gekannt[25].

Zu S. 278 Anm. 2. *Dürers plastische Arbeiten.* Trotz der Hartnäckigkeit, mit der die Tradition den großen Namen festhält, ist man heutzutage gegen Dürersche Plastik sehr skeptisch gestimmt. Es blieben etwa drei, vier Stücke, die ernsthaft noch in Betracht kommen, und auch diese hat man, wie gesagt, Dürer zu nehmen und auf Hans Daucher umzuschreiben versucht (M. Peartree). Diesem extrem negativen Standpunkt gegenüber vertritt G. Habich – wie ich glaube mit Recht – eine konservativere Stellung. Er nimmt als durchaus echt zunächst die drei einseitigen Medaillen der Lucretia (1508), des sog. Wohlgemut (1508) und des sog. Vaters (1514). Es sind keine eigentlichen Medaillen, sondern hohlgegossene Arbeiten, zu denen die Originalform jedenfalls in Steckstein geschnitten war, aber nicht mehr existiert. Als Ersatz kann man das Steinmodell eines strengen weiblichen Profilkopfs aus der Sammlung Felix (1514) anführen, das allerdings etwas kahl wirkt. Dazu kommt der kleine weibliche Rückenakt (s. oben S. 154, Anm. 2), der in verschiedener Formung als Plakette vorkommt (Berlin, München [hier mit der Zahl 1509][26]) und der durch Zeichnungen in Dürers Werk gut verankert ist.
Als Neubestimmung gibt Habich noch eine Pirckheimer-Medaille von 1517 als Dürersche Arbeit und eine Huldigungsmedaille der Stadt Nürnberg an Karl V. von 1521, wo des Meisters Visierung urkundlich bezeugt ist, aber sich jedenfalls nur auf den Kopf bezieht. (Vgl. im übrigen Habich, Die deutschen Medailleure des 16. Jahrhunderts, 1916, S. 5f.).

Die B. Oppenheimsche Statuette einer tanzenden nackten Frau in Holz, die Friedländer in der Zeitschr. f. bild. Kunst, 1906, präsentiert hat, kommt mir wenig dürerisch vor. Gewisse Beziehungen zu der Formbildung der Hexen von 1497 sind vorhanden, aber das feine Figürchen verrät einen vollendeten Meister der Technik, der der junge Dürer schwerlich gewesen ist, und Kleinlichkeiten in der Ausbildung der Zähne oder der Fußnägel führen dann überhaupt weit ab von seiner Art.
In diesem Zusammenhang mag noch der Vorzeichnung zur Grabplatte eines Ritters mit seiner Frau Erwähnung geschehen, die Peter Vischer benutzt hat. Zu dem Berliner Exemplar (L. 48) erwähnt schon der Lippmannsche Text die übereinstimmenden Exemplare in Florenz und Oxford: seitdem in Sidney Colvins Publikation der Oxfordzeichnungen das letztere zur Vergleichung vorliegt, besteht kaum ein Zweifel mehr, daß wir hier die Originalzeichnung haben.

Zu S. 280, Anm. 4. *Erasmus über Dürer.* Die Erasmusstelle ist meines Wissens zuerst von Hermann Grimm ans Licht gehoben, dann öfter angeführt und von Robert Vischer in extenso als Motto zu seinem Düreraufsatz abgedruckt worden. Obwohl sie lauter Zutreffendes enthält, verliert sie doch an Wert, wenn man weiß, daß sie ganz aus Plinius-Reminiszenzen zusammengesetzt ist. F. Studniczka weist mir die vorbildlichen Stellen nach, von dem Erstaunen über die Ausdrucksfähigkeit einer bloßen Schwarz-Weiß-Malerei (monochromata) bis zum Lobe Dürers als Maler von Lichterscheinungen: quin ille pingit et quae pingi non possunt, ignem, radios, tonitrua, fulgetra, fulgura usw., wo einfach wiederholt ist, was Plinius 35, 96 von Apelles sagt: pinxit et quae pingi non possunt, tonitrua, fulgetra, fulgura. Nur für die schwierige Stelle: ex situ rei unius non unam speciem sese oculis offerentem (exprimit) scheint Plinius keine Analogie zu enthalten. Die Schwierigkeit liegt darin, daß man nicht weiß, was sich Erasmus als Gegensatz zu der una species gedacht hat. Species ist jedenfalls die malerische Erscheinung, und der Sinn des Satzes wird doch wohl der sein, daß Dürer mit der zufällig gegebenen Ansicht des Gegenstandes sich nicht begnügt habe, sondern uns ein erschöpfendes Bild des Gegenstandes gebe. Damit wäre etwas sehr Bedeutsames über Dürers Kunst gesagt, und es ist möglich, daß hier Worte nachklingen, die der Maler selbst im Gespräch mit dem Humanisten über seine künstlerischen Grundsätze gebraucht hatte.

Anmerkungen

Vorwort zur 1. Auflage (S. 7ff.)

[1] H. v. Stein, Entstehung der neueren Ästhetik, 1886, S. 70: ces choses – die Menge, Merkwürdigkeit, Neuheit der Einsichten – ces choses sont hors de l'homme, *le style est l'homme même.*

Zur Einleitung (S. 11ff.)

[1] Am schönsten im Kupferstich des Schweißtuchs der Veronika mit den Engeln. Volkstümlicher der große Holzschnitt des Schmerzenkopfes, dessen Zeichnung man dem H. S. Beham zuzuschreiben pflegt.

Lebensgeschichte (S. 23ff.)

[1] Aus dieser Zeit stammt das erste Selbstbildnis (Abb. S. 2, L. 448). Was auf der abgewendeten Seite wie eine rohe Ergänzung der Haare aussieht, mag als Zottelschmuck der Kappe gedacht sein. Die Aufschrift lautet: Dz hab ich aus eim Spigell nach mir selbs kunterfet im 1484 Jor, do ich noch ein kint was. Albrecht Dürer.

[2] Brief an Pirkheimer vom 7. Februar 1506. Er lobt Giovanni Bellini und fährt dann fort: »– und das Ding, das mir vor elf Jahren so wohl hat gefallen, das gefällt mir jetzt nicht mehr. Und wenn ichs nicht selbst säh, so hätt ichs keinem andern geglaubt.« Es ist kaum anders denkbar, als daß es sich um eine Kunstangelegenheit handelt, »Ding« läßt sich ungefähr mit »Zeug« übersetzen (ohne verächtliche Bedeutung), Dürer konstatiert eine Geschmackswandlung angesichts einer Sache, die offenbar in Venedig festlag.

[3] Der Ausdruck »nach der Sonne frieren«, der für uns im Zeitalter der Italien- und Sonnen-Sehnsucht auffallend klingt, ist keine individuelle Wendung Dürers, sondern wurde sprichwörtlich gebraucht und hatte einen ganz allgemeinen Sinn.

[4] Kalkoff, Repertorium 1897, S. 443ff. und Repertorium 1904, S. 346ff.

[5] Vgl. Heidrich, Dürer und die Reformation (1909).

[6] Aufzeichnung in seinem Gedenkbuch R. I, S.36f.

[7] R. I, S. 36

[8] R. I, S. 214f. Text und Zeichnung L. 423.

[9] Vgl. Waetzold, Dürer Befestigungslehre (1917).

Grundlagen und Anfänge (S. 36ff.)

[1] Vgl. Glaser, Altdeutsche Malerei 1924; daneben Abraham, Nürnberger Malerei der 2. Hälfte des 15. Jahrhunderts 1912; Stadler M. Wolgemut und der Nürnberger Holzschnitt 1913; Weinberger, Nürnberger Malerei und die Anfänge der Dürerschule 1921. Man wird aber gut tun, sich immer wieder zu vergegenwärtigen, daß jeder Versuch, Dürer aus den Nürnberger Malerwerkstätten abzuleiten, notwendig hinter der Wirklichkeit zurückbleiben muß: was bedeutet allein die Tatsache, daß die Vollendung des grandiosen Chors von St. Lorenz ein Jugendeindruck Dürers gewesen ist.

[2] Die Inschrift lautet: Das malt ich nach meiner Gestalt, ich war sex und zwanzig Jor alt. Albrecht Dürer. 1498. Das Bild muß also aus dem Anfang des Jahres 98 stammen.

[3] Eine Abbildung des Porträts von 1490 (zusammen mit dem von 1497) im siebenten Abschnitt: Die frühen Bilder. Beachtenswert, wie das Auge noch gar nicht im festen Linienstil gezeichnet ist, sondern mehr malerisch unbestimmt im Sinne der früheren Federzeichnungen.

[4] Die Holzschnitte zum Ritter vom Turn, herausgegeben Kautzsch 1903.

[5] Das Narrenschiff, herausgegeben von Franz Schultz 1913.

[6] Daniel Burckhardt, Dürers Aufenthalt in Basel 1492–94, München 1892. – Die öffentliche Kunstsammlung in Basel hat seither Aufnahmen des gesamten Bestandes machen lassen.

[7] Vgl. Warburg, Dürer und die italienische Antike (Hamburger Philologen-Versammlung 1905). Er weist nachdrücklich auf die pathetisch gesteigerte Mimik als wesentlichen Inhalt des damaligen Begriffs von »Antike«. Dazu neuerdings Panofsky, Dürers Stellung zur Antike (Kunstgeschichtl. Einzeldarstellungen 1922).
[8] Nach Meders Beobachtung sind die Umrisse der Figuren hier einfach gepaust. Vgl. seine »Neuen Beiträge zur Dürerforschung« im (Wiener) Jahrb. der Kunsts. 1921, S. 211.
[9] Über diese und ähnliche, zum Teil neu dazugekommene Zeichnungen (Basel, Köln, Wien) vgl. Meders Dürerstudien a. a. O., 204 ff., dazu Pauli, Dürer, Italien und die Antike (Warburg-Vorträge 1923).
[10] Vgl. die eingehenden Untersuchungen hierüber, die Meder in seinen Dürerstudien (a. a. O. S. 127 ff.) angestellt hat.
[11] Ebenfalls hierher gehörig das Schloß von Trient (L. 90), die Ansicht von Innsbruck (L. 451) und wohl auch der Burghof, von zwei Seiten her aufgenommen (L. 452, 453). Zur Lokalitätsfrage des letzteren vgl. Dreger, Dürer und Innsbruck (1924).

Die Apokalypse (S. 58 ff.)

[1] Über ältere Darstellungen der Apokalypse vgl. Schellenberg, Dürers Apokalypse, München 1923.
[2] Vgl. den Leuchter auf Schongauers Marientod. Modern (im damaligen Sinne) sind namentlich die balusterförmigen Schwellungen und jenes Durchsetzen des Stammes mit durchgreifenden Gelenken, die der Gotik gegenüber eine prinzipiell neue Auffassung der Form bedeuten.
[3] v. Oechelhäuser, Dürers apokalyptische Reiter. 1885.
[4] Wer die Bilder der Schedelschen Weltchronik (1493) kennt, weiß, eine wie große Rolle die Erzählung von Feuer, Blut und dergl. Erscheinungen spielt und wie gut das Publikum vorbereitet war, solche Darstellungen nach ihrer zeichnerischen Qualität zu beurteilen. – Über das Mantegneske der Köpfe vgl. v. Terey, Dürers venezianischer Aufenthalt 1494/95, 1892.
[5] Vgl. Kristeller, Andrea Mantegna, S. 335.
[6] Auffallend ist die lange Steilfalte in der Mitte, und wenn der enge Anschluß des Gewandes an den Unterschenkel des Spielbeins den Gedanken an ein *plastisches* Vorbild nahelegt, so könnte eine Figur in der Art der bekleideten Venus des Louvre (der sogen. Venus genetrix) in Betracht kommen. Nun gibt es merkwürdigerweise eine Zeichnung von diesem Typus (Gazette des beaux-arts 1896, XVI, 326 ff.), die um 1500 entstanden sein muß und venezianisches Gepräge hat. Berenson hat sie sogar unbedenklich als von der Hand des Jacobo de'Barbari erklärt, ohne dabei an den Zusammenhang mit Dürer zu denken.
[7] Dürer hat das Blatt an späterer Stelle eingeordnet als Illustration zu Kap. 19, nicht wie jetzt zu Kap. 7. Die Umstellung stammt von Bartsch, dem die Beziehung zu Kap. 7, 9 entscheidend schien.
[8] Einen ganz verwandten Typus zeigt die düster großartige Figur eines lautenschlagenden Mannes mit mächtigen Flügeln auf der Berliner Zeichnung L. 73, datiert 1497.
[9] Die alte Frage, ob Dürer selbst in Holz schnitt, wird neuerdings von Friedländer im Sinne Hausmanns wieder bejahend beantwortet und er ist namentlich geneigt, wenn irgendwo, so bei der Apokalypse für Zeichner und Holzschneider dieselbe Person anzunehmen (s. Anhang).
[10] Es sind sieben: Die heilige Familie mit den Hasen, der Simson, Hercules (»Ercules«), der Reiter mit dem Landsknecht, die Enthauptung der Katharina, die Marter der Zehntausend, das Männerbad. Simson und Katharina sind stilistisch die Entwickeltsten. Die Beschießung des Sebastian, die Passavant hinzufügen wollte (P. 182), überzeugt mich nicht recht, auch unter der Voraussetzung, daß der Schnitt ungewöhnlich lahm ausgefallen sei. Auf eine eindrucksvolle, sehr große Kreuzigung, die in den Dürerkatalogen bisher ganz fehlte, hat Weisbach (Der junge Dürer, S. 13 ff.) hingewiesen. Sie enthält offenbar versprengte Elemente Dürerscher Kunst.
[11] Über das merkwürdige Verhältnis dieses Schnittes zu Israel von Meckenems gleicher Darstellung vgl. H. David, Monatshefte für Kunstwissenschaft 1912, S. 129.

Die große Passion (S. 76ff.)

[1] In den Entwürfen zur Einleitung des großen Kunstbuches. R. II, S. 109, 113.

[2] Mit Recht empfand man die neue Perspektive zunächst mehr als eine Möglichkeit neben den anderen Möglichkeiten und nicht als das ausschließlich Richtige.

[3] Ob in diesem Kopf nicht ein Selbstbildnis Dürers enthalten ist?

[4] So hat es wenigstens Zeitblom aufgefaßt in seinem Gemälde des Germanischen Museums, das Dürer kopiert, mit Weglassung des Johannes und der Magdalena. Der Holzschnitt ist nicht ganz deutlich.

[5] Neuerdings ist die alte Stifterfamilie freigelegt worden: Mann und Frau mit drei Kindern (unter Beiseiteschiebung von später zugefügten weitern Familiengliedern). – Das verwandte Beweinungsbild im Germanischen Museum zeigt merkwürdigerweise in der Christusfigur den klassischen Bewegungstypus schon ganz ausgebildet, den Dürer doch auch in der Zeichnung zur grünen Passion von 1504 noch nicht hat. Gleichzeitig sind dann wieder ältere Motive verwendet (Magdalena). Die Gruppierung ist locker und die Besetzung der Landschaft mit Figuren von der sonderbarsten Art.

[6] Die Berliner Zeichnung L. 33, die Lippmann mit dem Blatt der großen Holzschnittpassion (1510) zusammenbringt, ist jedenfalls schon vor 1504 entstanden. Weixlgärtner vermutet in ihr einen Entwurf aus dem Kreis der ersten Folge der großen Passion, was sich hören läßt. Der Fortschritt der grünen Passion besteht dann in dem klareren Verhältnis von Haupt- und Nebenmotiv (die Christus- und die Petrusszene).

[7] Nachdem schon Jaro Springer einmal nach dem allgemeinen Eindruck sich gegen die Echtheit der grünen Passion ausgesprochen hatte, ist Cürlis, ohne zunächst von seinem Vorgänger zu wissen, auf Grund betimmter Einzelvergleichungen zum selben Resultat gekommen (Repertorium 1914, Die »grüne Passion«).

[8] Meder, Dürers grüne Passion (Ges. f. zeichnende Künste, 1923). Meder akzeptiert das Urteil Waagens, das einer Verurteilung nahekommt: »Die Blätter haben teils sehr gelitten, teils finden sich darin Schwächen in der Zeichnung, besonders mancher Köpfe, welche nur von einer fremden Hand herrühren können« (Waagen, Die Kunstdenkmäler in Wien, Wien 1867).

[9] Vgl. Pauli, Drei neue Dürerzeichnungen. Jahrb. d. preuß. Kunsts. 1910.

[10] Auch das Berliner Kabinett besitzt eine gleichzeitige Zeichnung, wo Dürer die Kreuzigung als Massenvorgang zu fassen versucht (L. 15). Sie gilt als Vorstudium zu der Grisaille der Uffizien in Florenz.

Das Marienleben (S. 88ff.)

[1] Vgl. z. B. die 1503 datierte Venus auf dem Fisch, Albertina, L. 409.

[2] Man sieht auch im Oberarm der stehenden Frau den Zentralpunkt der Konstruktion angegeben.

[3] Lichtwark, Ornamentik der Frührenaissance, S. 129. Eine zweite französische Ausgabe erschien 1509 und im gleichen Jahre ein deutscher Nachdruck in Nürnberg. Eine Neuausgabe mit historischem Bericht wurde 1860 in Paris veranstaltet.

[4] Ich verdanke die Kenntnis des tatsächlichen Verhältnisses einer freundlichen Mitteilung des † K. Giehlow vom 20. Dezember 1908. Der Dürersche Tempelraum findet sich erst 1509 in der 2. Ausgabe des Viator. Unabhängig hat Panofsky dieselbe Feststellung gemacht (Dürers Kunsttheorie 1915, S. 24).

[5] Das war die Meinung Heidrichs, der im Repertorium XXIX, S. 227ff., feinsinnige Untersuchungen zur Chronologie des Marienlebens angestellt hat. Die Marienverehrung am Schlusse aber ist sicher eines der frühen und nicht der späten Blätter.

[6] Einzelne Blätter waren natürlich schon lange vor der Buchausgabe auf dem Markt zu haben, so gut wie von der Passion die fertigen Stücke schon im Umlauf waren.

[7] Merkwürdig, wie unarchitektonisch Dürer noch denkt: die Verdünnung des Bogenstreifens an den Seiten wäre ihm später unverantwortlich vorgekommen. Beim Wochenbett ist es – ebenso unarchitektonisch – der alte überlieferte Bogen ganz ohne (sichtbare) Stütze.

[8] Joseph wiederholt sogar (mit charakteristischer Korrektur) die Rückfigur des Juden dort.

[9] Die kolorierte Vorzeichnung in Berlin (L. 442) ist in diesen Dingen noch einfacher. Die Bretter sind auch erst nachträglich hinzugekommen, um den allzustarken Vertikalismus des Bildes zu brechen. Aus der Farbigkeit des Blattes folgert Heidrich (Repertorium XXIX, 235 f.), daß es noch nicht im Zusammenhang einer geplanten Holzschnittfolge entstanden sei. Jedenfalls gehört es zu den allerältesten Elementen des Marienlebens.

[10] Zu der Landschaft gibt es eine Zeichnung in Erlangen (L. 431), die aber sicher nicht als Naturaufnahme anzusehen und überhaupt nicht echt ist. Dagegen haben Dürer hier gewiß bestimmte Erinnerungen von seinen Reisen her vorgeschwebt. In der Wiener Zeichnung zum Ganzen (L. 473) findet sich auch ein deutliches bayerisch-tirolisches Gebirgshaus, das der Holzschnitt ausgelassen hat.

[11] Vgl. die ähnliche Zeichnung des Berliner Kabinetts, L. 6. Sie trägt das Datum 1503. Ephrussi (S. 54) ist in der Beschreibung merkwürdig ausgeglitten: une tête de Vierge... pleine de maniérisme et exprimant désagréablement le sentiment de piété que l'artiste a voulu rendre.

[12] Die Vorzeichnung (Museum Bonnat, Bayonne, L. 348) differiert hierin am meisten. Die Bogen noch mit offenem Durchblick.

[13] Es fehlt im Vordergrund die zweite Stütze; sie ist nicht sichtbar gemacht, vielleicht nach dem Grundsatz, daß man mit Überschneidungen die Illusion des Räumlichen verstärke. Panofsky, Dürers Stellung zur Antike S. 48, findet in dem Motiv eine Antizipation von Houckgeest und de Witte, der spätere Dürer hat es aber offenbar als einen Mangel an tektonischem Empfinden betrachtet und ist konsequent anders verfahren (vgl. den Holzschnitt der Anbetung der Könige von 1511). Im Marienleben wiederholt sich der »Fehler« nochmal bei der Geburt Christi und bei dem Tor auf dem Bilde des Abschieds Christi.

[14] Der Mann vorn an der Säule ist offenbar eine Erinnerung an Mantegna, der in der Eremitanikapelle, im Fresko der Himmelfahrt Mariä, einen der Apostel den Randpfeiler so umklammern ließ. Abbildung u. a. bei Kristeller, Mantegna, S. 91.

[15] Die Benennung stützt sich auf den Text des Chelidonius in der Originalausgabe.

[16] Eine zweite Redaktion aus dem Louvre hat H. A. Schmid im Jahrbuch der K. K. Zentralkommission 1909 abgebildet (L. 709).

Die frühen Stiche (S. 106ff.)

[1] Der Kopf geht zusammen mit dem mittleren Frauenkopf der »Eifersucht«, die schon durch die Technik sich als gleichzeitig erweist, und es ist bemerkenswert, daß auch dort lionardeske Motive vorkommen.

[2] Zu dieser Landschaft existiert die Naturaufnahme als farbige Zeichnung in London (L. 220), und es ist wertvoll, durch den Stich eines dieser Aquarelle einmal zeitlich fester bestimmen zu können. An sich würde das Vorkommen des gleichen Motivs hüben und drüben zwar noch nicht beweisen, daß der Stich gerade nach dieser Naturzeichnung gemacht sein müsse, allein die Übereinstimmung im Zufälligen, in der Disposition des Gewölks, des Ginsterstrauchs usw. ist so groß, daß das Abhängigkeitsverhältnis unmöglich geleugnet werden kann.

[3] Das lateinische Monogramm kommt hier wahrscheinlich zum erstenmal vor. Durch die Pollaiuolo-Zeichnung von 1495 ist ein Anhalt zur Datierung gegeben.

[4] Cimas Sebastian ist dem großen Altarbild der Akademie in Venedig entnommen, für das Rudolf Burckhardt einen gewissen Dragan als Besteller nachgewiesen hat und das, nach seiner chronologischen Rechnung, Dürer in Venedig wohl gesehen haben kann. Jedenfalls wäre das Motiv für 1495 gesichert durch den übereinstimmenden Sebastian auf dem Bilde bei Mond (London), das zu dem so datierten Mittelbild einer Verkündigung in Petersburg gehört (Burckhardt, Cima da Conegliano, S. 143). Die Figur ist offenbar verwandt mit der typischen Bewegung Peruginos, und Cima muß dabei als der Empfangende, nicht als der Gebende betrachtet werden. Perugino war 1494 in Venedig gewesen.

[5] Es wäre dilettantisch, wenn man die kahlen Bäume bei Schongauer irgendwie anders deuten wollte denn als dekoratives Linienspiel, von derselben Empfindung eingegeben, die den Körper eckig und die Gewandfalten hartbrüchig haben wollte. Der entblätterte Baum war eben schöner als der belaubte. Er wird der Maria im Freien als freundliche Begleitung beigegeben

und wenn er auf der Kreuzigung sich findet, so beweist schon das gleichzeitige Vorkommen der Baumkugeln im Hintergrunde, daß nicht eine besondere Jahreszeit angedeutet werden sollte.

[6] Vgl. zur Stellung den Hauptengel auf B. 66 der Apokalypse, zum Kopf seinen Nachbarn (Abb. S. 69).

[7] Die Buchstaben O. G. H. sind noch nicht überzeugend erklärt. Sandrart (Teutsche Akademie II, 222) sagt, daß etliche meinten, sie bedeuteten »O Gott hüte« (d.h. behüte uns vor Zauberei). Wustmann (Zeitschrift für bild. Kunst XXII, 109) setzt an Stelle des H ein M und vermutet dahinter die Formel omnium gentium matres, wobei er die Gewinnung der Mutterschaft durch die Alraunen als Sinn des Stiches ausgibt. Die hängende Kugel wäre die Alraunfrucht, die beim Gebären hilft: »rechte Hände nähern sich dem Schoß des Mädchens –«! Lauter Willkür.

[8] Teutsche Akademie a. a. O. Er wendet sich vermutlich gegen van Mander, Het Schilder-Boeck, fol. 208 (le livre des peintres ed. Hymans I, 114).

[9] Wahrscheinlich ist das Frauenbad zur Umzeichnung auf den Holzstock bestimmt gewesen, doch existiert nur ein geringwertiger, nicht originaler Ausschnitt. Als formales Gegenstück zum Männerbad kann es nicht gelten.

[10] Eine gewagte Vergleichung macht Hagen in der Kunstchronik XXVIII, 453: Eine literarische Parallele zu Dürers »Traum des Doktors« (Pirkheimer als Luetiker).

[11] Über die Bedeutungsfrage handelt eingehend Konrad Lange in der Zeitschrift für die bildende Kunst XI, S. 195ff. Dazu neuerdings E. Tietze-Conrat, Zeitschrift für bildende Kunst XXVII, S. 263, »Dürerstudien« (Achelous und Perimela nach Ovid). Für mich nicht überzeugend.

[12] Was ein klassizistischer Geschmack daran aussetzen kann, ist berücksichtigt worden von G. Pencz, der das Motiv im Sinne der jüngeren Generation neu redigiert hat (B. 93).

[13] Eine (männliche) Liegefigur mit gleicher Erscheinung von Becken und aufliegender Hand finde ich in Schubrings Cassoni 289.

[14] Die Stelle im niederländischen Tagebuch (R. I, S. 154), die dafür angezogen wird, schließt doch nicht ganz aus, daß der als »Ercules« bezeichnete Holzschnitt gemeint sein könnte.

[15] Vgl. Altdorfer B. 38: ein Satyr mit einem Weibe, auf den von hinten ein Mann mit einem Baumstamm losgeht.

[16] Das Kind ist ebenfalls dem Orpheusstich entnommen (mit gleicher Bedeutung wie dort?). Der Arm des Satyrs mit der Kinnlade entspricht bis auf die Hand der Mantegna-Vorlage (S. 54) und auch die Physiognomie ist stark mantegnesk.

[17] In dieser Hinsicht ist es nicht gleichgültig, daß die stehende Frau in Frisur und Kopfputz über die Vorlage hinaus durch oberitalienische und speziell lombardische Motive bereichert wurde.

[18] Zeichnung aus der Sammlung Beckerath im Berliner Museum. Vermutlich existierte ein Stich danach. Die Ausführung als Bild im Fogg-Museum, Harvard. Vgl. Repertorium 1905, S. 155ff. (v. Beckerath, Über einige Zeichnungen Florentiner Maler).

[19] Das schwer beschädigte Bild ist datiert 1500 und gibt damit einen terminus ante quem für die letztgenannten Stiche. Daß der Herkulesstich vor 1500 entstanden ist, wird auch durch das Vorkommen auf einer Nachzeichnung bei Fra Bartolommeo bewiesen. Vgl. Knapp, Fra Bartolommeo, S. 318.

[20] Von Hubertus erzählt die Legende das gleiche. Der Name Eustachius ist für unsern Stich durch die Erwähnung im niederländischen Tagebuch garantiert.

[21] Wackenroder, der den Zusammenhang nicht übersah, hat für diese Simplizität ein besonderes Wort gerührter Bewunderung (Herzensergießungen eines kunstliebenden Klosterbruders).

[22] Vgl. H. David, Zum Problem der Dürerschen Pferdekonstruktion. Repertorium XXXVIII, 310. Neuerdings hat Pauli eine Pferdezeichnung nach Lionardo von 1503 in Köln gefunden, die ebenfalls in diesen Zusammenhang gehört. Zeitschrift für bildende Kunst XXV, 105.

[23] Eine so umfangreiche Platte wie den Eustachius hat Dürer später nicht mehr gestochen. Jedenfalls empfand er selbst, daß zwischen Format und Behandlung ein Widerspruch vorliege. Für die Generation des alten Heller (warum nennt man ihn nur immer den *alten Heller?*) ist es bezeichnend, daß er den Eustachius unter allen Stichen Dürers für den schönsten erklärt.

[24] (Nemesis) Est dea, quae vacuo sublimis in aëre pendens
It nimbo succinta latus, sed candida pallam,
Sed radiata comam, ac stridentibus insonat alis – –
– Frena manu pateramque gerit sempreque verendum
Ridet –
atque huc atque illuc ventorum turbine fertur.

Polizian, silva in Bucolicon Virgilii pronuntiata, cui titulus Manto (1498 u. ö.). Die Entdekkung dieser Stelle verdankt man Giehlow (Graphische Künste, Mitteil. 1902, S. 25f.). Daß Dürer das Umgetriebenwerden im Winde nicht zum Ausgang der Darstellung gemacht hat, ist nach der ganzen Tendenz seiner Kunst vollkommen begreiflich.

[25] Händke, Die Chronologie der Landschaften Dürers, 1899, S. 12.

[26] Albertina, L. 475, für den Adam. (Die Eva, L. 476, soll nach Justi nicht zugehörig sein.) Die ausführliche Vorzeichnung zum Ganzen in der Sammlung Pierpont Morgan (L. 173). Identisch damit die Einzelzeichnung der Eva in London, L. 235.

[27] Albertina, L. 466, L. Justi hat die Konstruktionsreste darauf zuerst gesehen. Übrigens setzt Pauli, unter Berufung auf die Zeichnung eines nackten Mannes mit konzentrischen Kreisen (L. 11, Berlin), den Beginn der Proportionsstudien schon in die zweite Hälfte der neunziger Jahre. Pauli, Dürer, Italien und die Antike (Vorträge der Bibliothek Warburg 1921/22).

[28] L. Justi, Konstruierte Figuren und Köpfe unter den Werken A. Dürers, 1902, S. 7ff. S. 14ff. Für die Eva weist er nach, daß auch sie nach dem Schema Adams gemacht ist. Erst nachher gehen die Konstruktionen für Mann und Weib auseinander. L. Justi hat das Verdienst, diese Frage zuerst fest angefaßt und klar beantwortet zu haben. Neuerdings hat E. Panofsky, Dürers Kunsttheorie 1915, die Materie noch einmal erfolgreich durchgearbeitet. Den Ursprung der Bemühungen um die Konstruktion des Körpers sieht er (ebenso wie F. Burger) in jener gotischen Übung des Zeichnens mit Anwendung geometrischer Figuren, wofür uns bei Villard de Honnecourt Proben erhalten sind. Allein dieses Verfahren hatte grundsätzlich einen anderen Sinn: es diente zugestandenermaßen nur als praktisches Hilfsmittel »por legierement ovrer« (pour facilement travailler). Ähnlich hat sich auch Klaiber ausgesprochen (Repertorium XXXVIII, 238). Über andere Einwände, die ich gegen die Datierung gewisser Dürerscher Zeichnungen bei Panofsky machen muß, vgl. meine Rezension des Buches in den Monatsheften für Kunstwissenschaft 1915, S. 254.

[29] Am eingehendsten und tiefsten hat über das ganze Problem Panofsky (Dürers Stellung zur Antike 1922) gehandelt.

[30] Eine Zeichnung in Zürich, die die erste der Reihe sein möchte, wird Parker im Jahrbuch der preußischen Kunstsammlungen besprechen (L. 741).

[31] Die Zeichnung zum Elch im Britischen Museum; auf der Rückseite ein Wisent. Vgl. H. David, Zwei neue Dürerzeichnungen. Jahrbuch der preuß. Kunstsammlungen 1912 (L. 641/42).

[32] Die Stichtechnik wirkt etwas altertümlicher als bei Adam. Cranach hat die Figur in dem großen Holzschnitt mit der Enthauptung des Johannes benutzt (L. 53).

[33] Das beschaulich dasitzende Weibchen (Diana) hält sich mit lässiger Gebärde einen Hirsch vom Leibe, der leckend nach dem Grünzeug auf ihrem Schoße drängt. Offenbar erst ein Einfall der letzten Stunde, sonst würde das Tier nicht so erdrückt im Bilde liegen. – Noch weitergetrieben ist der Gegensatz eines fetten Frauenkörpers und einer trocknen Männerfigur in der Satyrfamilie von 1505 (B. 69), wo die Mutter am Boden liegt und der Alte dem Kinde zwischen ihren Beinen etwas vorpfeift.

[34] Allihn, Dürerstudien, S. 79ff. Das heißt natürlich nicht, daß er an einem tüchtigen Bauernkopf nicht auch sein Vergnügen gehabt habe. Vgl. aus der Zeit vor 1505 den farbigen Bauernkopf des Britischen Museums, L. 227.

[35] Das bedeutendste Beispiel möchte das von Sidney Colvin in seinen Oxforder Zeichnungen publizierte Blatt sein, das man »Die Freuden der Welt« zu nennen pflegt (kurz vor 1500 entstanden, L. 644).

[36] Eine bisher unbekannte Zeichnung zur Figur des verlorenen Sohnes hat soeben Schilling in den Beiträgen zur Geschichte der deutschen Kunst von Buchner & Feuchtmayr veröffentlicht (Band I, S. 133, L. 684).

[37] Die Naturstudien sind erhalten in den aquarellierten Feder- und Pinselzeichnungen der »Steinbrüche« (ehemals Bremen, L. 106, 107). Ich verdanke diese Beobachtung H. Börger.
[38] Eine charakteristische Unklarheit des unentwickelten Stils ist es, wie die Terrainlinie mit Kopf- und Schulterlinie der Figur zusammengeht: man hat noch kein Gefühl für das Widrige solcher Begleitungen. Ebenso im »Verlorenen Sohn« das Zusammenfallen des Schweinerükkens mit dem Umriß der Erdwelle.
[39] Die Zeichnung des Burgberges (L. 301) ist jedenfalls nur eine Nachzeichnung nach dem Stich.

Die frühen Bilder (S. 135ff.)

[1] Vgl. L. Justi, Dürers Dresdner Altar, 1904, und meine kritische Ergänzung dazu im Dresdner Jahrbuch 1905, S. 20ff. Früher hatte ich geglaubt, daß Bild ganz beiseite schieben zu müssen. Jahrb. der preuß. Kunstsammlungen 1904, S. 196.
[2] Nur für den Kopf könnte der Mantegna der Sammlung James Simon (Berlin, Staatl. Museen Preuß. Kulturbesitz) als eine Art Parallele genannt werden.
[3] Vgl. Hagen, Kunstchronik XXVI, S. 267. Ist Bramantinos Tafel für Dürer Vorbild gewesen, so muß er Mailand schon damals gesehen haben.
[4] In Bremen gibt es zwei kleine Holztafeln mit den unvollendeten Figuren eines Onophrius und eines Johannes Baptista, von denen der eine sich gut mit dem Sebastian vergleichen läßt. Sie stammen aus dem Jahre 1504 (der Johannes jetzt verschollen).
[5] Das Mittelbild sitzt übrigens auf wesentlich gröberer Leinwand als die Flügelbilder.
[6] Die Arme wirken auffallend klein und schwächlich, beim linken ist die Verbindung mit der Hand unverständlich. – Die Benennung auf Friedrich gründet sich wesentlich auf gewisse Übereinstimmungen mit der Büste des Hadrianus Florentinus im Dresdner Albertinum von 1498. (Vgl. Fabriczy im Jahrb. d. preußischen Kunstsammlungen 1903, S. 83ff., und Bode, ebendort 1884, S. 57ff.) Das Gemälde möchte ungefähr gleichzeitig entstanden sein. In der allgemeinen Stimmung geht der Kopf nah zusammen mit dem Satyr der »Eifersucht«.
[7] Die beste Abbildung hat die Dürer Society 1905 gebracht, mit Text von Montague Peartree. In die von Friedländer vorgeschlagene Porträtzeichnung des Vaters (Wien, Albertina. Früher Memling genannt) habe ich mich nicht hineinfinden können.
[8] Verf. kennt nur die Reproduktion der Gesellschaft für kunstgeschichtliche Publikationen (Jahrgang 1905), die das Exemplar Speck von Sternberg gibt, eine offenbar sehr getreue Kopie (jetzt Leipzig. Museum der bildenden Künste). Das Pariser Exemplar (Sammlung Heugel, ehemals Ch. Robinson, jetzt Berlin, Staatl. Museen Preuß. Kulturbesitz), das die Dürer Society 1905 abbildet, ist weniger gut und sicher nicht das Original, auch wenn man von allem Verderb der Restauration absieht.
[9] Im übrigen vgl. Weizsäcker im Katalog des Städelschen Instituts.
[10] Daß es aus jener mittlern Zeit eine Zeichnung gibt (L. 96), die das »Fürlegerin«-Motiv in fast vollkommener Identität enthält nur ohne die Hände und ohne die Haare, habe ich früher gelegentlich schon angemerkt (Jahrb. der preuß. Kunsts. 1904, S. 204).
[11] Auch die Leinwandstudie eines weibliches Kopfes mit gesenkten Lidern (Paris, Nationalbibliothek), die man verglichen hat und in der Pauli die Gattin Agnes erkennen will, hat in der Breite der Lichtführung etwas Auffallendes für das angenommene Datum 1497.
[12] Es gehören hierher aus dem Jahre 1503: die Kohlezeichnungen der »Frau Agnes« (Pauli) und Pirkheimers (Berlin, L. 5, 376) und eines achtzehnjährigen Burschen (Wiener Akademie, L. 426), sowie die Federzeichnung eines jungen Mannes mit leichtgeöffnetem Mund (Williamstown, Sterling and Francine Clark Art Institute, L. 99); aus dem Jahr 1504: eine muntere Silberstiftzeichnung der Frau Agnes (Nürnberg, Germanisches Nationalmuseum, L. 133); aus dem Jahr 1505: ein schmunzelnder, knollig-gemeiner Weiberkopf in Kreide (Rotterdam, Museum Boymans, L. 180) und, offenbar schon auf der Reise gemacht, die »Villana Windisch«, eine slavische Bäuerin mit offenem Hals und lachend entblößten Zähnen (London, L. 408, Federzeichnung).
[13] Der Jabachsche Altar (München, Frankfurt, Köln) ist eine flüchtigere Arbeit und darf vielleicht nur in einem Werkstattzusammenhang mit Dürer genannt werden. Die Datierung auf 1500 ist sicher zu früh, er weist in allen Motiven auf die Zeit von 1503/5, verliert aber sehr bei

der Konfrontation mit den gesicherten Werken. – Über die Beweinungen in München und Nürnberg s. oben S. 84.

[14] Vgl. Voll, Vergleichende Gemäldestudien. 1897.

[15] Vgl. u. a. Secker, Beiträge zur Dürerforschung (Zeitschrift f. bild. Kunst 1918). Ebendort wird die Bildnisähnlichkeit der Paumgärtnerschen Stifterköpfe mit den zwei Sitzenden im Holzschnitt des Männerbads festgestellt. – Cranach wiederholt die Eustachius-Figur im großen Holzschnitt eines hl. Georg von 1506 (Lippmann 5). – Die Außenbilder der Flügel enthielten eine unbedeutende Verkündigung. Der Engel ist zerstört.

[16] Den weiteren Fortschritt in der Bildgestaltung repräsentiert dann die Anbetung des H. v. Kulmbach von 1511 (Berlin), wo, ohne Schaden der Klarheit, der Reichtum des figuralen Themas unvergleichlich gesteigert ist und durch das große Architekturmotiv von vornherein ein Zug ins Bild gebracht wird, neben dem dieses Frühwerk schüchtern und flächenhaft befangen erscheinen muß.

[17] Vgl. dazu den Hirschkopf von 1504, (Paris, L. 330: Federzeichnung mit Wasserfarben annähernd zum natürlichen Kolorit getönt) und den Hirschkäfer 1505 (ehemals London, jetzt Paris, Privatbesitz, L. 169, in sorgfältiger Deckfarbenmalerei).

Italien und die großen Gemälde (S. 152ff.)

[1] Brief an Pirkheimer vom 7. Februar 1506.

[2] Dürer scheint auf diese Zeichnung großen Wert gelegt zu haben, denn er benutzt sie später (1508) als Grundlage für eine Reliefplastik (New York, Metropolitan Museum, alte Bleiabgüsse im Münchner Nationalmuseum und in Berlin).

[3] Jetzt befindet es sich (Prag, Nationalgalerie) in üblem Zustand. Das schon schwerverletzte Bild wurde um 1840 einmal grob restauriert. Nur einzelne Stellen geben noch eine Vorstellung des Ursprünglichen. Vgl. Neuwirth, Dürers Rosenkranzfest, 1885. Zur Rekonstruktion des Ganzen können zwei alte Kopien angezogen werden, wovon die eine – etwas derbe – im Wiener Hofmuseum (danach die Abb. S. 175), die andere, die Neuwirth noch als verschollen bezeichnet, in englischem Privatbesitz (A. W. Miller, Sevenoaks) sich befindet. Eine Abbildung dieser letzteren gibt die Dürer Society in ihrem ersten Bande 1898.

[4] Thausing, I., 352. Die Zeichnung für Max, auf die Dürer seinen Namen und die Jahreszahl 1507 geschrieben hat, wurde von Lippmann fälschlich in sein Korpus der Dürerzeichnungen aufgenommen (L. 17): sie hat eine wunderbare (ganz undürerische) Melodie in dem Zusammenführen des Haares und der Profillinie. Zu den Händen ist die Naturstudie in der Albertina erhalten (L. 497), und zum Mantel des Papstes gibt es ebendort eine farbige Zeichnung (L. 494), die allerdings der Technik nach isoliert dasteht.

[5] Die etwas abweichende Studie zum Kind in der Nationalbibliothek in Paris (L. 332). Vielleicht liegt hier doch ein Einfluß älterer italienischer Maler vor. Cosimo Tura z. B. zeichnete seine Kinderkörper mit ähnlich übertriebenen Interpunktionen.

[6] Ähnlich, aber kaum zugehörig der aufwärtsblickende Kopf der Albertina (L. 496), ursprünglich auf einem Blatt neben dem abwärtsblickenden des Barberinischen Christusbildes.

[7] Zeichnungen sind in größerer Anzahl erhalten. Im Louvre (L. 307–313), in der Pariser Nationalbibliothek (L. 333). Dazu die Kreidezeichnung, ehemals in Bremen (L. 114).

[8] L. 10. Die übrigen Zeichnungen sind: der obengenannte Dominikus (L. 495), der Betende hinter dem Papst (L. 493), und nach Ephrussi S. 116 ist auch der Mann mit dem Rosenkranz hinter dem Kaiser in englischem Privatbesitz noch vorhanden (L. 428, New York, Morgan Library). Der Blondkopf links zwischen dem Kardinal und dem Beter kommt als Einzelporträt nochmals vor auf einem Bilde in Hampton Court.

[9] Brief an Pirkheimer vom 8. September 1506.

[10] Sansovino, Venezia nobilissima, 1581, pag. 48 V.

[11] Könnte man einmal die Anbetung der Könige von 1504 neben solch ein Bild der venezianischen Zeit stellen, so würde man wahrscheinlich finden, der ältere Dürer sei »harmonischer« gewesen.

[12] Hier liegt eine Anlehnung an Tizians Kirschenmadonna (Wien) vor, wie Fischel und Glaser bemerkt haben.

[13] Die Zeichnung zum Kind, L. 112 (noch wesentlich einfacher); zum Hemde des Kindes ist die Draperiestudie L. 500 teilweise benützt worden. Der Cherub rechts entspricht der Zeichnung L. 333, der Cherub links im Gegensinn L. 310. Beim Kopf der Maria möchte man glauben, daß Cima mitgesprochen habe.
[14] Mit Lorenzo Lottos Onophrius auf dem Bilde der Galerie Borghese hat er nichts zu tun, wie B. Berenson Thausings Behauptung gegenüber mit Recht bemerkt hat. Dagegen basiert die Berliner Zeichnung L. 18 jedenfalls auf demselben Modell.
[15] Zu den alten Händen Zeichnungen in Nürnberg, L. 136, und in der Albertina, L. 498.
[16] Außer dem Bild in Hampton Court (1506), vgl. oben Anm. 8, kommt in erster Linie der junge Mann in Wien (1507) in Betracht. Eine Sonderstellung muß man dem reizenden, gutmütig-graziösen Mädchenporträt einräumen, das 1505, ganz am Anfang des Venezianer Aufenthalts entstanden, kürzlich erst wieder zum Vorschein gekommen ist (Wien). Es ist mit so herzlicher Teilnahme gemalt, daß es wie ein unmittelbarer Reflex des gesteigerten Lebensgefühls wirkt und uns dem Menschen Dürer wie mit einem Ruck nahebringt. Vgl. Glück, Dürers Bildnis einer Venezianerin (Jahrb. der Kunsthistor. Sammlungen in Wien, Bd. XXXVI, 1924).
[17] Gegen die Behauptung, der Kopf sei in den Proportionen schlankweg nach einem idealen Schema konstruiert (Justi, Konstruierte Figuren usw. S. 49), hat bereits Einspruch erhoben G. Klaiber (Beiträge zu Dürers Kunsttheorie, S. 55 ff. Blaubeuren o. J.).
[18] Curjel (Zeitschrift für bildende Kunst, 1925) denkt an eine Überarbeitung Dürers in den zwanziger Jahren.
[19] Alte Kopien in Mainz und Florenz. Zeichnung zum Arm der Eva L. 164 (Cleveland).
[20] L. Justi, Konstruierte Figuren usw., S. 13, 19. Die Konstruktion ist allerdings nicht erhalten und mit andern bekannten Proportionsschematen läßt sich nur eine teilweise Verwandtschaft feststellen.
[21] Wie Dürer zu dem Gestus kam, lehrt die mit dem Adam zusammenhängende Zeichnung eines Mannes im Museum Bonnat, Bayonne (L. 351), wo bei prinzipiell gleicher Gliederverteilung die erhobene Hand eine Keule hält, die gesenkte an den Rand eines Schildes faßt.
[22] Als Bild wurde sie erst 1518 vollendet (München). Die Zeichnung zu dem veränderten Arm (L. 515) doch wohl auch schon 1508 zu setzen.
[23] Die gleiche Inschrift auf dem Helleraltar und vorher bei der Eva und im Rosenkranzbilde (germanus). Erst im Allerheiligenbilde signiert er bezeichnenderweise wieder als Noricus.
[24] Erst 1729, nicht 1674. Vgl. den Aufsatz von R. Jung im Archiv für Frankfurter Geschichte und Kunst, 3. Folge, Bd. VII.
[25] Gegen die Färbung der Kopie hat man Grund, bedenklich zu sein. Wenigstens ist die Paumgärtnersche Anbetung des Kindes (in derselben Sammlung) farbig ganz willkürlich behandelt. Eine schwarzweiße Abbildung, auch wenn sie sorgfältig ist, gibt leider gar keine Vorstellung von der Bedeutung der Farbe. Paulus muß weiß herausleuchten.
[26] Vgl. zum Ganzen jetzt die ausführliche Darstellung bei Weizsäcker, Die Kunstschätze des ehemaligen Dominikanerklosters in Frankfurt a. M. 1922. Nach H. A. Schmid hätten auch die Frankfurter Tafeln Grünewalds, der hl. Cyriacus und Laurentius, zu den (äußern) Flügeln dieses Altars gehört (H. A. Schmid, Mathias Grünewald, S. 75 ff.), eine Ansicht, der sich Weizsäcker (a. a. O.) anschließt.
[27] Es sind 19, insgesamt mit den Nummern L. 19–23, L. 115, 116, L. 165, L. 247, L. 314, L. 506–514. Die Zeichnung vom Ganzen (L. 354) kann ich nicht für original halten. Nach W. v. Seidlitz ist auch das Selbstporträt, L. 23, nur Kopie nach dem Original in Petersburg.
[28] In der Vorrede zur lateinischen Ausgabe des Proportionswerkes.
[29] Besser gesagt: eine Phantasie des bewegten, nicht des ruhenden Raums. Die hierhergehörige Zeichnung einer Maria mit vier Heiligen von 1511 in Wien (L. 521) zeigt den nationalen Unterschied sehr deutlich.
[30] Das bekannte Exemplar im Rudolphinum in Prag, ein zweites besseres, dessen Originalität aber auch bestritten ist, ehemals im Doughty House in Richmond, heute London. Vgl. Dürer Society, vol. V, 1902, und Sturge Moore, A. Dürer 1905, pag. 212.
[31] Hier wäre einzuschalten das neuerdings erst aufgetauchte Drei-Köpfe-Bild einer heiligen Familie aus Lissabon (Rotterdam, Museum Boymans), mit dem Datum 1509. Vgl. Friedländer, Ein neuer Dürer. Zeitschrift für bild. Kunst XXVIII, 131.

[32] Zur Ikonographie des Bildes liefert brauchbares Material die (in der Hauptthese verfehlte) Arbeit von E. Ziekursch, Dürers Landauer Altar, 1913.
[33] Oder sollte er sich auf eine Form, wie sie an den Fenstern der Loggia del Consiglio in Verona vorkommt, besonnen haben? – Meder (Neue Beiträge a. a. O., 1912) verweist auf einen Tonaltar des Giovanni da Pisa bei den Eremitani in Padua als nächste Analogie.

Neuer graphischer Stil. Die kleinern Passionen (S. 177ff.)

[1] Vgl. L. 194, L. 185. Die neuerdings vorgeschlagene Deutung dieser zwei Blätter auf Prometheus (Der Lichtbringer und seine Bestrafung) leuchtet mir nicht ein.
[2] Vgl. Springer, A. Dürer, S. 132.
[3] W. v. Seidlitz hält L. 27 für eine Fälschung. Dieselbe Zeichnung in der Ambrosiana (Braun 204) erschien schon Lippmann als eine Kopie.
[4] Eine in Kopfhaltung und Gewandmotiv noch einfachere Federzeichnung bei Gutekunst (Vasari Society VII. 24).
[5] F. Lippmann, Der Kupferstich. Dritte Aufl., S. 53.
[6] Daß die Anbetung der Hirten (B. 20) nicht ganz in den Stil paßt, ist dagegen wohl zuzugeben.
[7] Eine große Zeichnung gleichen Inhalts in der Albertina (L. 515; 1510).
[8] Was, wie es scheint, mit dem lateinischen Text nicht im Widerspruch stand. Daß Dürer selbst lateinische Texte nicht lesen konnte, darf man aus dem Brief an Spalatin, wo er um Zustellung dessen bittet, was Luther *deutsch* erscheinen lasse, noch nicht folgern. Pirkheimer riskierte es wenigstens, lateinisch an ihn zu schreiben, und er mußte wissen, ob er verstanden werden würde oder nicht.
[9] Die Abkürzungen sind folgendermaßen aufzulösen: HP. = Holzschnittpassion, KP. = Kupferstichpassion. Die Anordnung der Verweisungen bezeichnet die zeitliche Folge der Blätter.
[10] Ein Ölberg mit gleichem Hauptmotiv, aber die Jünger alle auf einer Seite, in einer Zeichnung der Ambrosiana, die als Kopie nach einem (nicht ausgeführten) Entwurf für die Folge der grünen Passion zu gelten hat. Vgl. Meder, Grüne Passion, Text Taf. I.
[11] Zu dieser Komposition ist eine Vorstufe die Zeichnung im Louvre L. 320. Ungefähr gleichzeitig Albertina, L. 535 (das flehende Emporsehen). Schon mehr im Sinne der letzten Passion L. 321 (Louvre) mit den Jüngern am Rand, von 1518.
[12] Schlechter auf einer undatierten Zeichnung in Berlin, L. 26.
[13] Vorzeichnung in Turin (L. 409).
[14] Die Berliner Zeichnung, L. 33, die Lippmann in die Zeit der großen Holzschnittpassion setzt, ist an dieser Stelle unmöglich (vgl. oben S. 86, Anm. 6).
[15] Vorzeichnungen im Berliner Kabinett (L. 377, Christus vor Kaiphas) und in der Albertina (L. 479, Christus vor Pilatus). Die Skizze im Dresdner Skizzenbuch (Bruck 49) gehört erst in die Zeit um 1510 und darf nicht als erster Entwurf genannt werden.
[16] Die vierte Vorführung (Herodes) datiert 1509.
[17] Vorzeichnung in der Albertina, L. 482.
[18] Wobei aber nicht überall volle Klarheit erreicht worden ist. Der kniende Jüngling (in Anlehnung an italienische Tarockkarten gezeichnet?) verliert sich mit seiner Bewegung: er reicht das Rohr, aber die Hand ist vom Körper ganz getrennt.
[19] Eine Kopie der Vorzeichnung in der Ambrosiana (Mailand).
[20] Sie stammt aus dem Kreise der lionardesken Profilstudien, von denen das Dresdner Skizzenbuch wichtige Proben enthält (Bruck, Taf. 122ff.).
[21] Die Beziehung des Johannes zu Mantegna ist unverkennbar. Das Lendentuch Christi ausnahmsweise einmal ruhig gehalten.
[22] Kopie der Vorzeichnung in den Uffizien (Florenz).
[23] Daß Dürer hier sich durch einen Stich der Mantegna-Werkstatt (B. 4) hat leiten lassen, hat Meder nachgewiesen (Neue Beiträge a. a. O. 1912).
[24] In Bremen ehemals die große Kohlezeichnung einer Beweinung, mit einer Jahreszahl, die vielleicht 1513 zu lesen ist (L. 117). Wirkungsvoll, aber in der Verkürzung noch nicht unter-

scheidend zwischen edler und unedler Ansicht. Wie die Verkürzung der Beine Christi in dem Zug der Stufen vorbereitet ist, beweist dagegen wieder den sicheren Meister. Die Zeichnung ist vielfach überarbeitet und sieht fast baldungisch aus.

[25] Das Vorstudium zur Auferstehung (Nürnberg, Germanisches Nationalmuseum, Depositum Irmgard Petersen, geb. Blasius, L. 140) hat noch den alten ruhigen Typus mit Stand- und Spielbein anstelle des Fliegens. Im untern Teil der Komposition ist eine liegende Grabfigur angebracht, worüber Rob. Vischer Aufschluß gegeben hat (Studien zur Kunstgeschichte, S. 583ff.): Nach Dürers Entwürfen sind die Gräber in der Fuggerschen Kapelle der Annakirche in Augsburg hergestellt worden.

[26] Entwurf in der Ambrosiana in Mailand. Ephrussi, S. 167.

[27] Den stehenden Christus bringt Dürer nur in einer unbedeutenden Radierung von 1512 (B. 21) noch einmal. Auch der radierte sitzende Christus von 1515 (B. 22) ist auffallend gering, eine bloße Nadelprobe.

[28] Selbst die Federzeichnung der Albertina (L. 530), die gewöhnlich als Vorstudium zum Stich zitiert wird, bleibt so weit im Ausdruck zurück, daß sie diesen Namen kaum verdient. Leidenschaftlicher und (wenn echt) jedenfalls später der kleine Schmerzenskopf in der Florentiner Sammlung von Handzeichnungen.

[29] Passavant, Le peintre-graveur III, 183 (Nr. 192).

Die Meisterstiche und Verwandtes (S. 199ff.)

[1] Eine Zusammenstellung der älteren Erklärungen gibt Weber in seinen Beiträgen zu Dürers Weltanschauung, 1900, S. 3ff. Am meisten Eindruck hat zuletzt Lippmann gemacht, indem er auf die alte Dreiteilung der menschlichen virtutes hinwies: die virtutes morales, intellectuales und theologicales, wie sie zu Dürers Zeit Gregor Reisch in seiner oft aufgelegten margarita philosophica vortrug (vgl. Lippmann, Kupferstich S. 56).

[2] Die Inschrift lautet: S 1513, wobei S als Salus zu lesen ist.

[3] Vgl. u. a. den Stich des »Kleinen Pferdes« von 1505 (B. 96). Als Form verhält es sich zum »Großen Pferd« aus demselben Jahre (B. 91) etwa so wie die Eva des Kupferstichs zur Frau des Großen Glücks. Ein noch früheres Datum enthält die Pferdezeichnung in Köln: 1503.

[4] Weber a. a. O., 13ff. Vgl. E. Schmidt, Charakteristiken II, 1ff.

[5] Zur Demonstration stellte Wölfflin 1926 eine Abbildung dazu, die das Pferd auf reinem schwarzen Grund gibt, um ihm die volle rhythmische Wirkung zu sichern, die wegen dem vielen Drum und Dran im Stich nur mühsam zu gewinnen ist.

[6] J. Kurthen, Zum Problem der Dürerschen Pferde-Konstruktion (Repert. für Kunstw. Bd. XLIV 1922). Hier wird die Doppelzeichnung der Ambrosiana (Vor- und Rückseite) zum Reiter als echt erwiesen. Vgl. Panofsky, Dürers Kunsttheorie, S. 200ff.

[7] I. P. Richter, The literary works of Lionardo da Vinci, 1883, Vol. II, pl. 76, 1.

[8] Di quel di Pavia si lauda più il movimento che nessun altra cosa... il trotto è quasi di qualità die cavallo libero. Müller-Walde hat die Stelle (Codex atlanticus Fol. 147 r) zuerst richtig verstanden. Vgl. seinen Aufsatz über Lionardos Reiterdenkmäler im Jahrb. der preuß. Kunstsamml. 1899, S. 81ff.

[9] Ephrussi, S. 132f. Dresdner Skizzenbuch (ed. Bruck), Taf. 128, mit dem Datum 1517. Nicht nur die untern Figuren, auch die obern gehen auf Lionardo zurück. Den auffallend unsichern Strich erklärt man aus dem Verfahren des Durchpausens. Freilich wirkt die Zeichnung auch sonst etwas gedankenlos. Übereinstimmend die Bein- und Armstudien auf T. 107, 108, 109, z. T. anatomischer Art, ebenfalls nach Lionardo (den genaueren Nachweis der Vorlagen gibt Weixlgärtner in den Graphischen Künsten 1906). Vgl. dazu das neuerdings von Pauli bekannt gemachte Pferd nach Lionardo in Köln (von 1503). Zeitschrift für bild. Kunst XXV, 105.

[10] Weber a. a. O., S. 35. Der Hund ist das übliche Begleittier des Pilgers in der mystischen Volksliteratur und bedeutet den göttlichen Eifer und Ernst, der den Menschen auf seiner Fahrt durchs Leben begleiten soll.

[11] Für das Gesträuch ist eine Naturaufnahme von 1510 (L. 139) zur Verwendung gekommen.

[12] Wer diesen sucht, wird in der Frankfurter Zeichnung L. 193 sein Genüge finden, wo ein Gerippe aus den Lüften herunterstürzt, das Pferd sich bäumt und der Reiter, aus dem Sattel

geworfen, den Hals des Tieres umklammert. Wenn das Blatt sich nur als Dürer beweisen ließe! Es gehört mit verwandten anderen in die Zeit um 1500.

[13] Wobei I natürlich als Zahl zu nehmen ist. Die kuriose Übersetzung: Melencolia i, geh fort Melancholie!, die Passavant gibt (III, 153), bedarf wohl keiner Widerlegung.

[14] Aus einem Augsburger Kalender des 15. Jahrhunderts (Muther, Buchillustration der Gotik und Frührenaissance. Taf. 34). Es ist schon von Allihn, Dürerstudien 1871 (S. 102) zitiert worden, der sich seinerseits auf Scheible beruft (Schaltjahr 1).

[15] Vgl. Giehlow in seinen grundlegenden Ausführungen zu Dürers Melancholie (in den Mitteilungen der Gesellschaft für vervielfältigende Kunst 1903, 1904). Die Schrift des Marsilius Ficinus (von 1489) erschien in deutscher Übersetzung in Straßburg bei Grüninger 1505 und erlebte rasch mehrere Auflagen.

[16] R. II, S. 92.

[17] Bei Marsilius Ficinus wird eine doppelte Form von melancholischer Erkrankung unterschieden: eine gutartige Form, die unschädlich vorübergeht, und eine bösartige, wo der Mensch abmagert und wie von Sinnen kommt. Dürer hat sich offenbar an die erstere gehalten, seine Frau ist sehr robust und sie wird die Depression überwinden. Es ist aber mehr als wahrscheinlich, daß die Zahl I in der Beischrift darauf deutet, daß Dürer einmal auch die zweite Art darzustellen die Absicht hatte, denn man kann sich kaum eine andere Fortsetzung denken als eine »Melencolia II«, schon darum, weil für die andern Temperamente gar keine analogen Worte existieren. Nur zum *Adjektiv* melancholicus gibt es das analoge sanguineus usw. Ich erfahre nachträglich, daß schon Borinski (Die Antike in Poetik und Kunsthistorie 1914) der Zahl diese Deutung gegeben hat.

[18] Schuritz, Die Perspektive in der Kunst Dürers (1919), S. 36. Der Körper ist ein Kristall des hexagonalen Systems und zwar eine Kombination von Rhomboeder und basischem Pinakoid. Der Rhomboeder ist von sechs kongruenten Rhomben begrenzt. Er hat 12 gleiche Kanten und zwar sechs Polkanten und sechs im Zickzack verlaufende Mittelkanten.

[19] R. III, S. 293.

[20] Warburg, Heidnisch-antike Weissagung zu Luthers Zeit. Sitzungsberichte der Heidelberger Akademie, 1920.

[21] Panofsky-Saxl, Dürers Melencolia I, 1923.

[22] Vgl. Ahrens, Das magische Quadrat. Zeitschrift für bild. Kunst, XXIV, 37.

[23] Agrippa von Nettesheim, De occulta philosophia. Das Zitat bei Giehlow a. a. O., S. 76.

[24] Dresdner Skizzenbuch (ed. Bruck), Taf. 131, mit dem Auge darüber, das den Zentralpunkt der Konstruktion angibt. Daß Dürer gerade damals den Kopf voll hatte von den Problemen der darstellenden Geometrie, ersieht man auch aus anderen Zeichnungen dort. Vgl. Taf. 134: der erste Zeichenapparat mit fixiertem Auge, datiert 1514.

[25] Die Erklärung findet sich auf einem Londoner Blatte (R. I, S. 209, Nr. 65). Die Skizze eines Putto mit Lot und Sextanten auf demselben Blatte paßt durchaus in unseren Zusammenhang hinein. Giehlow hat zuerst öffentlich die Stelle auf die Melancholie bezogen (a. a. O.).

[26] Zeichnung zum Kopf im Britischen Museum (L. 249).

[27] Die Vogelflügel haben ihren direkten Reflex in den Engeln des Schweißtuches gefunden (s. Abb. S. 197). Die Helme der Sammlung Bonnat (Louvre, L. 357), von denen der eine im Löwenwappen mit dem Hahn (B. 100) wiederkehrt, sind falsch 1514 datiert; sie gehören wohl schon in die Zeit 1503/5.

[28] Die heilige Familie (B. 34) ist vermutlich etwas früher entstanden.

[29] Vgl. z. B. Schedels Weltchronik, Fol. CXXXIX: der Böse, der eine Zauberin auf einem Pferde davonführt.

[30] Eine Zeichnung dazu (ehemals bei Lanna, Prag) wird befürwortet von Pauli (Zeitschrift für bild. Kunst 1901 und Dürer Society 1905).

[31] Es sind die mit der Feder gezeichneten Blätter in Berlin (L. 174), Frankfurt (L. 194, L. 195), Chatsworth (L. 398).

[32] Zur Bestimmung des Ortes vgl. Mitius, D.'s »Kirchdorf« (Monatsh. f. KW. 1913, 245). Im Text Lippmanns wäre die halbausgelöschte Inschrift nachzutragen: »Hab Acht aufs Aug« links in halber Höhe geschrieben, in Beziehung auf einen kleinen Ring am Rande, der den Augenpunkt angibt (ob original?). Vgl. Thausing I, 118.

[33] Die von Lippmann unter Nr. 43 und 44 abgebildeten Landschaften sind sicher nicht von Dürer und auch im Berliner Kabinett jetzt bei Baldung eingereiht.
[34] Mitius, Die Landschaft auf Dürers »Großer Kanone« (Mitteilungen des Germanischen Museums 1911, 141).
[35] Ein Ansatz in dieser Richtung (Nürnberg, Germanisches Nationalmuseum, Depositum Irmgard Petersen, geb. Blasius, L. 143), der in die Zeit 1512/14 gehören mag, blieb ohne Folge.
[36] Die Inschrift lautet: 1514 an oculi (= 19. März). Dz ist albrecht Dürers muter, dy was alt 63 Jor. Und dann als Nachtrag: und ist verschiden im 1514 Jor am erchtag vor der Crewtzwochen (= Dienstag, 16. Mai) um zwei genacht (zwei Stund vor Nacht).
[37] Der Horizontalstreifen kommt wohl in der genannten Zeichnung, L. 45, zum ersten Male vor. Der schwarze Grund derselben Zeichnung hat vereinzelte Vorbeispiele, wird aber jetzt zum herrschenden Schema. Vgl. L. 262 (1516), L. 371 (1517), L. 396 und L. 401 (1518). Die genannten Blätter sind durchweg Kohlezeichnungen. Eine Ausnahme bildet das Porträt des Bruders Andreas von 1514 in Silberstift (Albertina, L. 533).
[38] Von den anderen Augsburger Porträts seien noch der Kopf L. 396 (Oxford) genannt, in dem Dörnhöffer den Maler Burgkmair erkannt hat, und die Kardinäle »Lang von Wellenburg« (L. 548, Albertina) und Albrecht von Brandenburg (L. 547, Albertina). Nach letzterer Zeichnung wurde auch ein Stich gemacht, Dürers erster Porträtstich (B. 102), wovon später zu sprechen ist.
[39] Stegmann (Mitteilungen des Germanischen Museums 1901, S. 132ff.) versucht es wahrscheinlich zu machen, daß das Nürnberger Exemplar dem Wiener voranging. Von den vier Holzschnitten ist nach den Untersuchungen von Geisberg (Jahrbuch der preuß. Kunsts. 1911, 236: Holzschnittbildnisse des Kaisers Maximilian) nur einer auf Nürnberg und die Werkstatt Dürers zurückzuführen, und auch bei diesem ist angesichts der Veräußerlichung der Vorzeichnung ein Name wie Springinklee nicht ganz von der Hand zu weisen.
[40] Die Inschrift gibt unter Wiederholung der Jahreszahl den Namen des Dargestellten und dann als späteren Zusatz die Nachricht, daß er 1519 gestorben sei.
[41] Die Zeichnung der Albertina, nach der noch Thausing einen Holzschnitt für sein Buch anfertigen ließ, ist von Voll – unter allgemeiner Beistimmung – als unecht ausgeschieden worden.
[42] Meder glaubt nachweisen zu können, daß es noch mehr derartige Apostelköpfe von Dürer gab (Jahrbuch der Sammlungen des Allerh. Kaiserhauses 1902, S. 61 f.). – Was für eine Entwicklung Dürer als Bildner idealer Typen durchgemacht hat, offenbart sich am deutlichsten bei dem Vergleich der Florentiner Köpfe mit den zwei Kaiserfiguren in Nürnberg von 1512. Beim Kaiser Sigismund mag ihn die Bindung durch eine Porträtvorlage entschuldigen, aber auch der Kaiser Karl ist mir – offen gestanden – immer eine Enttäuschung gewesen.
[43] Die Mauer fehlte ursprünglich auf der Platte (Passavant III. 489, vgl. Jaro Springer, Dürers Probedrucke [Festschrift für Friedr. Schneider 1906]), wie auch die Vorzeichnung in der einstigen Sammlung Lanna (L. 177) sie noch nicht aufweist. Ein früherer, wesentlich anderer Entwurf zur Figur ebendort (L. 176).
[44] Vgl. L. 389 (Windsor). Das Stadtbild ist aus Elementen von Trient, Innsbruck und Nürnberg zusammengesetzt.
[45] Diese Ähnlichkeit ist möglicherweise aus ganz direkter Beziehung zu erklären. Woran man zunächst denkt, ist die Madonna des Hauses Tempi vom jungen Raffael. Daß Dürer hiervon eine Kopie sah, ist kaum anzunehmen, das Motiv kommt aber schon bei Donatello vor in den Paduaner Reliefs. Vgl. R. Vischer, Studien zu Kunstgeschichte, S. 217.
[46] – in which variety of texture is carried further than in any other of Dürers plates, sagt Koehler von diesem Stich (Catalogue of the engravings of A. Dürer, New York, 1897).
[47] Für das Gewand ist eine der monumentalen Draperien des Helleraltares verwertet, eine Zeichnung, die damals im Bilde keine Verwendung fand (Albertina, L. 512). Merkwürdig genug, daß ein solcher Austausch der Garderobe zwischen Stich und großem Gemälde jetzt möglich ist. Die einheitliche Führung der Faltenzüge ist aber in der Vorlage noch nicht vorhanden. Zu den Engeln existiert ein Entwurf in London (L. 265), demgegenüber die Stichausführung eine beträchtliche Steigerung der Kraft und der Klarheit der Bewegung bedeutet. Die Vorzeichnung zum Ganzen in letzter Redaktion in London (L. 94).

[48] Vorzeichnung in letzter Redaktion in der Albertina (L. 529). Für die Draperie ist auch hier eine Zeichnung vom Helleraltar benützt (L. 341).
[49] Justi a. a. O., S. 42.
[50] Aus einer ganz andern Stimmung ist die halb kindliche betende Maria des Bildes einer Anna selbdritt hervorgegangen, das früher in Schleißheim war und neuerlich nach langer Verschollenheit ins New Yorker Museum gelangt ist. Als Komposition trennt es sich völlig von den graphischen Sachen, eigentlich sprechen nur die Köpfe. Für die Anna ist die Zeichnung L. 560 verwendet worden. Vgl. Wustmann, Zwei neue Dürer (Zeitschrift für bildende Kunst XXI, 49).

Spätgotik und Renaissance. Die Arbeiten für Kaiser Max (S. 230ff.)

[1] Ich rechne hierher die undatierte Zeichnung eines Bechers im Britischen Museum L. 253, die mir den Vorzug vor allen zu verdienen scheint.
[2] Auf Anregungen des Kaisers Max scheint auch zurückzugehen das Fecht- (und Ring-)buch in der Albertina in Wien, wo Dürer offenbar vorhandene Vorlagen zur Veröffentlichung in einem Holzschnittwerk umgezeichnet hat (um 1512). Es ist das Verdienst Dörnhöffers, hier die Hand Dürers erkannt und die ganze Folge – 200 Nummern, wovon 175 sicher Original – herausgegeben zu haben (Jahrbuch der Sammlungen des Allerhöchsten Kaiserhauses, 1909).
[3] Die Dürerschen Blätter des Gebetbuches (1–56) zusammen mit den Beiträgen Cranachs liegen auf der Staatsbibliothek in München, der Rest, soweit er bekannt ist, in Besançon. Die Jahrzahl 1515 auf Dürers Zeichnungen ist posthum (wie das Monogramm), gibt aber das Richtige. Die Münchener Bruchstücke sind mehrfach publiziert worden, zuletzt von Leidinger, 1923 (zusammen mit den Zeichnungen Cranachs). Eine zusammenfassende Ausgabe ist von Giehlow veranstaltet worden (1908).
[4] Vgl. Giehlow, Beiträge zur Entstehungsgeschichte des Gebetbuches (Jahrbuch der kunsthistor. Sammlungen des Allerh. Kaiserhauses 1899). Leidinger (a. a. O.) hebt hervor, daß die geraden Linien zwischen den Zeilen und um den Gesamttext offenbar nur den Zweck hatten, dem Druck den Charakter einer Handschrift zu verleihen. Schon das macht es wenig glaublich, daß die Randzeichnungen geschnitten werden sollten. Außerdem sind sie farbig. Und wozu dann das kostbare Material des Pergaments? Es wäre, nach Leidinger, nur auf eine Ausgabe in zehn Exemplaren abgesehen gewesen.
[5] Die Jahreszahl bedeutet den Vollendungstermin der Zeichnung, nicht des Schnittes.
[6] Publikation im Jahrbuch der Sammlungen des Allerhöchsten Kaiserhauses, 1885/86. Der Triumphzug ebendort 1883/84.
[7] S. den lehrreichen Aufsatz von Giehlow in der Festschrift für Wickhoff (1903), S. 92ff. Zeichnungen zur Kronenträgerin und zu einem Greifen in London. Die Kronenträgerin abgebildet bei Conway, Literary remains of Dürer, p. 278.
[8] Scherer, Die Ornamentik bei A. Dürer, 1902, S. 96ff.
[9] Die Zeichnung mit dem Datum 1522 in der Albertina (L. 577).
[10] Die Dekoration des Rathaussaales wurde im Januar 1945 vollständig zerstört.
[11] Fünf Bücher menschlicher Proportion, 1528, Fol. A 5[v].
[12] Das Dresdner Skizzenbuch enthält auf demselben Blatte, dem der gotische Becher entnommen ist, auch schon vollkommen ausgebildete Beispiele des Renaissancestils. Zu der ziemlich viel späteren Zeichnung, die ich hier als modernes Muster abbilde, muß ich sagen, daß sie die Dürersche Formempfindung bereits in der für das Alter charakteristischen Versteifung zeigt. Die frühern Zeichnungen sind geschmeidiger. Es ist der Stil der Münchner Apostel in seiner etwas kalten Großartigkeit, den wir hier vor uns haben. Die Jahreszahl (1526) ist dieselbe.

Die niederländische Reise und die letzten Werke (S. 246ff.)

[1] Datiert 1520. Die beigesetzte Zahl XXIIII gibt wohl das Alter des Dargestellten an. Eine weitere Notiz bezeichnet die Kirche als Sankt Michael in Antwerpen.

[2] Eine Silberstiftzeichnung des Berliner Museums, L. 63, hat ein besonderes Interesse, seitdem J. Janitsch in dem Dargestellten den Sebastian Brant erkannt hat. Vgl. dessen Aufsatz im Jahrb. der preuß. Kunstsammlungen 1906 und seine ausführlichere Monographie in den Heitz'schen Studien zur deutschen Kunstgeschichte.
[3] Nachdem Karl Justi zuerst die Aufmerksamkeit auf das Bild gelenkt hat (Jahrbuch der preuß. Kunstsammlungen 1888, S. 149), ist die Entdeckung durch Anton Weber popularisiert worden. Vgl. Weber und Zimmermann in der Zeitschrift für bildende Kunst 1901, S. 17ff.
[4] Der Kopf in Berlin, L. 61, die Studien zu Hand, Buch und Totenkopf in der Albertina, L. 569–571. Der Totenkopf, ein prachtvolles Beispiel von Dürers Spätstil, hat noch seinen Unterkiefer, was ihn besonders ausdrucksvoll macht. Man muß den Schädel auf dem Stich mit dem Totenkopfwappen vergleichen, um die neue Größe ganz beurteilen zu können.
[5] Am oberen Rande die Beischrift: Der Man was alt 93 Jor und noch gesunt und fermuglich zu antorff.
[6] Auf Farbcharakteristik läßt sich die Zeichnung auch jetzt nicht ein, eher könnte man sagen, daß die Farbillusionen, die sich so leicht einstellen, mit einer strengeren Konsequenz vermieden sind. Die Haare z. B. bleiben durchweg weiß.
[7] Vgl. zum Ganzen Müller & Veth, Dürers niederländische Reise, 1918, 2 Bände.
[8] Der Zug zum Italienisch-Prächtigen ist auch schon vorher da, schon 1519 hat die Stimmung des Triumphzuges in die Mariendarstellung übergegriffen, wofür die Zeichnung einer thronenden Maria in Windsor (L. 391) mit schwungvollem Musikengel Beweis und Beispiel ist.
[9] Ich verstehe nicht, wie man das Verhältnis der zwei Blätter hat umkehren wollen. Wem das Fortschreiten zu reicheren Kontrasten und die Entwicklung vom Strengern zum Freiern im ganzen nichts für die Zeitfolge Beweisendes hat, der müßte sich doch durch die Behandlung im einzelnen überzeugen lassen: wie die Motive drängender werden in der Bewegung (das Beten der sog. Stifterin, die Kopfneigung des Jakobus) und aus ihrer Isolierung herauskommen (der König David), wie die Zeichnung der Draperie an Größe gewinnt (der Rock der Maria) und überall die Überschneidungen der Silhouette kommen (das Lämmchen der Agnes).
[10] Neben dieser Zeichnung kann L. 362 nur als eine verfehlte Variante gelten, die rasch aufgegeben wurde.
[11] Die linke Figur ist eine Margarethe mit dem Drachen. Sollte ein Eindruck von jenem Himmelfahrtsumzug in Antwerpen darin weiter klingen, wo ihm eine solche Heilige, die das Tier am Gürtel führte, so besonders gut gefiel? Vgl. R. I, S. 153.
[12] Als ein älterer Entwurf mit ganz wenigen Figuren mag hier noch die Zeichnung von 1521 in Chantilly genannt werden (L. 343), verblüffend in ihrer kecken Asymmetrie.
[13] Die andern Köpfe sind L. 65 (Apollonia), L. 289 (Joseph). L. 327 (weibliches Profil und Hände) wird vielleicht mit Recht auf die Katharina des Hochbildes bezogen. Neuerdings ist auch nachgewiesen worden, daß Dürer für die Engelgrüppchen Motive aus dem Engelkonzert L. 170 benützt hat.
[14] Vgl. das kleine Bild der Maria von 1526 in den Uffizien, wo Dürer auf eine fast Schongauersche Zierlichkeit zurückkommt.
[15] Vorbereitet ist dies Marienmotiv schon in der Skizze von Budapest (L. 185), die ich in die Mitte des zweiten Jahrzehnts setze.
[16] Jaro Springer hat den Beweis geführt im Jahrbuch der preußischen Kunstsammlungen 1881, S. 56ff.
[17] L. 383 (Magdalena) und L. 153, 282, 325, 446 (Cherubs).
[18] Die gleichzeitige Zeichnung einer Kreuzigung in Holzschnittmanier (Albertina, L. 574) zeigt recht anschaulich, wie der hohe Stil für solche Anlässe nicht mehr verbindlich ist.
[19] Verwandt der Halbakt eines Schmerzensmannes von 1522, ehemals in Bremen (L. 131, verschollen), der ebenfalls die Vorzeichnung für ein (verlorenes) Gemälde gewesen ist. Es existiert danach ein Schabkunstblatt des Gaspar Dooms von 1659. Vgl. F. Schneider, Alb. Dürers Tafelgemälde »Barmherzigkeit« 1523, ehemals im Dom zu Mainz. Mainzer Zeitschrift II, 1907.
[20] So auch in der Wiener Zeichnung von 1521 (L. 574). Die zwei Nägel schon bei der einen Schächerfigur von 1517 (L. 80). Die Fußplatte mußte natürlich dem Modellzeichner willkommen sein, sie ist aber ganz unabhängig von solchen Wünschbarkeiten schon bei dem leeren

Kreuz einer Beweinung aus dem Jahr 1519 (L. 559) zu sehen. Analoge Beispiele bei Schäuffelin, Burgkmair, dem jungen Holbein.

[21] Vgl. Abb. S. 97 sowie die Anbetung der Könige von 1511. Ein anderer instruktiver Fall ist die Zeichnung der Messe (Berlin, L. 447) in ihrem Verhältnis zu dem Holzschnitt des zelebrierenden Gregorius von 1511 (B. 123).

[22] Abweichende Vorzeichnung in der Albertina, L. 579.

[23] Ebendort eine zweite, sehr großartige Zeichnung von 1524 (L. 200), wo Christus mit emporgeworfenen Armen vor dem Engel kniet. Großer leerer Wegvordergrund. Die Jünger, hintereinander geschichtet, säumen den Wegrand und führen als geschlossene Kurve zur Hauptfigur hin. Vgl. dazu die Vorform in einer Zeichnung von 1520, Karlsruhe, Kunsthalle, L. 844 (Swarzenski, Handzeichgn. alter Meister aus deutschem Privatbesitz, 1924, Taf. 8).

[24] Die zweite Zeichnung, vermehrt um eine Frauengruppe, zu der der Entwurf in Berlin liegt (L. 444), kommt mehrfach in Grisailleausführung vor: Dresden, Bergamo und – am besten – in der Slg. Cook, Jersey (ehemals im Doughty House zu Richmond). Vgl. Dürer Society, vol. VII, 1904.

[25] Die Zeichnung in Frankfurt, ebenfalls 1521 datiert (L. 198), erweist sich durch die lockere Fügung und die noch weniger ausgebildeten Kontraste als die ältere Komposition.

[26] So in der Zeichnung einer jungen Frau mit Schoßhündchen, L. 172.

[27] Da der Dargestellte im gleichen Jahre 1526 starb, ist der Verdacht geäußert worden, das Bild sei erst nachträglich gemalt. Dagegen spricht aber schon die Inschrift: aetatis suae anno 54.

[28] Die große Naturzeichnung in Kreide in der Albertina, L. 547.

[29] Wir kennen nur die eine Zeichnung, von vorn mit lächelndem Gesicht (Louvre, L. 361).

[30] Vgl. Haarhaus, Die Bildnisse des Erasmus von Rotterdam (Zeitschrift für bildende Kunst 1899, S. 44 ff.).

[31] Die Tondrucke dieses Schnittes gehören erst einer späteren Zeit an.

[32] Zeichnung in der Albertina (L. 581), wo das Modell einen Stab hält, was nicht heißt, daß ursprünglich ein Philipp beabsichtigt war.

[33] Zeichnung in der Albertina (L. 583): die Hände sind fest zusammengedrückt und der Blick emporgehoben, was eher auf einen Johannes am Kreuze weist. Die Behandlung hat auch nicht das Geometrisch-Stilisierende der Faltenbrechungen wie in den erwiesenen Kupferstichvorlagen (L. 580, 581), so daß ich glaube, es sei das ursprünglich eine Studie zum großen Kreuzigungsbild gewesen wie L. 582, die erst, als sie dort überflüssig wurde, in die Apostelfolge einrückte.

[34] Zeichnung in der Albertina, L. 580. Dazu kommen noch Louvre, Slg. E. v. Rothschild (L. 382), Paris, Ecole des Beaux-Arts (L. 386), Berlin (L. 68).

[35] Die Zeitbedeutung der Bilder ist durch Heidrich (Dürer und die Reformation, 1909) wohl endgültig als Bekenntnis gegen die »Schwärmer« bestimmt worden.

[36] Bekanntlich ist der übliche Name »vier Apostel« falsch, da Markus nicht zu den zwölf Aposteln zählt. Ob jemals eine Mitteltafel im Plan lag, wissen wir nicht, doch ist die Anordnung der Figuren durchaus flügelmäßig.

[37] R. II, S. 393 f.

[38] Schon Thausing bemerkte die Veränderung der Silhouette.

[39] Zeichnung zur ganzen Figur in Bayonne, Museum Bonnat, L. 368, mit Jahrzahl 1525.

[40] Zeichnung zum Paulus in Berlin (L. 89), zum Markus ebenfalls in Berlin (L. 72), zum Petrus in Bayonne, Museum Bonnat (L. 369). Vgl. E. Bock, Dürers Zeichnungen zu den Münchner Aposteln (Kunstchronik 1922/23, S. 378 ff.).

[41] Brief Melanchthons an Georg von Anhalt, 17. Dez. 1547: Dürers Geständnis, früher habe er die bunten und vielseitigen Bilder am liebsten gehabt und erst im Alter angefangen, die Natur zu betrachten und sie in ihrer eigentlichen Gestalt nachzubilden, und jetzt erst habe er erkannt, daß diese Einfachheit der höchste Ruhm der Kunst sei (postea se senem coepisse intueri naturam et illius nativam faciem intueri conatum esse eamque simplicitatem tunc intellexisse summum artis decus esse), und ähnlich in einem Briefe an Hardenberg: daß Dürer bedauert habe, in seiner Jugend so großes Gefallen an der Darstellung ungeheuerlicher und ungewohnter Gestalten gefunden zu haben (monstrosae et inusitatae figurae). Beide Stellen bei Thausing II, 284 f., R. I, S. 289.

Allgemeines zur Stilbestimmung (S. 275ff.)

[1] Robert Vischer, Studien zur Kunstgeschichte, S. 234ff.

[2] Vgl. die Aufsätze von Montagu Peartree im Burlington Magazine 1905 (Is Hans Daucher the author of the medals attributed to Albert Dürer?) und von Georg Habich im Jahrb. der preuß. Kunsts. 1906 (Studien zur deutschen Renaissancemedaille: Albr. Dürer und die Anfänge). Eine Freistatuette aus der Sammlung B. Oppenheim in Berlin hat Friedländer in der Zeitschrift für bild. Kunst 1906 präsentiert.

[3] Über die Gliederpuppe bei Dürer, die er von den Italienern übernahm, vgl. den Aufsatz von Arpad Weixlgärtner in der Festschrift für Wickhoff (1903).

[4] Erasmus hat in die Schrift de recta latini graecique pronuntiatione ein Urteil über Dürer eingeschoben, das u. a. als Besonderheit des Künstlers nennt: ex situ rei unius non unam speciem sese oculis intuentium offerentem (exprimit). Der dunkle Satz möchte am ehesten im Sinn der obigen Ausführung zu deuten sein.

Das Problem der Schönheit (S. 283ff.)

[1] Symmetriae sind die proportionalen Verhältnisse im allgemeinen.

[2] Thausing (II, 104) übersetzt die Stelle offenbar falsch: »Daß er zur Kunst auch die Begründung ihres Gebrauchs ins Leben rief.«

[3] R. II, S. 127. Ein Aristoteleszitat des Pacioli, divina proportione, c. II.

[4] Eine auch Laien zugängliche Darstellung seiner mathematischen Verdienste gibt Staigmüller, Dürer als Mathematiker, 1891.

[5] Auch hierfür sind italienische Quellen nachgewiesen, nämlich die Schrift des Marsilius Ficinus vom gesunden Leben. Vgl. Giehlow in den oben angeführten Untersuchungen zur »Melancholie« (Mitteilungen der Gesellschaft für graphische Kunst 1903/04).

[6] Vgl. Panofsky, Dürers Kunsttheorie, vornehmlich in ihrem Verhältnis zur Kunsttheorie der Italiener, 1915, und Kauffmann, Dürers rhythmische Kunst 1923 (in diesem Buche ist der Begriff der »Vergleichung im Ungleichen« neu und vortrefflich erfaßt, aber in seiner Bedeutung für die Kunst übersteigert).

[7] R. III, S. 293. – Bild heißt Figur, Gestalt. Bei Springer und andern sind Mißverständnisse entstanden, weil der altertümliche Sinn des Wortes verkannt wurde.

[8] L. B. Alberti gewann seine Maße des schönen Menschen aus einem Durchschnitt von Messungen solcher Körper, die von Kennern (periti) als schön bezeichnet wurden.

[9] Vgl. Cicero, orator, c. 2. Die Stelle behandelt bei Müller, Geschichte der Theorie der Kunst bei den Alten II, S. 199.

[10] Dieser oft zitierte Satz (der zweimal, aber nur in den Manuskripten vorkommt) schillert in nicht ganz eindeutiger Bedeutung. Einerseits läßt sich nach dem Zusammenhang der Sinn kaum anders verstehen, als daß Dürer die Unfaßbarkeit der höchsten Schönheit gemeint habe (die weiß Gott allein); wenn es dann aber andrerseits heißt (R. II, S. 120): die Schönheit was das ist, das weiß ich nicht *wiewohl sie vielen Dingen anhängt,* so kann man wohl auch interpretieren, daß er die Schönheit ihrem Wesen nach für etwas Unergründliches hielt.
Übrigens wird man auch sonst, bei einzelnen Worten, einen Doppelsinn anzunehmen haben. Sonst kommt man in die Enge. »Vergleichlich« ist einmal = proportional, dann aber auch = das Mittlere zwischen extremen Fällen; »geschickt« ist einmal = passend, schicklich innerhalb eines gegebenen Ganzen, dann aber auch = schön im absoluten Sinn (Gegensatz: »Häßlich und ungeschickt«, »Unschicklichkeit und Ungestalt«).

[11] Z. B. bei der Frau mit Haube, die Conway (literary remains) abbildet, 1513.

[12] Dieser Ausdruck wird übertrieben erscheinen gegenüber der großartigen Zeichnung von fünf auferstehenden Männern, die aus der Sammlung Lanna ins Berliner Kabinett gekommen ist (L. 875), aus dem Jahr 1526. Immerhin möchte die Grundempfindung zu Recht bestehen bleiben.

Ausführungen und Nachträge der 5. Auflage (S. 299ff.)

[1] Ein Selbstbildnis der Spätzeit erkennt E. Voigtländer in der sehr durchgeführten Zeichnung eines Schmerzensmannes, L. 131 (s. S. 254, Anm. 19). Vgl. Repertorium 1924.
[2] Daniel Burckhardt, Dürers Aufenthalt in Basel 1492 bis 1494. 1892.
[3] Weisbach, Der Meister der Bergmannschen Offizin, 1896.
[4] Friedländer, Rezension des vorigen Buches im Repertorium 1896.
[5] Kautzsch, Ritter vom Turn. Neuausgabe mit Einleitung, 1903.
[6] M. Peartree, Eine Zeichnung aus Dürers Wanderjahren. Jb. d. preuß. Kunstslgen 1904.
[7] Weisbach, Der junge Dürer, 1906.
[8] D. Burckhardt, Dürer und der Meister der Bergmannschen Offizin. Jahrb. d. preuß. Kunstsammlungen 1907.
[9] Kristeller, Kupferstich und Holzschnitt, 1905.
[10] v. Seidlitz, Dürers frühe Zeichnungen. Jahrbuch der preuß. Kunstsammlungen 1907.
[11] Dörnhöffer, Rezension von Weisbachs jungem Dürer. Kunstgeschichtliche Anzeigen 1906.
[12] Röttinger, Hans Wechtlin. Jahrbuch der (Wiener) Kunstsammlungen 1907.
[13] Stadler, Wohlgemut und der Nürnberger Holzschnitt, 1913.
[14] Über die Abhängigkeit der Basler Terenzzeichnungen vom Ulmer Terenz vgl. Stadler (a. a. O. S. 207) und Herrmann (Forschungen z. dten Theatergesch. d. MA. u. d. Ren., 1914).
[15] Die gleiche Bemerkung wird man bei manchen Fußverkürzungen des Terenzmeisters machen müssen.
[16] Ob es die Basler Hand ist? Weinberger (s. S. 41) erkennt in den Nürnberger Schnitten die Art des jungen Hans von Kulmbach. Wer sie Dürer zuschreibt, muß gerade wegen der Perspektive weit zurückgehn, was ja an sich (trotz des Publikationsdatums 1503) möglich wäre, andrerseits aber vergleichen sich doch Blätter des Marienlebens am besten und zwar gerade die aus der Zeit 1503/4.
[17] Die grundsätzliche allgemeine Unterscheidung von entwerfendem Zeichner, Holzstockzeichner und Holzschneider, wie sie Stadler (a. a. O.) durchführt, verwirrt die Sachlage unnötig, indessen darf man die Fragestellung doch nicht ein für allemal beiseite schieben.
[18] Jahrbuch der preußischen Kunstsammlungen 1898.
[19] Panofsky, Dürers Darstellungen des Apollo und ihr Verhältnis zu Barbari (Jahrb. der preußischen Kunstsammlungen 1920).
[20] Die Folge des Dresdner Marienlebens, die von verschiedenen Seiten wieder für Dürer in Anspruch genommen worden ist, stellt sich mir als durchaus andersartig dar. Daß Zeichnungen, die Dürer in seinem Druckwerk verwendet hat (die Meerkatze, der Jüngling mit dem Bohrer), hier noch einmal für ein Gemälde verwertet worden sind, läßt sich nicht zugunsten seiner Autorschaft geltend machen; im Gegenteil. Auch hier (wie in den apokryphen Holzschnitten) kommen jene Scheibennimben vor, die Dürer nicht gebraucht. Als Entstehungszeit der Tafeln ist die Jahrhundertwende anzunehmen.
[21] Luise Klebs, Dürers Landschaften (Repertorium für K.-W. XXX).
[22] Die Feststellung der Lokalität ist Gerstenberg gelungen (Monatshefte f. K.-W. 1910, 434).
[23] Die Reproduktion bei Lippmann gibt nicht die ganze Schärfe des Originals. Die Häuschen der »Fenediger Klausen« wirken in der Tat wie »gestochen«.
[24] Die (nicht ganz überzeugende) Deutung der Komposition als eine Allegorie des Glücks stammt von Giehlow (Jahrbuch der Sammlungen des Allerhöchsten Kaiserhauses 1899, S. 61, 67, Anm. 3). Die hintern Figuren sind kopiert nach einem Niello des Peregrini (Dutuit 693).
[25] Zur Beurteilung der Himmelserscheinung und des vermuteten saturnischen Charakters des Kometen kann ein venezianischer Stich im Stil der Tarocchi angezogen werden, den Papst Paul II. und Kaiser Friedrich III. darstellend, von dem Bartsch eine Kopie von 1495 anführt (XIII, 110, 8), während Hind im Katalog des Britischen Museums die originale Fassung beschreibt und abbildet (E III 7). In jener Kopie ist der Stern mit geradem Strahlenschweif als cometa bezeichnet und dazu die Inschrift aus der Vorlage wiederholt: Sub Saturno in domo infirmitatis (d. h. also bei besonders unheilvoller Stellung des Gestirns).
[26] Vgl. Berliner, Zu den Plaketten mit dem Dürerschen Rückenakt (Archiv für Medaillen- und Plakettenkunde, 1923). Auch Berliner vertritt einen negativen Standpunkt.

Verzeichnis der Abbildungen

Die ersten Ziffern sind Seitenangaben. Die Maßangaben geben die Originalgrößen in Millimetern an.

Zeichnungen

Kupferstiche

Holzschnitte

Gemälde

Die Maße sind hier in Zentimetern angegeben.

Konkordanz

der von Wölfflin mit Lippmann-Nummern erwähnten Arbeiten Dürers mit den Katalogwerken von Winkler und Strauss

Lippmann	*Winkler*	*Strauss*
1	4	1485/1
2	18	1489/7
3	54	XW. 54
4	61	1494/3
5	269	1503/5
6	275	1503/12
7	292	1502/22
10	382	1506/9
11	nicht von Dürer	
14	117	1500/9
15	316	1505/2
17	IIxix	
18	289	XW. 289
19	453	1508/1
20	448	1508/2
21	451	1508/5
22	454	1508/6
23	Kopie nach Nr. 465	
24	486	1510/21
26	803	1521/19
27	Kopie; vgl. IIxxiii	
30	529	1514/2
33	318	XW. 318
40	559	1514/1
42	595	1514/5
45	563	1515/51
46	562	1515/53
48	Kopie; vgl. Nr. 489	1516/16
53	804	1520/17
61	789	1521/2
63	817	1520/42
65	846	1521/93
68	879	1523/13
72	870	1526/3
73	144	1497/1
75	511	1511/17
80	593	1505/8
86	796	1521/16
89	872	1526/4
90	95	1495/32
91	377	1505/24
94	541	1518/15
96	286	1497/3
99	278	1503/8
100	16	1489/4
101	152	1493/4
103	116	1496/1
105	118	1500/10
106	108	1495/51
107	109	1495/52
108	98	1495/35
109	96	1495/33
112	408	1506/31
114	386	1506/20
115	460	1508/13
116	456	1508/7
117	578	1513/32
129	883	1522/9
131	886	1522/8
133	283	1504/4
134	295	1503/21
136	405	1506/37
137	407	1506/35
138	402	1506/49
139	111	1495/40
140	485	1506/41
141	183	1504/3
143	514	1511/8
153	862	1521/75
156	267	1503/18
159	58	1494/11
164	434	1507/1
165	464	1508/12
169	370	1505/15
170	836	1521/84
172	914	1525/2
173	333	1504/17
174	668	1514/32
176	591	1514/16
177	592	1514/17
179	262	1501/8
180	371	1505/28

Lippmann	*Winkler*	*Strauss*
181	263	XW. 263
185	IIxxvii	
189	321	1505/19
193	161	XW. 161
194	667	1516/1
195	666	1515/79
198	799	1521/18
199	798	1521/20
200	891	1524/4
207	250	1500/8
209	48	1493/15
219	114	1496/4
220	115	1496/6
222	145	1496/11
227	L. Cranach	
233	261	1501/7
234	336	1504/13
235	335	1504/16
247	284	1497/5
249	619	1514/24
253	234	1499/7
262	564	1516/10
265	553	1518/13
282	866	1521/74
289	848	1521/95
301	Kopie nach Stich B. 57	
307	393	1506/21
308	394	1506/22
309	395	1506/27
310	396	1506/23
311	397	1506/25
312	398	1506/26
313	399	1506/24
314	455	1508/11
320	584	1515/74
321	586	1518/17
324	838	1521/83
325	863	1521/76
326	845	1521/92
327	857	1522/3
329	896	1523/6
330	362	1495/45
331	113	1496/7
332	388	1506/11
333	387	1506/10
334	445	1508/23
341	770	1520/32
343	837	1521/81
344	894	1526/7
345	28	1493/3
347	82	1495/2
348	294	1502/24
349	480	1510/2
351	332	1501/9
354	Kopie; vgl. IIxxii	
355	481	1510/1
357	177	1495/49
361	805	1520/16
362	856	1522/2
363	855	1522/1
364	839	1521/91
368	873	1525/9
369	871	1526/5
371	566	1517/2
376	270	1503/4
377	301	1504/25
379	881	1521/69
381	858	1521/72
382	874	1522/10
383	860	1523/3
384	84	1495/3
386	877	1523/10
387	897	1524/1
388	241	1500/1
389	153	1496/17
391	536	1519/13
392	99	1495/37
396	569	1518/21
398	622	1516/2
401	570	1518/22
407	921	1521/62
408	375	1505/27
409	299	1504/22
413	709	1513/28
416	693	1518/5
417	695	1518/7
418	697	1518/9
419	699	1518/11
420	664	1514/35
421	236	1499/5
423	944	1525/4
426	273	1503/7

Lippmann	*Winkler*	*Strauss*
428	384	1506/18
429	26	1491/9
431	E. Altdorfer	
442	291	1503/20
444	893	1527/30
446	864	1521/77
447	888	1523/7
448	1	1484/1
451	66	1495/44
452	68	1494/10
453	67	1494/9
454	59	1494/12
455	60	1494/13
456	87	1494/16
459	69	1495/4
460	296	1503/22
461	176	1495/48
463	226	1500/3
464	224	1500/5
465	225	1500/6
466	260	1501/6
468	248	1502/2
472	346	1503/29
473	293	1504/1
474	471	1510/11
475	422	1504/12
476	424	1506/53
477	300	1504/24
478	302	1504/26
479	303	1504/27
480	304	1504/28
481	307	1504/31
482	305	1504/32
483	306	1504/33
484	308	1504/36
485	310	1504/38
486	311	1504/40
487	312	1504/41
488	313	1504/44
490	325	1505/12
493	383	1506/17
494	401	1506/30
495	381	1506/12
496	385	1506/19
497	392	1506/15
498	406	1506/36
499	404	1506/34
500	409	1506/33
504	438	1507/3
506	452	1508/10
507	461	1508/9
508	450	1508/4
509	462	1508/14
510	449	1508/3
511	459	1508/18
512	457	1508/16
513	458	1508/17
514	463	1508/15
515	435	1508/21
516	436	1508/20
520	487	1510/22
521	509	1511/1
526	615	1502/11
527	614	1502/10
528	671	1512/13
529	542	1519/15
530	608	XW. 608
531	581	1514/15
533	558	1514/30
534	597	1517/16
535	598	1524/3
536	585	1515/75
540	473	1517/17
541	686	1517/12
542	687	1517/10
543	689	1517/13
546	567	1518/19
547	568	1518/23
548	911	1518/25
549	690	1518/2
550	691	1518/3
551	692	1518/4
552	698	1518/10
553	694	1518/6
554	696	1518/8
555	685	1518/1
559	587	1519/12
560	574	1519/5
568	788	1521/3
569	790	1521/4
570	792	1521/6
571	791	1521/7
574	880	1521/71
575	885	1521/65

Lippmann	Winkler	Strauss		Lippmann	Winkler	Strauss
576	884	1521/68		642	243	1501/2
577	922	1522/12		644	163	XW. 163
579	889	1523/14		684	146	1496/10
580	878	1523/11		709	297	1503/23
581	876	1523/12		741	264	XW. 264
582	859	1523/5		755	466	1509/4
583	875	1523/4		842	793	1520/37
584	892	1524/5		843	794	1520/38
588	933	1526/12		844	797	1520/39
641	242	1501/1		875	890	1526/9

Literatur

Die gesamte bis 1971 erschienene Literatur zu Albrecht Dürer ist zusammengefaßt bei M. Mende: Dürer-Bibliographie. Wiesbaden 1971

Abgekürzt zitiert werden:

B. = A. v. Bartsch: Le peintre graveur. Bd. 1–3. Neue Auflage Leipzig 1854; Bd. 4–11. Wien 1805–08

L. = Zeichnungen von Albrecht Dürer in Nachbildungen. Hrsg. v. F. Lippmann u. a. Bd. 1–7. Berlin 1883–1929

P. = J. D. Passavant: Le peintre-graveur. Bd. 1–6. Leipzig 1860–64

R. = Dürer. Schriftlicher Nachlaß. Hrsg. v. H. Rupprich. Bd. 1–3. Berlin 1956–69

Zu den Konkordanzen:

W. L. Strauss: The Complete Drawings of Albrecht Dürer. Bd. 1–6. New York 1974; Supplement 1. New York 1977

F. Winkler: Die Zeichnungen Albrecht Dürers. Bd. 1–4. Berlin 1936–39

Zu Heinrich Wölfflin:

K. Bauch: Kunst als Form. In: Jahrbuch für Aesthetik und Allgemeine Kunstwissenschaft 7, 1962, S. 167–188

Heinrich Wölfflin. Kleine Schriften. Hrsg. v. J. Gantner. Basel 1946

Heinrich Wölfflin (1864–1945): Autobiographie; Tagebücher und Briefe. Hrsg. v. J. Gantner. Basel/Stuttgart 1982

J. Hart: Heinrich Wölfflin. An intellectual biography. University of California at Berkeley 1981

E. Hüttinger: Wölfflins Werk – Heute. In: Zeitschrift für Aesthetik und Allgemeine Kunstwissenschaft 12/1, 1967, S. 104–116

M. Lurz: Heinrich Wölfflin. Biographie einer Kunsttheorie. Worms 1981

W. Rehm: Heinrich Wölfflin als Literarhistoriker. Sitzungsberichte der Bayerischen Akademie der Wissenschaften 1960, Heft 9. Wieder abgedruckt in: W. Rehm. Späte Studien. Bern 1964, S. 359–458